Arnold Toynbee/Daisaku Ikeda
Wähle das Leben!

W0061977

Arnold Toynbee
Daisaku Ikeda

Wähle das Leben!

Ein Dialog

Deutsch von Karl Berisch

claassen

Der Titel der englischen Originalausgabe lautet:
THE TOYNBEE-IKEDA DIALOGUE
by Kodansha International Ltd.
CHOOSE LIFE
by Oxford University Press
Copyright © by Daisaku Ikeda and the Executors of the Estate of the late
Arnold J. Toynbee 1976

Gesetzt aus der Garamond der Fa. Hell
Satz: Bauer & Bökeler GmbH, Denkendorf
Papier: Papierfabrik Schleipen GmbH, Bad Dürkheim
Druck und Bindearbeiten: Ebner Ulm
Printed in Germany
ISBN 3 546 491149

Inhalt

Vorwort

Das Inhaltsverzeichnis dieses Buches zeigt dem Leser auf einen Blick, daß es einen weiten Themenkreis umfaßt. Es sind Themen, die den beiden Gesprächspartnern persönlich am Herzen lagen. Ihr Dialog erscheint nun als Buch, und die Autoren hoffen, daß dieselben Themen auch für ihre Zeitgenossen in Japan, in der englisch sprechenden und in der übrigen Welt von allgemeinem Interesse sein werden.

Ursprünglich war es ein mündlich geführter Dialog. Die zwei Teilnehmer trafen sich in London zu einem mehrtägigen Gespräch. Es wurde von Richard L. Gage aufgezeichnet, der eine geschickte und mühevolle redaktionelle Arbeit geleistet hat; denn das Auge eines Lesers verlangt eine andere Darstellung als das Ohr eines Hörers. Die beiden Autoren sind Herrn Gage sehr dankbar für den Dienst, den er ihnen geleistet hat; und sie glauben, daß die Leser des Buches ihre Dankbarkeit teilen werden.

Die in dem Buch besprochenen Themen sind sehr verschiedener Art. Einige sind von besonders dringlichem Interesse für unsere Gegenwart; andere wiederum sind von dauernder zeitloser Bedeutung und von dem unbekannten Zeitpunkt an, da unsere Vorfahren zum Bewußtsein erwachten, von Menschen durchdacht und erörtert worden. Wahrscheinlich werden diese immerwährenden Probleme diskutiert werden, solange die Menschheit in der psychosomatischen Form weiterbesteht, in der wir in unserer materiellen Umgebung existieren, das heißt in der Biosphäre, die den Planeten Erde umhüllt.

Daisaku Ikeda ist Ostasiate; Arnold Toynbee ist Europäer. In dem letzten Kapitel der Geschichte der Menschheit hat der Westen die Führung übernommen und eine dominierende Rolle gespielt. In dem vorliegenden Buch bringt Toynbee Gründe dafür vor, daß in Zukunft die Führung vom Westen an Ostasien übergeben wird. Auf der technischen Ebene ist die Menschheit schon geeint durch die weltweiten Aktivitäten der westeuropäischen Völker in den vergangenen fünfhundert Jahren; und die Autoren erwarten und hoffen übereinstimmend, daß im nächsten Kapitel der Geschichte auch die politische und geistige Einigung gelingen wird. Dabei hat Ikeda mehr Hoffnung als Toynbee, daß dieser große Wandel auf freiwilligem Wege bewerkstelligt werden kann, auf der Grundlage der Gleichheit aller Untergruppen der menschlichen Rasse und ohne daß ein Teil über die anderen herrscht – ein Übel, das in der Vergangenheit nur zu oft der Preis einer politischen und geistigen Einheit in einem weniger als weltweiten Maßstab gewesen ist.

Toynbee ist im allgemeinen pessimistischer als Ikeda, wenn er erwartet, daß die Menschheit einen hohen Preis für jene grundlegenden Veränderungen zu zahlen haben wird für die Veränderungen in der Einstellung, dem Ziel und dem Verhalten, die beiden Autoren als unerläßliche Bedingungen für das Überleben der Menschheit erscheinen. Ist Toynbees stärkerer Pessimismus lediglich eine Folge seines Alters? (Bekanntlich neigen alte Leute dazu, zu denken, daß die Welt »vor die Hunde geht«.) Oder kommt er daher, daß Toynbee als Europäer bis zu einem gewissen Grade Oswald Spenglers Glauben an den Untergang des Abendlandes im zwanzigsten Jahrhundert teilt? Oder ist er sich als Historiker besonders (vielleicht übermäßig) des bisherigen tragischen Versagens der Menschheit bewußt, auf der politischen und noch mehr auf der geistigen Ebene – ein Versagen, das im auffallenden Gegensatz zu ihren glanzvollen technischen Fortschritten steht?

Ein anderer möglicher Grund für Toynbees Befürchtung, das nächste Kapitel der Geschichte könne grausamer und gewalttätiger werden, als Ikeda für notwendig hält, ist der Unterschied zwischen den religiösen Traditionen, in denen die Autoren aufgewachsen sind. Toynbee wurde als Christ erzogen; Ikeda ist Buddhist der nördlichen Form (Mahajana). Buddhismus und Christentum haben sich weit ausgedehnt (weiter als bisher jede nichtreligiöse Institution); aber die Mittel und Folgen ihrer Expansion waren verschieden. Der Buddhismus, fast nur durch friedliche Durchdringung verbreitet, begnügte sich mit einer freundschaftlichen Koexistenz mit anderen Religionen und Philosophien, die er dort vorfand, wo er propagiert wurde. So kam er zu einem Modus vivendi mit dem Taoismus und Konfuzianismus in China, mit dem Schintoismus in Japan. Im Gegensatz dazu ist das Christentum wie seine Schwesterreligion, der Islam, auf Ausschließlichkeit bedacht; in zahlreichen Fällen ist es mit Gewalt aufgezwungen worden – wie zum Beispiel dem größten Teil der Bewohner des Römischen Reiches, den Sachsen und den präkolumbischen Völkern Mexikos und Perus. Das Bewußtsein dieser dunklen Seite der Geschichte des Christentums kann einen Christen oder ehemaligen Christen stärker als einen Buddhisten mit Skepsis erfüllen über die Möglichkeit, größere gesellschaftliche Veränderungen auf friedlichem Wege durchzusetzen.

Trotz des Unterschiedes in dem religiösen und kulturellen Herkommen der Autoren ist ein bemerkenswerter Grad von Übereinstimmung in ihren Anschauungen und Zielen zutage getreten. Die Übereinstimmung ist weitgehend, die Meinungsverschiedenheiten sind verhältnismäßig gering. Beide glauben, der Mensch müsse unablässig danach streben, seiner angeborenen Neigung, die übrige Welt zu unterdrücken, Herr zu werden; und er müsse statt dessen versuchen, sich dem Dienst an der Menschheit so vorbehaltlos zu widmen, daß sein Ich identisch mit der letzten Wirklichkeit wird, die für einen Buddhisten der Buddha-Status ist. Und beide glauben, daß diese letzte Wirklichkeit keine menschenähnliche göttliche Persönlichkeit ist.

Sie glauben auch übereinstimmend an die Wirklichkeit des Karma, ein Sanskritwort, das wörtlich »Handlung« besagt, doch im Vokabular des Buddhismus die spezielle Bedeutung eines ethischen »Bankkontos« hat, auf dem die Bilanz sich während eines Menschen psychosomatischen Erdenlebens durch neue Eintragungen auf der Soll- oder Habenseite ständig ändert. Die Karmabilanz des Menschen wird in jedem Augenblick von der Plus- oder Minussumme der bisherigen Soll- oder Habeneintragungen bestimmt; aber der Träger des Karma kann und wird durch seine weiteren Handlungen die Bilanz zum Besseren oder Schlechteren wenden. Tatsächlich gestaltet er sein Karma selber und hat auf diese Weise, wenigstens zum Teil, einen freien Willen.

Wie die Autoren es sehen, besteht die immerwährende geistige

Aufgabe des Menschen darin, sein Ich zu erweitern, bis er sich mit der letzten Wirklichkeit deckt, von der es in Wahrheit untrennbar ist. Der Hinduausspruch »Tat twam asi« (»Das bist du«) bedeutet: »Das [die letzte Wirklichkeit] ist das, was du [ein menschliches Wesen] bist.« Aber die Feststellung der Identität von »du« und »das« ist nur ein Vorhaben; es muß zur praktischen Wirklichkeit durch emsige geistige Bemühung gemacht werden, denn eine solche, vom einzelnen Menschen vorgenommen, ist der einzig wirksame Weg zu einem besseren Leben. Die Veränderung von gesellschaftlichen Institutionen ist nur insoweit wirksam als sie Symptome und Folgen der geistigen Selbstverwandlung der Personen sind, deren wechselseitige Beziehung das Netzwerk bilden, aus dem eine menschliche Gesellschaft besteht.

Die Übereinstimmung zwischen Ostasien und Europa in dem hier veröffentlichten Dialog ist also sehr groß. Wie kommt das? Heute steht die Menschheit überall auf der Erde zahlreichen dringenden Problemen gegenüber, die uns alle bedrängen, ob arm, ob reich, ob technisch fortgeschritten oder rückständig, einerlei, ob die Religion des einzelnen oder seines Volkes aus der indischen oder der jüdischen Überlieferung stammt. Die Universalität dieser heutigen gemeinsamen Probleme ist die historische Folge der weltweit verflochtenen technologischen und wirtschaftlichen Beziehungen, die durch die Ausdehnung der Aktivitäten der westeuropäischen Völker in den letzten fünf Jahrhunderten entstanden sind. Tatsächlich erleben wir die Geburt einer allgemeinen weltweiten Kultur, die in dem technischen Rahmen des Westens ihren Ursprung hat, aber nunmehr geistig durch Beiträge aus allen historischen Regionalkulturen bereichert wird. Dieser neuerliche Trend in der Geschichte der Menschheit mag auch zum Teil die verblüffend große Gemeinsamkeit in den Weltanschauungen von Daisaku Ikeda und Arnold Toynbee erklären. Möglicherweise sind die Autoren auch in ihrem Austausch von Ideen über Philosophie und Religion in solche Tiefen der unterbewußten psychischen Sphären der menschlichen Natur getaucht, daß sie auf Elemente gestoßen sind, die alle Menschen immer und überall gemeinsam haben und hatten als Abkömmlinge der gemeinsamen Lebensgrundlage, in der alle Erscheinungen wurzeln.

Bis hierher spricht dieses Vorwort für beide Autoren des Buches;

doch nun möchte Toynbee seinem Partner Ikeda dafür danken, daß er die Initiative ergriffen, die Zusammenkünfte arrangiert und für die Veröffentlichung der Dialoge in Buchform gesorgt hat. Nachdem Toynbee ein Alter erreicht hatte, in dem das Reisen Mühe macht, kam Ikeda aus Japan zu ihm nach England. Er hat auch die Übersetzung seines Anteils am Dialog vom Japanischen ins Englische veranlaßt und diesen in eine solche Form gebracht, daß er als Buch gelesen werden kann. Das war eine gewaltige Arbeit, und Arnold Toynbee ist Daisaku Ikeda sehr dankbar, daß er sie auf seine jungen Schultern genommen hat.

Anmerkung des Verlages

Dieses Vorwort wurde von Arnold Toynbee im Namen beider Autoren in der dritten Person geschrieben und erscheint auf ihren Wunsch in dieser Form.

I
Das persönliche
und das
gesellschaftliche Leben

1
Das elementare menschliche Sein

Einige unserer tierischen Aspekte

Ikeda: Die sogenannte sexuelle Befreiung – ein weltweites Phänomen, wenn auch besonders auffällig in Europa, Amerika und Japan – schreitet heute mit solcher Schnelligkeit und Gewalt voran, daß sie die Grundlagen der modernen Gesellschaftsordnung zu erschüttern droht. Dinge, die man früher als befremdlich ansah, werden jetzt mit der größten Offenheit gesagt und getan.

Natürlich muß Sexualität richtig verstanden werden; sie darf nicht töricht verheimlicht werden, denn das fördert nur eine verklemmte Haltung ihr gegenüber. Andererseits bezweifle ich, daß die gegenwärtige lockere und freizügige Einstellung zur Sexualität der Weg zur menschlichen Befreiung ist, wie manche behaupten. Freiheit und Zügellosigkeit sind nicht dasselbe; und ich bin überzeugt, die moderne sexuelle Freiheit hat einen schweren Defekt; es fehlt etwas Grundlegendes in dieser Einstellung zur Sexualität.

Toynbee: Der Mensch befindet sich in der sonderbaren und verwirrenden Lage, daß er ein Tier ist und zugleich ein geistiges Wesen, das sich seiner selbst bewußt ist. Er weiß, daß ihm die geistige Seite seiner Natur eine Würde gibt, die andere Tiere nicht besitzen, und er fühlt, daß er seine Würde bewahren sollte. Daher werden die Menschen verwirrt von jenen physischen Organen und Funktionen und Gelüsten, die sie mit anderen, nichtmenschlichen Tieren gemeinsam haben und die unsere Menschenwürde in Frage stellen, weil sie uns an unsere physische Verwandtschaft mit niederen Tieren erinnern. Die nichtmenschlichen Tiere werden von den Funktionen ihrer physischen Natur nicht in Verwirrung gebracht, denn sie sind sich ihrer selbst nicht bewußt. Verwirrung aus Furcht, seine Würde zu verlieren, und das demütigende Gefühl, sie verloren zu haben, sind spezifisch menschliche Probleme.

Es gelingt jedoch dem Menschen, trotz des tierischen Aspektes seiner Natur die Würde zu bewahren und sich vom Tier zu unterscheiden, indem er gewisse Konventionen erfindet und befolgt, die den Tieren versagt sind, um jene Organe und Funktionen zu beherrschen, die ein integrierender Bestandteil unseres biologischen Erbes sind. Einer der Prüfsteine unserer menschlichen Kultur oder Zivilisation ist die Art und Weise, in der wir durch selbstgeschaffene Konventionen mit den allen Lebewesen gemeinsamen physischen Organen und Funktionen umgehen.

Ikeda: Jede Zivilisation hat ihre eigenen Sitten und Konventionen über Sexualität, und diese werden im allgemeinen von einer Generation zur anderen weitergegeben. Heute aber wird die sexuelle Erziehung gelehrt, als handele es sich um etwas ganz Besonderes, während sie doch immer in dieser oder jener Form ein Bestandteil aller Kulturen gewesen ist.

Toynbee: Sicherlich haben die meisten Zivilisationen ihre Konventionen über diese Themen; und oft verändern sich diese Konventionen. Heutzutage, in unserer Kultur, tragen wir unsere Geschlechts- und Ausscheidungsorgane bedeckt; wir treiben keinen Geschlechtsverkehr in der Öffentlichkeit und befolgen bestimmte Tischsitten. Gerade Tischsitten verändern sich sehr. Sie sind ein empfindlicher Index kultureller Verschiedenheiten, aber nicht das sicherste Symptom für kulturelle Gesundheit oder Krankheit; denn Essen und Trinken sind animalische Funktionen, und die Menschen schämen sich nicht, sie mit Ratten und Kühen gemeinsam zu haben (solange wir nicht Speise und Trank auf deren Weise zu uns nehmen). Andererseits sind Ausscheidung und Geschlechtsverkehr für alle Menschen zutiefst verwirrend, auf welcher Kulturstufe sie auch stehen mögen; und deshalb befolgen alle Menschen Konventionen in der Ausübung dieser natürlichen Funktionen.

Die Sexualität ist besonders verwirrend, weil sich der geschlechtliche Hunger des Menschen erst im Pubertätsalter bemerkbar macht. Deshalb muß ein heranwachsendes menschliches Wesen mit den sexuellen Fakten des Lebens bekannt gemacht werden, und dies ist ein heikles Erziehungsproblem. Wenn die Eltern daraus ein Geheimnis machen und die Aufklärung des Kindes hinauszögern, bis es von dem Erwachen seiner Sexualität überwältigt wird, werden sie einerseits die Neugierde des Kindes erregen, andererseits jedoch auch Unwillen darüber, daß es so lange im Dunkel gelassen worden ist. Die Folge kann sein, daß das Kind von dem Gedanken an Sex besessen und übereifrig bestrebt sein wird, den Geschlechtsverkehr auszuüben. Wenn andererseits die Eltern vor den Augen des Kindes geschlechtlich verkehrten, würden sie seine Achtung verlieren, und das Kind könnte auf Sex erpicht sein, bevor es die körperliche Reife dafür besitzt. Es ist schwer, in der Sexualerziehung einen befriedigenden Mittelweg zu finden zwischen schädlicher übermäßiger Offenheit und Großzügigkeit auf der einen Seite und schädlicher übermäßiger Geheimnistuerei und Beschränkung auf der anderen.

Ikeda: Sie haben ganz recht. Diese Frage ist wahrscheinlich immer schwierig gewesen; bestimmt ist sie es heute.

Toynbee: Der schwache Punkt bei der menschlichen Würde ist der, daß wir sie aufrechtzuerhalten keinen besseren Weg gefunden haben als den, unsere tierischen Organe und Funktionen künstlich zu verhüllen. Wenn irgendein nichtmenschliches Lebewesen zeitweise mit einem menschenähnlichen Intellekt ausgestattet wäre und Gelegenheit hätte, die menschliche Lebensweise unvoreingenommen zu inspizieren, dann würde dieser imaginäre Beobachter sicherlich bemerken, daß die menschliche Würde Heuchelei ist, aufrechterhalten durch konventionelle Maßnahmen, um die Wahrheit zu verheimlichen, daß die menschliche Spezies nicht mehr Würde hat als jede andere der Tierwelt. Der Mensch jedoch glaubt ehrlich, daß er Würde besitzt und auf ein untermenschliches Niveau herabsinkt, sobald er es unterläßt, seine Würde zu bewahren. Ich glaube, dieses ist die Wahrheit, mehr als das Verdikt meines imaginären Beobachters. Des Menschen Gefühl für Würde ist nur ein anderer Name für seine Erkenntnis, daß er ein geistiges Wesen ist neben und trotz seiner physischen Existenz als tierischer Organismus.

Ikeda: Ja, wenn wir behaupten, die geistigen Aktivitäten des Menschen seien Lüge und Einbildung, werden alle Verhaltenskonventionen, die er erfunden hat, um seine Würde zu stützen, bedeutungslos.

19

Die Wahrheit jedoch ist die, daß der Mensch ein geistiges Wesen ist und daß seine geistigen Aktivitäten einen großen Teil seiner Existenz ausmachen. Infolgedessen haben die Konventionen, die den Sex, das Essen und andere menschlich-tierische Funktionen betreffen, eine erhebliche Bedeutung.

Toynbee: Indem er sich selber Regeln und Gesetze zur Beherrschung seiner animalischen Organe und Funktionen gibt, sichert und schützt der Mensch sein Menschsein. Die Menschheit hat bis jetzt noch keine allgemeingültigen und überall gleichen Gesetze gehabt. Die Sittengesetze in den einzelnen menschlichen Gesellschaftsordnungen sind unterschiedlich. Wenn wir sie vergleichen, finden wir, daß einige besser sind als andere. Wir modifizieren ständig unsere eigenen Sittengesetze; aber keine menschliche Gesellschaft hat jemals, soviel wir wissen, auf alle Gesetze verzichtet. Man kann sich schwer vorstellen, wie eine Gesellschaft, die das täte, menschlich bleiben könnte. Die Menschen haben eine größere Aktionsfreiheit als Tiere; wir besitzen die Freiheit, uns entweder schlechter als Tiere zu benehmen oder besser. Und wenn wir nicht nach Gesetzen lebten, würden wir uns bestimmt schlechter benehmen.

Das Kriterium für die richtige Einstellung zum Problem des Geschlechtsverkehrs ist die Aufrechterhaltung der menschlichen Würde; und in diesem Bereich ist unabdingbar für die Humanisierung der sexuellen Beziehungen ein geistiger Wert, der noch wichtiger ist als die Würde selbst, nämlich die Liebe. Eine sexuelle Beziehung ohne Liebe und Würde, reduziert auf die bloße Befriedigung eines animalischen Triebes, ist degradierend. Bei den Tieren geschieht die Befriedigung des Geschlechtstriebes unbewußt und ist daher unschuldig. Überdies wird bei ihnen das Geschlechtsleben durch natürliche Kontrollen reguliert; beim Menschen hingegen ist Sex ohne Würde und Liebe nicht einmal tierisch – er ist geistig und moralisch niedriger als das Geschlechtsleben der Tiere.

Ikeda: Natürlich würde eine Gesellschaft ohne Regeln und Gesetze nicht mehr menschlich sein. Sie würde sogar mit einer tierischen Gemeinschaft keine Ähnlichkeit mehr haben; denn die Wissenschaftler haben festgestellt, daß alle Tiere, auch solche mit begrenzten geistigen Fähigkeiten, Gesetze befolgen. Gewisse Affenarten zum

Beispiel haben bestimmte Verhaltensregeln bei der Nahrungsaufnah-
me und beim Geschlechtsverkehr, die von den Mitgliedern dieser
Affengemeinschaften peinlich genau eingehalten werden. Der
Mensch ohne Gesetze würde gesellschaftlich niedriger stehen als diese
Affen.

Toynbee: Sexuelle Regeln sind am wichtigsten, denn die Sexualität
ist der wesentlichste Teil der animalischen Seite der menschlichen
Natur. Die anderen animalischen Funktionen betreffen nur das einzelne Individuum, während die geschlechtlichen Beziehungen zumindest
zwei Personen betreffen und mehr, wenn sie ihr natürliches Ziel
erreichen, die Geburt von Kindern. Einzelne Menschen können ohne
Geschlechtsverkehr leben; Mönche und Nonnen verschmähen ihn.
Aber die menschliche Rasse kann ohne ihn nicht bestehen, denn auf
andere Weise kann sie sich nicht vermehren. Die Regulierung der
geschlechtlichen Beziehungen kann bewirken, daß der von der Natur
eingepflanzte sexuelle Hunger durch Liebe geadelt und verklärt wird.
Die Liebe zwischen Mann und Frau und zwischen Eltern und Kindern
ist, wie Konfuzius gelehrt hat, das Herz der menschlichen Gesellschaft und Moral.

Ikeda: Grundsätzlich stimme ich zu; ich glaube jedoch, daß der
Verfall der sexuellen Moral und der Sexualverkehr ohne Liebe zu dem
allgemeinen Trend gehört, das Leben nur in materiellen Aspekten zu
sehen: der Sex wird zu einem bloßen Vergnügen reduziert, das mit
Geist und Seele nichts mehr zu tun hat. Ich bin überzeugt, daß wir
diesen Trend auf seine fundamentalen Ursachen hin untersuchen
müssen, wenn wir zu einer Lösung kommen wollen.

Toynbee: Die Gesamtheit der Regeln, Sitten und Gewohnheiten
einer menschlichen Gemeinschaft ist ein einziges miteinander ver-
knüpftes Netzwerk. Auch wenn keine logische Verbindung zwischen
den Gesetzen, von denen die verschiedenen Bereiche des menschlichen Lebens regiert werden, erkennbar ist, besteht doch sicher eine
psychologische Verbindung in dem Sinne, daß Zügellosigkeit auf der
einen, Beschränktheit auf der anderen Seite auf die übrigen Bereiche
überzugreifen droht. Es ist sicher kein Zufall, daß die Zügellosigkeit in
den sexuellen Beziehungen von Zügellosigkeit in der Drogenszene
und von zunehmender Unredlichkeit und Gewalttätigkeit als dem

schnellsten Weg zur Erreichung persönlicher oder politischer Ziele begleitet wird.

Eine Ursache des Ausbruchs von Gesetzlosigkeit in vielen Lebensbereichen ist darin zu sehen, daß man in den beiden Weltkriegen und in den vielen Lokalkriegen, die seitdem und dazwischen geführt worden sind, aus Millionen Männern Soldaten gemacht hat. Der Krieg ist die absichtliche Umkehrung des normalen Verbots, Menschen umzubringen. Für einen Soldaten ist es Pflicht, seinen Mitmenschen zu töten, nicht das Verbrechen, das es bedeutet, wenn er als Zivilist einen Mord begeht. Diese willkürliche und unmoralische Aufhebung eines ethischen Grundgesetzes ist in sich bestürzend und demoralisierend. Darüber hinaus wird ein Soldat im Dienst aus seiner gewohnten Umgebung gerissen und ist daher frei von allen gewohnten gesellschaftlichen Hemmungen. Wenn ihm zu töten befohlen wird, dann ist es nicht verwunderlich, daß er sich auch von anderen normalen Hemmungen gegen Raub, Vergewaltigung und Drogenmißbrauch befreit fühlt. Die Demoralisierung der amerikanischen Truppen in Vietnam war ein extremes Beispiel dafür, was mit Soldaten geschieht, wenn sie im Krieg sind.

Ikeda: Der Krieg hat zu allen Zeiten eine solche Demoralisierung zur Folge gehabt.

Toynbee: Der Krieg ist vom Übel; der Geist der Wissenschaft ist es nicht. Und doch hat unbeabsichtigt und indirekt der Geist der Wissenschaft, wie ich glaube, zu dem gegenwärtigen Ausbruch der Gesetzlosigkeit beigetragen, besonders auf dem Gebiet der sexuellen Beziehungen. Das ethische Verdienst der Wissenschaft besteht darin, daß sie sich zur Aufgabe macht, die Wahrheit zu entdecken und sich mit ihr auseinanderzusetzen. Sie stellt alle überlieferten Anschauungen, Konventionen und Gewohnheiten in Frage. Die überlieferten Konventionen über das sexuelle Verhalten haben in allen Gesellschaftsordnungen in verschiedenen Graden restriktiv gewirkt; und ich finde es vom ethischen Standpunkt aus richtig. Doch je starrer die Restriktion, desto häufiger und schamloser wird sie durchbrochen, und desto heuchlerischer und geschickter geht es vor sich. Heutzutage werden die Kinder – nicht nur formell, sondern vom Zeitgeist – zu einem wissenschaftlichen Streben nach der Wahrheit und zu einer wissenschaftlichen Verachtung der Heuchelei erzogen. Infolgedessen ist heute das Prestige und daher auch die Autorität sowohl der Eltern als auch der Regierungen durch einen Mangel an Glaubwürdigkeit ausgehöhlt. Die Kinder von heute sind geneigt zu glauben, daß ihre Eltern nicht das tun, was sie über sexuelle Beziehungen oder sonst etwas predigen.

Ist dies ein Grund – und ich glaube, es ist einer – für den derzeitigen Aufstand gegen die überlieferten Konventionen im sexuellen Verhalten, dann ist es unwahrscheinlich, daß die heranwachsende Generation dazu gebracht werden kann, ihr sexuelles Verhalten zu regulieren, weder durch amtliche Repressivmaßnahmen noch durch eine freiwillige Aktion für sexuelle Askese.

Ikeda: Ich betrachte den Trend gegen sexuelle Askese in einem anderen Licht. Ich sehe die wahre Ursache in einer Schwächung der inneren Lebenskraft. Diese Schwächung ist durch die erdrückenden Einflüsse der modernen materialistischen Zivilisation herbeigeführt worden. Der pulsierende Geist der Liebe, der nötig ist, damit die Sexualität ihren richtigen Platz im menschlichen Leben findet, kann nicht aus einer geschwächten Lebenskraft geboren werden. Ich teile Ihren Glauben, daß durch das Wirken der Liebe ein Weg zur Überwindung der gegenwärtigen Situation gefunden werden kann; aber ich meine, man muß noch einen Schritt weiter gehen und Vertrauen in die Kräfte des Lebens setzen, von denen die Liebe geschaffen wird, wenn wir erwarten, daß geistige Bemühungen praktische Wirkungen haben sollen. Das Mittel, dem sexuellen Verhalten Menschlichkeit zurückzugeben, ist entweder, die äußeren Kräfte auszuschalten, die den Geist unterdrücken, oder die innere Kraft, die der Träger und der schöpferische Ursprung des Lebens ist, zu entwickeln, zu aktivieren und zu stärken. Wie ist das zu ermöglichen?

Toynbee: Das einzige aussichtsreiche Mittel gegen sexuelle Zügellosigkeit wird ein positives sein. Sexuelle Zügellosigkeit ist ein Zeichen dafür, daß man den Glauben und die Hoffnung an die Zukunft verloren hat. Deshalb sollte der heranwachsenden Generation ein Ziel gegeben werden, das begeisternd, aber nicht utopisch ist. Kein bestimmter Sittenkodex für sexuelles Verhalten ist sakrosankt; doch das Leben des Menschen wird tierisch, wenn nicht seine sexuellen Bezie-

hungen von einem Sittenkodex regiert werden, der dieser peinlichsten
aller physischen Funktionen, die der Mensch mit den Tieren gemeinsam hat, menschliche Würde gibt und allgemein anerkannt wird.

Vererbung und Umwelt

Ikeda: Es gibt, grob gesagt, zwei Richtungen in der Genetik: die
orthodoxe von Mendel und Morgan und die von dem russischen
Wissenschaftler Lysenko begründete.

Die Lehre von Mendel lokalisiert die Gene, die Träger der Vererbung, im lebenden Organismus selber und vertritt die Ansicht, daß der
Vererbungsvorgang auf der Weitergabe von Eigenschaften von den
Eltern auf die Kinder beruht. Die Gene, in präziser Ordnung innerhalb der in den Zellkernen enthaltenen Chromosomen gruppiert,
folgen einem festen Mechanismus, um Erbübertragungen zu bewirken. Neuere Forschungen in der Biochemie und der Molekularbiolo-
gie haben diese Theorie bestätigt. Und weiter hat die Molekularbiolo-
gie aufgezeigt, daß DNA der Grundbestandteil der Gene ist; und die
Arbeiten von J. D. Watson und F. H. C. Crick haben die Beschaffenheit der komplexen Struktur dieser Substanz festgestellt.

Lysenko und andere russische Biologen jedoch betonen die Rolle
der Umwelt in der Vererbung. Nach ihrer Theorie beruht die Vererbung darauf, daß die Organismen bestimmte Bedingungen für ihr
Leben und Wachstum brauchen und auf diese Bedingungen auf
bestimmte Weise reagieren. Die russischen Gelehrten betonen, daß
die Vererbung als ein Teil des Stoffwechselprozesses der Organismen
verstanden werden muß. Ich glaube, daß diese Auffassung große
Beachtung verdient, weil sie das Vererbungsphänomen mit den Einflüssen der Umwelt in Verbindung bringt. Aber indem er seine Lehre
mit der marxistischen Ideologie verknüpft, die Umwelt als die einzige
Vererbungsdeterminante ansieht und das Vorhandensein der Gene
ignoriert, stellt Lysenkos Theorie seine Glaubwürdigkeit als Wissenschaftler in Frage. Nach dem Tode Stalins rügte die *Prawda* Lysenko,
seine Schule und seine Lehre als Hindernis auf dem Wege der biologischen Entwicklung und gab dabei zu, daß die Wissenschaft, wenn sie

politisch verzerrt wird, um sie an eine bestimmte Ideologie zu binden, sich nicht normal entwickeln kann. Ich glaube, daß sowohl die Gene als auch die Einflüsse der Umwelt wesentliche Elemente der Vererbung sind.

Toynbee: Ich stimme Ihnen bei, daß sowohl die Gene als auch die Umwelt berücksichtigt werden müssen bei jedem Versuch, das Wesen – oder wenigstens die Art des Vorgangs – der Entwicklung oder Schöpfung zu erklären, welches dieser beiden Konzepte auch immer einem geeigneter zu sein scheint, die Realität der Veränderung zum Ausdruck zu bringen.

Ikeda: Die Bemühungen und Leistungen der Schulen von Mendel und Lysenko verdienen eine gerechte Bewertung. Aber für ein tieferes Verständnis muß die Vererbung vom Standpunkt der Wechselbeziehungen zwischen lebenden Organismen und ihrer Umwelt studiert werden. Eine solche Betrachtungsweise, die natürlich die Forschungen von Männern wie Mendel und Lysenko einschließt, wird neue Perspektiven auf dem weiten Feld der Vererbung eröffnen.

Toynbee: Vielleicht ist der Unterschied zwischen Vererbung und Umwelt eine dieser geistigen Analysen einer unteilbaren Realität-ansich, die der Verstand machen muß, weil seine Denkfähigkeit begrenzt ist. Die Feststellung einer spezifischen Ordnung der Gene, die durch den Vorgang der Zeugung von einem Vertreter der Spezies an einen anderen weitergegeben wird, ist gleichbedeutend der Feststellung eines Zentrums für einen Organismus, der das ganze Universum umfaßt. Natürlich kann diese Orientierung des Universums um eine aus einer faktisch unendlichen Zahl wetteifernder örtlich und zeitlich beschränkter Zentren nur partiell und temporär sein.

Ikeda: Meinen Sie, daß einzelne Angehörige einer Spezies von Lebewesen versuchen, sich zum Mittelpunkt des Universums zu machen?

Toynbee: Ja. Jeder einzelne Vertreter einer Spezies stirbt. Wenn auch der Mechanismus der Fortpflanzung durch eine unveränderliche Ordnung von Genen das Fortbestehen einer Spezies durch eine Abfolge ihrer Vertreter gewährleistet, kann die Spezies selber schließlich aussterben. Vermutlich ist die Mehrzahl der Spezies von Lebewesen, die es gegeben hat, schon ausgestorben, und die verbliebenen Spezies sind wahrscheinlich eine kleine Minderheit. Doch während der kurzen Zeitspanne, die der einzelne Vertreter einer Spezies am Leben ist, ist dieser anscheinend unbedeutende Bruchteil des Universums in jedem Sinne nicht weniger als das ganze Universum. Es wird der Versuch gemacht, das ganze Universum um dieses besondere Lebewesen als dem Weltzentrum zu organisieren, und bis zu einem unendlichen Grad ist das ganze Universum wirklich beeinflußt von der Bemühung des einzelnen Lebewesens, sich am Leben zu erhalten. Auf diese Weise schließt die Umwelt eines Lebewesens nicht nur das ganze übrige Universum ein, sondern ist tatsächlich ein integrierender Bestandteil des Lebewesens selber. Die geistige Unterscheidung zwischen einem Lebewesen und seiner Umwelt würde, glaube ich, in der Realität-an-sich keine Entsprechung finden, vorausgesetzt, die Realität-an-sich wäre dem menschlichen Verstand begreiflich.

Ikeda: Ihre Erklärung des Lebewesens und der Umwelt als einer unteilbaren Einheit entspricht der buddhistischen Lehre, die *Eshō Funi* genannt wird. Das Wort *Eshō* bedeutet die totale Umwelt *(e)* und die totale größere Lebenskraft *(shō)*. Die Lehre *Eshō Funi* besagt, einfach ausgedrückt, das Leben und Umwelt, obwohl in der Welt der Erscheinungen zwei getrennte Einheiten, im Wesen eins sind.

Toynbee: Eshō Funi scheint eine genaue Erklärung dessen zu sein, was vermutlich der »wahre Zustand« ist. Der egoistische Versuch eines Lebewesens, das Universum um sich herum zu organisieren, ist die Bedingung für seine Lebenskraft und zugleich deren Ausdruck. Tatsächlich sind Leben und Egoismus austauschbare Begriffe; und wenn dies wahr ist, dann trifft auch zu, daß der Preis für den Altruismus der Tod ist. Altruismus – auch Liebe genannt – ist ein Versuch, die natürliche Bemühung eines Lebewesens, das Universum um sich selbst zu ordnen, umzukehren. Die Liebe ist ein Gegenversuch des Lebewesens, sich dem Universum hinzugeben statt es auszubeuten. Hingebung oder Aufopferung bedeutet, sich nach einem Mittelpunkt des Universums zu orientieren, der man nicht selber ist.

Ikeda: Die großen Religionen und Philosophien versuchen, das Verhältnis des Individuums zum Universum zu verstehen und Wege zu entwerfen, wie sich das Individuum bewußt ein Verhältnis zum Universum geben kann.

Toynbee: Alle großen Religionen und Philosophien erklären, daß das eigentliche Ziel für jedes Lebewesen darin besteht, seine natürliche Ichbezogenheit zu unterdrücken. Sie erklären auch einmütig, daß dieses Bestreben schwierig ist, denn es ist wider die Natur, aber daß es zugleich auch der einzig wahre Weg zur Selbsterfüllung ist und daher auch der Weg, Selbstbefriedigung und Glück zu erlangen.

Selbsterfüllung durch Selbstunterordnung und Selbstopfer ist ein Paradox. Wenn dieses Paradox wahr und richtig ist, dann ist der Versuch, ein einzelnes Lebewesen als eine vom übrigen Universum losgelöste Einheit zu verstehen, unnatürlich vom Standpunkt des Universums als eines Ganzen, obwohl es natürlich ist vom Standpunkt des einzelnen Lebewesens, das versucht, seine Besonderheit und Vorherrschaft zu behaupten.

Sowohl die Ichbezogenheit (Egoismus) als auch die Liebe (Altruismus) bezeugen, daß die Realität-an-sich – die offenbar das erblich bestimmte Individuum und seine Umwelt umfaßt – eins und unteilbar ist. Die Ichbezogenheit ist ein Versuch, die temporär und partiell gespaltene Einheit der Realität wiederherzustellen, indem sie das Universum um ein besonderes Lebewesen ordnet. Die Liebe ist ein Versuch, die Einheit der Realität wiederherzustellen, indem sie von der Ichbezogenheit abläßt und das Einzelwesen in das unteilbare Universum aufgehen läßt. Obwohl Liebe und Ichbezogenheit nach den Begriffen der Ethik gegensätzlich sind, ähneln sie einander als zwei Impulse, deren gemeinsames Tätigkeitsfeld das Universum als Ganzes ist. Und das zeigt an, daß die verstandesmäßige Unterscheidung zwischen einem Lebewesen und seiner Umwelt in der Realität-an-sich nicht existent ist.

Ikeda: Nach dem Grundgedanken von *Eshō Funi*, den ich vorhin erklärte, sind das Leben des Universums und die Kraft und das Gesetz, die ihm innewohnen, ständig wirksam mit dem Ziel, sich zu manifestieren. Als Ergebnis dieses Prozesses werden Lebewesen individualisiert zur gleichen Zeit, wie die Umwelt geformt wird.

Mir scheint, daß das Studium der Vererbungsphänomene, wenn es mit dieser Idee als Grundlage der Erforschung wechselseitiger Beziehungen zwischen Lebewesen und ihrer Umwelt betrieben wird, zu neuen und interessanten Entwicklungen führen könnte.

Die psychosomatische Medizin bietet das interessante Parallelbeispiel eines Weges, auf dem sich die Vererbungslehre der Zukunft entwickeln könnte. Die moderne abendländische medizinische Wissenschaft hat sich in dem Dualismus von physiologischer und psychologischer Behandlung entwickelt. Doch die psychosomatische Medizin hat durch die Konzentration auf die Wechselbeziehungen zwischen Leib und Seele ein völlig neues Bild des menschlichen Lebens geschaffen. Es scheint möglich, daß eine neue Vererbungslehre etwas Ähnliches tun könnte, indem sie zeigt, daß das menschliche Leben – natürlich durch genetische Phänomene vermittelt – als die Aufrechterhaltung einer direkten Beziehung mit der Umwelt verstanden werden muß.

Toynbee: Die Entwicklung einer solchen neuen Vererbungslehre scheint durchaus glaubwürdig.

Seele und Leib

Ikeda: Von Anbeginn an haben Philosophen und Theologen verschiedene Konzeptionen der Beziehung zwischen Leib und Seele formuliert. Die aus diesen Konzeptionen entstandenen Lehren sind zahlreich und vielfältig; aber alle fallen in zwei Hauptkategorien: eine materialistische und eine spiritualistische. Die Anhänger beider Denkmethoden haben viel für die kulturelle Entwicklung getan, und ich glaube, daß ihre Leistungen gebührende Anerkennung verdienen. Zum Beispiel haben bei der Auslegung von Moral und Liebe die Spiritualisten viel dazu beigetragen, die menschliche Gesellschaft wirklich human zu erhalten. Und die Materialisten haben ihrerseits die Grundlagen für die Bildung und Entwicklung der modernen Wissenschaft gelegt.

Dennoch bin ich außerstande, mir die eine oder die andere Auffassung vorbehaltlos zu eigen zu machen. Obwohl die Materialisten die geistigen Funktionen des Menschen anerkennen, indem sie den physischen Leib als die ursprüngliche Quelle des Lebens ansehen, neigen sie dazu, das Leben selbst als dem Wesen nach materiell zu betrachten. Andererseits kann ich, während ich mit den Spiritualisten einig gehe, daß Verstand, Einsicht, Verlangen und andere geistige Funktionen die Grundlagen einer wahrhaft humanistischen Lebensweise sind, mich nicht der Philosophie verschreiben, daß die physischen Aspekte des Menschenlebens und physisch bezogenes menschliches Verlangen geringzuschätzen sind. Sowohl die Materialisten wie die Spiritualisten scheinen jeweils nur einem Aspekt des Problems nachzugehen und versäumen, die Beziehung zwischen Leib und Seele zu erfassen.

Toynbee: Ja, ich stimme zu, daß weder der Materialismus noch der Spiritualismus eine ausreichende Erklärung der Realität liefert, wenn man den einen oder den anderen als die einzig mögliche Erklärung nimmt. Die Materie kann nicht in Begriffen des Geistes verstanden werden und der Geist nicht in Begriffen der Materie. Jede ist nur in Begriffen einer Einheit, die beide Auffassungen umschließt, verständlich; und wir können nicht die Unteilbarkeit der beiden Aspekte innerhalb dieser psychosomatischen Einheit verstehen, wenn wir sie nicht auf eine mit dem Verstand erfaßbare Einheit reduzieren können.

Ikeda: Die Beziehungen zwischen Leib und Seele scheinen mir am besten in der buddhistischen Lehre *Shikishin Funi* zum Ausdruck gebracht. Das Wort *shiki* bezeichnet alle Lebensphänomene, die man mit naturwissenschaftlichen oder physiochemischen Forschungsmethoden erfassen kann. Mit anderen Worten ist *shiki* der materielle oder phänomenale Aspekt des Lebens. *Shin* bezieht sich auf all die verschiedenen noumenalen Aspekte des Lebens und die vielen Arten geistiger Aktivitäten, die nicht in den Begriffen physiochemischer Methoden erfaßt werden können. Zu *shin* gehören Verstand, Einsicht und die Wünsche, die das Forschungsobjekt der Spiritualisten sind. In buddhistischen Lehren sind diese Aspekte zugleich getrennt und vereint.

Weder *shiki* noch *shin* ist grundlegender als das andere. Sie üben aktive Kräfte in ihren individuellen Aspekten aus, und das Leben wird in seiner wahrsten Form nur manifest, wenn die zwei eine lebende Einheit werden. Die buddhistische Lehre *Shikishin Funi* (*funi* heißt unteilbar) erklärt das Leben in Begriffen einer Einheit der beiden Aspekte des Lebens: von Elementen, die der Deutung in wissenschaftlichen Begriffen zugänglich sind, und von anderen Elementen, die ein Teil der tieferen Unterströmung sind, auf der alle Lebensphänomene basieren. Der Materialismus beschäftigt sich nur mit der Welt des *shiki* und der Spiritualismus mit der Welt des *shin*.

Toynbee: Da wir nur eine hypothetisch reale, wenn auch verstandesmäßig unfaßbare Einheit in diesen offenbar unvereinbaren Bestandteilen analysieren können, vermute ich, daß die Lehre *Shikishin Funi* die engste Annäherung an ein Verständnis der Realität-an-sich ist, die erreicht werden kann.

Ikeda: In den letzten Jahren sind die psychosomatische Medizin und Theorien wie die von Medald Boss, der sich mit der Wechselwirkung geistiger und physischer Kräfte im menschlichen Leben beschäftigt, dem buddhistischen Prinzip von *Shikishin Funi* nahegekommen. Aber der Buddhismus führt die Lehre weiter fort, indem er die Grundnatur des Lebens in der Erscheinungswelt als mit dem kosmischen Leben in Beziehung stehend erklärt. Ich glaube, nur wenn das Menschenleben als ein Teil des Stromes kosmischen Lebens verstanden wird, wird es möglich sein, hinter die bloße Erkenntnis der Einheit von Spirituellem und Physischem zu gehen und die untrennbare Verbundenheit von Leib und Seele auf die Schöpfung einer neuen Art von Leben auszurichten.

Toynbee: Ich glaube, daß *Shikishin Funi*, das sich in jedem Vertreter jeder Spezies der lebenden Kreatur oder sonst irgendwo auf diesem Planeten manifestiert, ein Teil des Stromes des kosmischen Lebens ist. Wie ich schon sagte, ist jedes Lebewesen deckungsgleich und daher identisch mit dem Universum. Ich glaube, daß das Hinduwort *Tat twam asi* – welches besagt, daß das Einzelwesen zugleich das Universum ist – die Wahrheit über die Beziehung zwischen dem einzelnen Lebewesen und der letzten Wirklichkeit zum Ausdruck bringt.

Das Unbewußte

Ikeda: Beim Studium des menschlichen Geistes sind die bewußten geistigen Vorgänge – Wahrnehmung, Denken, Willen – lange Gegenstand der philosophischen Betrachtung gewesen. Wie ich es sehe, sind alle westlichen Philosophien auf das Studium des Bewußtseins aufgebaut. Aber Bewußtsein ist nur ein Teil der menschlichen Existenz.

Toynbee: Da stimme ich zu; das Bewußtsein ist nur die wahrnehmbare Oberfläche der Psyche wie die sichtbare Spitze eines Eisberges, dessen größter Teil sich unter Wasser befindet.

Ikeda: Darum glaube ich, daß ein vollständiges Bild der Psyche und des Lebens des Menschen unmöglich ist, wenn man nicht dem Reich des Unterbewußtseins hinter den menschlichen Taten, Gedanken und Wünschen Beachtung schenkt.

Toynbee: Das Unterbewußtsein ist die Quelle der Intuitionen, die das rationale Denken inspirieren, aber vom Verstand nicht erreicht werden können, solange er seine Tätigkeit auf die Ebene des Bewußtseins beschränkt. Es steht fest, daß zahlreiche wissenschaftliche Erkenntnisse, die in logischen Begriffen ausgedrückt werden können und worden sind und durch Experimente bestätigt wurden, ursprünglich aus unbestätigten und unlogischen Intuitionen stammen, die vom Unterbewußtsein ins Bewußtsein aufgestiegen sind.

Ikeda: Ja, bedeutende wissenschaftliche Entdeckungen sind oft wie die Schöpfungen großer Künstler das Ergebnis geistiger Intuition.

Toynbee: Das Unterbewußtsein ist zweifellos die Quelle der Dichtung und der religiösen Eingebung. Es ist auch die Quelle aller Emotionen und Impulse. Die moralischen Urteile, die wir auf der Ebene des Bewußtseins treffen, unterscheiden zwischen guten und bösen Emotionen und Impulsen. Je tiefer es uns gelingt, mit unserem Bewußtsein ins Unterbewußtsein einzudringen, desto größer wird unsere bewußte Beherrschung unserer Emotionen und Impulse. Die bewußte Beherrschung befähigt uns, jene Hervorbringungen des Unterbewußtseins, die wir für böse halten, zu unterdrücken und die zu pflegen, die wir für gut halten.

Daher glaube ich, daß es äußerst wichtig ist, die unbewußten Tiefen der menschlichen Seele zu erforschen, um soviel wie möglich dieser Emotionen und Impulse unter die bewußte Kontrolle zu bringen. Das ist eine lohnende geistige Aufgabe, aber auch eine schwierige. Das Unterbewußtsein gleicht dem griechischen Meeresgott Proteus; es versucht, sich der Kontrolle zu entziehen und sich aufzulehnen, wenn man es unterworfen zu haben glaubt, und es verfügt über feine Mittel, sich am Bewußtsein zu rächen, wenn es beherrscht wird, und wieder auszubrechen, wenn man glaubt, es fest im Griff zu haben.

Ikeda: Der erste, der naturwissenschaftliche Methoden zur Erforschung des Unterbewußtseins angewandt hat, war der Tiefenpsychologe Sigmund Freud. Natürlich schätze ich seine Arbeit und die anderer Gelehrter gegen Ende des neunzehnten Jahrhunderts sehr hoch ein. Aber schon in alter Zeit haben es buddhistische Gelehrte in Indien unternommen, in die Tiefen der menschlichen Seele unter der Ebene des Bewußtseins zu tauchen.

Toynbee: Sie haben ganz recht, darauf hinzuweisen, daß die Entdeckung und Erforschung der unterbewußten Tiefen der Seele, die im Westen erst mit Freuds Generation begann, schon vor mindestens 2400 Jahren von Buddha und seinen hinduistischen Zeitgenossen vorweggenommen wurde. Der moderne abendländische Versuch, das Unterbewußtsein zu erforschen und zu beherrschen, ist bis jetzt noch nicht über ein naives und grobes Frühstadium hinausgekommen. Hindus und Buddhisten haben dieses Ziel über einen viel längeren Zeitraum verfolgt und sind erheblich weiter gelangt. Auf diesem Gebiet hat der Westen noch eine Menge aus den indischen und ostasiatischen Erfahrungen zu lernen. Ich habe wiederholt in Büchern und Aufsätzen meine Leser im Westen auf diese historische Tatsache hingewiesen als ein Teil meiner lebenslangen Bemühungen, die Menschen im Westen von dem lächerlichen Vorurteil zu befreien, die moderne abendländische Zivilisation sei allen anderen überlegen, weil sie sie überflügelt hat.

Ikeda: Ich bin mir dessen bewußt, und ich respektiere Ihre aufrichtigen Bemühungen in dieser Hinsicht. Zwei führende Denker der indischen Wischnanawada-Schule der Philosophie, Asanga und Wasubandhu (beide im vierten Jahrhundert unserer Zeitrechnung) haben den damals anerkannten sechs Sinnen neue Begriffe hinzugefügt. Die traditionellen sechs waren Gesicht, Gehör, Geruch, Geschmack, Gefühl und ein sechster Sinn, der die Funktionen der anderen fünf kontrolliert und vereint. Die zusätzlichen Begriffe, die diese großen Denker brachten, war die Fähigkeit, gründlich zu denken *(manaswischnana)*, und die Fähigkeit der tieferen Einsicht in das Wesen des Lebens *(alaja-wischnana)*. Der siebente Sinn, die Denkfähigkeit, schließt eine tiefe Betrachtungsweise ein; Descartes' »Ich denke, also bin ich« fällt in diese Kategorie. Die abendländischen Philosophen sind dieser Betrachtungsweise weit gefolgt; Wasubandhu ging weiter in der Entdeckung des achten Sinnes, vermittels dessen er tiefer und ohne Illusion in das Wesen des menschlichen Lebens blicken konnte. Tschi-hi in China (im sechsten christlichen Jahrhundert), der Wasubandhus Idee weiterführte, entwickelte einen neunten Sinn *(amalawischnana)*, der zur letzten geistigen Einheit gelangt, indem er alle anderen psychischen Tätigkeiten aktiviert. Seine Idee wurde die Saat, aus der der T'ien-t-ai-Buddhismus entstand. Ich habe diese Männer kurz erwähnt, um zu zeigen, daß von alters her buddhistische Denker versucht haben, die tieferen Schichten des Lebens unter der Welt des Bewußtseins zu verstehen.

Toynbee: Natürlich haben die Bestrebungen dieser Männer wichtige Ergebnisse gezeigt; ich glaube jedoch, daß nicht einmal die bewußte Oberfläche der Seele, die verhältnismäßig erfaßbar ist, vollständig und wirklich verstanden werden kann, wenn man sie nicht als einen bloßen Teil eines unteilbaren psychischen Ganzen sieht, in dem die unterbewußten Tiefen die bewußte Oberfläche beherrschen, in dem Maße, wie sie nicht wahrgenommen oder ignoriert werden. Der Wert, diese unterbewußten Tiefen oder zumindest die oberen Schichten davon in das Bewußtsein zu bringen, liegt darin, daß wir, indem wir uns ihrer bewußt werden, sie beherrschen können, statt unversehens von ihnen beherrscht zu werden.

Ich glaube, daß der indische buddhistische Philosoph Wasubandhu und der chinesische buddhistische Philosoph Tschi-hi tatsächlich mit ihrem Bewußtsein in die tieferen Schichten des Unterbewußtseins eingedrungen sind (das Raumwort *tiefer* ist unzulänglich und könnte in die Irre führen, doch ein Raumvokabular, metaphorisch gebraucht, ist das einzige, das uns zur Beschreibung psychischer Erscheinungen zur Verfügung steht). Ich glaube auch, daß die letzte Schicht des unterbewußten Abgrundes der menschlichen Seele identisch ist mit der letzten Realität, die dem ganzen Universum unterliegt.

Ikeda: Ich vermute, Ihre letzte Realität hinter dem Universum entspricht dem, was die buddhistischen Denker die universale Lebenskraft nennen, die die Quelle aller Erscheinungen im Universum ist.

Aber um uns auf eine etwas konkretere Ebene zu begeben, möchte ich nach Ihrer Meinung über die Methodenlehren fragen, die bei der

Erforschung psychischer Phänomene angewandt werden. Die Forschung auf diesem besonderen Gebiet der menschlichen Seele wurde von der Einführung und Entwicklung von Freuds Psychoanalyse und der Tiefenpsychologie angeregt.

Die zahlreichen Zweige der Psychologie können grob in zwei Gruppen eingeteilt werden. Die eine ist die bewußte Psychologie, die sich mit der bewußten Ebene der menschlichen Seele beschäftigt. Die andere ist die Tiefenpsychologie, die sich mit beiden Ebenen, der bewußten und der unbewußten, befaßt, doch alle Phänomene ausschließt, die sich einem objektiven Wahrheitsnachweis entziehen.

Toynbee: Das moderne abendländische Studium der menschlichen Seele ist viel jünger als das abendländische Studium der unbelebten und physischen Aspekte des Universums, wie es uns erscheint. Die wissenschaftlichen Methoden, die der Westen zum Studium dieses physischen Aspekts entwickelt hat, sind auf ihren eigenen Gebieten verblüffend erfolgreich gewesen. Ihr Ruf war so groß geworden, daß sie vorbehaltlos auf das Studium des psychischen Aspekts der Phänomene angewandt wurde, als der Westen endlich begann, diesen Aspekt ebenfalls zu studieren. Wie wir festgestellt haben, begannen Buddhisten und Hindus mit dem Studium der Seele in Indien rund 2400 Jahre früher als die Europäer; und in Indien wurde es nicht nach den Prinzipien eines vorangegangenen, gutfundierten und erfolgreichen Studiums des physischen Aspekts der Phänomene durchgeführt. Dieser nichtphysikalische indische Weg zum Studium der psychischen Phänomene scheint mir aussichtsreicher. Der moderne westliche Versuch, eine psychologische Wissenschaft nach den Prinzipien einer schon vorhandenen physikalischen Wissenschaft aufzubauen, kann die moderne westliche psychische Wissenschaft in die Gefahr bringen, von einer falschen Analogie irregeleitet zu werden. Das Studium der psychischen Phänomene kommt vielleicht der Wahrheit näher, wenn es, wie es die Inder taten, nach eigenen unabhängigen Prinzipien, die dem Wesen der psychischen Thematik dieses Studiums mehr entsprechen, durchgeführt wird.

Ikeda: Das trifft sicherlich zu. Die tiefen Schichten des menschlichen Lebens sind ihrem Wesen nach grundsätzlich anders als die Manifestationen der Oberfläche. Sie transzendieren Zeit und Raum, und deshalb werden Versuche, sie mit den Mitteln gewöhnlicher Raum- und Zeitmaßstäbe zu messen, uns dem Wesen der Lebenskraft selber wahrscheinlich nicht sehr nahe bringen. Infolgedessen scheint, wie Sie sagten, die indische Methode der Introspektion ein genaueres Wissen hervorbringen zu können als Versuche, über tiefschichtige psychische Phänomene nach Methoden zu rätseln, die zur Analyse bewußter Phänomene angewandt werden.

Ich habe die beiden Hauptrichtungen des modernen Psychologiestudiums kurz berührt; doch in den letzten Jahren sind mehrere neue Schulen des Denkens entstanden und haben versucht, die Grenzen der herkömmlichen Psychologie zu überschreiten. Eine solche ist die Parapsychologie, die sich auf die Erforschung übernormaler Phänomene konzentriert: Telepathie, Distanztelepathie, Hellsehen, Psychokinese und Vorausahnung. Während einige Experimente auf diesem Gebiet Tests bestanden haben, die von gewissenhaften Gelehrten durchgeführt wurden, sind viele sogenannte erfolgreiche Experimente nichts als Schwindel gewesen. Einige übernatürliche Phänomene können vollauf erklärt werden, wenn man tiefer in die Schichten des Unterbewußtseins taucht, ohne ihnen angeblich übersinnliche Wahrnehmungsfunktionen zuzuschreiben.

Toynbee: Gewiß hat es bei den modernen Versuchen des Abendlandes in der Vorführung und Beobachtung psychischer Phänomene eine Menge Schwindel gegeben. Ich meine aber, daß die Mehrzahl der Experimentatoren und Beobachter in gutem Glauben gehandelt hat, sogar in solchen Fällen, bei denen ihre Erklärungen der Phänomene nicht überzeugen konnten. Das gilt jedoch, glaube ich, nicht nur für die Unterbewußtseinsforschung des modernen Abendlandes, sondern auch für das indische Yoga und den sibirischen Schamanismus.

Ikeda: Abgesehen von betrügerischen oder irrelevanten Fällen hat es auch Phänomene gegeben, die man nur erklären kann, wenn man sie mit etwas Übernormalem in Beziehung setzt. Es wäre falsch, die Parapsychologie im ganzen abzutun. Der Hypnotismus, einst als Schwindel, nicht als Wissenschaft betrachtet, hat sich als eine wirksame Methode der Psychotherapie durchgesetzt. Natürlich müssen parapsychologische Theorien immer strengen Wahrheitsnachweisen unterzogen werden.

Eine andere Schule des Denkens, den Hauptrichtungen der psychologischen Forschung noch weiter voraus als die Parapsychologie, ist der Spiritualismus, der sich mit dem Studium der angeblichen Existenz der Seele befaßt. Ohne jede Beziehung zur positiven Wissenschaft hat sich der Spiritualismus zu einer Art von religiösem Glauben entwickelt. Was halten Sie von solchen Methoden, sich der menschlichen Psychologie zu nähern?

Toynbee: Ich halte alle wahrnehmbaren Erscheinungen für normale Erscheinungen. Wie ich es sehe, sind die sogenannten supernormalen Phänomene, die der Gegenstand des sogenannten parapsychologischen Studiums sind, in Wahrheit ganz normale Phänomene, die entweder sehr selten sind oder so gewöhnlich, daß man sie bei uns im Westen bis vor kurzem übersehen oder vernachlässigt hat. Ich selber war einmal unmittelbarer Zeuge einer telepathischen Kommunikation, die, soviel ich weiß, echt war. Vermutlich haben alle Lebewesen immer miteinander auf telepathischem Wege kommuniziert und sogar nach der Erfindung der menschlichen Sprache nicht aufgehört, sich nicht durch Wort und Schrift, sondern auch telepathisch miteinander zu verständigen.

Ikeda: Es ist wichtig und notwendig, aus diesen supernormalen Phänomenen Schlüsse zu ziehen. Aber sie ungebührlich als mystische Auswirkungen einer Art Übermacht zu preisen kann bedenkliche Folgen haben. Erstens könnte es falsche Einsichten und betrügerische Praktiken hervorrufen. Zweitens, und das wäre noch schlimmer, könnte es den Weg zur Erwerbung exakter und verläßlicher Kenntnisse über diese Phänomene blockieren. Aber wenn man die Gedanken und Schlußfolgerungen auf diesen Gebieten einer allzu strengen Kritik unterzöge, würde man das tiefere Eindringen in diese Phänomene entmutigen, und das könnte zu einer Erstickung bisher unerforschter menschlicher Fähigkeiten und Möglichkeiten führen.

Sie sagen, die sogenannten übernormalen Phänomene seien ihrem Wesen nach normal. Soweit stimme ich Ihnen zu. Wenn der Zusammenhang von Ursache und Wirkung zwischen den Dingen, die man heute noch für übernormal hält, in Begriffen der Parapsychologie entdeckt sein wird, werden diese Dinge selber vermutlich als normal angesehen werden. Die Welt der Tiere liefert zahlreiche Beispiele von anscheinend übernatürlichen Kräften – die Heimatinstinkte vieler Vogelarten und ihre Fähigkeit, auf Wanderzügen große Entfernungen zurückzulegen –, die jetzt von der Wissenschaft erklärt werden. Wenn man sie einer sorgfältigen und gewissenhaften Beobachtung und Untersuchung unterzieht, können vielleicht auch sogenannte übernormale Phänomene auf ähnliche Weise erklärt werden.

Ein großer Teil des Austauschs von Absichten und Ideen geht bei den Menschen in Worten vor sich; aber es gibt Fälle, wo man keine Worte braucht. Die orientalischen Völker legen großen Wert auf Kommunikationen zwischen den spirituellen Aspekten der Menschen. Diese Art von Kommunikation (im Japanischen *ischin-denschin* genannt) wird von Worten nicht unterstützt; ich vermute, es entspricht dem, was Sie unter Telepathie verstehen. Mir scheint, falsche Methoden, diese verborgene menschliche Fähigkeit zu entwickeln – oder sie überhaupt nicht zu entwickeln, sondern zuzulassen, daß sie mißachtet wird und verkümmert –, haben verhindert, daß sie sich so verständlich manifestiert hat, wie es möglich gewesen wäre.

Etwas sehr Ähnliches ist der Intuition widerfahren. Sie wird oft weniger gerecht bewertet als die Vernunft, und da die Beispiele falsche intuitiver Einschätzungen allgemein bekannt werden, wird die Intuition als solche diskreditiert. Und weil man nicht weiß, wie sie arbeitet, wird sie vorschnell als unwissenschaftlich verdammt. Eine solche Einstellung bringt die Gefahr, daß sich der Mensch ganz auf seine Vernunft verläßt und auf seine intuitive Kraft verzichtet.

Das Bewußtsein der tieferen Schichten vermag, die Vernunft zu verwandeln und mit großer Schärfe, Schnelligkeit und Genauigkeit zu operieren. Diese Fähigkeit ist dem Leben selber eigen, doch die zivilisatorische Entwicklung der Menschheit hat sie geschwächt. Infolgedessen glaubt der Mensch, daß er ausreichend wirksam sein kann, auch wenn die Fähigkeiten seiner tieferen Schichten inaktiv bleiben. Mit anderen Worten: Das Oberflächenbewußtsein des Menschen, besonders die Vernunft, hat das tiefere menschliche Bewußtsein unterdrückt.

Toynbee: Jede ältere Gabe hat die Neigung, zu verkümmern, wenn sie von einer neuen ergänzt wird. Das ist schade, denn die neu Gabe verrichtet selten alle Funktionen der alten, wenn sie auch einige davon wirkungsvoller verrichten kann und zugleich neue Funktionen ausübt, die die alte Anlage nicht ausgeübt hat und nicht hätte ausüben können. Zum Beispiel ist bei Leuten, die des Lesens und Schreibens kundig sind, das Gedächtnis schwächer als bei Analphabeten; und andererseits leidet vielleicht die Lese- und Schreibfähigkeit durch den Gebrauch von Fernsehen und Radio als Kommunikationsmittel. Ähnlich ist, so glaube ich, das Unterbewußtsein bei den Menschen teilweise verkümmert durch die Erlangung des Bewußtseins, das Vernunft und Kultur mit sich gebracht haben. Wir können den gleichen Vorgang auf dem Gebiet der Kommunikationstechnik beobachten. Kanäle sind durch Eisenbahnen verdrängt worden, Eisenbahnlinien durch Autobahnen, Schiffe von Flugzeugen, die Briefpost vom Telefon. Aber die neuen Verkehrsmittel üben nicht alle Funktionen der alten aus, die sie zunichte gemacht haben. Sowohl im Materiellen als im Geistigen scheinen Fortschritte mit Verlusten errungen zu sein, die wir uns schwer leisten können.

Vernunft und Intuition

Ikeda: Vernunft und Intuition ergänzen einander dadurch, daß die Vernunft die Funktion der Intuition voraussetzt, während die Intuition von der Vernunft korrigiert und geklärt wird. Der wiederholte Gebrauch der Gabe der Vernunft kann die durch Intuition erworbene Weisheit systematisieren und erhellen. Während die Vernunft im allgemeinen den analytischen Weg wählt und komplizierte Dinge in einfache Elemente aufzulösen bestrebt ist, ergreift die Intuition eine Sache als Ganzes und versucht, direkt in ihr Wesen einzudringen. Wenn auch diese beiden Methoden gegensätzlich zu sein scheinen, fühle ich doch, daß sie eng verwandte Aspekte der menschlichen Weisheit sind und eine erhebende Wirkung auf die menschliche Natur ausüben.

Toynbee: Die Daten der Sinneswahrnehmung bilden das Rohmaterial für wissenschaftliche Hypothesen. Eine Hypothese ist die provisorische Erklärung dieser Daten bis zum Beweis der Wahrheit. Es gibt zwei Wahrheitstests, die beide angewandt werden müssen. Der eine erfolgt mit den Mitteln der Vernunft. Ist die betreffende Hypothese mit anderen Hypothesen vereinbar und im allgemeinen mit dem Gesamtkomplex vorläufig akzeptierten Wissens? Der zweite Test geschieht durch die Gegenüberstellung mit der Reihe der Phänomene, durch die unsere Hypothese ausgelöst worden ist. Erklärt die Hypothese sie ausreichend? Oder sind einige widersinnig? Offenbar kann eine Hypothese nie schlüssig und endgültig für richtig erklärt werden, denn wir sind niemals sicher, daß unser Inventar irgendeiner Phänomenenreihe vollständig ist. Irgend einmal später können wir eines Phänomens gewahr werden, das in diese Reihe gehört und von uns noch nicht bemerkt wurde. Das neu beobachtete Phänomen mag sich als unvereinbar erweisen mit der hypothetischen Erklärung dieser besonderen Reihe von Phänomenen, die bis dahin akzeptiert worden waren. Ein einziger widersetzlicher Fall genügt, um die hypothetische Erklärung der Reihe von Phänomenen, in die der Fall gehört, in Frage zu stellen.

Was ist die Quelle einer Hypothese? Sie wird uns nicht von den Daten der Sinneswahrnehmung präsentiert. Hypothesen sind keine Daten; sie sind Erklärungen von Daten. Sie stammen auch nicht aus der Vernunft; unsere Vernunft kritisiert und prüft Hypothesen, aber sie bringt sie nicht hervor. Die Vernunft kann erst tätig werden, wenn sie schon eine Hypothese zu bearbeiten hat. Vernunft und Sinneswahrnehmung wirken beide auf der bewußten Ebene der Seele; unsere Hypothesen hingegen werden uns von der Intuition gegeben, die aus unterbewußten Tiefen zum Bewußtsein emporquillt. Das Bewußtsein empfängt die Intuition vom Unterbewußtsein; sowohl die Vernunft wie die Sinneswahrnehmung sind unschöpferisch. Die schöpferische Aktivität der menschlichen Seele ist intuitiv, und das Unterbewußtsein ist seine Quelle.

Ikeda: Was Sie sehr klar gesagt haben, erklärt die Taten der großen geistigen Schöpfer der Welt, sowohl der Wissenschaftler wie der religiösen Führer. Nur die Intuition kann uns Einsicht in Regionen verschaffen, in die keine Vernunft dringt. Aber vielleicht wegen ihrer subjektiveren Natur kann die Intuition, wenn sie einmal mißverstanden wird, zur Selbstgefälligkeit führen. Die Gültigkeit intuitiv wahrgenommener Dinge muß durch rationale Erkenntnis bestätigt werden. Wenn dies getan ist, sehen wir, daß wir ein Bewußtsein auf einer neuen Ebene benötigen, wo Vernunft und Intuition einander ergänzen. Dieses Bewußtsein könnte man rationale Intuition oder intuitive Vernunft nennen.

Die Beispiele einiger großer Denker auf dem Gebiet der Physik mögen meinen Kernpunkt erläutern. Einsteins Relativitätstheorie und Newtons Entdeckung von der Tätigkeit der Schwerkraft sind als Ergebnis der Intuition von Genies zustande gekommen. Doch in beiden Fällen ist dem Augenblick der Intuition ein gewaltiger rationaler Denkprozeß vorausgegangen. Es ist unmöglich, die großen Einsichten solcher Männer auf der gleichen Ebene zu betrachten wie die zufälligen Einfälle, die wir alle von Zeit zu Zeit haben. Vom objektiven Standpunkt aus bleibt eine durch Intuition erlangte Wahrheit eine Hypothese, die bewiesen werden muß. Aber dies trifft offenbar nicht zu bei jemandem, der zu einer intuitiven Wahrheit als Folge intensiven rationalen Denkens gelangt ist. Was ich meine, ist dies: Die in solchen Fällen tätige Intuition ist keine zufällige, sondern das, was ich rationale Intuition genannt habe.

Toynbee: Ich verstehe Ihren Standpunkt und glaube, daß Sie ihn gut vertreten. Aber wir müssen uns vor Augen halten, daß die bewußte wie die unterbewußte Ebene nebeneinander unter Menschen und sogar ganzen Gesellschaften existieren. Weil sowohl die Sinneswahrnehmung als auch die Vernunft auf der bewußten Ebene operieren, sind verschiedene menschliche Wesen imstande, Aufzeichnungen darüber, was sie wahrnehmen und wie sie davon denken, zu vergleichen. Sie können zu gemeinsamen Darstellungen der Phänomene gelangen und gemeinsam Schlüsse aus ihrem Denken ziehen. Wir nennen diese gemeinsamen Darstellungen und Schlüsse objektiv und meinen damit, daß es nicht die privaten Ansichten und Gedanken nur eines einzelnen Individuums sind. Aber wir können nicht wissen, ob diese gemeinsamen bewußten Denkinhalte objektiv sind in dem Sinne, daß es echte und genaue geistige Reflexionen der Realität-an-sich sind. Es könnten bloße Massenhalluzinationen sein.

Einige Intuitionen sind subjektiv in dem Sinne, daß sie einem besonderen Individuum eigen sind, und diese persönlichen Intuitionen können für andere nicht überzeugend sein. Solche Intuitionen sind nicht für jedermann einleuchtend, doch können sie trotzdem Anhänger gewinnen. Die individuellen Intuitionen von Wissenschaftler, Dichtern und religiösen Propheten sind von dieser Art. Soweit es jedoch überhaupt erforscht worden ist, scheint das Unterbewußtsein aus zahlreichen verschiedenen psychischen Schichten zu bestehen. Da scheint es eine Schicht unter der Ebene der individuellen Intuition zu geben, in der das Unterbewußtsein Mythen gebiert von der Art, die C. G. Jung »Urbilder« nannte. Wie unsere geistigen Operationen auf der Bewußtseinsebene sind diese Mythen allen Menschen gemeinsam. Die gleichen Urbilder kommen in den Riten und in der Folklore vieler verschiedener Völker an die Oberfläche wie auch in den ausgeklügelten Dramen und Romanen, die in den verschiedenen Kulturen zu verschiedenen Zeiten und an verschiedenen Orten geschrieben worden sind. Urbilder haben eine hohe Ladung psychischer Energie und eine zwingende Kraft. Manchmal überwältigen sie den bewußten Willen und zwingen den Menschen zu Handlungen, die seinen Vorsätzen und Absichten entgegengesetzt sind.

Ikeda: Ich vermute, daß Jungs Urbilder dasselbe sind, was man manchmal »Gruppenseele« nennt und was bedeutet, daß sich in den verborgensten Teilen der Seele eines jeden Menschen ein Speicher von Erfahrungen befindet, die seit Anbeginn der Menschheit von Generation zu Generation weitervererbt worden sind. Diese Erfahrungen sind allen Menschen gemeinsam, obwohl sie im allgemeinen unterdrückt bleiben.

Wenn man auch wahrscheinlich nicht fehlgeht, die Religion dem Feld der Intuition zuzuschreiben, wird eine nur von der Intuition getragene Religion nicht überzeugen. Nur wenn sie von dem Licht der Vernunft erhellt wird, kann die intuitive Kenntnis der Religion handgreifliches Leben erlangen. In diesem Sinne halte ich es für unerläßlich, daß die Intuition eine rationale Intuition ist. Und umgekehrt, da ich glaube, daß die Vernunft von der Intuition gestützt werden muß, halte ich eine intuitive Art von Vernunft für notwendig.

Toynbee: Ich meine, Wissenschaft und Religion erhalten Intuitionen sowohl von der individuellen wie auch von der allgemeinen Schicht des Unterbewußtseins. In dieser Hinsicht sind die Hypothesen eines Wissenschaftlers von der gleichen Art wie die Einsichten eines religiösen Propheten, nur daß die Wissenschaftler es genauer damit nehmen, ihre Intuitionen im Lichte des Bewußtseins zu testen. Propheten sind eher gewillt, auf die Grundfragen nach dem Wesen des Universums und die Bedeutung des menschlichen Lebens mit Dogmen zu erwidern. Auf diese Grundfragen, die auf der einen oder anderen Stufe ihres Lebens die meisten Menschen stellen, kann man keine nachprüfbaren Antworten geben. Das würde die Kraft des menschlichen Geistes übersteigen. Dennoch sind es äußerst dringliche Fragen, die hartnäckig Beantwortung verlangen. Die Antworten der religiösen Propheten sind dogmatisch, denn sie sind nicht nachprüfbar. (Die ursprüngliche Bedeutung des griechischen Wortes *dogma* heißt »Meinung« im Gegensatz zu einer allgemein erkannten und anerkannten Wahrheit.)

Die Wissenschaftler beschränken sich darauf, Erscheinungen zu beobachten und zu versuchen, sie rational zu erklären und daraus ihre Schlüsse zu ziehen. Im Gegensatz zur Wissenschaft bietet die Religion den Menschen das Diagramm einer geheimnisvollen Welt, in der wir zum Bewußtsein erwacht sind und unser Leben verbringen müssen. Obwohl dieses Diagramm nur auf Mutmaßungen beruht, kommen wir ohne es nicht aus. Es ist eine Lebensnotwendigkeit und für uns von weit größerer praktischer Bedeutung als die meisten der wissenschaftlich getesteten und bezeugten Einblicke in den winzigen Ausschnitt des Universums, der uns für die wissenschaftliche Forschung zugänglich ist. Natürlich ist auch die Wissenschaft eine Lebensnotwendigkeit, doch die wirklich unentbehrliche ist die elementare. Wissenschaftliches Beobachten und Denken waren nötig, um die frühesten paläolithischen Werkzeuge zu schaffen. Diese elementare Wissenschaft genügte, um das Überleben unserer Spezies zu sichern. Der darauf folgende gewaltige Fortschritt der Wissenschaft war zum Zwecke des Fortbestehens der Menschheit überflüssig und kann schließlich zu ihrer Selbstzerstörung führen.

Ikeda: Auf der gegenwärtigen Stufe der Menschheitsgeschichte sind Religion und Wissenschaft, wie Sie sagen, Lebensnotwendigkeiten. Da beide notwendig sind, dürfen sie einander nicht bekämpfen. Tatsächlich muß die Wissenschaft auf der Religion basieren, und die Religion darf wissenschaftliche Vernünftigkeit nicht ausschließen. Ich glaube fest, daß die Herstellung einer Harmonie zwischen Wissenschaft und Religion eine Offenbarung für die ganze Menschheit sein würde. In diesem Zusammenhang meine ich, daß Albert Einsteins Worte – »Wissenschaft ohne Religion ist lahm, und Religion ohne Wissenschaft ist blind« – heute von noch größerer Bedeutung sind als damals, als sie ausgesprochen wurden.

Toynbee: Wissenschaft und Religion sollten sich nicht widersprechen, und sie brauchen es auch nicht. Sie sind einander ergänzende Wege für den geistigen Zugang zum Universum und Versuche, es zu erfassen. Der Wissenschaft ist es untersagt, das Feld der Religion zu betreten; sie könnte es nicht tun, ohne unbeweisbare dogmatische Erklärungen abzugeben und damit sich selber zu widerlegen, indem sie auf ihr eigenes bestimmtes Verfahren der Wahrheitsfindung verzichtet. Die Religion hat sich manchmal unbefugt auf das Feld der Wissenschaft begeben; doch mußte sie sich zurückziehen, wenn die Wissenschaft ihre Besitzrechte geltend machte. Solche Rückzüge haben jedoch das eigentliche Feld der Religion unversehrt gelassen.

Ikeda: Religion und die intuitive Betrachtungsweise sind zum Guten der Menschheit. Wir müssen alle Menschen zur Verwirklichung ihrer wesentlichen Werte aufrufen. Wenn wir diese Verantwortung übernehmen, können wir die einander ergänzenden Beziehungen zwischen Religion und Wissenschaft erforschen, um einen Weg zu finden, die Religion allen Menschen zugänglich zu machen.

Sie haben darauf hingewiesen, daß religiöse Propheten mehr bereit sind, sich allein auf die Intuition zu verlassen und auf Grundsatzfragen dogmatische Antworten zu geben. Im Gegensatz dazu beschränken sich Wissenschaftler auf rationale Erklärungen und rationale Tests aller Schlüsse, die aus ihnen gezogen werden. Sie verlassen sich auf die menschliche Vernunft, um zu verständlichen Erklärungen zu gelangen.

Wenn wir Eigenart und Wert sowohl der Intuition als auch der Vernunft erkannt haben, könnten wir imstande sein, eine Brücke zwischen Wissenschaft und Religion zu schlagen und damit dem Menschen von heute den Weg zur Religion zu erleichtern. Mit anderen Worten: Sowohl Wissenschaft wie Religion müssen ihre festgelegten Grenzen überschreiten und sich einander nähern. Damit meine ich nicht, daß die eine in das Reich der anderen eindringen soll; im Gegenteil soll jede die andere respektieren in dem Maße, wie sie einander näherkommen. Einerlei jedoch, wie eng diese Annäherung sein wird – mit den Methoden der Wissenschaft wird man nie das Reich der Religion erobern können.

2
Die Umwelt

Das Einssein von Mensch und Natur

Ikeda: Nur wenn der Mensch in Harmonie mit der natürlichen Umwelt in einem Verhältnis von Geben und Nehmen lebt, kann er sein eigenes Leben schöpferisch entwickeln. Aufgrund dieser Anschauung lehrt der Buddhismus, daß die Beziehung zwischen Mensch und Natur nicht auf Gegensätzlichkeit beruht, sondern auf wechselseitiger Abhängigkeit. Diese Beziehung wird mit dem Ausdruck *Eshō Funi* bezeichnet.

Shō steht für *shōhō*, die unabhängige Lebenseinheit; *e* steht für *ehō*, die Umwelt, die jenes Leben stützt. Da das menschliche Leben seine Umwelt beeinflußt und zugleich von ihr abhängig ist, sind die beiden – *Eshō* – untrennbar – *Funi*. Würde man den Menschen und seine Umwelt als zwei getrennte und einander entgegengesetzte Wesenheiten ansehen, könnte man keine in der richtigen Perspektive erfassen. Die Umwelt bleibt nicht starr und unwandelbar, sondern verändert sich nach der Art des Lebens, das sie trägt. Es unterscheidet sich nicht nur die Umwelt, die der Mensch benötigt, von der zum Beispiel, welche die Vögel brauchen, sondern auch die Umwelten der einzelnen Menschen sind verschieden nach den besonderen Eigenschaften des einzelnen. In diesem Sinne bilden der subjektive Leib und die Umwelt eine unteilbare Wesenheit. Das buddhistische Denken führt diese Vorstellung noch weiter und findet die endgültige Einheit von Subjekt und Umwelt in der kosmischen Lebenskraft.

Toynbee: Einem Abendländler, in den klassischen Sprachen und in der vorchristlichen griechischen und römischen Literatur erzogen, kommt *Eshō Funi* vertraut vor, denn es war die Weltanschauung der vorchristlichen griechisch-römischen Welt.

Ikeda: Die Vorfahren des japanischen Volkes haben eine Reihe von Kriterien für die geistige Urteilsbildung formuliert, die auf dem Glauben an die Harmonie von Mensch und Umwelt beruhen. Diesen Kriterien haftete die Kraft an, die Verschmutzung der Umwelt einzuschränken. Ob diese Regeln aus dem Buddhismus oder dem Schintoismus kamen, tut nichts zur Sache; sie tauchten auf und wirkten lange Zeit, wie die jahrhundertealte Erhaltung der Naturschönheit in Japan vor dem Industriezeitalter zeigt. Doch in den letzten Jahrzehnten haben sich die Japaner zum Ziel gesetzt, es den fortschrittlichen westlichen Nationen gleichzutun, und ihre traditionelle Religion, ihre Einstellung zur Natur und sogar sittliche menschliche Beziehungen preisgegeben. Kurz, sie haben sich auf einen unsinnigen Kurs materieller Habgier begeben.

Die moderne wissenschaftlich-technische Zivilisation hat der materiellen Habgier praktisch freien Lauf gelassen – sie ist in der Tat das Produkt der zügellosen materiellen Habgier –, und solange wir nicht alle diese Tatsache mit der größten Klarheit erkennen und unsere Entscheidungen nach dieser Erkenntnis treffen, werden wir nicht imstande sein, der Vernichtung unserer natürlichen Umwelt und der potentiellen Auslöschung der Menschheit Einhalt zu gebieten.

Toynbee: Seit unsere Vorfahren Menschen wurden, hat der Mensch seine natürliche Umwelt im Hinblick auf seine menschlichen Bedürfnisse abgewandelt. Darin stand die Menschheit jedoch nicht allein. Viele nichtmenschliche Spezies von Lebewesen haben das gleiche getan, wenn auch nicht wie der Mensch bewußt und vorsätzlich. Bis vor zwei- oder dreihundert Jahren jedoch hat weder die Menschheit noch irgendeine andere Lebensform auf diesem Planeten die natürliche Umwelt zerstört, indem sie ihr eine künstliche Umwelt auferlegte.

Es ist wahr, daß schon im vorindustriellen Zeitalter zahlreiche einst fruchtbare Regionen durch Ausbeutung, Abweidung und Abforstung in unfruchtbare Wüsten verwandelt worden sind. Diese Übertretungen der Gebote von *Eshō Funi* waren Vorzeichen dessen, was der Mensch seitdem im Industriezeitalter der nichtmenschlichen Natur angetan hat; doch diese früheren Verstöße des Menschen gegen seine Umwelt waren nur partiell und lokal. Zum Teil wurden sie unfreiwillig in Grenzen gehalten, denn die technische Kraft des Menschen war beschränkt, zum Teil jedoch auch bewußt. Der Mensch wurde von *Eshō Funi* gezügelt. Dieses Konzept und Ideal war nicht auf Ostasien und die griechisch-römische Welt beschränkt; es war, glaube ich, ursprünglich Gemeingut der ganzen Menschheit.

Ikeda: Vielleicht, aber im Herzen der modernen wissenschaftlichen Zivilisation steckt die Vorstellung, daß der Mensch und die Natur Gegensätze sind und daß es um des menschlichen Vorteils willen nötig sei, sich die Natur zu unterwerfen. Die wissenschaftlichen Methoden haben weitgehend an dieser Unterwerfung mitgewirkt.

Toynbee: Die revolutionäre Idee des jüdischen Monotheismus eröffnete den Weg für die vorbedachte und unterschiedlose Verletzung von *Eshō Funi.* Der Glaube, daß die geistige Allgegenwart in und hinter dem Universum, wie ich es genannt habe, sich in einem einzigen, überragenden, menschenähnlichen Gott konzentriere, zog den weiteren Glauben nach sich, daß sonst nichts im Universum göttlich sei. Sowohl den Menschen als auch die nichtmenschliche Natur dachte man sich als von diesem hypothetischen Gott geschaffen, ähnlich wie Werkzeuge und Kunstwerke und Institutionen von Menschen geschaffen werden. Dem Schöpfer schrieb man auch die Kraft und das Recht zu, sich dessen zu entledigen, was er geschaffen hatte. Nach Kapitel I, Vers 26 bis 30, der Genesis stellte Gott die nichtmenschliche Schöpfung dem von ihm geschaffenen Menschen zur Verfügung, damit er sie sich zunutze machen könne.

Die Wirkung dieser revolutionären Doktrin war die Zerschlagung des *funi* zwischen *shōhō* und *ehō.* Der Mensch wurde von seiner natürlichen, ihrer früheren göttlichen Aura entkleideten Umwelt geschieden; es wurde ihm erlaubt, eine nicht länger sakrosankte Umwelt auszubeuten. Die gesunde Ehrfurcht und Achtung, mit welcher der Mensch ursprünglich seine Umwelt betrachtet hatte, wurde auf diese Weise von dem jüdischen Monotheismus in den Formen des Judentums, Christentums und Islams zunichte gemacht.

Ikeda: In dem Bestreben, sich die natürliche Welt zu unterwerfen, hat die Menschheit den festen Grundrhythmus der Natur gestört. Jetzt lehnt sich die geschundene und durch die Handlungsweise der Menschen an den Rand der Vernichtung gebrachte Natur gegen die Menschheit auf.

Ich sehe zwei Gründe dafür, daß der Mensch in der Vernichtung seiner natürlichen Umwelt so weit gegangen ist. Der erste: Der moderne Mensch sieht die natürliche Welt nicht in dem gleichen Sinne lebendig, wie er selber es ist; das heißt, er hält die Natur für etwas von der Menschheit grundsätzlich Verschiedenes. Selbst wenn das Leben der Natur ganz anders sein mag als das der Menschheit, so hat der Mensch die Tatsache mißachtet, daß die beiden Arten des Lebens aufeinander bezogen und Teil einer größeren Lebenseinheit und ihres festgelegten Rhythmus sind. Der zweite Grund entspringt dem jüdischen Monotheismus, den Sie erwähnten. In dem Glauben, er sei von allen Kreaturen Gott am nächsten, hat der Mensch es für selbstverständlich gehalten, alle anderen Lebewesen zu unterwerfen und in seine Dienste zu stellen. Diese Idee liegt allen Aspekten modernen Denkens zugrunde; und die Kombination dieser Ursachen hat den Aufstieg der wissenschaftlich-technischen Zivilisation vorangetrieben.

Toynbee: Die jüdische Ideologie wurde in Palästina schon im neunten Jahrhundert v. Chr. zum erstenmal formuliert; aber sie wurde erst im siebzehnten Jahrhundert der christlichen Zeitrechnung ohne Vorbehalte verwirklicht. Die praktische Anwendung der jüdischen Ideologie war eine Ausnahme bei den Völkern, die sie sich theoretisch zu eigen gemacht hatten. Die Moslems zum Beispiel haben länger als andere zivilisierte Völker gezögert, die moderne Technologie und damit das Ideal und das Ziel, denen sie dient, zu übernehmen. Jesus war ein orthodoxer Jude, aber nach dem, was wir von seinen Predigten wissen, lehrte er, daß wirtschaftliche Habgier mit dem Dienst an Gott unvereinbar sei. Daher verdammte er wirtschaftliches Planen, die Anhäufung von Kapital, die Technik und, im allgemeinen, die Glorifizierung von wirtschaftlich einträglicher Arbeit.

Jesus' Empfindlichkeit gegenüber dem Übel der Habgier ist bezeichnend, denn zu seiner Zeit waren die meisten palästinensischen Juden noch Bauern, die mit ihrer nichtmenschlichen Umwelt in Harmonie im Geiste des *Eshō Funi* lebten. Damals gab es wenig »modern« denkende Kaufleute und Fabrikanten in der palästinensischen jüdischen Gemeinschaft. Deutlich zutage tretende Habgier war in Jesus' gesellschaftlicher Umwelt selten, doch Jesus verwarf die Habgier, die zu allen Zeiten und an allen Orten in der menschlichen Natur steckt.

Noch bezeichnender sind die Geschichte, die Lehren und das Wirken des abendländischen christlichen heiligen Franziskus von Assisi im zwölften Jahrhundert. Sein Vater, ein Tuchgroßhändler, war einer der ersten erfolgreichen kapitalistischen Unternehmer im Westen. Der junge Franziskus lehnte sich gegen die Lebensweise seines Vaters auf. Wie Siddhartha Gautama, der Buddha, der eines Fürsten Sohn gewesen war, gründete Franziskus einen Mönchsorden, um seine Ideen zu lehren und Vorschläge für ihre Verwirklichung zu machen. Er war von Jesus inspiriert, und obwohl beide in der jüdischen Tradition erzogen worden waren, war ihre Haltung zu *ehō* der jüdischen Ideologie entgegengesetzt. Keiner der beiden billigte die Ausbeutung der nichtmenschlichen Natur durch den Menschen. Jesus rühmte die Vögel und wildwachsenden Blumen, weil sie nicht säen und nicht ernten, und stellte sie seinen Schülern als Vorbild hin. Franziskus erkannte die Verwandtschaft zwischen dem Menschen und der nichtmenschlichen belebten und unbelebten Natur und hatte seine Freude daran. In der buddhistischen Terminologie war Franziskus ein begeisterter und liebender Anhänger von *Eshō Funi*. Mir scheint, er hatte eine intuitive Vorahnung des zukünftigen westlichen Kultes der Habgier, dem die wissenschaftliche Technologie dient.

Ikeda: Ihr Hinweis, daß vielleicht Jesus und der heilige Franziskus gewissermaßen Bewunderer und Anhänger der Ideen waren, die sich in dem buddhistischen Begriff *Eshō Funi* verkörpern, ist für mich besonders interessant, weil ich überzeugt bin, daß diese Ideen und eine darauf basierende großangelegte öffentliche Bewegung der Weg sein könnten, der Umweltverschmutzung Einhalt zu gebieten. Sicher ist es möglich, die öffentlichen Energien, die lange Zeit allen möglichen Zwecken dienstbar gemacht wurden, in andere Richtungen zu lenken und zu verstärken. Dies würde jedoch eine Revolution unserer Auffassung der modernen Zivilisation erfordern.

Toynbee: Wenn die Menschheit sich nicht selber vernichten will, muß sie jetzt versuchen, das Unheil wiedergutzumachen, das sie angerichtet hat, und darauf verzichten, neue Umweltverschmutzungen zu erzeugen. Ich glaube, das kann nur durch Zusammenarbeit in weltweitem Maßstab geschehen. Antiverschmutzungsmaßnahmen in nationalem Maßstab mögen genügen, um die Reinheit des Bodens, der Flüsse und Seen wiederherzustellen, aber die größte Gefahr, die die Umwelt des Menschen unbewohnbar zu machen droht, ist die Verschmutzung der Luft und der Meere. Flugzeuge, die giftige Dämpfe in die Stratosphäre verströmen, und Schiffe, die giftige Abfälle in den Ozean versenken, können die Verbreitung von Krankheiten und Epidemien verschulden.

Wir haben nun zwar erkannt, daß die Verschmutzung den Fortbestand der Menschheit bedroht und daß sie ohne die Eindämmung der Habgier nicht bekämpft werden kann. Doch Einsicht ist kein ausreichender Antrieb. Wer sich der Habgier verschrieben hat, denkt gern »Nach mir die Sintflut«. Solche Leute mögen wissen, daß sie ihre Kinder der Vernichtung preisgeben, wenn es ihnen nicht gelingt, ihre Habgier einzudämmen; sie mögen ihre Kinder lieben, aber diese Liebe kann sie nicht dazu bringen, auf ihren Anteil an dem Reichtum der Gegenwart zu verzichten, um die Zukunft ihrer Kinder zu sichern. Ich glaube, daß nichts weniger als eine religiöse Bekehrung (das Wort *religiös* im weitesten Sinne) die gegenwärtige Generation in den fortgeschrittenen Ländern dazu bewegen wird, unmittelbar und unverzüglich Opfer im Sinne von *Eshō Funi* zu bringen. Ich sähe gern *Eshō Funi* über die ganze Welt verbreitet als einen religiösen Glauben, der eine moralische Verpflichtung in sich trägt. Umgekehrt sähe ich gern den heiligen Franziskus von den Schintoisten als *kami* und von den Buddhisten als einen Bodhisattwa anerkannt.

Ikeda: Obwohl ich Buddhist bin, fühle ich, daß Franziskus große Bewunderung verdient. Ich glaube, sowohl er als auch Jesus gehören in die Welt, die wir Buddhisten die Bodhisattwa-Welt nennen.

Toynbee: Um die Menschheit vor den Folgen der von der Habgier angefachten Technologie zu schützen, brauchen wir eine weltumfassende Zusammenarbeit zwischen den Anhängern aller Religionen und Philosophien. Ich hoffe, daß Hindus, Buddhisten und Schintoisten dabei die Initiative ergreifen werden. Die Anhänger der jüdischen Religion und der aus dem Judentum hervorgegangenen Religionen sind durch ihre lähmende Tradition der Exklusivität und Intoleranz gehemmt, die zu ihrem Monotheismus gehört. Bei den Hindus und den ostasiatischen Völkern hat es immer eine Tradition gegenseitiger Duldung und Achtung unter den Anhängern verschiedener Religionen gegeben und zwischen Buddhisten und Schintoisten sogar positive Zusammenarbeit. Das ist der Geist, das ist die Handlungsweise, die wir für den gemeinsamen weltweiten Kampf gegen die Umweltverschmutzung brauchen und um ihre Wurzel, die Habgier, auszurotten.

Natürliche und vom Menschen geschaffene Katastrophen

Ikeda: In den letzten Jahren haben sich mit alarmierender Häufigkeit große Naturkatastrophen in vielen Teilen der Welt ereignet. Einige Wissenschaftler behaupten, die Menschheit habe selten innerhalb von tausend Jahren in einem so kurzen Zeitraum so viele Katastrophen erlebt. Nur einige Beispiele: das Hochwasser in Italien 1968, die Dürren in China und Korea im selben Jahr, die strengen Kältewellen in der ganzen Welt 1969, die übermäßigen Schwankungen der durchschnittlichen Sommer- und Wintertemperaturen in Europa und den Vereinigten Staaten und die vernichtenden heißen Winde mit Temperaturen bis zu 49 Grad, die 1970 Indien und Ägypten heimsuchten und viele Todesfälle zur Folge hatten. 1971 herrschten in Japan extreme klimatische Bedingungen: In der Region von Okinawa war Trockenheit; auf der Insel Hokkaido und im nordöstlichen Teil von Honschu erlitt die Reisernte schwere Schäden wegen des ungewöhnlich kalten Sommers; und im August war es ein unberechenbarer Taifun, der Japan verheerte.

Die Meteorologen sagen, die anomalen Wetterverhältnisse in Amerika und Europa seien von einer ungewöhnlichen Luftdruckverteilung verursacht, wie sie es seit Zehntausenden von Jahren nicht gegeben habe. Man hat geschätzt, daß die Luftdruckveränderungen, die die Bewegungen der Atmosphäre beeinflussen, die Umdrehungsgeschwindigkeit der Erde leicht beschleunigt haben, wenn auch vielleicht nur vorübergehend. Angesichts solcher ungewöhnlichen Erscheinungen muß man sich doch fragen, in welchem Maße das Pfuschwerk des Menschen dazu beigetragen hat, die natürliche Ordnung zu stören.

Toynbee: Solange man zurückdenken kann, war der Mensch fast ganz und gar der Gnade und Ungnade der Natur, den vormenschlichen Formen des Lebens, ausgeliefert. Die Umkehr der Machtbeziehung zwischen dem Menschen und der nichtmenschlichen Natur ist so jungen Datums, daß es uns schwerfällt, dieser Tatsache ins Auge zu sehen, und noch schwieriger ist es für uns, im Einklang mit dieser revolutionären neuen Situation zu fühlen, zu denken und zu handeln.

Ikeda: Ich vermute, daß die Umkehr der Machtbeziehung zwischen dem Menschen und der nichtmenschlichen Natur zu den Naturkatastrophen in gewisser Beziehung steht. Natürlich kann man sie auf verschiedene Weise erklären. Manche machen Sonnenflecken oder die Veränderungen der Meerestemperatur dafür verantwortlich. Das ist möglich; aber auch wenn die direkten Ursachen dieser ungewöhnlichen Ereignisse natürliche sein mögen (wie die von Sonnenflecken verursachten Luftdruckstörungen), glaube ich doch, daß menschliche Aktivitäten auch einen Teil schuld haben.

Wissenschaftler, die sich über die Zukunft der Menschheit Sorgen machen, meinen, daß möglicherweise eine scheinbar triviale menschliche Tätigkeit Veränderungen im Verhalten der Erde ausgelöst haben könnte. Ich glaube, daß bei den Ursachen für das klimatische Durcheinander, das die sogenannten Naturkatastrophen hervorbringt, immer ein menschliches Element mitwirkt. Wenn mein Verdacht gerechtfertigt ist, könnte man solche Ereignisse als vom Menschen geschaffene Katastrophen im Gewande von Naturkatastrophen bezeichnen. Der menschliche Anteil ist ganz unbestreitbar im Falle des Kohlendioxidgases, das sich in der Luft der Großstädte konzentriert und wie in einem Treibhaus einen Temperaturanstieg bewirkt. Er ist ebenso deutlich bei den zahllosen winzigen schwebenden Partikeln, die das Sonnenlicht blockieren und die Wärmestrahlung vermindern. Ins Meer abgelassenes Öl verhindert die Wasserverdunstung und verursacht klimatische Veränderungen.

Aber die Bekämpfung derartiger von Menschen geschaffener Katastrophen – das heißt solcher, über die wir geordnetes wissenschaftliches Material besitzen – wird nicht genügen, die globale Vernichtung aufzuhalten. Um den Fortbestand der menschlichen Rasse zu sichern und unsere kosmische Oase vor dem Ruin zu bewahren, muß sich die

Menschheit erst einmal klarmachen, daß ihr Verhalten die natürliche Harmonie beeinflußt, um dann alle Aktivitäten, die schädliche Wirkungen haben könnten, unter strenge Kontrolle zu bringen.

Toynbee: Wir unterschätzen wahrscheinlich das Maß, in dem der Mensch gegenwärtig seine Umwelt beherrscht und verändert. Ich stimme Ihnen bei, daß neben den nachweisbar von Menschen verursachten Umweltschäden andere möglicherweise auch von Menschen geschaffen sind, obwohl wir bis jetzt vielleicht nicht imstande sind, ihren menschlichen Ursprung nachzuweisen.

Ikeda: Selbstverständlich hatten alle Katastrophen, die sich vor der Entstehung und weltweiten Verbreitung der Zivilisation ereigneten, natürliche Ursachen. Allmählich lernte die Menschheit, den von der Umwelt ausgehenden Drohungen – den Naturkatastrophen – Widerstand zu leisten und sie zu überwinden. Technische Unternehmen, Aktionen zum Schutz vor Katastrophen und die wissenschaftliche Meteorologie entwickelten sich; Hygiene und Medizin nahmen den Kampf mit den Epidemien auf (die auch zu den Naturkatastrophen gehören), die einst die Welt heimsuchten. Tatsächlich ist der größte Teil der modernen Naturwissenschaft aus dem Kampf gegen Katastrophen entstanden.

Aber heute sind es nicht die natürlichen, sondern die vom Menschen geschaffenen Katastrophen, die den Fortbestand der Menschheit bedrohen. Durch die immer intensivere Beherrschung der Wissenschaft hat der Mensch eine weitaus stärkere Macht als die Natur entwickelt, um Katastrophen zu erzeugen.

Toynbee: Es scheint außer Frage zu stehen, daß die Macht des Menschen über seine Umwelt schon ein Ausmaß erreicht hat, mit dem sie zur Selbstvernichtung führen wird, wenn der Mensch nicht aufhört, sie in den Dienst seiner Habgier zu stellen. Die menschliche Natur ist habgierig, weil die Habgier ein Wesenszug des Lebens ist. Die Menschheit teilt sie mit anderen Spezies der Lebewesen, doch im Gegensatz zu den nichtmenschlichen Arten kann der Mensch vermöge seines Bewußtseins seiner Habgier gewahr werden. Er kann wissen, daß die Habgier, wenn sie von der Macht bedient wird, zerstörerisch und daher etwas Böses ist, und er kann die schwere moralische Mühe der Selbstbeschränkung auf sich nehmen.

Ikeda: Die einzige Möglichkeit, Katastrophen der Art, von der wir sprechen, Einhalt zu gebieten, besteht darin, bei jedem einzelnen Menschen so etwas wie eine Art Revolution hervorzurufen. Politiker, Wirtschaftsführer und Wissenschaftler müssen der menschlichen Verantwortung bei der Entstehung dieser Katastrophen Rechnung tragen.

Einige Wissenschaftler sind der Ansicht, daß es bei weiteren Fortschritten der Wissenschaft eines Tages möglich sein wird, allen Naturkatastrophen ein Ende zu machen. Dem stimme ich nicht zu. Der Glaube, daß weitere wissenschaftliche Fortschritte Katastrophen beenden können, die von Umweltverschmutzungen und anderen menschlichen Aktivitäten ausgelöst werden, ist nur ein Versuch, die Aufmerksamkeit von der grundlegenden Notwendigkeit einer Revolution der menschlichen Moral abzulenken. Wenn man die Augen vor dieser Notwendigkeit verschließt, könnte das blinde Vertrauen in die Wissenschaft zu noch größeren Katastrophen führen, als wir sie bis jetzt kennengelernt haben. Ich leugne nicht die Errungenschaften der modernen Zivilisation und ihren wissenschaftlichen Einsatz, um Naturkatastrophen bis zu einem gewissen Ausmaß zu verhindern. Ich bleibe jedoch dabei, daß dieselben Leistungen, die eine solche Verhinderung möglich machen, häufig auch vom Menschen geschaffene Katastrophen verursacht oder neue Katastrophen in die Wege geleitet haben.

Toynbee: Das Unternehmen, das erforderlich ist, um es mit den nachteiligen Folgen der Macht aufzunehmen, ist ein moralisches, kein intellektuelles. Aber die Wissenschaft ist eine moralisch wertfreie geistige Tätigkeit. Daher werden die Folgen der fortgesetzten Entwicklung der Wissenschaft davon abhängen, ob sie für gute oder schlechte Zwecke – in der moralischen Bedeutung der Wörter *gut* und *schlecht* – eingesetzt wird. Die Übel, die von der Wissenschaft hervorgebracht werden, können nicht von ihr selber kuriert werden.

Ikeda: Das ist sicherlich wahr. Die wissenschaftliche Technologie darf nicht dazu mißbraucht werden, die Welt der Natur einschließlich der anderen Lebewesen zu unterwerfen und zu beherrschen. Sie muß vielmehr in Einklang mit dem Rhythmus der Natur gebracht und auf solche Weise eingesetzt werden, daß sie aus diesem Rhythmus den größtmöglichen Nutzen zieht. Die Situation ist ähnlich wie die bei der Medizin und Chirurgie, die auch nur herangezogen werden sollten, um die dem Menschen innewohnenden Heilkräfte zu stimulieren und wirken zu lassen.

Wissenschaftler, Politiker und die Führer der modernen Wirtschaft, die auf einer ausgeklügelten Technologie beruht, müssen mit dem richtigen Gebrauch von Wissenschaft und Technik gründlich Bescheid wissen. Erst mit einem solchen Verständnis werden wir in der Lage sein, die Katastrophen zu verhindern, die aus der Rebellion des Menschen gegen die natürliche Welt entstanden sind.

Um eine solche Haltung zu entwickeln, ist es erforderlich, daß alle Menschen, die Wissenschaftler eingeschlossen, ihre Einstellung zur Natur von Grund auf revolutionieren. Ich glaube, der Kern dieser Revolution bedingt, daß die Religion eine führende Rolle in der wissenschaftlich-technischen Zivilisation übernimmt. Zuerst wird die Religion eine Revolution des Denkens mit sich bringen. Dann werden die Menschen, die diese Revolution mitgemacht haben, die wissenschaftliche Technologie auf die Umwelt anwenden, wobei Wissenschaftler und Techniker offensichtlich im Mittelpunkt stehen werden. Das dritte Stadium des Prozesses, den ich vor mir sehe, wird neue Entwicklungen in der Wissenschaft und Technik mit sich bringen. Ein Prozeß dieser Art scheint mir die einzige Hoffnung zu sein für eine kontinuierliche wissenschaftliche Entwicklung und die Beendigung der vom Menschen geschaffenen Katastrophen.

Toynbee: Die Wissenschaft wird immer für zerstörerische Zwecke eingesetzt werden, wenn wir in der Annahme handeln, daß die Natur für den Menschen da ist. Dieser kollektive Egozentrismus kann nur auf dem Gebiet des individuellen geistigen Lebens überwunden werden. Jedes menschliche Wesen muß seine persönliche Egozentrizität meistern lernen. Die Religion ist, da stimme ich zu, die einzige Fähigkeit der menschlichen Natur, die imstande ist, menschliche Wesen anzufeuern, sich zu beherrschen, individuell wie kollektiv.

Nur die religiöse Haltung zum Menschenleben und seiner Umwelt versetzt uns in die Lage, wiederzuerkennen, so wie es unsere Vorfahren erkannt haben, daß der Mensch trotz seiner einmalig großen Macht ein Teil der Natur ist und mit der übrigen Natur koexistieren muß, wenn die Natur und der Mensch in seiner notwendigen natürlichen Umwelt fortbestehen sollen.

Die Religion scheint mir eine Lebensnotwendigkeit zu sein für ein Lebewesen, das Bewußtsein besitzt und infolgedessen die Macht und den unabwendbaren Drang hat, eine Wahl zu treffen. Je größer die Macht des Menschen, desto stärker sein Bedürfnis nach Religion. Wenn die Anwendung der Wissenschaft nicht von der Religion inspiriert und gelenkt wird, dann wird man sie zur Befriedigung der Habgier mißbrauchen, und sie wird der Habgier so trefflich dienen, daß es zur Vernichtung kommt.

Großstadtprobleme

Grundstückspreise und Hochhäuser

Ikeda: Heute sehen sich die Großstädte in der ganzen Welt vor Probleme gestellt, die immer komplizierter und schwieriger werden. Japans Großstädte zum Beispiel leiden unter schlechten Straßen, unzulänglicher Wasserversorgung, Kanalisation und Müllbeseitigung, unter Wohnungsknappheit, Verkehrsstauungen, zu wenig Grünflächen, zu hohen Preisen, unter Umweltverschmutzung und so weiter.

Diese Probleme sind gewissermaßen die Kondensation und die sich daraus ergebende Eruption der Mängel, die der modernen Zivilisation anhaften. Offensichtlich sind es Probleme, die zu lösen Sache der Regierungen und Verwaltungen ist, und angesichts der wachsenden Verstädterung ehemals ländlicher Gebiete müssen unverzüglich drastische Maßnahmen ergriffen werden.

Toynbee: Die Verstädterung ist eine typische Tendenz der modernen Lebensweise, und die Lebensbedingungen in den heutigen Städten sprechen für sich. Wie ein Zerrspiegel zeigen sie überlebensgroß die Gebrechen und Makel des modernen Lebens. In den rapide wachsenden Großstädten auf der ganzen Welt erreichen die Übel, die Sie aufgezählt haben, die höchste Intensität.

Der größere Teil der zunehmenden Weltbevölkerung versandet in den Städten, und das Leben der in den schrumpfenden ländlichen Gebieten Zurückgebliebenen wird verstädtert. Ackerbau und Viehzucht werden mechanisiert, so wie die Städte selber ihre Fühler in Form von Autobahnen weit in das Land hinein ausstrecken.

Ikeda: Eine der schwerwiegendsten Begleiterscheinungen dieses zutiefst bestürzenden Phänomens ist die Preisspirale auf dem Grundstücksmarkt. Die Verstädterung der Bevölkerung geht Hand in Hand mit dem wirtschaftlichen Wachstum. Und beides treibt Jahr für Jahr die Grundstückspreise in die Höhe. Für viele ist die Vorstellung von einem eigenen Heim auf eigenem Boden nur noch ein Traum.

Die Bevölkerungszunahme in Tokio scheint ihren Höhepunkt erreicht zu haben. In den letzten Jahren war sogar ein leichter Rückgang zu verzeichnen, doch die Wohnbedingungen haben sich verschlechtert. Das liegt zum Teil daran, daß viele der nach dem Zweiten Weltkrieg gebauten öffentlichen Wohnsiedlungen aus Holzhäusern bestanden, die jetzt so verfallen sind, daß ein Wiederaufbau erforderlich ist. Natürlich sind die Mieten in den neuen Wohnungen teurer als in den alten, und dies ist eine schwere Belastung für den größten Teil der Bevölkerung.

Toynbee: Ich sehe, daß diese Probleme in Japan besonders dringend zu sein scheinen, aber es ist in der ganzen Welt nicht anders. Auch in Großbritannien sind die gestiegenen Grundstückspreise eine brennende Frage, wie die zahllosen Artikel über Wohnprobleme in den britischen Zeitungen zeigen. Das größte Wohnproblem hat wahrscheinlich Hongkong wegen des enormen Menschenzustroms, der auf einem so begrenzten Areal untergebracht werden muß.

Als wir das letzte Mal in Hongkong waren, ließen wir uns einige der neuen Apartmenthäuser zeigen. Die Leistungen, die hierin in den vergangenen zehn Jahren gemacht worden waren, sind verblüffend, weil in diesem Zeitraum ein Viertel der Bevölkerung – das heißt eine von vier Millionen – in Hochhausapartments umgesiedelt wurde. Wir haben sehr die Ordnung bewundert, in der die Chinesen unter extrem schwierigen Bedingungen leben. Weil die Familien fest zusammenhalten und die Kinder gut erzogen sind, können Chinesen in Verhältnissen leben, die Europäer unmöglich finden würden. In dieser Hinsicht leisten sie Erstaunliches.

Ikeda: Es mag sein, daß viele orientalische Völker, die Chinesen eingeschlossen, besonders begabt sind, sich beschwerlichen Umweltbedingungen anzupassen. Aber in Massenquartieren zu leben ist für keinen leicht, Orientale oder Okzidentale.

Wenn es auch eine weltweite Tendenz zu sein scheint, möchte ich doch die ungeheuren Profite erwähnen, die derzeit Grundstücksmakler in Japan wegen der steigenden Immobilienpreise machen. Jährlich werden Listen der Leute mit den höchsten Einkommen in Japan veröffentlicht, und solche, die mit Grundstücksgeschäften neuerdings reich geworden sind, stehen in der Liste immer weit oben. Ich meine, es müßten Schritte unternommen werden, um diesen ungesunden Zustand zu verändern.

Toynbee: Auch in Großbritannien werden von Spekulanten anstößig hohe Vermögen mit Haus- und Grundbesitz erworben. Diese Leute lassen ihre Häuser jahrelang leer stehen, um die gewaltigen Kapitalgewinne einzustecken, die sie durch den steilen Anstieg der Haus- und Grundstückspreise erwarten können.

Es ist ein großes Unrecht, mit dem Grund und Boden zu spekulieren, denn das Land gehört zu den Notwendigkeiten des Lebens und ist nicht unbegrenzt verfügbar. Wie andere unentbehrliche Dinge – Wasser und Bodenschätze zum Beispiel – dürften Grund und Boden nicht im Besitz von einzelnen Leuten sein, die sich daran bereichern.

Ikeda: Sie haben recht. Grund und Boden sollten jederzeit für jedermann verfügbar sein zu Preisen, die sich jedermann leisten kann. Aber die Landpreise sind die direkte Folge der Nachfrage. Solange die Nachfrage groß ist und solange der Kauf und Verkauf von Grundstücken eine Sache des freien Unternehmertums ist, wird es unmöglich sein, dem Anstieg der Grundstückspreise Einhalt zu gebieten. Der einzige Ausweg aus dieser Situation scheint mir die allmähliche Verstaatlichung des Bodens.

Toynbee: Er sollte, darin stimme ich zu, im öffentlichen Interesse unter Kontrolle stehen. Land ist eine knappe Ware, und alle anderen Waren und alle menschlichen Tätigkeiten hängen damit zusammen. Deshalb meine ich, Grundstücke und Gebäude sollten öffentliches Eigentum sein. Derzeit in Privatbesitz befindliche Wohnhäuser sollten gegen eine großzügige Entschädigung enteignet werden und Bürohäuser und Fabriken gegen eine weniger großzügige Entschädigung. Grundstücke und Häuser im Besitz von Spekulanten sollten beschlagnahmt werden, und wenn man den Spekulanten überhaupt eine Entschädigung zahlt, dann sollte sie erheblich niedriger sein als die Summen, die sie in ihre antisozialen spekulativen Geschäfte gesteckt haben.

Ikeda: Die Politik, die Sie umreißen, scheint die einzige zu sein, die uns bleibt; aber ich glaube, es würde einige Zeit erfordern, sie durchzuführen. Als ein näherliegender Schritt gegen die Wohnungsnot in Ländern, wo das Land knapp ist, werden Wohnhochbauten errichtet, doch das ist auch nicht ganz befriedigend. Sie erwähnten schon die große Zahl von Hochhäusern in Hongkong. Ähnliche Massenquartiere werden mehr und mehr auch in Japan gebaut. Aber die meisten Leute haben nicht genug Geld, Wohnungen in den neuen Hochhäusern zu mieten oder zu kaufen.

Ein weiteres Problem ergibt sich aus der wachsenden Zahl und Größe der Wohnhochbauten. Riesige Betonblöcke nehmen den Häusern in der unmittelbaren Nähe Licht und Luft, und dies hat äußerst schädliche physische und psychische Folgen für die Bewohner, die dieser natürlichen Wohltaten beraubt werden.

Toynbee: Der Ausschluß von Licht und Luft ist nur eins der Probleme beim Bau von Wohnhochbauten, es gibt deren mehrere. Erstens sind die Menschen, die in großen Wohnblocks leben, Nachbarn nur im räumlichen Sinne; sie haben sehr wenig Kontakt mit einander, und das ist in sozialer Hinsicht sehr schlecht. Mütter und Kinder leiden unter der Höhe und Größe solcher Gebäude. Oft hat eine Mutter nicht die Zeit, mit ihren Kindern aus ihrer Wohnung im Obergeschoß hinunterzugehen und bei ihnen zu bleiben, während sie spielen, und sie zögert, sie allein gehen zu lassen, denn sie fürchtet, es könne ihnen etwas zustoßen, wenn sie sie nicht beim Spielen überwacht.

Ikeda: Zweifellos besteht die Gefahr menschlicher Entfremdung, wenn man sich generell auf Wohnhochbauten als Lösung der Grundstücksknappheit verläßt. Solche unnatürlichen und antisozialen Lebensbedingungen sind bedenklich. Wenn wir Lebensräume schaffen wollen, in denen sich die Menschen wohl fühlen, müssen wir solche Städte planen und eine solche Landpolitik betreiben, daß die Harmonie mit der Natur wiederhergestellt wird. Die Verstaatlichung des Grundbesitzes wäre ein Schritt auf dem richtigen Wege. Wenn Wohnhochbauten unvermeidbar sind, dann muß genügend Land dafür bereitgestellt werden, und bei ihrer Planung müssen die physischen und psychischen Bedürfnisse der Bewohner berücksichtigt werden.

Toynbee: Angenommen, aller Land- und Hausbesitz wäre Eigentum des Staates oder der Gemeinden – wie sollen sie sich zu den Wohnhochbauten stellen? Die Spekulanten haben sie gebaut, um möglichst hohe Profite zu erzielen – der Staat hätte nicht dieses Motiv, die Menschen zu zwingen, in Häusern zu leben, die sozial und persönlich unzulänglich sind. Aber er stünde immer noch vor dem Problem der Landverknappung. Schon der griechische Geograph Strabo wies zu Beginn unserer Zeitrechnung darauf hin, daß die Stadt Rom sich von Meer zu Meer erstrecken würde, wenn man die hohen Häuser durch einstöckige ersetzte.

In unserer Zeit der Bevölkerungsexplosion entsteht ein akuter Konflikt der sozialen Interessen zwischen zwei rivalisierenden Ansprüchen auf die Nutzung des Landes. Welchen gebührt die Priorität? Der Nutzung für Ackerbau und Viehzucht oder für menschliche Wohnstätten (keine Hochhäuser)? Vermutlich wird ein Kompromiß geschlossen werden müssen, und vielleicht sollten alle neuen Wohnhäuser auf solchem Grund gebaut werden, der für die Nahrungsmittelerzeugung von geringem Wert ist. Aber solche Grundstücke werden ungünstig gelegen und es wird kostspielig sein, darauf zu bauen, auf felsigem, unebenem Terrain zum Beispiel, fernab von den Fabriken und Büros, wo die Bewohner ihren Lebensunterhalt verdienen müssen. Deshalb müßten wir vielleicht nicht nur die Wohnstätten, sondern auch die Arbeitsstätten nach und nach dezentralisieren.

Transportwesen

Ikeda: Das Auto ist ein sehr unwirtschaftliches Verkehrsmittel, weil es zu viel Raum braucht für die geringe Zahl der Fahrgäste, die es üblicherweise transportiert. Früher wurde es besonders gepriesen wegen seiner Schnelligkeit und wegen der Freiheit, mit der man es benutzen konnte, um zu fahren und zu reisen, wohin immer man wollte. Aber bei der Verkehrslähmung, die jetzt in vielen Teilen der Welt herrscht, besitzt das Auto diese beiden Vorteile nicht mehr. Es verbraucht Benzin, dessen natürliche Quellen begrenzt sind, und verdirbt die Luft mit Abgasen. Die Zahl der bei Autounfällen Verletzten und Getöteten ist erschreckend. In Japan hat man dem Auto aus diesem Grunde den sarkastischen Beinamen »Reisesarg« gegeben.

Wenn ich die Nachteile des Autos aufzähle, dann befürworte ich nicht seine völlige Abschaffung als Verkehrsmittel. Ich will nur auf die Gefahr hinweisen, daß der Autoverkehr in der Stadt zum Stillstand kommen wird, wenn der gegenwärtige Trend andauert und die schon schlimme Lage noch ärger wird.

Toynbee: Ich bin dafür, das Innere der Städte für Privatwagen – Ärzte ausgenommen – zu sperren. Innerhalb dieser Zone sollten die öffentlichen Verkehrsmittel das Monopol haben, und diese könnten dann reichlich, schnell und billig sein. Privatwagen, die zur Stadt wollen, müßten, wie es bereits in Venedig der Fall ist, in den Außenbezirken auf Parkplätzen oder in Parkhäusern abgestellt werden. Last- und Lieferwagen dürften nur dann ins Stadtinnere fahren, wenn der öffentliche Personenverkehr gering ist, also vor allem nicht in den sogenannten »Rush-hours« in den Morgen- und Nachmittagsstunden.

Ikeda: Einem früheren Beispiel New Yorks folgend, hat man in Japan den Autoverkehr in den Geschäftsvierteln der Großstädte an Sonn- und Feiertagen verboten, um sie ganz den Fußgängern zu überlassen. Das ist eine vergnügliche Sache, aber wohl kaum eine grundlegende Lösung der städtischen Verkehrsprobleme.

Meiner Meinung nach besteht die einzige Lösung des Problems darin, die Herstellung und den Verkauf von Autos zu beschränken und der Kapazität der Straßen und Autobahnen anzupassen. Weiterhin müßte, um die Zahl der Autounfälle zu vermindern, jeder Führerscheinanwärter auch charakterlich überprüft werden und einen Kursus mitmachen, den man »Erziehung in Autobahnmoral« nennen könnte. Natürlich muß der öffentliche Verkehr so entwickelt werden, daß dem Bürger, wenn er auf das Auto verzichtet, keine Nachteile entstehen. Wenn man alle diese Dinge erwägt, dann sind wahrscheinlich die meistversprechenden Verkehrsmittel für die Stadt der Zukunft die Untergrundbahn, die Hochbahn, die Einschienenbahn und ähnliche Massentransportmittel.

Toynbee: Die Gesamtzahl der für den Verkehr außerhalb der gesperrten Zone zugelassenen Autos sollte begrenzt werden, und die Bedingungen zur Erlangung eines Führerscheins müßten strenger sein.

In der Einstellung der Regierungen zum Auto müssen soziale Erwägungen vor wirtschaftlichen den Vorrang haben. Zur Zeit werden die Autofabrikanten darin bestärkt, soviel wie möglich zu produzieren ohne Rücksicht auf die sozialen Wirkungen; denn ein Höchstmaß an Produktion erhöht die Beschäftigungszahlen, den Gewinn und den Export. Das ist die Politik einer Gesellschaft, die das Leben dem Profit opfert. Die üblen Folgen dieser Politik unterstreichen neben vielen anderen Beispielen die Notwendigkeit, die Rangordnung unserer Wertvorstellungen radikal zu ändern.

Rückkehr aufs Land

Ikeda: Die moderne Landwirtschaft macht ausgedehnten Gebrauch von der Technik, von Chemikalien und künstlichen Düngemitteln, was sehr kostspielig ist. Die Amerikaner sollen ebensoviel Kapital in die Landwirtschaft stecken wie in die Industrie. Diese Investitionen haben zwar die Arbeit der Farmer erleichtert; die künstliche Düngung verändert jedoch nicht nur den Geschmack der Erzeugnisse, sondern vermindert auch den natürlichen Widerstand der Pflanzen gegen schädliche Bakterien und macht Gegenmittel erforderlich.

Ein japanischer Agronom berichtete von einer englischen Schule, daß die Kinder häufig krank waren, solange sie zum Lunch künstlich gedüngte Nahrungsmittel bekamen. Als die Schule jedoch nur noch Farmerzeugnisse verwandte, die natürlich gedüngt waren, blieben die Kinder gesund. Wenn der Bericht zutrifft, dann bestätigt er, wie wichtig natürlicher Dünger und natürliche Wachstumsbedingungen sind.

Nicht weniger schädlich als künstliche Düngemittel sind Schädlingsbekämpfungsmittel. Sie verseuchen die natürliche Umwelt und rotten viele nützliche Insekten und Kleintiere aus. Wenn es so bleibt, werden diese Insektizide auch die Gesundheit des Menschen schädigen und schließlich sein Fortbestehen in Frage stellen. Angesichts der bösen Folgen von Kunstdünger und Insektiziden müssen wir jetzt unbedingt unsere Konzeption von einer modernen Landwirtschaft grundlegend ändern.

Toynbee: Auch ich vermute, daß durch den sensationellen Anstieg der landwirtschaftlichen Produktion in den letzten Jahrzehnten vermittels des massiven Einsatzes von Kunstdünger und Insektiziden die auf diese Weise erzeugten Nahrungsmittel nicht nur weniger nahrhaft, sondern auch geradezu gesundheitsschädlich geworden sind. Ich glaube auch, daß der natürlichen Fruchtbarkeit des Bodens durch diese unnatürliche Behandlung ein nicht wiedergutzumachender Schaden zugefügt wird.

Eine fast zehntausendjährige Praxis hat gezeigt, daß bei einer geringeren Produktionsintensität Ackerland fast unbegrenzt lange fruchtbar bleibt, wenn man in einer gemischten Landwirtschaft, in der die Fäkalien der Haustiere als Dung benutzt werden, Fruchtwechsel betreibt. Wo dies nicht durchführbar ist, können einzelne Felder von Fall zu Fall brachliegen.

Für die Landwirtschaft geeigneter Boden ist selten, er ist nur ein kleiner Prozentsatz der gesamten Landfläche der Erde. Deshalb sollte man der Bodenerhaltung einen sehr hohen Vorrang geben. Sogar im Zeitalter der alten Ackerbaumethoden kam es vor, daß Regionen, die einst fruchtbar gewesen waren, durch Raubbau und Überweidung verödeten. Die Gefahr, daß wir in unserer Gier nach einer schnellen Produktionssteigerung die gleiche Verwüstung in weit größerem Maße anrichten können, hat sich durch die Verwendung von Chemikalien in der Landwirtschaft verschärft. Die Menschheit kann es sich aber nicht leisten, ihre Nahrungsmittelversorgung aufs Spiel zu setzen. Aus diesen Erwägungen heraus sollten wir zu den alten Methoden, das heißt zu einer arbeitsintensiven Form der Landwirtschaft, zurückkehren.

Ikeda: Wie Sie schon sagten, wird die Rückkehr zu den traditionellen landwirtschaftlichen Methoden vermehrte Arbeitskräfte erfordern, die unter den gegenwärtigen Verhältnissen schwer zu bekommen sein werden. Doch die Automatisierung in der Industrie wird vielleicht Arbeitskräfte für die Landwirtschaft freisetzen, und es könnte eine Umkehr der bisherigen Wanderbewegung vom Land zur Stadt stattfinden. Wenn die Industriebevölkerung zugunsten der Landbevölkerung abnimmt, dürfte dies eine durchaus wünschenswerte Entwicklung sein, wohltätig für die physische und psychische Gesundheit des Menschen. Die Automatisierung wird die Aufrechterhaltung des bisherigen Produktionsvolumens gewährleisten.

Es wird zu erwarten sein, daß die Bemühungen, weniger oder gar keine chemischen Dünge- und Schädlingsbekämpfungsmittel einzusetzen, auf den heftigen Widerstand der Chemiekonzerne stoßen, die in der gegenwärtigen Industriegesellschaft einen gewaltigen Einfluß haben. Um solchem Widerstand zu begegnen, wird es nötig sein, das Bewußtsein der Massen zu ändern und eine umfassende soziale Bewegung zu organisieren. Der Lauf der menschlichen Kultur muß in eine neue Richtung gelenkt werden. Bisher war die Industriegesellschaft die ausschließliche Basis der Kultur; in Zukunft muß es die landwirtschaftliche Gesellschaft sein. Wenn sich das als undurchführbar erweist, dann müssen Landwirtschaft und Industrie wenigstens im Gleichschritt voranschreiten.

Toynbee: Die Veränderung, die Sie vorschlagen, liegt im Interesse nicht nur der Landwirtschaft, sondern auch der gegenwärtigen Stadtbevölkerung. Seit der industriellen Revolution ist die Mehrheit der Bevölkerung in den technisch und wirtschaftlich fortgeschrittenen Ländern vom Land in die Stadt gezogen worden. Das war ein soziales Unglück, denn Fabrik- und Büroarbeit in der Stadt ist als Lebensweise und Lebensunterhalt psychologisch weniger befriedigend als Ackerbau und Viehzucht. Verstädterung und Industrialisierung sind zudem wirtschaftlich problematisch geworden, nachdem der Fortschritt in der Automatisierung und Computerisierung arbeitsintensive Handarbeit und Buchhaltungsarbeit nahezu überflüssig macht.

Die hochverstädterten Regionen werden ihre Bevölkerung dezimieren müssen. Das wird ein schmerzhafter Prozeß werden, da sich in den letzten zweihundert Jahren die Menschen an das Stadtleben gewöhnt haben, wenn es ihnen auch nicht gelungen ist, es zu einem glücklichen Leben zu machen. Wenn man arbeitslose Industriearbeiter aus städtischen Slums in ländliche Slums umsiedelte – wo sie ebenfalls ohne Arbeit wären –, dann würden sich ihre Unzufriedenheit und ihr Elend nur vergrößern. Es wäre daher ein Segen, wenn gerade zu dem Zeitpunkt, wo sich ein großer Teil der Arbeit in der Stadt erübrigt, die Landwirtschaft nach Arbeitskräften verlangte.

Auch dann noch wird die Rückwanderung der Mehrheit der Bevölkerung in den sogenannten fortgeschrittenen Ländern von der Stadt aufs Land ein schwieriges, schmerzliches und langwieriges Problem sein. Es wird wahrscheinlich eine lange Krisenzeit geben, bevor diese Gegenrevolution der Entindustrialisierung beendet ist. Glücklicherweise bilden die hochindustrialisierten und verstädterten Gemeinschaften noch immer eine Minderheit in der gesamten Menschheit. Die Mehrheit hat sich noch nicht sehr weit von der ländlichen, auf arbeitsintensivem Ackerbau und auf Haustierzucht basierenden Lebensweise entfernt, die seit dem Beginn der Jungsteinzeit vorherrschte. Für diese sogenannte rückständige Mehrheit wird es weniger schwer sein als für die fortgeschrittene Minderheit, den Zustand zu erreichen, den die Menschheit im ganzen anstreben muß.

Das schließt auch die Möglichkeit einer dramatischen Umkehrung der Besitzverhältnisse ein. Die bisher reichen und fortgeschrittenen Länder werden wahrscheinlich eine lange Notzeit durchmachen, während der Übergang für die armen und rückständigen Länder schneller und weniger schmerzlich sein wird.

Ikeda: Ihre Voraussage, daß vielleicht die fortgeschrittenen Länder gewissermaßen zurückfallen und die rückständigen Länder vorankommen werden, ist äußerst interessant. Es mag sein, daß das erwachende Interesse junger Menschen in Europa und den Vereinigten Staaten am japanischen Zen und indischen Yoga anzeigt, daß sie nichtwirtschaftliche, nichtindustrielle Dinge als die eigentlich fortschrittlichen Elemente unseres Zeitalters betrachten. Selbst wenn sie darin recht haben – solange solche Dinge wie Zen und Yoga für die meisten Leute in den fortgeschrittenen Ländern nicht mehr als von exotischem Interesse sind und ihr eigentliches Leben nicht berühren, solange können sie eine Veränderung unserer Zivilisation im ganzen nicht bewirken. Aber die Jugend der Welt könnte zu einer nachhaltigen Veränderung der Zivilisation beitragen, wenn sie ihre Aufmerksamkeit auf das Alltagsleben und die traditionellen Produktionsmethoden richtete, die man noch heute bei vielen Völkern Asiens und Afrikas antrifft.

Toynbee: Wenn meine Prognose überzeugend ist, dann könnte sich China eines Tages rückblickend zu der freiwilligen Verzögerung seiner Industrialisierung gratulieren. Sie hat China ein Jahrhundert der Schwäche und Demütigung gekostet, doch könnte sich das als ein niedriger Preis für die Verhütung übermäßiger Verstädterung und Industrialisierung erweisen. Auf der anderen Seite werden es die Russen und die Japaner vielleicht einmal bedauern, daß sie so prompt, tatkräftig und erfolgreich auf die industrielle Herausforderung des Westens reagiert und sich Hals über Kopf ebenfalls in die Industrialisierung gestürzt haben. Auf den ersten Blick schien es weise; doch bei einer weiteren Sicht, die sich uns jetzt eröffnet, könnte sich herausstellen, daß es eine kurzsichtige, vorschnelle Reaktion war.

Drohendes Verhängnis

Ikeda: Vielen Intellektuellen zufolge ist die Zukunft der menschlichen Rasse alles andere als rosig. Denkt man an den gegenwärtigen Zustand der Welt, an die in kurzen Abständen wiederkehrenden Weltkatastrophen, an die wissenschaftlich begründeten Voraussagen weiteren Unheils, dann muß man sich fragen, ob die Menschheit überhaupt das einundzwanzigste Jahrhundert erleben wird. Die gegenwärtige Angst vor einem totalen Weltende ähnelt in mancher Hinsicht den zahllosen Untergangstheorien, die im Lauf der Geschichte immer wieder auftauchten.

Die Propheten des Judentums, Christentums und Islams verkünden ein Weltgericht Gottes, das eine völlige Umwälzung der Weltordnung zur Folge haben wird. In diesem Sinne lassen sie Optimismus zu, der jedoch zu einem Verzicht auf gesellschaftliche Reformen in dieser Welt führen könnte. Menschen, mit drückender Not und Mühsal geschlagen, können ihre ganze Hoffnung in ein ideales Jenseits setzen, die Welt um sich verwerfen und sich nur nach dem Tode sehnen. Der beharrliche christliche Glauben an eine zukünftige Welt und an ständige Anzeichen eines Zusammenbruchs der gegenwärtigen hat das Denken und Fühlen vieler Menschen erfüllt, wovon der feste Glauben an das Jüngste Gericht ein Beispiel ist.

Aber noch beim Jüngsten Gericht besteht Hoffnung für gute Menschen. Die moderne Theorie jedoch über den drohenden Untergang der Menschheit läßt keiner Hoffnung Raum. Früher, auch wenn man den Untergangspropheten Gehör schenkte, glaubten die Menschen doch weiterhin an das Gewissen und die Möglichkeit von Reformen. Die jetzigen Endtheorien lassen nicht einmal die guten Seiten des Lebens gelten und überantworten die Menschheit der Verzweiflung.

Toynbee: Im Westen der Alten Welt, westlich der Regionen, in denen Hinduismus und Buddhismus überwogen, herrschte der Glaube, daß der Welt in der Form, wie wir sie kennen, durch den Machtspruch eines allmächtigen Gottes ein Ende gemacht würde, zu einem künftigen Zeitpunkt, den dieser Gott festgesetzt hat, aber nicht verrät. Dieser Glaube an ein von einem göttlichen Willen bestimmtes Ende entstand unter den Anhängern der Lehre Zoroasters und wurde von den Juden, Christen und Moslems übernommen.

Obwohl unser Zeitalter nicht das erste ist, in dem die Menschheit mit der Aussicht konfrontiert wird, daß das Leben in der Form, wie wir es bis jetzt erlebt haben, ein Ende haben wird, gebe ich zu, daß die gegenwärtige Konstellation ohne Präzedenz ist. Früher wurde die Menschheit öfter von der Auslöschung durch Naturkräfte bedroht, die sich menschlicher Kontrolle entziehen. Aber nun wissen wir zum erstenmal, daß unsere Zukunft davon abhängt, was wir selber tun oder unterlassen.

Ikeda: Die Sintflut ist das Symbol für die Naturkräfte, die die Menschheit gefährdeten. Wahrscheinlich haben die Menschen früher Naturkatastrophen wie Hochwasser und Überschwemmungen als Bedrohungen angesehen, gegen die der Mensch nichts vermag; und es ist kaum verwunderlich, daß solches Unheil mit Vorstellungen vom Ende der Welt verknüpft wurde. Die moderne Angst vor drohendem Unheil hingegen ist ein Spiegel des bestürzenden Zustandes, in dem der Mensch die Wissenschaft als Waffe benutzt hat, um Macht genug zu erlangen, die Welt zu bewegen, doch von derselben Zivilisation, die er geschaffen hat, betrogen und zum Untergang getrieben worden ist.

Wenn wir uns nach den Ursachen der gegenwärtigen weltweiten Malaise fragen, stellen wir zu unserer Überraschung fest, daß wir selber es sind, die uns an den Rand des Abgrundes getrieben haben. Wäre die Ursache eine Naturkraft gewesen, etwas außer uns selbst, dann hätten wir vielleicht eine Weile die Hoffnung verloren, doch uns wieder aufgerichtet, um der Gefahr entgegenzutreten, die unser Leben gefährdet. Einerlei, wieweit die Wissenschaft mit diesem Problem zu tun hat, ist es nicht leicht, einen Weg aus der Furcht zu finden, daß alle unsere Bemühungen, so hartnäckig wir auch kämpfen, nur den Weg in die Katastrophe beschleunigen.

Ein weiterer interessanter Unterschied zwischen früheren und gegenwärtigen Deutungen der Art des drohenden Verhängnisses liegt in der Beziehung von Reichtum und Armut, Überfluß und Not. Früher waren es Hungersnöte, die die Menschen an das Ende denken ließen; heute ist es ironischerweise der materielle Überfluß, der uns Angst macht. Mit anderen Worten: Der Überfluß an Dingen erzeugt eine neue Art von Hungersnot. Der moderne Mensch hat Zustände geschaffen, von denen man früher nichts ahnte und in denen es materielle Dinge in solcher Überfülle gibt, daß sie unser Leben zu verkürzen drohen, wenn man Gebrauch von ihnen macht.

Toynbee: Was Sie sagen, ist richtig; aber wir dürfen in unserer Reaktion auf die Übel, die das Fortbestehen der Menschheit bedrohen, nicht defätistisch, passiv oder gleichgültig sein. Wenn diese Übel von Kräften stammen, die sich der menschlichen Kontrolle entziehen, wären Resignation und Unterwerfung der einzige Weg, der uns bleibt. Sie sind jedoch vom Menschen geschaffen und müssen daher auch vom Menschen geheilt werden.

Ikeda: Das ist der springende Punkt. Man hat schon viele grundlegende Ursachen der Bedrohungen aufgezeigt, doch ich glaube, die folgenden sind die wichtigsten.

Die erste ist die Rüstung. Atomwaffen wurden von der Physik geschaffen, dem Zweig der modernen Naturwissenschaft, der heute von zentraler Bedeutung ist. Aber die Physik ist nicht der einzige schuldhafte Zweig der Wissenschaft, denn auch die Biochemie hat in Form von biologischen Waffen Greuel auf die Menschheit losgelassen.

Die zweite Ursache ist die Verschmutzung und Zerstörung der Umwelt, die zu Beginn der siebziger Jahre erschreckende Ausmaße angenommen hat. Dazu gehören die dadurch entstandenen klimatischen Veränderungen und die Zerrüttung des ökologischen Systems. Viele Ökologen haben schon mahnend darauf hingewiesen, daß der Mensch seinen letzten Atemzug in einer Atmosphäre tun könnte, die mehr Unrat enthält als Luft, wenn nicht schnell entscheidende Maßnahmen getroffen werden.

Wenn der Mensch seine ganze Klugheit und Tatkraft für diesen Fall einsetzte, dann wäre er imstande, eine Zivilisation zu verändern, die eine weltweite Verschmutzung verschuldet hat, und einen Weg zu finden, alle politischen Schwierigkeiten zu lösen, ohne zu Atomwaffen greifen zu müssen. Aber solange die Menschheit ihrer angeborenen Habgier und Ichsucht unterworfen bleibt und sich von dem Gefühl der Sinnlosigkeit und der Furcht vor der Vernichtung beherrschen läßt, wird es unmöglich sein, dem uns drohenden Verhängnis zu entgehen.

Toynbee: Unsere selbstverschuldeten Übel kommen von der Habgier und der Aggressivität, die unserer Ichbezogenheit entspringen. Deshalb besteht die Kur für diese Übel darin, die Ichbezogenheit zu überwinden. Die Erfahrung lehrt uns, daß dies ein schwieriges und schmerzhaftes Unterfangen ist, doch sie lehrt uns auch, daß es Menschen gegeben hat, die dieses Ziel erreichten – unvollkommen zwar, doch hinreichend genug, um ihr eigenes Verhalten radikal zu verändern und auch das Verhalten anderer, die sich von ihrem Beispiel inspirieren ließen. Die Unterdrückung der Ichbezogenheit, die einigen frommen und heiligen Menschen in diesem revolutionierenden Grade gelungen ist, kann sicher in einem gewissen Ausmaß von allen Menschen bewerkstelligt werden. Auch die Heiligen waren Menschen, und was sie zuwege gebracht haben, dürfte nicht völlig außerhalb der Möglichkeiten von uns gewöhnlichen Sterblichen liegen.

Es ist beschämend, daß die derzeitige Bedrohung der menschlichen Überlebenschancen von der Menschheit selber kommt. Noch beschämender wäre es, wenn wir es unterließen, in einer Situation, in der wir noch dazu imstande sind, uns selber zu helfen, wenn wir uns bemühen, unsere Ichbezogenheit zu überwinden. Das Beschämende der Situation sollte uns antreiben, und die Gewißheit, daß wir die Kraft zum Erfolg haben, sollte uns Hoffnung, Mut und Stärke geben.

Die Aussicht auf Vernichtung durch Kräfte oder Mächte, die sich unserer Kontrolle entziehen, ist lähmend, denn sie läßt keine Hoffnung zu, daß die Vernichtung durch menschliches Handeln abgewendet werden kann. Aber die Passivität angesichts einer solchen Erwartung ist nicht demoralisierend, denn es ist nicht beschämend, vor etwas zu resignieren, das zu verhindern man nicht imstande ist. Andererseits ist es beschämend und daher demoralisierend, wenn wir uns vernichten lassen, indem wir Bemühungen unterlassen, die in unserer Macht liegen und die uns helfen könnten. Untätigkeit unter solchen Umständen ist soviel wie Selbstmord; sie ist Selbstzerstörung.

Ikeda: Es unterliegt keinem Zweifel, daß wir uns anstrengen müssen, die Lage zu bewältigen, in der wir uns befinden. Aber ich fürchte, daß die Menschen heutzutage bis zur Hoffnungslosigkeit ihre Fähigkeit bezweifeln, etwas Wirksames zu unternehmen. Viele junge Leute stellen diese Verzweifelung zur Schau, indem sie sich in sinnlose Vergnügungen stürzen oder gewalttätige Demonstrationen machen mit dem Ziel, das »Establishment« zu stürzen, oder zu Drogen und Narkotika Zuflucht nehmen. Alle diese eskapistischen Aktionen sind Ausdruck eines tiefen Mißtrauens gegen die menschliche Fähigkeit, grundlegende Fragen zu beantworten.

Das Ende der Umweltverschmutzung

Ikeda: Wenn Industrieabfälle eindeutig identifiziert werden und man ihre Spuren zurückverfolgen kann, dann ist es verhältnismäßig leicht, ihnen Einhalt zu gebieten. Aber da jeder Stadtbewohner auf die eine oder andere Weise zu den verschiedensten Arten der Verschmutzung beiträgt, ist die Lösung dieses Teils der Umweltzerstörung komplizierter. Früher konnten gut funktionierende Kommunalbetriebe die Müll- und Unratbeseitigung in ihrem Bereich zufriedenstellend besorgen. Doch heute hat die Entwicklung der Zivilisation die Verschmutzung dermaßen erhöht, daß die klassischen städtischen Betriebe ihrer nicht mehr Herr werden.

Eine bestimmte Zahl von Industriekonzernen ist verantwortlich für gewerblich verursachte Umweltverschmutzung, und die Mehrheit der Bürger ist ihr Opfer. Mit politischen Mitteln, durch Gesetze und Bürgerinitiativen kann man diese Art der Verschmutzung bekämpfen, doch was die sonstige Verschmutzung der Städte betrifft, sind die meisten Bürger zugleich die Opfer und die Schuldigen.

Toynbee: Es trifft zu, daß die Umweltverschmutzung zwei Quellen hat: Industrieabfälle und die Haushaltabfälle der Einwohner, die unter modernen städtischen Bedingungen leben. Es trifft auch zu, daß der erstgenannten Art der Verschmutzung leichter Einhalt zu gebieten ist als der letzteren.

Wie Sie sagten, werden Industrieabfälle von einer begrenzten Zahl von identifizierbaren Unternehmen erzeugt und können durch die Gesetzgebung wahrscheinlich in Grenzen gehalten werden. Der Privatkonsum hingegen kann nur durch die freiwillige Aktion zahlloser Einzelpersonen kontrolliert werden. Aufwendige Vorschriften haben sich im Gegensatz zu der die Industrie betreffenden Gesetzgebung gewöhnlich als unwirksam erwiesen; und eine freiwillige Aktion für Konsumbeschränkung wird voraussichtlich nicht nützen, wenn sie nicht religiös inspiriert ist.

Ikeda: Das Problem ist schwierig, doch keineswegs unmöglich zu lösen. Um Verbesserungen in weitem Maße zu erzielen, muß jeder Bürger trachten, sich selbst zu reformieren, indem er sein tägliches Leben einer strengen Prüfung unterzieht und daraus alles eliminiert, was zur Umweltverschmutzung beitragen könnte. Lassen Sie uns zum Beispiel den Trend zur Motorisierung betrachten. Jedes Jahr bedrängen die Fabrikanten die Kunden, ihre neuen eleganteren Modelle zu kaufen, als sei man ein Mensch zweiter Klasse, wenn man es unterließe. Die Werbekampagnen dieser Firmen sind sehr geschickt, nicht weniger die der Hersteller von elektrischen Geräten oder anderen Gebrauchsartikeln, die alle nach einem vorgeplanten »Veraltungsprinzip« operieren. Aber dieses von der Gewinnsucht getriebene Spiel mit der menschlichen Ichsucht hat viel zur Entstehung der verzweifelten Situation beigetragen, in der wir uns jetzt befinden. Wir müssen uns bewußt werden, daß die akkumulierten Wirkungen von kleinen Alltagsvorgängen sehr wohl dazu beitragen, eine Katastrophe globalen Ausmaßes herbeizuführen, die unsere Nachkommen ihres Lebensrechtes berauben könnten.

Toynbee: In vergangenen Zeiten, als die ganze Menschheit arm war, drohte unseren Vorfahren ständig der Mangel an Essen, Kleidung, Behausung und anderen Lebensnotwendigkeiten. Unter diesen Umständen galt Genügsamkeit als Tugend, Luxus als Laster. Aber seit der industriellen Revolution droht durch die Genügsamkeit den Fabrikanten der Verlust an Absatz und ihren Arbeitern der Verlust der Arbeitsplätze. So wurde aus der Genügsamkeit der Verbraucher in den Augen der Fabrikanten und ihrer Arbeiter und Angestellten ein Laster, keine Tugend; und der Verbrauch wurde künstlich durch die Werbung stimuliert. Seit der industriellen Revolution hat sich auch die Industriewerbung entwickelt.

Das einseitige Interesse der Fabrikanten an der Verbrauchswekkung steht jedoch, wie Sie ausgeführt haben, dem allgemeinen Interesse der Gesellschaft entgegen. Die Erregung der Habgier durch die Reklame erzeugt eine Massenverschmutzung, und diese ist eine Bedrohung der Gesundheit, ja des Lebens der jetzt lebenden Menschen. Unsere gegenwärtige Habgier beraubt aber auch zukünftige Generationen, weil sie unersetzliche Hilfsquellen aufbraucht.

Darüber hinaus ist die Habgier ein Laster an sich. Sie ist ein tierischer Zug in der menschlichen Natur; aber der Mensch ist mehr als ein Tier. Wenn wir unserer Habgier frönen, büßen wir unsere menschliche Würde ein. Deshalb sollten wir, statt sie anzustacheln, unsere Habgier unterdrücken – und dies aus Prinzip, selbst wenn die Habgier nicht die katastrophalen Wirkungen der Umweltverschmutzung für die jetzige Generation und der Verelendung für die Nachwelt hätte –, wenn die Menschheit fortbestehen soll. Seit der industriellen Revolution versuchen die Fabrikanten, mit Hilfe der Werbung die Öffentlichkeit dahin zu bringen, daß sie der höchstmöglichen Befriedigung der Habgier den Vorrang vor allen anderen Zielen gibt. Wir müssen die Ordnung der Prioritäten umkehren und die Einschränkung der Habgier und die Rehabilitierung der Genügsamkeit zu unseren Hauptzielen machen. Dafür gibt es mindestens drei Gründe: die Aufrechterhaltung der Menschenwürde, der Schutz unserer Generation gegen die Gefahr der Umweltverschmutzung und die Erhaltung der begrenzten Hilfsquellen unseres Planeten für künftige Generationen. Wir müssen das von Industrie und Werbung insinuierte Ideal durch das im buddhistischen und christlichen Mönchstum vorgelebte Ideal ersetzen.

Ikeda: Genau. Freiheit ist sehr wichtig; aber die Entscheidung, welchen der vielen menschlichen Aspekte Freiheit eingeräumt werden soll, ist noch wichtiger. Wenn man ihr unbeschränkten Spielraum gewährt, unterdrückt die Habgier das Geistige im Menschen, weil sie unvermeidlich alles Erhabene hinunterzieht. Wenn die Habgier die Oberhand gewinnt, ist es so ähnlich, wie wenn ein Krimineller auf unschuldige Menschen losgelassen wird. Wie der Verbrecher, der zum Schutze der Mitmenschen überwacht und wenn nötig inhaftiert werden muß, muß die Habgier um des Menschen besten Teils willen im Zaum gehalten werden. Aber das darf nicht von außen geschehen, sondern muß aus dem unabhängigen Selbstbewußtsein des einzelnen erwachsen.

Wir müssen uns den Standpunkt zu eigen machen, daß das Bewußtsein der Würde des Lebens das Grundprinzip sein soll, auf dem alle unsere Tätigkeiten beruhen. Von dieser Voraussetzung aus müssen wir an die folgenden konkreten Aufgaben gehen. Erstens, den Konsum materieller Güter auf ein Minimum beschränken und Wege finden, Abfälle wieder der Produktion nutzbar zu machen. Dieser Schritt wird sowohl die Umweltverschmutzung eindämmen als auch uns vor der Erschöpfung unserer Rohstoffe schützen. Zweitens, von der physischen Energie des menschlichen Leibes den bestmöglichen Gebrauch machen. Zusammen mit der Verminderung der Verschmutzung und der Erhaltung der Rohstoffe wird dieser Schritt die Gesundheit des Menschen erhalten und fördern. Drittens, Vorsicht üben beim Gebrauch von Medikamenten, Nahrungsmittelzusätzen und anderen chemischen Mitteln und sich bewußt sein, daß das Gute, was diese Substanzen bewirken mögen, fast immer von schädlichen Nebenwirkungen begleitet wird.

Jeder Mensch muß diese einfachen Regeln in seinem Alltagsleben in die Tat umsetzen und jedem den Kampf ansagen, der sie mißachtet und damit die Zukunft der Menschheit gefährdet. Die Wissenschaftler müssen von ihrem Wissen Gebrauch machen, um die Menschen aufzuklären, und die Zeitungsleute müssen mit der ganzen Kraft ihrer Worte die Übel darstellen, die uns erwachsen, wenn wir gegen diese Regeln verstoßen. Die Hausfrauen können den Kampf zu Hause führen und die Arbeiter an ihren Arbeitsplätzen. Wenn eine solche Bewegung bedeutungsvoll und wirksam sein soll, muß sie eine starke geistige Basis haben, und ich stimme Ihnen zu, daß es die Kraft der Religion erfordert, diese Basis zu schaffen.

Die Religion, die wir brauchen, muß jedem Menschen zwei wichtige Dinge tief bewußt machen: die Wahrheit, daß die Lebenskraft eines einzigen Menschen wichtiger ist als aller Reichtum der Welt, und das ebenso wichtige Prinzip, daß sowohl das Leben wie die Würde, die es trägt, nur in Eintracht mit der Natur erhalten werden können.

Toynbee: Ja, die gegenwärtige Bedrohung des Fortbestehens der Menschheit kann nur durch eine revolutionäre Veränderung in den Herzen der einzelnen Menschen beseitigt werden. Diese Veränderung muß von der Religion inspiriert werden, denn nur sie kann uns die Willenskraft geben, die wir brauchen, um schwer zu erreichende neue Ideale zu verwirklichen.

3
Der Intellekt

Erziehung und Bildung

Lernziele

Ikeda: Die wichtigsten Fragen auf dem Gebiet der Erziehung sind die, welche dem Menschen helfen wollen, mit Klarheit zu sehen, was er sein und wie er leben sollte. Die Suche nach Antworten auf diese Fragen kann zwar Ergebnisse von praktischem Nutzen zeitigen; doch ist ein solcher nur eine Nebenwirkung. Im besten Falle werden Bildung und Erziehung nicht allein von dem Streben nach praktischem Nutzen vorangetrieben, noch setzen sie sich solche Ziele. In der modernen technologischen Gesellschaft jedoch betrachten viele Bildung und Wissenschaft nur als Diener der Nützlichkeit, und diese Ansicht erregt wiederum Zweifel an dem Wert von Bildung und Erziehung.

Toynbee: Ich meine, das Ziel der Erziehung sollte ein religiöses, kein gewinnsüchtiges sein. Sie sollte eine Suche sein nach dem Verständnis der Bedeutung und dem Zweck des Lebens und eine Entdeckung der rechten Lebensweise. Der rechte geistige Weg ist, glaube ich, im Grunde für alle Menschen der gleiche. Der rechte praktische Weg war ebenfalls für die ganze Menschheit der gleiche in dem Zeitalter vor der Arbeitsteilung, die notwendig wurde, als sich die ursprünglich einfache soziale Organisation und Technologie der Menschheit in eine komplexe verwandelte.

Im Zeitalter der technischen Zivilisation muß die Erziehung in der rechten Lebensweise durch eine Berufsausbildung in bestimmten Wissenszweigen und Fertigkeiten ergänzt werden. Aber bevor er seinen Beruf ergreift, sollte jeder, der eine Ausbildung empfangen hat, einen hippokratischen Eid schwören, so wie ihn die angehenden Mediziner ablegen müssen. Jeder, der ins Berufsleben tritt, müßte sich verpflichten, sein besonderes Wissen und Können zum Dienste an seinen Mitmenschen und nicht zu ihrer Ausbeutung einzusetzen. Er sollte dieser Dienstverpflichtung den Vorrang geben vor der Notwendigkeit, den Lebensunterhalt für sich und seine Familie zu verdienen. Der höchste Dienst, nicht der höchste Gewinn ist das Ziel, das er erstreben sollte.

Ikeda: Sie haben völlig recht. Indem sie sich einem Nützlichkeitsprinzip ergab, das intellektuelles Wissen und technisches Können überbewertete, hat die Erziehung in der modernen Gesellschaft zwei große schlechte Folgen gehabt. Erstens hat sie aus der Bildung ein Werkzeug der Politik und Wirtschaft gemacht und sie dadurch ihrer Würde und Unabhängigkeit beraubt. Zweitens werden die Leute, die sich der Bildung und Erziehung verpflichten, zu Sklaven des intellektuellen Wissens und des technischen Könnens, den einzigen Aspekten der Bildung, die heute geschätzt werden. Infolge dieses Trends geht die Achtung vor der Menschlichkeit zurück. Kurzum, heute werden die Leute gezwungen, dem intellektuellen Wissen und dem technischen Können zu dienen, die ihrerseits von Politik und Wirtschaft beherrscht werden.

Fortdauer des Lernens

Ikeda: Die Schulerziehung allein reicht nicht aus, die individuellen Fähigkeiten zu entwickeln und zu pflegen. Die Menschen sind unterschiedlich begabt, und alle haben ihre eigenen Verdienste und Vorzüge. Es gilt, diese Talente zu wecken und dahin zu lenken, daß sie sich im täglichen Leben und in praktischen Situationen bewähren.

Ich meine, schulische Leistungen allein sollten nicht das einzige Kriterium sein, nach dem die Fähigkeiten eines Menschen gemessen werden. Nicht aus allen gescheiten Schülern werden nützliche und schöpferische Bürger; und viele, die in der Schule nicht durch besondere Talente auffielen, werden in ihren mittleren Jahren oder sogar noch später fähige und hervorragende Mitglieder der Gesellschaft.

Außerdem wechselt der Unterrichtsstoff heute so schnell, daß die Dinge, die man in der Schule lernt, später oft veraltet und sogar nutzlos sind.

Toynbee: In der gegenwärtigen Welt, in der unser Wissen sich ständig vermehrt und die Bewertung dieses Wissens sich ständig ändert, ist die als Haupttätigkeit geübte Erziehung in der Jugend nicht genug. Ihr müßte sich eine lebenslange, sozusagen nebenberufliche Selbsterziehung anschließen. Was man in der Jugend gelernt hat, reicht jetzt nicht mehr aus für das ganze übrige Leben. Daraus folgt, daß die Grade und Würden, die ein Schüler oder Student beim Absolvieren der Schule oder Universität erlangt hat, nicht als eine lebenslang gültige Bewertung, sondern nur als eine vorläufige Beurteilung angesehen werden dürfen. Jeder von uns müßte als Erwachsener immer wieder getestet und neu beurteilt werden. Die Tests sollten sich nach der praktischen Leistung von Fall zu Fall richten. Es ist absurd und ungerecht, jemand ein für allemal als erstklassig oder drittklassig einzustufen, wenn er erst sechzehn oder zweiundzwanzig ist.

Es gibt Spätentwickler, die sich erst in reifen Jahren entfalten, und umgekehrt Frühstarter, die ihre einstigen Versprechungen nicht erfüllen. Winston Churchill zum Beispiel war offenbar spätreif als Kind, glanzvoll als junger Mann, ein Versager in seinen reifen Jahren und zweifellos ein unbestritten großer Mann, nachdem er sechzig geworden war.

Ikeda: Wenn ein junger Mensch erwachsen geworden ist und ins Leben tritt, wird seine Begabung für das Universitätsstudium nicht die einzige Grundlage für die Beurteilung seines Charakters sein. In vielen Fällen wird die Breite und Tiefe seiner Persönlichkeit und seiner Erfahrungen die entscheidende Rolle spielen. Obwohl es natürlich Unterschiede gibt, je nachdem, ob die Arbeit mehr geistiger oder körperlicher Art ist, muß ein Mensch, um seine Fähigkeiten zu manifestieren und einzusetzen, körperlich kräftig und geistig und psychisch sensitiv sein. Akademisches Lernen allein kann Körper und Geist nicht genügend entwickeln. Zur Ergänzung müssen wir Wege finden, den Studenten mit der Gesellschaft in Verbindung zu bringen und ihm so oft wie möglich durch außerplanmäßige Aktivitäten und Teilnahme am Gemeinschaftsleben Erfahrungen der verschiedensten Art zuteil werden zu lassen. Ich glaube, die Art von Erziehung, die wir heute brauchen, muß ihr Augenmerk darauf richten, den ganzen Menschen zu entwickeln.

Toynbee: Ich habe schon angedeutet, daß ein Vorteil der Fortsetzung der Erziehung im Erwachsenenalter darin besteht, daß man seine persönliche Erfahrung auf das akademisch Gelernte einwirken lassen kann. Jetzt möchte ich hinzufügen, daß man den Studenten so früh wie möglich Gelegenheiten geben sollte, praktische Erfahrungen durch außerplanmäßige Aktivitäten und Teilnahme am Gemeinschaftsleben zu erwerben.

In Großbritannien hat man dem durch das Erziehungssystem der sogenannten »Public schools« Rechnung getragen. Einige – es sind in Wirklichkeit keine »öffentlichen«, sondern exklusive Privatschulen – sind als Bewahrer des »Establishments« kritisiert worden; aber man muß zugeben, daß sie älteren Jungen Gelegenheit geben, Autorität auszuüben und ihr Verantwortungsgefühl zu entwickeln. In dieser Hinsicht scheinen mir die britischen Public schools ein wertvolles Beispiel gegeben zu haben. Ich selber war auf einer solchen Schule; die schulische Selbstverwaltung stand unter dem griechischen Motto, daß Autorität ein Prüfstein des Charakters ist.

Die Fähigkeiten des Menschen sind von der mannigfaltigsten Art, und alle sind gesellschaftlich wertvoll. Deshalb sollten die besonderen Fähigkeiten jedes einzelnen entdeckt, gepflegt und gefördert werden. Das kann geschehen, indem man den Schülern und Studenten Gelegenheit gibt, praktische Erfahrungen zu sammeln und sich praktisch zu betätigen und ihr Leben lang jene Art der Erziehung fortzusetzen, in der sich Theorie und Praxis verbinden, um einander zu ergänzen und zu fördern.

Die Finanzierung der Erziehung

Ikeda: Leider stehen heute in den meisten Ländern Erziehung und Hochschulbildung unter der Aufsicht des Staates und in Übereinstimmung mit den von der Regierung gesetzten Zielen. Lehre und Forschung sind besonders eng mit den Bedürfnissen des Staates verbunden, weil ohne dessen finanzielle Unterstützung die unbeschränkte Forschung auf vielen Gebieten, in denen sie gewaltiges Kapital erfordert, unmöglich wäre. Wo sie den Interessen des Staates dient, stehen Geldmittel zur Verfügung, und die Ergebnisse solcher Forschung sind meist hervorragend. Ungerecht behandelt werden jedoch solche Gebiete, die dem Staat keinen unmittelbaren Nutzen bringen, und solche Forscher, deren Ansichten denen des Staates womöglich zuwiderlaufen. Dieser Modus in der Welt der Lehre und Forschung spiegelt sich unmittelbar in der Welt der Erziehung, in der Themen von sogenanntem nationalem Interesse hervorgehoben, andere hingegen vernachlässigt werden.

Toynbee: Es ist nicht zu wünschen, daß der Staat das alleinige Monopol für die Finanzierung, Kontrolle und Lenkung der Erziehung besitzt, da er immer versucht sein wird, solche Studien zu fördern, die geeignet erscheinen, seine Macht zu vergrößern. Der Staat wird weiterhin versucht sein, die von ihm finanzierte und kontrollierte Erziehung so zu beeinflussen, daß aus den Studenten Stützen der Ideologie der jeweiligen Gesellschaftsordnung werden.

Die von öffentlichen Geldern getragene Erziehung hat natürlich auch Vorteile; sie gibt zum Beispiel allen Knaben und Mädchen die gleichen Chancen. Heute kommen in Großbritannien zahlreiche führende Persönlichkeiten in allen Sparten aus armen Familien; doch dank der öffentlichen Subsidien haben sie die bestmögliche Erziehung genossen.

Ikeda: Gewiß sind vom Standpunkt der Chancengleichheit aus Subsidien der öffentlichen Hand oder autonomer Körperschaften zu begrüßen; denn sehr häufig könnte der einzelne gar nicht die Schulgelder aufbringen. Aber damit dürfte keine Einmischung in die Inhalte der Erziehung verbunden sein und keine direkten oder indirekten Versuche, sie in diese oder jene Richtung zu lenken. Unser Problem wäre, einen Finanzierungsplan auszuarbeiten, der nicht Gefahr läuft, einen ungebührlichen Einfluß auf die Erziehung auszuüben.

Toynbee: In Großbritannien gibt es seit dem Ersten Weltkrieg halböffentliche Institutionen, die mit öffentlichen Mitteln finanziert, doch nicht von der Regierung kontrolliert werden. Sie werden autonom verwaltet. Zu ihnen gehört das »University Grants Committee«, das jetzt den größeren Teil der Gelder für die britischen Universitäten verteilt. (Nur ein kleiner Teil kommt noch von den Hörergebühren der Studenten oder aus privaten Spenden.) Die Regierung soll sich jeder Einmischung enthalten. Diese Absicht ist verwirklicht worden; aber es ist noch zu früh, zu sagen, ob auf die Dauer die Autonomie des »University Grants Committee« und anderer halböffentlicher Institutionen (zum Beispiel der »Britisch Broadcasting Corporation«, die eine bedeutsame erzieherische Rolle spielt) auf die Dauer vom Parlament respektiert werden wird.

Offenbar ist die Einrichtung halböffentlicher Institutionen nicht unbedenklich. Es ist wichtig, die Erziehung unabhängig zu erhalten, doch auf einer voll gesicherten und dauerhaften Grundlage. Dafür sind, glaube ich, zwei Voraussetzungen erforderlich: eine ständige finanzielle Dotation, die nicht vom Staat oder von wirtschaftlichen Unternehmen kontrolliert wird; ein Lehrerkollegium und eine pädagogische Leitung, deren ethisches und geistiges Niveau so hoch ist, daß sie von der Öffentlichkeit respektiert und unterstützt werden.

Solche Dotationen können aus unumstößlichen Stiftungen bestehen, das heißt mit der gesetzlich bindenden Verpflichtung des Stifters, für sich und seine Erben auf jede Einmischung in die Verwaltung der Stiftung zu verzichten. Das ist das Prinzip der amerikanischen Privatstiftungen für die Förderung von Erziehung und Forschung und ebenfalls das Prinzip der Landübertragungen, die eine der Einnahmequellen der staatlichen Universitäten und Colleges in den Vereinigten Staaten sind. Land ist die beste Form einer Dauerstiftung, denn der Wert des Landes verändert sich umgekehrt zu dem des Geldes, und der Geldwert neigt dazu zu fallen, auch ohne eine Inflation mit einer so hohen Rate und Schnelligkeit wie die gegenwärtige. Das Stipendium, das ich 1902 am Winchester College erhielt, wurde von den Einkünften einer 1395 von dem Gründer des College vorgenommenen Landstiftung finanziert.

Ich sähe gern alle Schulen und Universitäten in allen Ländern mit unumstößlichen Stiftungen ausgestattet, in einem Umfange, der es ermöglicht, die Studiengebühren niedrig und die Lehrergehälter hoch zu halten. Das würde die Unabhängigkeit von der Kontrolle des Staates oder der Wirtschaft gewährleisten. Die Erziehungs- und Lehreinrichtungen sollten völlig autonome Institutionen sein, nicht nur durch die pädagogische Leitung und das Lehrerkollegium repräsentiert, sondern auch (bei den Schulen) durch die Eltern und (bei den Universitäten) durch die Studenten. Auch die Öffentlichkeit müßte vertreten sein, denn Erziehung ist eine Angelegenheit, die unsere ganze Gesellschaft angeht. Das Kräfteverhältnis und die Rangordnung der verschiedenen Teilnehmergruppen bei der Gestaltung und Ausführung einer solchen Erziehungspolitik würden allerdings sehr umstritten sein, wie sich bei Kontroversen über solche Fragen in der ganzen Welt gezeigt hat.

Koedukation

Ikeda: Unter dem Einfluß der konfuzianischen Ethik war die Erziehung in Japan bis zum Ende des Zweiten Weltkrieges für Knaben und Mädchen getrennt. Seitdem jedoch ist die Koedukation in allen öffentlichen Schulen von der Grundschule bis zur Reifeprüfung eingeführt worden. Soviel ich weiß, ist auch in England die Geschichte der Koedukation verhältnismäßig kurz. Was halten Sie von ihren Vor- und Nachteilen?

Toynbee: In England fing man erst um 1870 damit an und nicht aus prinzipiellen, sondern aus ökonomischen Gründen. Man führte die Koedukation in den Grund- und höheren Schulen ein (also solchen, die aus öffentlichen Mitteln bezahlt wurden), während die Privatschulen und Universitäten die Geschlechtertrennung beibehielten. Damals gab es nur wenig Universitäten in Großbritannien – zwei in England, vier in Schottland –, und alle schlossen Frauen von akademischen Graden aus. Meine Frau studierte in Cambridge; sie durfte Prüfungen ablegen und bekam erstklassige Auszeichnungen, aber sie konnte keinen akademischen Grad erlangen. In den Vereinigten Staaten ist es natürlich seit langem beiden Geschlechtern möglich, gemeinsam Vorlesungen zu hören, Prüfungen abzulegen und Grade zu erwerben. Heute studieren auch in England männliche und weibliche Studenten gemeinsam, und man möchte auch gemischte Colleges einführen.

Ich glaube, es läßt sich sowohl für das eine wie das andere System einiges sagen. Zur Zeit stellt uns die Koedukation vor ein ernstes Problem wegen der sexuellen Promiskuität von Schülern zwischen dreizehn und achtzehn Jahren. Das ist bekanntlich eine schwierige Zeit für junge Menschen, und es ergeben sich für die Erziehung, die gemischte wie die getrennte, Probleme, die sie früher nicht kannte. Es kommt heute vor, daß Mädchen mit vierzehn oder fünfzehn schwanger werden; das ist keine zwangsläufige Folge der Koedukation, aber eine reale und eine Quelle von Sorge und Not.

Als ich vierzehn war, waren die Schulen streng getrennt. Es gab schon besondere Colleges für junge Frauen und Schulen für Mädchen; doch die Beziehungen zwischen den Geschlechtern waren streng geregelt. Wir sahen einander selten, und dies schloß sexuelle Beziehungen zwischen Jungen und Mädchen aus, doch es verhinderte nicht die Homosexualität. Als ich mit vierzehn auf ein Internat kam, wußte ich nichts davon, aber dort war viel davon die Rede. Leider ist die Homosexualität eins der Übel der Internatsschulen.

Die Vor- und Nachteile der zwei Systeme abzuwägen scheint mir sehr schwierig. Wenn man versucht, das Problem der heterosexuellen Beziehungen in Koedukationsschulen zu lösen, indem man die Jungen von den Mädchen trennt, findet man sich vor das nicht minder ernste Problem der Homosexualität gestellt.

Ikeda: Wie Sie sagen, gibt es Probleme in beiden Systemen. Ich glaube, männliche und weibliche Homosexualität sind relative Begriffe. Manche Gesellschaftsordnungen ließen sie gelten wie die alten Griechen, manche verdammen sie. Sexuelle Beziehungen zwischen Mann und Frau, zwischen Knabe und Mädchen sind schwerwiegender, denn sie können zu Schwangerschaft führen und sind daher mit der Würde des Lebens enger verknüpft. Wenn ich eine Entscheidung treffen müßte, würde ich sagen, daß vielleicht homosexuelle Beziehungen zwischen Studenten das kleinere Übel sind.

In der Mittel- und höheren Schule, die ich gegründet habe, sind die Geschlechter getrennt. Ich hatte mich dazu entschlossen, damit die Schüler sich ganz ihrer Arbeit widmen könnten. Offenbar ist eine Situation vorzuziehen, in der Sex zwischen Schülern nicht möglich ist, aber wenn etwas Derartiges geschieht, dann bin ich der Meinung, daß es eine Sache der Freiheit des Gewissens der Schüler selber ist.

Ich glaube, eine Schule muß ihre Schüler lehren, die Urteilsfreiheit zu respektieren, sie muß ihnen helfen, ihre Persönlichkeit zu entwickeln, und sie mit dem nötigen Wissen versorgen, ihre eigenen freien Entscheidungen zu treffen. Wenn Schüler ständig falsche Entscheidungen treffen, dann erfüllt die Schule ihre Pflicht nicht ausreichend. Wenn ein Lehrer die Urteile seiner Schüler beeinflussen will, indem er Druck ausübt oder sie zu zwingen versucht, die Dinge auf seine Weise zu sehen, dann zeigt er seine Unfähigkeit und geistige Trägheit. Sie denken vielleicht, mein Standpunkt ist zu idealistisch; aber so betrachte ich die Schulerziehung.

Lehre und Forschung

Ikeda: Es ist zu wünschen, akademische Lehrer, die tatsächlich lehren, von denen zu trennen, die sich mit Forschung oder speziellen Studien beschäftigen. Erziehung und Forschung gehören zwei ganz verschiedenen Kategorien an, und in anspruchsvolleren akademischen Kreisen wird die Lehre oft der Forschung geopfert. Aber die sachliche und räumliche Trennung von Lehre und Forschung könnte den Lehrer seiner Rolle als Forscher fernhalten und ihn der Frische berauben, die er für seine Arbeit braucht. Auch wenn wir den lehrenden und den forschenden Gelehrten trennen, müssen wir Wege finden, die Wechselbeziehung zwischen beiden und ihre Qualitäten zu fördern.

Toynbee: Ich meine, Hochschullehrer sollten Zeit und Gelegenheit zur Forschung haben, und diese sollte wie die Lehre als ein wesentlicher Teil ihrer Pflichten angesehen werden. Die Aufgabe der Hochschulerziehung besteht in erster Linie darin, die Studenten zu lehren, sich selber auszubilden. Wenn die Dozenten damit Erfolg haben wollen, müssen sie sich selber weiter ausbilden, und für sie ist das Mittel dazu die Forschung.

Andererseits braucht ein Forscher nicht notwendigerweise ein Lehrer zu sein. Ein Forschungsauftrag ist nicht immer mit einem Lehrauftrag verbunden. Aber ich halte es für unwahrscheinlich, daß ein Wissenschaftler erstklassige Arbeit leistet, wenn er sich nur der Forschung widmet. Tut er das, dann verschließt er sich dem allgemeinen

Leben und der praktischen Erfahrung, die nicht in Laboratorien und Bibliotheken erworben werden kann. Die schöpferischsten Forscher sind immer solche gewesen, die Forschung mit einer anderen Tätigkeit zu verbinden wußten.

Auf meinem Gebiet, dem der Geschichtsforschung, sind die hervorragendsten Historiker nicht halbberuflich Hochschullehrer gewesen, sondern halbberuflich Politiker, Verwaltungsbeamte, Offiziere, Geschäftsleute. Einige haben ihre zwei Berufe gleichzeitig ausgeübt, andere haben in mittleren Jahren ihren praktischen Beruf aufgegeben und sich ganz der Geschichtsschreibung zugewandt. Sie waren imstande, bewunderswerte Geschichtswerke zu schreiben, weil sie auf ihre eigenen praktischen Erfahrungen zurückgreifen konnten; sie haben selber an Aktivitäten teilgenommen, wie sie sie nachher studiert haben, und das hat ihnen Einsicht und Weisheit gegeben.

Ikeda: Wenn sich der auf Forschung spezialisierte Gelehrte von den Emotionen, Freuden und Sorgen des menschlichen Alltagslebens absondert, können die Ergebnisse seiner Forschung seltsame, sogar bedrohliche Wendungen nehmen. Ihr Hinweis, daß Leute, die einen Teil ihres Lebens mit anderen Tätigkeiten verbracht haben, die einfallsreichsten Forscher abgeben, zeigt eine Möglichkeit, dieser potentiellen Gefahr zu begegnen.

Für den Historiker und den Soziologen ist die Gesellschaft, in der wir leben, eine wertvolle Quelle der Anregung und eine Fundgrube an Material. Selbst für den, dessen Interessensgebiet die Phänomene der Natur, nicht des Menschen sind, bietet die Gesellschaft wichtige Aufschlüsse über die Wirkungen, die die Früchte seiner Forschung auf die Menschheit haben können, und über die Art und Weise, wie die Menschen darauf reagieren. In diesem Sinne ist die Erfahrung mit dem Alltagsleben sehr wichtig.

Im Lichte dieser Verbindungen zwischen den spezialisierten Forschern und den gewöhnlichen Bürgern ist es klar, daß der Spezialist die Themen und Resultate seiner Arbeit den Studenten und der Öffentlichkeit im allgemeinen auf eine verständliche Weise übermitteln muß. Oder er muß es sich angelegen sein lassen, die Leute an den Punkt heranzuführen, wo sie verstehen können, was er zu sagen hat. In diesem Sinne sollte seine Forschungsarbeit von einem unpartei ischen Gremium geprüft werden. Dessen Meinung mag ihm neue Gesichtspunkte für seine weitere Arbeit geben; sie kann auch den Lauf ihrer Entwicklung beeinflussen – oder anhalten –, wenn sie in die Irre zu gehen droht.

Der Einfluß der Literatur

Ikeda: Wenn ich über die Stellung der Literatur nachdenke, fällt mir Sartres berühmte Frage ein: Was kann Literatur für die Hungernden tun? Es hat viel Streit über die Rolle der Literatur in der Jetztzeit gegeben. Einige Schriftsteller und Kritiker glauben an ihre praktische Wirksamkeit und treten für eine neue gesellschaftlich engagierte Literatur ein, während andere Nihilisten geworden sind.

Toynbee: Was die Literatur für die Hungernden tun kann? Die Antwort wird klar, wenn wir gleichzeitig fragen: Was können Wissenschaft und Forschung für die Hungernden tun? Sie können wenig oder nichts für sie tun, wenn sie sich ihre Ernährung zum bewußten Ziel setzen und ihre Tätigkeiten darauf beschränken, dieses wünschenswerte praktische Ziel zu erreichen. Eine Wissenschaft, die mit solchen Scheuklappen arbeitet, wird scheitern; denn wenn sie sich auf dieses begrenzte Ziel konzentriert, hindert sie sich selber daran, neue wissenschaftliche Entdeckungen zu machen, mögen sie nun nützlich oder nutzlos sein. Die wissenschaftliche Forschung führt nur dann zu Ergebnissen, wenn sie um ihrer selbst willen betrieben wird – das heißt, zur Befriedigung der Wißbegierde ohne utilitaristische Hintergedanken. Bei manchen wissenschaftlichen Entdeckungen, die ohne ein soziales oder anderes äußeres Motiv gemacht wurden, stellte sich heraus – unbeabsichtigt, unerwartet und überraschend –, daß sie gesellschaftlich nutzbringende Anwendungsmöglichkeiten hatten. Die Wahrheit dieses scheinbaren Paradoxes ist so oft und so überzeugend aufgezeigt worden, daß schon viele große Privatunternehmen, deren Zweck es ja ist, Gewinne abzuwerfen, erkannt haben, daß es sich auszahlt, die wissenschaftliche Forschung zu subventionieren und ihr freie Hand zu lassen, jedem Weg zu folgen, auf den ihre Wißbegierde sie leiten mag, statt sie in bestimmte Richtungen zu lenken, die dem Unternehmen handgreifliche Erfolge versprechen. Diese paradoxe Wahrheit über die Wissenschaft wäre ein lohnendes literarisches Thema.

Die Werke des großen russischen Romanciers Tolstoi im neunzehnten Jahrhundert hatten eine weltweite Wirkung, weil sie das Gewissen der reichen und mächtigen Minderheit wachriefen und sie veranlaßte, selbst zum Schaden ihrer eigenen Privilegien zu versuchen, die Gesellschaft in mancher Hinsicht zu reformieren, wozu auch die Ernährung der Hungernden gehörte.

In Tolstois Haltung zum Leben sind zwei verschiedene Etappen zu unterscheiden, scharf voneinander getrennt durch seine »Wandlung«. In jedem Stadium spiegelt sich seine Haltung in seinen Werken. Vor seiner Wandlung schrieb er spontan, einfach seinem dichterischen Schöpferdrang folgend; nach der Wandlung glaubte er, Kunst um der Kunst willen sei Selbstbefriedigung und sozial unverantwortlich, und ein Künstler müsse sein Talent zum Wohl der Menschheit einsetzen. Diesem begrenzten Nützlichkeitsprinzip dienten die Arbeiten nach seiner Wandlung. Die Werke jedoch aus seiner ersten Periode sind, mit literarischen Maßstäben gemessen, nicht nur viel besser, sondern haben auch einen stärkeren gesellschaftlichen Einfluß gehabt als die späteren, die in der Absicht geschrieben wurden, die Gesellschaft zu verändern. Tolstois frühe Bücher bewegen die Leser durch ihren künstlerischen Wert und regen sie indirekt zu Versuchen an, die Gesellschaft zu reformieren. Aber die Tendenz steckt verborgen in den Romanen; sie war nicht bewußt beabsichtigt.

Das kommunistische Regime der Sowjetunion hat Tolstois späte Auffassung von der Aufgabe der Literatur übernommen. Es ist der Ansicht, sie müsse zum Wohle der Gesellschaft eingespannt werden. (Die sowjetische Interpretation des gesellschaftlichen Wohls ist viel enger und widersprüchlicher als die Tolstois; für den russischen Kommunisten bedeutet es die Förderung der kommunistischen Ideologie und der Macht der Sowjetregierung, doch dieser Unterschied entkräftet den Vergleich nicht.) Die Folge war ein deutlicher Niedergang nicht nur des künstlerischen Wertes, sondern auch des gesellschaftlichen Einflusses der russischen Literatur. Unter dem kommunistischen Regime sind die Autoren, die der Parteilinie folgen, steril, während die, die spontan schreiben, so wie ihr schöpferischer Geist es ihnen eingibt, entmutigt und behindert werden, auch wenn sie nicht direkter Verfolgung unterworfen sind.

Ikeda: Ich kann mich nicht im einzelnen zu diesem Thema äußern, da meine Informationen über die derzeitigen Zustände in der Sowjetunion begrenzt sind; ich vermute jedoch, daß Sie recht haben und daß die Schwierigkeiten, die unter anderen Solschenyzin hat, ein Beispiel für den Druck sind, der von der Regierung auf die Schriftsteller ausgeübt wird.

Toynbee: Auch das zaristische Regime vor 1917 mißbilligte und fürchtete die Freiheit der Literatur; aber, weniger doktrinär als das jetzige kommunistische, begriff es, daß der Versuch, die russischen Schriftsteller zu unterdrücken, nur Gegenkräfte auslösen und den Einfluß der Schriftsteller erhöhen, nicht vermindern würde.

Die moderne russische Geschichte scheint mir zu lehren, daß die praktische Wirkung der Literatur um so größer ist, je spontaner sie dem schöpferischen Impuls des Autors Ausdruck gibt. Das ist nur ein scheinbares Paradox, denn schöpferisch sein bedeutet, aus den tiefsten Quellen des menschlichen Geisteslebens Inspiration zu empfangen.

Ikeda: Zweifellos muß der Schriftsteller wie der Wissenschaftler geistig frei sein, wenn er große Werke schaffen will. Literatur, die sich an gesellschaftliche Zwecke bindet, verdient ihren Namen nicht. Wenn sie überhaupt etwas für die Hungernden tun soll, darf sie nicht auf bestimmte Ziele beschränkt sein, sondern muß einem freien schöpferischen Geist entspringen.

Um diesen Gedankengang fortzusetzen, lassen Sie uns unsere Untersuchung der Beziehung zwischen der Literatur und dem politischen Regime erweitern. Ist eine marxistische Literatur möglich, und kann sich eine Literatur innerhalb des sogenannten geistigen Reiches der Christenheit entwickeln? Historische Beispiele zeigen, daß eine an eine Ideologie gebundene Literatur nicht imstande war, universalen Widerhall zu erwecken. Zum Beispiel haben die Russen fünfzig Jahre nach ihrer Revolution nichts hervorgebracht, was dem Werk Dostojewskis überlegen ist.

Toynbee: Im allgemeinen gibt es zwei verschiedene Motive, die Freiheit des künstlerischen Ausdrucks einzuschränken. Einmal das

Bestreben, die orthodoxe Ideologie zu schützen (die christliche, mohammedanische, marxistische, kapitalistische oder welche auch immer), und dann das ethische Motiv, der Schutz unserer Moral.

Zensur aus theologischen Gründen hat unbedingt einen verderblichen Einfluß auf die Literatur und ist meiner Meinung nach unter keinen Umständen gerechtfertigt. Die ideologische Zensur hingegen ist leicht auszuüben. Die Entscheidung, ob der Ausdruck eines Gedankens oder Gefühls zulässig ist oder nicht, wird von dem Machtspruch einer allmächtigen autokratischen, politischen oder kirchlichen Autorität getroffen. Zensur aus moralischen Gründen hingegen stellt uns vor schwierigere Probleme. Nur wenige wären damit einverstanden, daß die Anreizung – privat oder durch Radio oder Fernsehen – zu sexueller Ausschweifung oder Perversion, zum Drogengebrauch, Alkoholismus oder zu physischer Gewalt unter allen Umständen frei wäre. Die meisten Erwachsenen würden es unstatthaft finden, die Jugend Einflüssen auszusetzen, die für sie verderblich sein könnten. Aber man ist sich nicht einig darüber, was verderblich ist und wo die Linie zwischen Erlaubnis und Beschränkung zu ziehen wäre. Darüber hinaus könnte man sagen, daß jede Beschränkung gegenteilige Wirkungen haben würde – daß sie Neugier erregen und Widerspruch auslösen könnte.

Ikeda: Da die Literatur den Geist der Zeit zum Ausdruck bringt und die Tendenzen der Gesellschaft spiegelt, in der sie entsteht, gibt es in einem Zeitalter der verschiedenartigen Wertbegriffe wie dem unseren viele literarische Strömungen. Die Pornographie ist vielleicht nur der Reflex eines einzelnen Aspektes unserer sich wandelnden Einstellungen. Ich kann indessen nicht glauben, daß die gegenwärtige Sucht nach solcher Literatur andauern wird; denn sowohl die Gier nach Pornographie als auch die daraus resultierende Befriedigung sind flüchtig. Es kommt die Zeit, wo die Massen der Pornographie keine Beachtung mehr schenken werden. Deswegen dürfen wir jedoch nicht übersehen, daß sie die Jugend korrumpieren und die Gesellschaft verwirren kann. Derzeit sind viele Leute aus ethischen und moralischen Gründen für eine strengere Kontrolle der Pornographie. Dennoch bin ich grundsätzlich gegen Beschränkungen der Freiheit des Ausdrucks. Die Erfahrungen der Vergangenheit haben nur zu deutlich gezeigt, wie die Zensur, sobald man sie in irgendeiner Form zuläßt, schnell auf Gegenstände des Denkens, Glaubens und der Religion übergreift.

Toynbee: Staat und Regierung haben nicht das Recht, Religionen, Philosophien und Ideologien, die nicht ihre eigenen sind, zu unterdrücken. Religion oder Kunst, die in den Augen des Establishments irrgläubig sind, können unter einem totalitären Regime nicht gedeihen. In einem solchen Klima welken sogar orthodoxe Literatur und Kunst, wenn das Regime so tyrannisch und inquisitorisch ist, daß es das erste Anliegen auch eines orthodoxen Schriftstellers oder Künstlers sein muß, alles zu vermeiden, was bei der Zensur Anstoß erregen könnte. Diese Furcht tötet die Spontaneität, eine Grundbedingung für alle schöpferische Arbeit.

Zugleich ist es eine historische Tatsache, daß viele große Werke der Literatur und Kunst unter totalitären Herrschaftsformen entstanden sind: dem der christlichen Länder vom vierten bis siebzehnten Jahrhundert und dem der mohammedanischen bis zu einem noch jüngeren Zeitpunkt.

Ein Dichter oder Künstler kann so sehr in Übereinstimmung mit der herrschenden Ideologie und so leidenschaftlich von ihr inspiriert sein, daß ihm nicht bewußt wird, daß ihm das totalitäre Regime, unter dem er lebt und arbeitet, Handschellen anlegt. Solange er die Beschränkung nicht merkt, ist er geistig frei.

Dante wußte wohl, daß es in der westlichen Christenheit seiner Zeit Ketzer gab, die verurteilt und hingerichtet wurden. Vielleicht fand er, daß diese Art, mit Ketzern umzugehen, die richtige war, und es mag ihm niemals der Gedanke gekommen sein, daß er selber einer sein könne. Diese Geisteshaltung war höchstwahrscheinlich auch die der zahllosen Künstler, die Bilder, Statuen und Altäre für die christlichen Kirchen schufen, und der Komponisten und Textverfasser der christlichen Liturgie. Hätte man Dante gesagt, er lebe unter einem totalitären Regime und sei kein freier Mann, er hätte es, glaube ich, in gutem Glauben abgestritten.

Totalitäre Regime unterscheiden sich natürlich in dem Grad der Unterdrückung, die sie ausüben. Das Christentum des Mittelalters wäre einem Hindu oder Ostasiaten als totalitär erschienen, und er hätte recht gehabt. Doch Dante war, glaube ich, geistig nicht weniger frei, als er es als Dichter im vorchristlichen Italien gewesen wäre oder im Indien oder Ostasien seiner Zeit, wo es eine Vielzahl von Religionen gab und Verfolgung aus religiösen Gründen selten und verhältnismäßig mild war.

Dagegen waren sich die russischen Schriftsteller im neunzehnten Jahrhundert der Tyrannei des zaristischen Regimes bewußt, von der sie nicht unberührt blieben. Unter der gegenwärtigen Sowjetherrschaft allerdings wäre es schwer, sich ein russisch-kommunistisches Gegenstück zu dem mittelalterlichen christlichen Dichter Dante vorzustellen, einen Dichter und so gläubigen Anhänger der kommunistischen Lehre, daß er die Doktrin und Mythologie des Marxismus-Leninismus ganz spontan in erlesenen Versen darstellen könnte, ohne sich von der dunklen Wolke totalitärer Unduldsamkeit über seinem Haupte beunruhigt zu fühlen.

Unter dem marxistisch-leninistischen Regime ist der Preis für geistige Unabhängigkeit die Verfolgung, und sie wird vielleicht ihr Preis auch außerhalb der jetzigen Grenzen der kommunistischen Länder sein, wenn sich der Totalitarismus als unumgängliche Regierungsform zur Stabilisierung der chaotischen Verhältnisse der Menschheit über die ganze Welt ausdehnt, was ich nicht für ausgeschlossen halte.

Der griechische Dichter Aischylos hat mit zwei lapidaren Worten gesagt, das Leiden sei der einzige Weg des Lernens; und das Erlebnis des Leidens war sicher eine Quelle von Dantes Dichtung. Dante litt nicht unter dem totalitären kirchlichen Regime, in dem er in völliger Freiheit atmete und fühlte und dachte; aber er hatte Unglück in der Liebe und wurde aus dem Stadtstaat, der seine Heimat war, verbannt. Hätte er nicht diese beiden Schicksalsschläge erlitten, wären seine *Vita nouva* und *Divina Commedia* vermutlich nicht geschrieben worden.

Ikeda: Der tiefe Glaube, der Dante innerhalb des mittelalterlichen Christentums die Freiheit gab, mag aus dem Gefühl seiner eigenen Sündhaftigkeit als Menschenwesen erwachsen sein. Sein Glaube war für ihn eine Quelle der Kraft in der Formung seines eigenen unerschütterlichen Selbst.

In einem Fall wie dem Dantes gibt es keine Frage einer geplanten Aktion, um praktische soziale Ziele zu erreichen. Bei den russischen

Schriftstellern des neunzehnten Jahrhunderts jedoch war eine solche Aktion wichtig. Einige Autoren, die die Nutzlosigkeit ihrer sozialen Bestimmung fühlten, wurden Nihilisten. Auch heute sind einige Künstler angesichts der Erkenntnis, daß Literatur die Armen nicht ernähren kann, Nihilisten geworden. Vielleicht hat die moderne Neigung zu einer intensiv introspektiven Kunst zu der nihilistischen Verzweiflung von Schriftstellern beigetragen.

Toynbee: Nihilismus bedeutet, glaube ich, eine Ablehnung des Lebens ohne Vorstellung einer Alternative. Wenn diese negative Reaktion mächtig und verbreitet wird, drückt sie sich in der Literatur und den anderen Kunstformen aus. Eine kraftvolle Darstellung einer geistigen Verfassung kann sie noch verstärken. Aus diesem Grund ist die nihilistische Literatur in meinen Augen bedauerlich.

Introspektion hat zwei denkbare, alternative Ziele. Sie kann ein Rückzug auf sich selbst sein oder eine Suche nach Kontakt mit einer letzten geistigen Wirklichkeit. Die erste Form der Introspektion ist isolationistisch; die zweite vereinigend. Die erste ist negativ, die zweite positiv. Introspektive Literatur mag negativ sein, da sie der Art der Introspektion, aus der sie kommt, verwandt ist. Ich beklage introspektive Literatur der negativen Art, aber ich bejahe die der positiven Art.

Ich meine nicht, daß es die Aufgabe der Literatur ist, irgendeine bestimmte Weltanschauung zu verbreiten, sei sie nun gut oder schlecht. Literatur, die eine bewußte soziale oder metaphysische Zielsetzung hat, wird wahrscheinlich gerade deshalb fehlschlagen. Die eigentliche Aufgabe der Literatur ist es, die Tatsachen und Probleme der menschlichen Existenz zu kommentieren und zu beschreiben. Ich meine, Literatur sollte ehrlich, aber auch mutig sein.

Ikeda: Während das Ziel der Literatur nicht starr fixiert sein sollte, muß sie doch das Bewußtsein einer Sendung haben, die als Antrieb dienen kann. Irgendwo innerhalb des dem Schriftsteller gewährten Freiraums muß eine aufrechte Betroffenheit von dem menschlichen Leiden vorhanden sein, wenn er Werke schaffen soll, die alle ansprechen. Es mag schwer sein, eine solche Teilnahme auszubilden, doch ich bin überzeugt, daß wir eine Literatur entwickeln müssen, die dazu beitragen kann, die Hungernden zu retten.

Toynbee: Die wahre Kunst um ihrer selbst willen ist auch Kunst für das Leben. Natürlich macht die Kunst sich selber unfruchtbar, wenn sich der Künstler oder Schriftsteller zu einem Spezialisten macht, der in erster Linie oder ausschließlich für seine Fachkollegen schreibt statt für alle seine Mitmenschen. Wie ich es sehe, ist das nicht einmal Kunst um der Kunst willen; es ist Kunst für Künstler. Ich meine daher, es ist verhängnisvoll und ein Symptom sozialer Krankheit, wenn die Literatur oder die Wissenschaft esoterisch werden.

Ikeda: Ich hoffe auf eine Literatur, die den Menschen unserer Zeit Mut verleiht. Ich kann keine Literatur gutheißen, die Gefallen an der Vision findet, daß die Menschheit kopfüber in die Hölle stürzt. Lieber suche ich die Würde des Lebens in dem Bild der Menschheit, die aufrecht und guten Willens ist.

Toynbee: Die Literatur sollte den Übeln und Schwierigkeiten des Lebens die Stirn bieten, ohne an der menschlichen Fähigkeit, die Herausforderung des Lebens siegreich zu bestehen, zu verzweifeln. Wir müssen trachten, den Kampf um das Leben zu gewinnen, auch wenn wir nicht mit Sicherheit wissen, daß wir siegen werden.

Die Intellektuellen und die Massen

Ikeda: Viele Zivilisationen haben die Unterscheidung zwischen den Intellektuellen und den Massen beibehalten, aber ich glaube, die moderne Gesellschaft sollte sie aufgeben. Wir müssen davon ausgehen, daß die Menschen vor allem Menschen sind, ehe sie Mitglieder einer Gruppe oder Klasse werden. Von diesem Standpunkt aus ist es klar, daß man keine Trennungslinie zwischen Intellektuellen und Massen ziehen kann. Menschen von höchster Geisteskraft führen im großen und ganzen das gleiche Alltagsleben wie andere; und in der sogenannten Masse gibt es Menschen hoher Intelligenz. Ein glänzender Physiker kann einer gewöhnlichen Hausfrau unterlegen sein, wenn es darum geht, mit dem Haushaltsgeld auszukommen. Vielleicht ist es überhaupt nur seine Seltenheit, die dem Physiker eine so große gesellschaftliche Wertschätzung verleiht.

Toynbee: Die wichtigste Seite der Menschen ist ihre gemeinsame

Menschlichkeit. Ein menschliches Wesen hat Mensch zu sein, bevor es einer bestimmten Kategorie angehört: Schwarzer oder Weißer, Buddhist oder Konfuzianer, Jude oder Christ, Intellektueller oder Spießbürger. Die wichtigsten menschlichen Erfahrungen und Erlebnisse sind universell und unabwendbar. Jeder Mensch wird geboren und wird sterben. Die Schwierigkeit, ein bewußtes Leben zu führen, und die Rätselhaftigkeit des Universums, in dem wir uns befinden, sind die gleichen für Intellektuelle wie für Nichtintellektuelle. Menschen beider Kategorien stehen den gleichen unerbittlichen Tatsachen des Lebens und des Todes gegenüber.

Es ist ein Symptom sozialer Krankheit, wenn eine Gesellschaft in Intelligentsia und Masse geteilt ist und wenn jede dieser beiden Sektionen der Gesellschaft die andere als fremd empfindet. Rußland litt an dieser sozialen Krankheit nach seiner plötzlichen schnellen, erzwungenen und oberflächlichen Verwestlichung durch Peter den Großen. Die Intelligentsia (ein russisches Wort) war eine neue Klasse, die Peters des Großen Politik, Rußland an den Westen anzuschließen, ins Leben gerufen hatte. Sie bestand aus verwestlichten Russen, die das Land auf diesen Schritt vorbereiten sollten; und es war eine unglückliche Klasse, weil die Bekehrung zur westlichen Lebensweise sie von ihren russischen Landsleuten absonderte, ohne daß sie sich im Westen ganz heimisch fühlten. Im neunzehnten Jahrhundert lebten viele von ihnen als Emigranten in Westeuropa, teils freiwillig, teils als politische Flüchtlinge; denn ihre westliche Erziehung hatte sie auch dem autokratischen russischen Regime entfremdet, dem sie ihre Existenz verdankten.

Die prachtvollen russischen Romane des neunzehnten Jahrhunderts, Erzeugnisse des russischen Genius, sind von dieser Malaise der russischen Intelligentsia inspiriert. In Tolstois *Anna Karenina* kommt eine aufschlußreiche Szene vor, wo der Gutsherr Lewin, der sich zum westlichen Liberalismus bekehrt hat, seine Leibeigenen zusammenruft und ihnen sagt, er wollte ihnen Anteile an seinem Landbesitz überschreiben. Die Bauern sind verblüfft und mißtrauisch; sie verstehen die Motive ihres Herrn nicht und glauben nicht, daß er es ernst meint. Der Gutsherr ist überrascht und verärgert, und es kommt nichts dabei heraus.

Die russische Revolution von 1917 wurde von Angehörigen der Intelligentsia gemacht, von denen die meisten viele Jahre im Exil im Westen verlebt hatten. Ihr Programm war, die russische Lebensweise nach sogenannten fortschrittlichen westlichen Richtlinien zu reformieren. Als diese Leute zur Macht kamen, ereigneten sich Szenen wie die soeben von mir beschriebene aus Tolstois Roman zahllos in der Wirklichkeit. Die revolutionären verwestlichten russischen Intellektuellen und die einheimischen russischen Massen verstanden einander nicht. Die ersteren, sobald sie zur Macht gekommen waren, zwangen ihre fremde westliche Ideologie dem russischen Volk mit Gewalt auf, mit den Mitteln des russischen autokratischen Regimes, das sie als Missionare der modernen Aufklärung gestürzt hatten.

Ikeda: In gewisser Hinsicht bestehen Ähnlichkeiten zwischen den russischen Erfahrungen und denen der Japaner nach der Meidschirestauration. In der Erkenntnis, daß durch die jahrhundertelange Isolierung von der übrigen Welt die Nation auf zahlreichen Gebieten zurückgeblieben war, lernten die Leute der Meidschiregierung mit fanatischem Eifer, was immer sie konnten, vom Westen. Diese Sucht, vom Westen zu lernen, beeinflußt noch heute die japanische Gesellschaft, in der Intellektuelle nicht nach ihrer eigenen Weisheit beurteilt werden, sondern danach, was sie von den Ideen und Philosophien westlicher Gelehrter wissen.

Dadurch wird natürlich die Kluft zwischen den Intellektuellen und dem gewöhnlichen Volk noch größer. Obwohl die ersteren ihren Verstand und ihr Wissen dazu gebrauchen sollten, für das Leben der einfachen Leute etwas zu tun, zu denen sie ein starkes Gefühl der Verwandtschaft hegen müßten, neigen sie dazu, sich in kleine Gruppen mit hochspezialisierten Interessen zu spalten. (Die Neigung dazu mag der analytischen und diskriminativen Arbeitsweise des Intellekts verwandt sein.) Sie nehmen den selbstzufriedenen Standpunkt ein, sie selber seien Geschöpfe anderer Art als die Allgemeinheit. Leider jedoch berauben sich die Intellektuellen durch diese Absonderung vom gewöhnlichen Volk ihrer Basis und fordern auf diese Weise selber ihren eigenen Niedergang heraus.

Es ist nicht verwunderlich, daß die Massen den Wert einer Klasse nicht anerkennen wollen, die sich auf diese Weise absondert und die vom Standpunkt des kleinen Mannes aus nichts anderes tut und kann als reden. Man kann manches zur Entschuldigung dieser Haltung anführen; aber diese wechselseitige Entfremdung ist eine große Tragödie für die Gesellschaft.

Toynbee: Wenn sich die Intellektuellen den Massen entfremden, sind sie im allgemeinen in Gefahr, den Kontakt mit den umfassenden Realitäten des menschlichen Lebens zu verlieren, während den Massen der Entzug der Geisteskultur droht, die jedem Menschen bis zum vollen Ausmaß seiner Auffassungsfähigkeit zugänglich gemacht werden sollte. In der gegenwärtigen westlichen Welt herrscht bei den Intellektuellen die ungesunde Tendenz, geschlossene Zirkel von Fachleuten zu bilden, die ausschließlich füreinander leben und arbeiten. Sie verachten die Allgemeinheit, weil sie unwissend und ungebildet ist; die Allgemeinheit ignoriert sie, weil sie sie uneinsichtig und unpraktisch findet. Diese wechselseitige Entfremdung ist in der Tat ein Übel für beide Teile und für die Gesellschaft im ganzen.

Ikeda: Sie haben da einen sehr wichtigen Punkt berührt. Ich glaube, daß die geschlossenen Kreise von Fachleuten, die sie erwähnten, wenigstens teilweise dadurch entstanden sind, daß das moderne Wissen überspezialisiert geworden ist, nachdem sich die wissenschaftliche Technologie in einem derart schnellen Tempo entwickelt hat. Die Massen hingegen, außerstande, dieses Wissen zu begreifen, bewundern sie entweder blindlings, oder sie zeigen Ressentiments gegen die Intellektuellen. Diese wiederum neigen dazu, auf die Massen herabzusehen, die ihre Arbeit nicht verstehen können.

Heute wird die Bildung immer anspruchsvoller und droht derart in einzelne Fachgebiete zu zerfallen, daß sie den Nichteingeweihten unverständlich wird. Um dieses Dilemma zu lösen, wäre es jetzt nötig, den umgekehrten Weg zu gehen; das heißt, die Bildung müßte generalisiert statt spezialisiert werden, umfassend statt unterteilt. Die Welt des Wissens muß ihren Elfenbeinturm verlassen und unter das Volk gehen, dem sie zu dienen hat.

Toynbee: Auch ich beklage außerordentlich die übermäßige Spezialisierung. Sie entfremdet den Fachmann der Öffentlichkeit einschließlich des intelligenten, aber nichtspezialisierten Durchschnittsgebildeten. Der Spezialist ist versucht, die Nichtspezialisten als Laien abzutun, während diese dazu neigen, die Fachleute für nutzlos zu halten außer für ihre eigene kleine Clique. Ich glaube, daß die Nichtfachleute recht haben. Der Fachmann bekommt eine verzerrte Anschauung sogar von seinem eigenen Fachgebiet, wenn er es isoliert von seiner Umgebung studiert. Spezialisierung scheint mir nicht der richtige Weg zu sein, um die moderne Welt zu verstehen und mit ihr fertig zu werden, weil sich alle Völker, alle Seiten des Lebens und alle Tätigkeiten mehr und mehr verselbständigen. In der Welt, in der wir leben, brauchen wir einen globalen Standpunkt.

Ikeda: Das ist wahr, aber vielleicht spielt auch die Art der heutigen Erziehung bei der Entstehung der isolierten Intellektuellengruppen eine Rolle. Vor allem muß man Zeit und Geld haben, um sich die Art von Bildung anzueignen, die für ernsthafte Studien nötig ist. Der Student, der finanziell von seiner Familie abhängig ist, muß sich auf sein Studium konzentrieren und kann sich nicht selber erhalten. Mit anderen Worten, ein ganz äußerer Umstand, die finanzielle Situation, kann entscheidend dafür sein, ob ein junger Mensch die Chance hat, seine geistigen Fähigkeiten zu entwickeln und sich auf eine wissenschaftliche Laufbahn vorzubereiten, oder ob er so schnell wie möglich einen praktischen Beruf ergreifen muß, um eine Familie ernähren zu können.

In einigen Fällen hilft der Staat oder irgendeine Stiftung und gibt Geld oder schießt es vor, damit besonders begabte, aber arme junge Leute studieren können. Aber die Zahl solcher Glücklichen ist begrenzt.

Toynbee: Ich pflichte Ihnen bis zu einem gewissen Grade bei, aber die Sache ist doch noch etwas komplizierter. Um ein Intellektueller zu werden, braucht ein Mensch dreierlei: die geistige Fähigkeit – eine Gabe der Natur, die sehr ungleich verteilt ist; den Willen, hart zu arbeiten und sich gut zu führen – Tugenden, die in der Macht des einzelnen liegen; und eine lange und anhaltende Ausbildung, und diese erfordert Geld, das entweder von den Eltern oder aus öffentlichen Mitteln aufgebracht werden muß, denn je länger das Studium dauert, desto später wird der Student in der Lage sein, seinen Lebensunterhalt zu verdienen.

Der Intellektuelle und die Gemeinschaft, in der er lebt, sind sich gegenseitig moralisch verpflichtet. Er ist es ihr schuldig, ihr nützliche Dienste zu erweisen als Gegenleistung für die Mittel, die sie in seine Ausbildung investiert hat. Umgekehrt schuldet es die Gesellschaft dem Intellektuellen, ihn in den Stand zu setzen, seine Arbeit wirksam zu tun, unter der Voraussetzung natürlich, daß sie für die Gesellschaft von Wert ist.

In England gab es zu meiner Zeit nur wenig Stipendien, und die Bedingungen waren, glaube ich, zu schwer. Natürlich hat auch unter den ungünstigsten Umständen eine besonders große Begabung immer den Sieg davongetragen, und es wird wohl immer so sein. Doch unter allzu schweren Bedingungen dürften allzu wenige Hochbegabte die Chance haben, ihre Fähigkeiten in den Dienst der Gemeinschaft zu stellen.

Ikeda: Für solche, die nicht in der glücklichen Lage sind, die Zeit und das Geld für ein Studium zu haben, sollten Studienkurse eingerichtet werden, an denen auch die arbeitende Bevölkerung teilnehmen kann. Wenn wir so etwas wie ein Erziehungs- und Studiensystem für das ganze Leben schaffen, wäre zur Überbrückung der Kluft zwischen den Intellektuellen und den Massen ein großer Schritt getan.

Toynbee: Ich stimme zu, daß reichlich Zeit und Geld für die Erwachsenenbildung zur Verfügung stehen sollten und daß Arbeitslohn und Arbeitszeit geregelt werden müßten, um es jedem, der die Begabung und den Willen dazu hat, möglich zu machen, auch während der Jahre, in denen er arbeitet, ein anhaltendes Teilzeitstudium mit seinem Broterwerb zu verbinden. Ich sehe die folgenden guten Gründe dafür: Ein lebenslanges Teilzeitstudium ist der sicherste Weg, das geistige und moralische Niveau der Massen zu heben; die Verhältnisse ändern sich heute schon während eines einzelnen Lebens derart, daß wir uns fortgesetzt umstellen und neu anpassen müssen; die Erfahrung eines verantwortungsbewußten Erwachsenenlebens ist unter allen Umständen eine wertvolle Bildungshilfe. Aus diesen Gründen kann ein Studium im Erwachsenenalter fruchtbarer sein als im Jünglingsalter, selbst wenn es keine Ganzzeitbeschäftigung ist.

Ikeda: Gewiß sind Bemühungen von der Art, wie wir sie besprochen haben, der einzige Weg zur Lösung des Problems. Für Intellektuelle wie für Nichtintellektuelle ist es heute wichtig, sich die Beseitigung der

Ungleichheiten und Ungerechtigkeiten, die wir um uns sehen, zum Ziel zu setzen. Aber solange diese beiden Gruppen einander mißtrauen, werden sie niemals zusammenkommen, um zu einer solchen Reform beizutragen. Wir müssen von unserer gemeinsamen Menschlichkeit ausgehen und uns klarmachen, daß die Menschheit als Ganzes, nicht irgendeine Klasse oder Gruppe die eigentliche bewegende Kraft in der Geschichte gewesen ist. Wenn alle Klassen zusammenkommen in dem gemeinsamen und planvollen Bemühen, die Gesellschaft zu verbessern, wird sich ein dauerndes und festes Band zwischen Intellektuellen und Nichtintellektuellen knüpfen. Und dies könnte der Schlüssel sein zur Lösung anderer Probleme, die auf die ganze Menschheit zukommen und ihren Fortbestand bedrohen.

Toynbee: Zweifellos müssen wir heute unsere gemeinsame Menschlichkeit erkennen und als Mitglieder einer einzigen Familie zusammenleben. Ich glaube, die Religion ist das Feld, wo die Intellektuellen und die Massen die beste Aussicht haben, noch einmal auf gemeinsamem Boden zusammenzufinden.

Intellektuelles und künstlerisches Engagement

Ikeda: Manche mißbilligen es, wenn Intellektuelle und Künstler ein aktives Interesse an sozialen und politischen Vorgängen nehmen. Es liegt etwas Wahres in der Vorstellung, daß Intellektuelle und Künstler Gefahr laufen, ihre Integrität zu verlieren, wenn sie sich mit Politik befassen. Da man jedoch nicht außerhalb der Gesellschaft leben kann, werden wir alle unvermeidlich auf die eine oder andere Weise in die Politik hineingezogen. Es ist das Schicksal des modernen Menschen, daß er nicht als Einsiedler leben kann. Intellektuelle und Künstler, die in Elfenbeintürmen oder isolierten Ateliers hausen, können keine wirklich wertvolle und lebenswichtige Arbeit leisten.

Toynbee: Es ist unmöglich, ein Intellektueller oder Künstler zu sein, ohne erst ein Mensch zu sein, und der Mensch ist ein gesellig lebendes Tier. Er ist mit den Problemen des menschlichen Lebens verknüpft, mit den universalen und ewigen wie mit den besonderen seiner Zeit und seiner Umwelt. Ein Intellektueller oder Künstler, der sich um die universalen und ewigen Probleme nicht kümmerte, würde sich selber lahmlegen. Ist der Grund dafür Gleichgültigkeit oder Blindheit, bleibt er ohne Anregung und ist daher auch nicht imstande, Anregungen zu geben. Es hat einige überragende Denker und Künstler gegeben, die ihre ganze Kraft an die universalen und ewigen Probleme gewandt haben, aber unempfänglich für die Probleme ihrer Zeit und Umwelt waren. Plato fühlte sich in seiner Heimatstadt Athen geistig nicht zu Hause; Goethe nahm weder politisch noch emotionell teil an dem Kampf zwischen Deutschland und Napoleon, obwohl er sehr wohl wußte, daß dieser Kampf ein Wendepunkt in der Geschichte seines Landes war. Und ganz im Gegensatz dazu haben sich Marx und Lenin so intensiv mit den Problemen ihrer Zeit befaßt, daß Marx aus seiner Philosophie ein Programm für politische Aktion machte und Lenin dieses Programm in Rußland verwirklichte.

Ikeda: Solche glanzvollen Philosophen und Schriftsteller wie Plato, Sokrates, Rousseau, Goethe, Dostojewski, Marx und Lenin haben durch ihre Ideen und Werke den Lauf der Geschichte verändert, weil sie aktiv einbezogen waren. Sie haben die herrschenden Gedanken ihrer Zeit kritisiert und durch ihre eigenen Ideen verwandelt. Wenn Gelehrte Thesen verkünden und vor ihren Studenten Vorlesungen halten und wenn Schriftsteller oder Künstler ihre Werke veröffentlichen oder ausstellen, dann teilen sie ihre Gedanken, Ideen und Absichten ihren Mitmenschen mit und beeinflussen auf diese Weise die Gesellschaft und die Politik. Je bedeutender ihr künstlerisches oder gelehrtes Werk, desto stärker der Einfluß auf die Zeit und desto größer die Wahrscheinlichkeit, daß es den Weg für wichtige politische Veränderungen bereitet. Auf der anderen Seite dürfen sie sich nicht politisch so tief engagieren, daß sie ihre Seelen dem Teufel der Macht verkaufen und damit sich selber und andere zugrunde richten.

Toynbee: Die richtige Beziehung eines Intellektuellen oder Künstlers zu den Problemen seiner Zeit und seines Landes wäre also ein Mittelweg. Er sollte sich diesen aktuellen Problemen weder ganz fernhalten noch sich in ihnen völlig engagieren. Schriftsteller, die diesen Mittelweg gefunden haben, sind zum Beispiel die großen Russen des neunzehnten Jahrhunderts, Turgenjew, Dostojewski und Tolstoi; unter den Philosophen würde ich Zenon, den Begründer der

Stoa, und Epikur nennen. Diese beiden griechischen Philosophen gehörten einer Generation an, in der die Stadtstaaten nicht mehr einen befriedigenden sozialen und moralischen Rahmen für das griechische Leben geben konnten. Die Griechen fanden sich geistig richtungslos. Zenon und Epikur arbeiteten für ihre Zeitgenossen neue Standpunkte aus, die dem Leben in Griechenland ein Fortbestehen ermöglichten, nachdem die traditionelle Staatsform, der Stadtstaat, ausgespielt hatte.

Ikeda: Der Mittelweg ist ausgezeichnet, doch in der Praxis sehr schwer zu gehen. Künstler und Intellektuelle, die es nicht vermochten, sind oft der Macht anheimgefallen und haben infolgedessen ihr eigenes schöpferisches Werk im Keim erstickt. Wahrscheinlich ist es die große Zahl solcher Fälle, die uns über die Beziehung zwischen Politik und Macht nachdenken läßt. Was für Schritte empfehlen Sie angesichts dieser Schwierigkeiten den Intellektuellen und Künstlern, die sich politisch betätigen?

Toynbee: Mir scheint, daß die französische Maxime *noblesse oblige* auf die Haltung der Intellektuellen und Künstler anzuwenden ist, wenn wir das Wort *noblesse* nicht als aristokratisches Erbteil, sondern als Menschlichkeit verstehen, das heißt als immanente menschliche Verpflichtung. Sokrates, der Plebejer, war wie sein aristokratischer Schüler Platon in erster Linie mit den universalen und ewigen Fragen beschäftigt; doch im Gegensatz zu diesem beteiligte er sich am politischen Leben seiner Heimatstadt Athen. Obwohl er es nicht der Mühe wert hielt, sich in politische Händel zu mischen, zögerte er nicht, auch einen unpopulären Standpunkt einzunehmen, wenn er eine solche Handlungsweise als einen Teil seiner Bürgerpflicht erachtete. Mindestens einmal stimmte er öffentlich gegen eine Maßnahme, die sehr populär, doch moralisch verwerflich war. Er ließ sich lieber zum Tode verurteilen, als gegen seine Überzeugung und wider die Wahrheit seine Lehren für moralisch verderblich zu erklären. Nach seiner Verurteilung lehnte er es ab, im Ausland Zuflucht zu suchen, wozu er Gelegenheit gehabt hätte. Die Handlungsweise des Sokrates, das politische Engagement weder zu suchen noch ihm auszuweichen, scheint mir die richtige Haltung für einen Intellektuellen oder Künstler.

Ikeda: Wenn ich den von Sokrates gewählten Mittelweg mit dem Weg vergleiche, zu dem sich Siddhartha Gautama, der Buddha, entschloß, finde ich, daß ersterer mich nicht überzeugt. Gautama, als Fürstensohn geboren, hätte eine sehr segensreiche Herrschaft führen können, denn er war ein Jüngling von sehr starker Empfindsamkeit. Aber da ihm die Erleuchtung gekommen war, daß weder die Politik noch die Wirtschaft die Menschheit vom Leiden erlösen kann, wählte er den Weg der Askese.

Dabei war Gautama keineswegs an der Politik uninteressiert. Sogar nach seiner Erleuchtung fuhr er fort, seine fürstlichen Verwandten und die reichen Leute – die in den Stadtstaaten Indiens die Macht hatten – zu beraten, in der Hoffnung, die buddhistische Lehre zur ideologischen Grundlage der praktischen Politik machen zu können. Das Ideal des Buddha war, einen Pfad zu zeigen, der über die Politik hinausgeht und die Menschheit zur wahren Glückseligkeit führt. Zu seinen Lebzeiten und in der weiteren Geschichte des Buddhismus wurden seine Anhänger von politischen Machthabern verfolgt. Bezeichnenderweise jedoch haben die Buddhisten niemals versucht, mit den politischen Mächten auf deren Ebene umzugehen, sondern sie näherten sich ihnen stets von einer höheren Warte.

Im Gegensatz dazu bot Sokrates, um seine Ideen zu verteidigen, den Autoritäten des Stadtstaates die Stirn und zog den Tod der Unterwerfung vor. Die Art seines Todes mag den Einfluß seiner Lehren auf spätere Jahrhunderte vergrößert haben. Aber Buddha hatte, ohne sich in eine Lage zu bringen, wo ihn ein tragischer Tod erwartete, einen Einfluß, der ebenso stark war wie der von Sokrates oder Christus. Ich kann die freiwillige Wahl eines tragischen Todes nicht gutheißen, weil solch eine Handlungsweise die Menschen dazu bringt, die Politik und die Leute, die als Werkzeug dienten, einen solchen Tod herbeizuführen, gleichermaßen zu hassen. Der springende Punkt meines Vergleichs zwischen Sokrates und Buddha ist der: Sokrates entschloß sich, seinen Verfolgern auf ihrem eigenen Boden entgegenzutreten, während die buddhistische Haltung, die mir die bessere zu sein scheint, darin besteht, den Versuch zu machen, seine Verfolger auf eine höhere Ebene zu heben, wo direkte und möglicherweise tragische Zusammenstöße sich erübrigen.

101

Die Grenzen des wissenschaftlichen Intellekts

Ikeda: So weit, wie das rationale Licht der Wissenschaft dringen kann, klärt es die Dinge, die es sich als Forschungsobjekte gewählt hat. Ich denke gern von dieser Art wissenschaftlichen Denkens als dem »wissenschaftlichen Auge«. Sie und ich stimmen darin überein, daß die Wissenschaft wegen ihrer Begrenzungen nicht so einflußreich werden darf, daß der Mensch sie als allmächtig betrachten könnte. Wir sind uns ferner darin einig, daß, wenn es um Dinge geht, die die Wissenschaft nicht ausreichend erklären kann, die Religion der Menschheit Glauben und eine wichtige geistige Stütze zu geben vermag. Aber um die Bedeutung von Religion wie Wissenschaft klarer zu machen, könnten wir, denke ich, vielleicht herauszufinden versuchen, worin religiöses Denken sich von dem unterscheidet, was ich »wissenschaftliches Auge« genannt habe.

Unter »wissenschaftlichem Auge« verstehe ich die Kraft, zu erkennen. Indem wir auf die Objekte der Forschung ein geübtes und verfeinertes Auge rationalen Denkens werfen, können wir diese Objekte erhellen und in ihnen allgemeingültige und gleichbleibende Gesetze finden. Bei der Entdeckung solcher Gesetze vermittels der Kraft der Vernunft ist es unvermeidlich, analytische Methoden anzuwenden und Verallgemeinerungen und Abstraktionen vorzunehmen. Außerdem verlangt die analytische Methode stets eine quantifizierende Behandlung der Objekte.

Toynbee: Die Wissenschaft nimmt eine willkürliche Abstraktion aus der Totalität der Sinneseindrücke vor, und dadurch gelingt es ihr, eine objektive Sicht dieses ausgewählten Feldes der Beobachtung zu erlangen, wenn wir das Wort *objektiv* so definieren, daß es ein Phänomen oder einen Gedanken bezeichnet, der oder das im Denken aller Menschen identisch ist, wenn sie die Aufzeichnungen darüber vergleichen. Wenn wir andererseits *objektiv* so definieren, daß es eine echte und genaue Spiegelung der Realität-an-sich bezeichnet, müssen wir, glaube ich, schließen, daß die von der Wissenschaft vorgenommene Abstraktion der Phänomene wahrscheinlich mindestens noch eine weitere Stufe von der Realität-an-sich entfernter ist, als es die Phänomene waren, ehe sie von der Wissenschaft behandelt und zurechtgestutzt wurden. Die Wissenschaft behauptet, sie kläre die Phänomene; aber man könnte sie nicht weniger überzeugend beschuldigen, sie zu entstellen.

Ikeda: Das Bild, das aus dem Prozeß der Abstraktion und Quantifizierung durch das »wissenschaftliche Auge« entsteht, ist mit der wahren Natur des Objektes nicht ganz identisch. Mir scheint, hierin liegen die wesentlichen Grenzen, über die hinaus das »wissenschaftliche Auge« nicht blicken kann.

Toynbee: Die Wissenschaft ignoriert willkürlich die Eigenschaften der Phänomene, die nicht allen Angehörigen einer Spezies gemeinsam sind und daher nicht in quantitativen Begriffen ausgedrückt werden können. Der Preis der Quantifizierung ist die Nichtbeachtung der Einmaligkeit. Das ist ein hoher Preis, denn in Wahrheit ist die Einmaligkeit wie die Gleichförmigkeit eine wesentliche Eigenschaft der Phänomene. Jedes Exemplar auch der sogenannten unbelebten Spezies der Phänomene ist bis zu einem gewissen Grade einmalig. Das Element der Einmaligkeit ist bei den lebenden Wesen bedeutsamer, und bei den bewußt lebenden Wesen erreicht die Bedeutsamkeit das Maximum. Daher ist es kein bloßer Zufall, daß die wissenschaftliche Methode am erfolgreichsten bei unbelebten Phänomenen ist (in der Physik und der anorganischen Chemie), weniger erfolgreich bei lebenden Organismen (in der organischen Chemie und Biologie) und am wenigsten bei der Anwendung auf die bewußte Schicht der Psyche (in der Erkenntnistheorie und Logik).

Erst vor kurzem hat man sich im Abendland an die Erforschung der unterbewußten Schichten der Seele gewagt, die von der indischen Philosophie schon vor zweieinhalbtausend Jahren erforscht wurde. Es ist noch zu früh, vorauszusagen, ob die Wissenschaft in dieser jüngsten und schwierigsten ihrer Unternehmungen erfolgreich sein wird oder nicht; doch schon ist klar, daß es eine Feuerprobe für die Fähigkeit der Wissenschaft ist, uns in den Stand zu setzen, Phänomene zu erkennen und zu verstehen. Von allen dem menschlichen Verstand zugänglichen Phänomenen sind psychische Geschehnisse auf der Ebene des Unterbewußtseins wahrscheinlich sowohl die wichtigsten für uns als auch die für die Wissenschaft am schwersten faßbaren.

Ikeda: Wenn die wissenschaftliche Methode funktioniert, so wie sie es immer tut, von der Analyse zur Generalisierung, gehen immer einige Besonderheiten und individuelle Züge der beobachteten Phänomene verloren. So werden zum Beispiel Dinge, die man nicht in Mengenbegriffen behandeln oder verallgemeinern kann, beiseite geschoben. Wenn das Studienobjekt die Menschheit ist, werden die individuelle Tätigkeit des Verstandes und Geistes und die subtilen Eigenarten der Gemütsbewegung und des Bewußtseins vernachlässigt.

Toynbee: Die Wissenschaft ist gerade in dem Maße erfolgreich gewesen, wie sie diese Züge der Phänomene, die für alle Zwecke der Menschheit mit Ausnahme der Technologie von größter Bedeutung sind, ignoriert hat. Für nichttechnologische Zwecke ist die Übersetzung qualitativer Eindrücke in quantitative Messungen eine geistige und ästhetische Verarmung. Die Töne, die wir hören, und die Farben, die wir sehen, sagen und befriedigen uns mehr als die Quantitäten, auf die sie von den Wissenschaften der Optik und Akustik reduziert werden.

Ikeda: Wegen ihrer Grenzen sieht die Wissenschaft alles von ihrem strikt materiellen Standpunkt aus. Wenn das Forschungsobjekt etwas Lebendiges ist, wird die Individualität in seinem einmaligen Leben abstrahiert und in dem allgemeinen Lebenskonzept begraben. Mit anderen Worten: Wissenschaftliches Denken schließt zwangsläufig einen Prozeß der Verwandlung des Lebendigen in einen Haufen bloßer Materie ein.

Toynbee: Wenn wir sagen, ein Mensch sei eine Ziffer, verunglimpfen wir ihn. Damit drücken wir aus, daß es ihm an den ausgeprägten, kennzeichnenden und wertvollen Eigenschaften der menschlichen Natur mangelt. Aber die Wissenschaft reduziert buchstäblich ein menschliches Wesen zu einer Ziffer, wenn es seinen Geist und seinen psychosomatischen Organismus, mit dem er verbunden ist, zahlenmäßig zu erfassen sucht. Und sie reduziert ihn auf andere Weise zu einer Ziffer, wenn sie seinen persönlichen Namen durch eine Zahl oder eine Identitätskarte ersetzt oder durch eine Karte, mit der ein Computer gefüttert wird.

Ikeda: Die wissenschaftliche Art des Denkens betrachtet das Leben oberflächlich und verwehrt uns die Einsicht in die wahre Natur lebendiger menschlicher Wesen. Diese unerwünschten Aspekte des wissenschaftlichen Denkens treten in den Vordergrund, weil der moderne Mensch vergißt, daß jene Aspekte der Wissenschaft, die dazu neigen, die Menschen zu Ziffern zu reduzieren und die Individualität preiszugeben, doch nur Mittel zur Erlangung von Teilzielen sind. Die Schwierigkeit entsteht, wenn die Leute anfangen, diese Mittel als Selbstzweck anzusehen.

Solange diese Operationen nur der Teil eines größeren Prozesses zur Enthüllung irgendeiner Wahrheit sind, mag es zulässig sein, menschliche Wesen als Ziffern, Formeln oder Mittel zu behandeln. Aber solche Methoden dürfen nicht in der Führung der Gesellschaft oder großer Organisationen gestattet sein noch in irgendeinem Fall, wo Menschen die tatsächlichen Objekte der in Frage stehenden Tätigkeit sind.

Toynbee: Ein Mensch kann insoweit manipuliert werden, als er enthumanisiert werden kann. Wahrscheinlich hat man dies zuerst in der Praxis des Krieges entdeckt. Man fand heraus, daß der Mensch durch den Drill hypnotisiert werden muß, um ihn davon zu überzeugen, daß er sein Leben riskieren muß, um andere Menschen zu töten, mit denen er keinen Streit hat. Bürokratisierung und Computerisierung sind weitere Mittel, die Menschen dem Willen anderer gefügig zu machen. Technologie ist Manipulation, ob sie nun an Menschen, Tieren oder unbelebten Dingen vollzogen wird. Die Technologie wird durch die Quantifizierung erleichtert, und obwohl diese ihr Objekt falsch darstellt und ästhetisch verunstaltet, ist sie durch ihre Brauchbarkeit für die Technologie ein Krafterzeuger für die Natur wie für die Menschen. So ist die Wissenschaft für einen praktischen Zweck, nämlich die technologische Manipulation, von Bedeutung.

Ist die Vermehrung der technischen Potenz durch die Wissenschaft vermittels der Quantifizierung gut oder schlecht? Sie ist im Grunde weder gut noch schlecht. Die Frage muß ad hoc beantwortet werden; und die Antwort hängt davon ab, ob der moralische Standard desjenigen, der die von der Wissenschaft verliehene Macht handhabt, hoch genug ist, um zu gewährleisten, daß er seine erhöhte Macht für das Gute, nicht für das Schlechte einsetzen wird.

Ikeda: Das ist wahr. Die Macht der Wissenschaft ist an sich neutral. Nichtsdestoweniger ist es wichtig, zu entscheiden, ob die Menschen die Wissenschaft für absolut oder begrenzt halten sollen. Diese Entscheidung wird eine wesentliche Grundlage für unabhängige menschliche Beurteilungen sein.

Um die beschränkten Fähigkeiten des »wissenschaftlichen Auges« zu ergänzen, damit die Wissenschaft ihren wahren Wert beweisen kann, brauchen wir ein weiteres Auge, das tiefer und umfassender in die wahren Aspekte der Dinge dringen und die Eigenschaften erhellen kann, die jedem einzelnen zu eigen sind.

Der Buddhismus gebraucht die Metapher der fünf Augen für die verschiedenen Arten, die Dinge zu sehen: das Auge des Menschen, das Auge des Himmels, das Auge der Weisheit, das Auge des Gesetzes, das Auge des Buddha. Das Auge des Menschen bedeutet normales Sehen und die dadurch gewonnene Wahrnehmung. Das Auge des Himmels verweist auf die scharfe Einsicht eines Führers in die feinen Veränderungen im Geiste des Menschen. In dem Auge der Weisheit ist das »wissenschaftliche Auge« enthalten, denn es verkörpert das Erkenntnisvermögen, die Fähigkeit, das Licht der Vernunft auf Objekte zu wenden, sie zu abstrahieren und in ihnen allgemeingültige Gesetze zu entdecken.

Das Auge des Gesetzes und das Auge des Buddha bedeuten die Kraft, in die Wahrheit des Lebens tiefer und von einem humanistischeren Standpunkt aus einzudringen, als es mit dem Auge der Weisheit möglich ist. Das Auge des Gesetzes bedeutet die Fähigkeit, alle Dinge so zu sehen, wie sie wirklich sind. Dieses Auge wird entwickelt, indem man sein Leben glättet – im Buddhismus bezeichnet das Wort *glätten* in einem solchen Zusammenhang die Hervorbringung eines Mitgefühls aus den Tiefen des Lebens – und dieses geglättete Leben als Spiegel gebraucht, worin man alle Dinge sieht. Das Auge des Buddha bedeutet die durchdringende Einsicht, die die pulsierende Tatkraft des Lebens und alle Aspekte des Lebens erkennt und unterscheidet, ihre Verkörperung in einem selbst und den Gebrauch dieser reaktivierten Lebenskraft, um die Realitäten des Lebens der Gesellschaft und des Alls wahrzunehmen.

Der buddhistische Begriff der fünf Augen zeigt den Weg zur

Erweckung und Erhöhung der Gabe der Weisheit hinter Vernunft und Gefühl – der Weisheit im Innersten des Lebens. Nur wenn man zuerst das Auge des Gesetzes und das Auge des Buddha kultiviert und aktiviert, kann man die wesentlichen Begrenzungen des wissenschaftlichen Denkens als eine Funktion des »wissenschaftlichen Auges« verwandeln und erreichen, daß die Wissenschaft ein noch helleres Licht der Vernunft ausstrahlt.

Toynbee: Das Auge des Gesetzes und das Auge des Buddha ergänzen und berichtigen das Auge des Menschen (Sinneswahrnehmung), das Auge des Himmels (psychologische Einsicht) und das Auge der Weisheit (die Gabe der Vernunft einschließlich der wissenschaftlichen Methode, diese Gabe zu gebrauchen). Wie das Auge der Weisheit sind auch das Auge des Gesetzes und das Auge des Buddha nicht nur Arten des Sehens: Es sind auch Wege des Handelns. Das von dem Auge des Gesetzes hervorgerufene Mitgefühl scheint mir das Mittel gegen die enthumanisierende Wirkung der Wissenschaft zu sein.

4
Gesundheit und Wohlfahrt

Die Verantwortung der Ärzte

Ikeda: Da der Gegenstand des Medizinstudiums und der ärztlichen Praxis die Gesundheit von Leib und Seele des Menschen ist, verdient die Frage der Moral in der Medizin sorgfältige Aufmerksamkeit. Die abendländische medizinische Wissenschaft hat erstaunliche Fortschritte gemacht. Besonders in der zweiten Hälfte dieses Jahrhunderts haben es die Leistungen der Biologie und Biochemie und die Entwicklung der Chirurgie und Anästhesie dem Chirurgen ermöglicht, mit dem Skalpell in Herz und Gehirn des Menschen einzudringen – Regionen, die noch bis vor kurzem für heilig und unantastbar gehalten wurden. Verpflanzungen innerer Organe und die Ersetzung natürlicher Organe durch künstliche werden bald allgemein praktiziert werden. Der Fortschritt in der Pharmakologie hat ein Stadium erreicht, wo es allen Ernstes denkbar ist, das Gedächtnis, die Gedanken und Wünsche durch Drogen zu steuern.

In dem Maße, wie die Macht der medizinischen Wissenschaft, das Leben zu steuern, zunimmt, wird auch die Art und Weise, wie der Arzt sein Können einsetzt, mehr und mehr zu einer Frage, die alle angeht. Heute kann die Medizin, wenn man von ihr guten Gebrauch macht, unendlich viel zum Glück des Menschen beitragen; wird sie mißbraucht, zerstört sie das Leben.

Leider scheinen heute manche Ärzte die Ehrfurcht vor dem Menschenleben verloren zu haben. Die ethischen Maßstäbe haben sich gelockert. Zweifellos hat es schon früher unmoralische Ärzte gegeben, aber ihre Zahl war gering, und da die Medizin damals nicht über solche Macht verfügte wie heute, war die zweifelhafte Moral einiger weniger Ärzte kein ernsthaftes Problem. In Japan nannte man früher die Medizin *jinjutsu* oder die wohltätige Heilkunst; den Ärzten wurde als den Ausübenden dieser Kunst Achtung und Vertrauen entgegengebracht.

Toynbee: Die Würde des Arztes macht den Dienst an seinen Mitmenschen zu seiner ersten Pflicht. Sie hat Vorrang über die Sorge für den Unterhalt für sich und seine Familie, wenn auch natürlich wirtschaftliche Interessen in einem freien Beruf nicht nur legitim, sondern notwendig sind.

Ikeda: Heutzutage versagen viele Leute den Ärzten als den Ausübenden der Heilkunst ihre Achtung und ihr Vertrauen. Die auf persönlicher Kommunikation zwischen Arzt und Patient basierende Behandlung verschwindet mehr und mehr.

Einige Ursachen des moralischen Verfalls mögen in den Ärzten selber zu finden sein, aber darüber hinaus scheint auch die allgemeine Tendenz unserer Zivilisation, das Leben allzu leicht zu nehmen, viele Ärzte zu verführen, die Macht der Medizin zu mißbrauchen.

Toynbee: Ihre Annahme scheint mir richtig. In den Vereinigten Staaten wurde in den letzten Jahren den Ärzten vorgeworfen, sie betrieben ihren Beruf nicht mehr als Dienst an der Allgemeinheit, sondern in erster Linie als gewinnbringendes Unternehmen für sich. Der Facharzt oder der Chirurg, der vor allem daran interessiert ist, sein Können zum höchsten Marktpreis zu verkaufen, mag ein hervorragender Techniker sein, doch kaum ein menschlicher und mitfühlender Freund seines Patienten.

Ist es für den Arzt möglich, der Freund seines Patienten zu sein – ein Verhältnis, bei dem man sich emotionell engagiert – und zugleich ein kühl denkender wissenschaftlicher Techniker – eine Aufgabe, bei der man frei von Gefühlen sein muß? Der Beruf des Arztes ist wohltätig, und der Beruf des Soldaten ist das Gegenteil davon, aber beide haben eine Eigenschaft gemeinsam: Arzt wie Soldat müssen ihre Arbeit in ständigem Kontakt mit physischem und psychischem Leiden tun – mit der Todesfurcht, mit dem Tode selbst, mit Kummer und schmerzlichem Verlust. Wenn sie nicht imstande sind, sich von Gefühlen frei zu halten, werden sie keine gute Arbeit leisten. Doch wenn der Arzt nicht darüber hinaus auch Mitgefühl empfindet, wird er seinen Beruf nie hinreichend und befriedigend ausüben können.

Ikeda: Was Sie sagen, ist besonders gravierend; denn Ärzte, die dieser Forderung entsprechen, sind in letzter Zeit wieder sehr gefragt. Wir müssen versuchen, die individuelle Haltung der Ärzte in Verbindung mit den gelockerten Moralbegriffen dieses Berufes und vom Standpunkt der einseitigen Entwicklung der medizinischen Wissenschaft aus zu prüfen.

Die Medizin konnte einen großen Schritt vorwärts tun, weil die Wissenschaft ihr wirksame Methoden zur Prüfung von Krankheiten in die Hand gegeben hat. Die Wissenschaft hat jedoch ihrem Wesen nach den Hang, alle Dinge objektiv zu sehen, sie sozusagen auf Armlänge zu halten und sie mit dem Skalpell der Vernunft zu zergliedern. Die natürliche Welt wird, auf diese Weise behandelt, gewissermaßen von sich selber isoliert; sie hat nur eine objektive Existenz. Ähnlich wird auch das menschliche Leben, sobald man es dem wissenschaftlichen Studium unterwirft, ein bloßes Objekt ohne geistige Kommunikation mit dem Arzt.

Unter solchen Umständen betrachten die Ärzte das menschliche Leben natürlich als etwas rein Materielles; sie werden zu nichts anderem als zu geschickten Technikern. Der psychologische Einfluß, den diese Einstellung auf sie hat, wurde mir durch einen mir bekannten Arzt sehr deutlich. Er sagte mir, daß nach einer langjährigen Tätigkeit als Chirurg der Arzt dahin gelangt, in dem Patienten, der vor ihm im Bett liegt, nicht mehr das lebende menschliche Wesen zu sehen, sondern nur noch den materiellen Leib.

Je tiefer der Arzt von der wissenschaftlichen Denkweise durchdrungen ist, desto mehr läuft er Gefahr, den Menschen als bloße physische Einheit zu betrachten. Das unausweichliche Dilemma der modernen Medizin ist dies: Die Wissenschaft selber verändert die Persönlichkeit des Arztes, der wissenschaftliches Wissen und Können einsetzen muß, und beraubt ihn zugleich der Achtung vor dem Leben.

Obwohl die medizinische Tätigkeit eine nüchterne, rationale wissenschaftliche Grundlage braucht, muß sie auch ein warmes menschliches Gefühl bekunden; es muß der Wunsch vorhanden sein, das Leben eines anderen Menschen als etwas Subjektives anzusehen, und eine Geisteshaltung, die den Wert der geistigen Kommunikation für die Menschen zu schätzen weiß.

Toynbee: Zu diesem Zweck muß der Arzt sowohl der kühle Techniker wie auch der mitfühlende Freund sein. Ist es möglich, beides zu vereinen? Die Anhänger der theistischen Religionen würden antworten, daß der Arzt seine Arbeit um der Liebe Gottes willen tun müsse und daß diese ihn befähige, beide Geistes- und Gefühlshaltungen, die sonst unvereinbar wären, zu verbinden. Die Krankenhäuser im christlichen Mittelalter waren Heiligen gewidmet, und katholische Nonnen dienten Gott, indem sie die Kranken pflegten, wie sie es zum Teil heute noch tun. Der moderne weltliche Pflegeberuf in protestantischen wie in katholischen Ländern hat seinen Ursprung in der Krankenpflege einiger katholischer Orden. Die Bezeichnung »Schwester« und ihre Tracht erinnern noch jetzt an den historischen Ursprung dieses Standes. Die ärztliche Tätigkeit bei den alten Griechen war dem Gott der Heilkunde Asklepios geweiht.

Ikeda: Es ist von großer Wichtigkeit, daß die Angehörigen des Heilberufes religiösen Glauben besitzen. Tatsächlich scheint mir der einzige Weg aus dem Dilemma der modernen Medizin ein fest auf dem Glauben beruhender Humanismus zu sein und eine klare Einsicht in das Wesen des Lebens und der menschlichen Natur. Ich bin sogar überzeugt, daß der einzige Weg zur Verbesserung der Situation in einer Lebensphilosophie zu finden ist, wie ich sie im Buddhismus sehe.

Toynbee: Sie deuten damit an, daß im Westen das Christentum im Niedergang begriffen ist und eine alternative Inspiration für den Arztberuf im Buddhismus gefunden werden könnte. Auch mir scheint es kaum möglich, daß jemand ein geistig und moralisch hinreichender Arzt ist, wenn ihm die religiöse oder philosophische Einstellung zum Leben des Menschen fehlt und zum Universum, in dem die Menschheit sich selber findet.

Organverpflanzungen

Ikeda: Die Herztransplantation ist die spektakulärste und umstrittenste der Organverpflanzungen. Seit Dr. Christian Barnard im Dezember 1967 die erste Herztransplantation ausführte, haben die weltweiten Diskussionen über dieses Thema vom moralischen, philosophischen und religiösen Standpunkt nicht aufgehört. In Japan bleibt die Herztransplantation, die Dr. Juro Wada im August 1968 in Sapporo vollzog, ein Brennpunkt der Kontroversen, besonders hinsichtlich der Frage, ob sein Entschluß, die Operation vorzunehmen, moralisch zu rechtfertigen war. Auf dem Nationalkongreß der japanischen Ärztevereinigung im Jahre 1971 kamen zahlreiche divergierende Ansichten zur Sprache.

Im Gegensatz zu Nierenverpflanzungen setzt eine Herztransplantation den Tod des Spenders voraus. Diese Tatsache erweckt die Befürchtung – da es notwendig ist, das Herzgewebe unversehrt zu erhalten –, daß die Dringlichkeit dazu führen könnte, ein Herz zu verwenden, bevor alle Zweifel über den Tod des Spenders zerstreut sind. Dr. Wada steht auf dem Standpunkt, daß er, wenn er sich zu einer Herztransplantation entschließt, sich lieber entscheidet, das Leben eines Menschen zu retten, als gezwungen zu sein, zwei sterben zu sehen.

Meine Meinung über Organverpflanzungen im allgemeinen geht dahin, daß, wenn es sich um die Nieren oder die Hornhaut handelt, eine Operation zulässig ist, sofern sie von ausreichenden medizinischen Gründen gedeckt wird. Die heutige medizinische Technik dürfte nicht bei allen Nierenverpflanzungen einen befriedigenden Erfolg gewährleisten können; aber wenn man die Verfassung des Empfängers erwogen hat, ist es statthaft, den Arzt entscheiden zu lassen, ob eine solche Operation gerechtfertigt ist. In diesen Fällen und in solchen von Hornhautverpflanzungen steht die Frage des Todes nicht zur Debatte.

Die Entscheidung jedoch, ob der Spender tot ist, wird kritisch bei Verpflanzungen von Herz, Leber und Gehirn – falls die Forschung den Punkt erreicht, wo auch Gehirntransplantationen durchführbar sind. Ich glaube, daß prinzipiell die Verpflanzung dieser Organe nicht vorgenommen werden darf, solange die medizinischen und chirurgischen Techniken auf ihrem gegenwärtigen Stand bleiben. Besonders die Gehirntransplantation sollte verboten werden, weil sie die Ersetzung des wesentlichen Teils des denkenden Ichs beim Empfänger durch den eines anderen in sich schließt. Bei Herz- und Leberverpflanzungen glaube ich, daß die Ärzte von solchen Operationen Abstand nehmen sollten, bis wissenschaftlich unstreitige Grundlagen für die Feststellung des Todes vorliegen.

Toynbee: Ihre Bemerkungen enthalten drei verschiedene Punkte, die ich gern voneinander trennen möchte. Erstens: Ist die Verpflanzung von Organen oder eines bestimmten Organs grundsätzlich wünschenswert oder nicht? Wenn wir zweitens befinden, daß sie prinzipiell wünschenswert ist – ist sie es praktisch schon bei dem gegenwärtigen Stand des medizinischen Wissens und technischen Könnens? Drittens: Ist sie nach unseren derzeitigen moralischen Grundsätzen wünschenswert?

Das Kriterium zur Beantwortung der prinzipiellen Frage ist, so wie ich es sehe, die Überzeugung, daß ausschlaggebend die Bewahrung der Menschenrechte sein sollte, von denen für mich die wichtigste die Erhaltung der Menschenwürde ist. Der Mensch hat das Recht, nicht gegen seinen Willen seines Lebens beraubt zu werden; und es wäre eine Verletzung der Menschenwürde, wenn man ihn gegen seinen Willen als bloßes Mittel benutzen würde, und sei es als Mittel zur Erhaltung eines anderen Menschenlebens.

Aber nehmen wir den Fall, ein Mensch sei bereits tot, sein Herz jedoch noch lebendig in dem Sinne, daß es, erfolgreich verpflanzt, noch ein taugliches lebendes Herz für eine andere Person abgeben würde, die man damit retten könnte. Nehmen wir weiter den Fall an, ein lebender Mensch möchte freiwillig sein Leben opfern, um einen anderen zu retten, so wie Alkestis in der griechischen Sage freiwillig an Stelle ihres Gatten zum Hades hinabstieg oder wenn Menschen, wie es täglich geschieht, ihr Leben einbüßen, wenn sie andere vor dem Feuer oder dem Ertrinken retten wollen. Nehmen wir schließlich an, das Gehirn eines Gestorbenen stehe zur Verfügung, und ein lebender Mensch, dessen eigenes Gehirn geschädigt ist, bitte darum, das Gehirn des Toten eingesetzt zu bekommen, obwohl er weiß, daß dies für ihn eine Persönlichkeitsveränderung zur Folge haben könnte.

In allen diesen drei hypothetischen Fällen, meine ich, würde die Verpflanzung mit der Menschenwürde vereinbar sein oder sogar von ihr verlangt werden. Wenn ich selber zu der Erkenntnis käme, daß ich senil würde oder den Verstand verlöre – ich glaube, ich würde mein beschädigtes Gehirn gegen ein intaktes austauschen wollen, wenn ich

113

wüßte, daß ich damit mir und meinen Mitmenschen von Nutzen sein könnte, statt ihnen zur Last zu fallen.

Die Antwort auf die zweite Frage ist verhältnismäßig einfach. Es wäre zum gegenwärtigen Zeitpunkt besser, keine spezielle Transplantation zu versuchen, wenn die medizinische Wissenschaft noch nicht imstände ist, ein befriedigendes Kriterium für die Bestimmung des Todesaugenblickes im Lichte des derzeitigen Standes des medizinischen Wissens und chirurgischen Könnens aufzuzeigen; wenn die medizinische Wissenschaft noch nicht in der Lage ist, zu sagen, was für eine Wirkung die Transplantation voraussichtlich haben wird; oder wenn das chirurgische Können auf diesem Gebiet noch nicht genügend entwickelt ist, um mehr als eine schwache Hoffnung auf Erfolg bieten zu können.

Die dritte Frage ist vielleicht die schwierigste. Nach den Erfahrungen der Vergangenheit werden sich das medizinische Wissen und das chirurgische Können vermutlich weiter verbessern; diese Wahrscheinlichkeit läßt vernünftigerweise hoffen, daß eine zur Zeit noch für ungerechtfertigt gehaltene spezielle Transplantation sich im Laufe der Zeit rechtfertigen lassen wird. Aus der Erfahrung der Vergangenheit allerdings läßt sich nicht die Erwartung ableiten, daß sich Ethik und Moral heben werden. Es gibt keinen Beweis dafür, daß sie sich verbessert haben, seitdem unsere Vorfahren Menschen geworden sind.

Ikeda: Manchmal ist es unmöglich, das Leben eines Menschen ohne Herztransplantation zu erhalten. Wenn es klar ist, daß der Patient ohne eine solche Operation nicht überleben wird und wenn ein geeigneter Spender vorhanden ist, dann sollte sie zulässig sein. Aber die Entscheidung darüber dürfte nicht nur von dem jeweiligen Ärzteteam getroffen werden, sondern müßte auch aufgrund einer Konsultation von Immunologen, Hirnchirurgen und anderer Spezialisten von Philosophen und Juristen getroffen werden. Und auch wenn danach eine Herztransplantation vorgenommen wird, muß – es sollte eine Selbstverständlichkeit sein – unterschieden werden zwischen den Ärzten, die das Herz des Spenders herausnehmen und dafür verantwortlich sind, und denen, die es dem Patienten einsetzen und dafür die Verantwortung tragen. Ferner muß das Team verpflichtet werden, die

Öffentlichkeit detailliert über die Vorgänge während und nach der Operation zu unterrichten.

Toynbee: Wenn eine Transplantation grundsätzlich für legitim und auch für technisch ausführbar gehalten wird, sollte in der Tat ein Team entscheiden. Die verschiedenen Mitglieder eines solchen Teams mögen verschiedene moralische Grundsätze haben, vielleicht auch verschiedene Beziehungen zu dem Fall. Der Empfänger und der Spender (wenn er noch lebt) sind eng betroffen und ebenfalls ihre jeweiligen Verwandten und Freunde. Die Chirurgen, die das Organ entfernen und verpflanzen, sind auch stark engagiert, während die fachärztlichen Berater, die Vertreter des Gesetzes und der Öffentlichkeit relativ unvoreingenommen sein werden. Die ethische Haltung jedes an dem Fall Beteiligten wird sich danach richten, wieweit er persönlich damit verbunden ist.

Ikeda: Ich bleibe dabei, daß wir auf dem Grundprinzip verharren müssen, wonach Organverpflanzungen, die den unvermeidbaren Tod des Spenders zur Voraussetzung haben, bei dem heutigen Stand des Wissens nicht vorgenommen werden sollten. Ich bin generell gegen Organverpflanzungen in der gegenwärtigen Zeit, weil erstens die Definition des Todes noch zu klären wäre und zweitens es noch keine anerkannte medizinische Methode zur Bewältigung der Abwehrreaktionen gibt, die die Wirkung der Transplantation zunichte machen. In Zukunft müßte nach meinem Dafürhalten, auch wenn die Probleme der Abwehr gelöst werden sollten, die medizinische Wissenschaft mehr versuchen, das Gebiet der künstlichen Organe zu erforschen, statt sich in einem so großen Ausmaß auf Organverpflanzungen zu verlassen.

Toynbee: Das ist ein besonderes Beispiel eines größeren Problems. Die Zunahme wissenschaftlicher Kenntnisse und technischen Könnens bringt auch eine Zunahme an Macht mit sich. Die Zunahme an Macht stellt die Beteiligten vor die Verantwortung, Entscheidungen zu treffen, wie man sie früher nicht zu treffen hatte. Das schafft ethische Probleme, die es bisher nicht gab.

Medizinische Behandlung –
wissenschaftlich und ganzheitlich

Ikeda: Anhänger der psychosomatischen Medizin weisen darauf hin, daß die abendländische medizinische Wissenschaft wegen ihrer analytischen Methode und Spezialisierung zum Leben eine falsche Auffassung von der wahren Natur der menschlichen Krankheit hat. Sie betrachtet die Krankheit gesondert, und obwohl sie sehr viel von Krankheitsbedingungen weiß, läßt sie den Menschen außer acht, der an der Krankheit leidet.

Toynbee: Leider ist im Westen während der letzten drei Jahrhunderte die medizinische Wissenschaft den gleichen Weg gegangen wie die Wissenschaft im allgemeinen, nämlich den der Analyse, Selektivierung und Spezialisierung. Der Facharzt beschränkt sich auf die Behandlung eines einzelnen Organs oder einer einzelnen Krankheit; er behandelt nicht den ganzen Menschen; und der Allgemeinmediziner oder praktische Arzt, der es tut, wird vom Facharzt als ein Hansdampf in allen Gassen angesehen, der gar keine Sparte beherrscht.

In den Vereinigten Staaten ist die Spezialisierung der Medizin bis zum äußersten durchgeführt; der Arzt für allgemeine Medizin ist fast ausgestorben. Die Fachärzte haben ihre Praxen nebeneinander unter demselben Dach, und der Patient wird von einem zum anderen weitergereicht. Es ist sein Problem, wen er zuerst aufsuchen soll; denn er hat keinen praktischen Arzt, der ihm eine Diagnose stellt. Einmal hatte meine Frau Halsschmerzen, als wir in dem Campus eines amerikanischen College eintrafen; und die Frau des Collegepräsidenten mußte herumrätseln, welcher Spezialist wohl der richtige für meine Frau wäre.

Ikeda: Wenn die Krankheit Ihrer Frau eine Sache auf Leben oder Tod gewesen wäre, hätte es sehr dringlich sein können, den richtigen Facharzt zu finden. Fachärzte haben zweifellos ihre Verdienste; aber ein Kranker leidet ja nicht nur mit dem betroffenen Körperteil, sondern mit seinem ganzen Ich. Die Ursache der Krankheit mag wohl eine pathologische Veränderung eines Organs oder Gewebes sein, doch viele andere Faktoren, auch psychologische, treten zwangsläufig hinzu, und die pathologische Veränderung als solche umfaßt nicht die Ganzheit des betroffenen Menschen.

Toynbee: Daß solche Dinge geschehen können, ist der Grund, weshalb ich großen Nachdruck auf die Wichtigkeit des praktischen Arztes lege. Die Bezeichnung *Hausarzt,* die oft für den praktischen Arzt gebraucht wird, trifft ins Schwarze. Er ist der Freund und Vertraute der ganzen Familie und kann sein technisches Geschick erfolgreich einsetzen, weil er seine Patienten als Menschen kennt und versteht und mit ihnen durch ein Band der gegenseitigen Achtung, Rücksichtnahme und des Vertrauens verknüpft ist.

Der praktische Arzt läuft nicht Gefahr, der Berufskrankheit des Spezialisten, der Eitelkeit, zu verfallen. Er kennt die Grenzen seines Wissens und Könnens, und wenn er glaubt, diese Grenzen erreicht zu haben, zieht er den Facharzt hinzu. (Natürlich muß er wissen, wer der jeweils geeignete Arzt ist.) In der Medizin ist die Diagnose überaus wichtig. Die erste Diagnose stellt der praktische Arzt; sie mag unvollständig oder sogar falsch sein, aber sie ist der unerläßliche erste Schritt. Und bis zum Schluß werden die Dienste des praktischen Arztes benötigt; denn er besitzt im Gegensatz zum Facharzt die persönliche Kenntnis des Patienten und seiner Umwelt. Wenn der Facharzt den Patienten ohne die Kenntnis behandelt, die nur ein Hausarzt haben kann, setzt er sein Können blind ein und daher oft mehr zum Schaden als zum Nutzen.

Ikeda: Es ist wirklich sehr zu bedauern, daß der Hausarzt so selten geworden ist. Aber die Hoffnung auf eine Allgemeindiagnose, die den ganzen Menschen in seiner Umwelt berücksichtigt, ist noch nicht völlig geschwunden. Trotz Spezialisierung und Verfachlichung, den hervorstechenden Merkmalen der modernen abendländischen Medizin, haben einige Leute die Gefahr erkannt und versucht, etwas dagegen zu tun. Zum Beispiel bemühen sich Hans Selye, bekannt für seine Lehre vom Streß, und andere an der psychosomatischen Medizin Interessierte, das menschliche Leben als Ganzes zu erfassen. Ich finde, man muß diese neuen Trends begrüßen als Früchte der Bemühungen von Ärzten, die zu einer neuen humanen medizinischen Wissenschaft gelangen wollen. Zugleich würde ich es für die Entwicklung einer solchen Wissenschaft für nützlich halten, die medizinischen

Systeme zu überprüfen, die im Laufe der Jahrhunderte von der Weisheit und Erfahrung der Völker des Orients entwickelt worden sind.

In China arbeiten Ärzte, die im Westen studiert haben, und solche, die in der orientalischen Medizin bewandert sind, bei der Behandlung von Patienten zusammen. Auch in Japan werden die Ideen der orientalischen Medizin allmählich neu bewertet, gewinnen an Popularität und werden von zahlreichen Studenten studiert. Diese Wendung hat zwei Gründe. Einmal wird man sich der Mängel und Nachteile der abendländischen Medizin mehr und mehr bewußt; und dann zieht die orientalische Medizin Patienten an, weil sie sich bemüht, den Kranken als Ganzheit zu verstehen, ohne seine Krankheit isoliert zu betrachten.

Im Gegensatz zur abendländischen Medizin, die nach den physischen Ursachen der Krankheit forscht und Medikamente und die chirurgische Behandlung zu ihrer Heilung einsetzt, beschäftigt sich die orientalische Medizin in erster Linie nicht mit der Krankheit, sondern mit dem Patienten. Sie legt Wert darauf, die Kondition des Kranken gründlich zu untersuchen und die Unterschiede zwischen seinem gesunden und seinem kranken Zustand festzustellen. Zuerst werden alle Symptome geprüft, dann vom Standpunkt des ganzen lebenden Organismus aus analysiert.

Zur Kondition des Patienten gehört sein ganzes Leben. Die orientalische Medizin fügt alle Umstände zu einem Gesamtbild, das auch die Umwelt und den Rhythmus des Universums (Wetter, Klima und andere Naturereignisse) umfaßt. Auf dieser Grundlage wird die Behandlung im Einklang mit der Lehre von den beiden kosmischen Kräften Yin und Yang und den fünf traditionellen Naturelementen Luft, Feuer, Wasser, Metall und Erde durchgeführt. Diese Lehre, eine grundlegende orientalische Weltanschauung, stellt den Versuch dar, die Beziehung zwischen dem Universum und der Menschheit in der Terminologie von Makrokosmos und Mikrokosmos zu verstehen. Sie ist im allgemeinen richtig, benötigt jedoch eine Revision. Die Fehler in der Lehre spiegeln sich in der orientalischen medizinischen Wissenschaft.

Die bedauerliche Abweichung dieser Philosophie von ihrem wahren Weg ist nicht der einzige Mangel in der orientalischen Medizin. Es fehlt ihr jenes wissenschaftliche Denken, das für die westliche Medizin kennzeichnend ist. Um die orientalische Medizin ganz zu der zu machen, die sie sein könnte, müßte sie pathologische Analysen und physische Definitionen übernehmen, die auf der Vernunft basieren.

Toynbee: Die Methode der orientalischen Medizin scheint mir die gleiche zu sein wie die der Griechen im fünften Jahrhundert v. Chr., so wie sie in den Schriften des Hippokrates und seiner Kollegen und Schüler dargelegt worden ist. Die griechische Medizin untersuchte und behandelte den Kranken als psychosomatische und geistige Einheit in seiner natürlichen und gesellschaftlichen Umwelt. Die heutige abendländische Medizin leitet sich historisch von der griechischen ab, und ihre Methode wird noch von unserem heutigen Hausarzt befolgt.

Die unterschiedlichen Rollen des Facharztes und des praktischen Arztes in den westlichen Ländern, wo es noch praktische Ärzte gibt, scheinen mir mit dem Unterschied zwischen orientalischer und abendländischer Medizin übereinzustimmen. Sicher müssen diese beiden Auffassungen einander ergänzen, nicht ausschließen. Der Patient braucht beide; doch wenn ich wählen müßte, so würde ich lieber in einem Lande leben, wo es noch praktische Ärzte gibt, und auf Fachärzte verzichten. Der Facharzt ist wertvoll, der praktische Arzt jedoch unentbehrlich.

Ikeda: Mir scheint, das Beste, was wir jetzt tun könnten, wäre, die Vereinigung der beiden System zu einem neuen zu fördern, einem System, das sich die guten Seiten beider zunutze macht. Das heißt, wir würden dann eine Medizin haben, die von den wissenschaftlichen Methoden der abendländischen Medizin vollen Gebrauch macht, ohne die orientalische Auffassung von dem Verständnis der Ganzheit des Patienten aus den Augen zu verlieren.

Hilfe für die Alten

Ikeda: In den fortschrittlichen Ländern des Westens bilden die alten Menschen aufgrund der verlängerten Lebenserwartung und des Geburtenrückgangs einen sehr großen Teil der Gesamtbevölkerung. In der Folge dieses Phänomens gewinnt die Frage der Fürsorge für die

Alten zunehmend an Bedeutung, wovon die immer größere Zahl von Heimen und immer umfassendere Rentensysteme Zeugnis ablegen. Diese Frage ist auch in Japan äußerst dringlich. Ist sie es auch in Großbritannien, wo es ja schon seit längerer Zeit ein gesundes Wohlfahrtssystem gibt?

Toynbee: Ja, sie ist es bei uns nicht weniger als in anderen Ländern. Alte Leute – ich eingeschlossen – beziehen eine Rente vom Staat, und es gibt natürlich Altersheime. Aber ein solcher Ort ist psychologisch und geistig kein vollgültiger Ersatz für die Dreigenerationenfamilie, in der Großeltern, Eltern und Kinder zusammenleben und echte menschliche Beziehungen pflegen. Einer meiner Schulkameraden ist ein Jahr älter als ich. Vor einigen Jahren starb seine Frau, und seine Schwiegertochter lud ihn ein, bei ihr und ihrem Mann zu leben. Solange die Kinder klein waren, fuhr er sie zur Schule; und auf diese praktische Weise nahm er am Familienleben teil, bis die Enkel groß wurden. Sein Sohn ist Farmer, und jetzt fährt mein Freund die Kinder der Farmarbeiter zur Schule; und noch immer nimmt er am Familienleben teil. Natürlich spielt es eine Rolle, daß der Sohn Farmer ist, denn auf dem Lande ist Platz genug für eine größere Familie. In den Städten leben die meisten Menschen in kleinen Wohnungen oder winzigen Häusern, wo gerade genug Platz für Eltern und Kinder ist.

Ikeda: Allerdings können Heime und ähnliche Institutionen nicht die familiären Beziehungen ersetzen. Mindestens ebensoviel und wahrscheinlich mehr Aufmerksamkeit als der Planung von Wohlfahrtseinrichtungen sollte der geistigen Betätigung alter Leute zugewandt werden. Es ist nicht unbedingt wahr, daß Heime und Sicherheit »bis zum Grabe« die größten Gaben sind, die wir unseren Alten zukommen lassen können. Immer wieder hört man von Selbstmorden bei alten Menschen gerade in Ländern mit hochentwickelten sozialen Sicherheitssystemen. In dem Maße, in dem die kleine, auf ihren Kern beschränkte Familie überwiegt, nehmen die Altersheime an Zahl und Bedeutung zu. Aber wenn man die Alten in solche Häuser abschiebt, treibt man sie leicht zur Verzweiflung.

Ich glaube, es kommt vor allem darauf an, den alten Leuten einen Grund zum Weiterleben zu geben; das ist wichtiger als der Bau von Heimen und Altersruhesitzen. Man sollte sie nicht von den Geschehnissen der Gesellschaft isolieren, denn die bewußte Teilnahme an sozialen Aktivitäten stärkt den Lebenswillen. Wenn man einem alten Menschen deutlich macht, daß er nicht zum alten Eisen geworfen wird, daß er noch eine gesellschaftliche Rolle spielen und durch seine Mitarbeit etwas Wertvolles leisten kann, dann bieten wir ihm das stärkste Motiv zum Weiterleben.

Toynbee: Die Frage, wie man Menschen vor der Sorge bewahren kann, sich in der Gesellschaft überflüssig zu fühlen, ist die gleiche für die, die aus Altersgründen aus dem Arbeitsprozeß ausscheiden müssen, wie für die, die durch die Automatisierung der Industrie ihren Arbeitsplatz verlieren. Die üblen Folgen der Verstädterung zerstören die traditionelle Dreigenerationenfamilie und machen aus Nachbarn Fremde.

Ich pflichte Ihnen nachdrücklich bei, daß soziale Sicherheit im wirtschaftlichen Sinne kein Ausgleich ist für die psychologische Unsicherheit, im gesellschaftlichen Sinne überflüssig zu sein. Das unpersönliche Altersheim, auch mit ärztlicher Betreuung und allem Komfort, ist psychologisch nur ein getarntes Internierungslager.

Ikeda: Das ist leider wahr; und es hat auf die alten Menschen eine schädliche Wirkung. Der Mensch, der seiner sozialen Verantwortung enthoben ist und sich gehen läßt, beginnt schnell zu altern. Doch er kann jung und tatkräftig bleiben, wenn er eine aktive Rolle im Leben spielt. Statt die Alten zu hätscheln, ihren Wert für die Gesellschaft zu ignorieren und sie einer relevanten Beschäftigung zu berauben, sollten wir ihnen helfen, ihre Unentbehrlichkeit für die Gesellschaft zu erkennen.

Menschen im vorgerückten Alter haben in vieler Hinsicht etwas zu bieten. Erstens sind sie beharrlicher und verantwortungsbewußter, wenn sie eine Aufgabe übernommen haben. Zweitens besteht in vielen Fällen geistig kein großer altersbedingter Unterschied zu den Jüngeren, wenn sie auch körperlich schwächer sein mögen. Viele alte Leute haben von ihren reichen Lebenserfahrungen guten Gebrauch machen und der Gesellschaft viel geben können. Sie so zu beschäftigen, daß sie ihre besonderen Fähigkeiten nutzen, und ihnen zu verstehen zu geben, daß ihr Beitrag erwünscht und notwendig ist – das sind die wichtigsten Schritte, die wir unternehmen müssen.

Toynbee: Die Verlängerung des Arbeitslebens hilft sowohl dem einzelnen wie der Gesellschaft, aber sie verschiebt nur das Altersproblem in einer verstädterten und automatisierten Zivilisation. Dieses Problem gibt es jedoch nicht für einen alten Menschen, der eine gesellschaftlich nützliche Beschäftigung hat, die Verstandeskräfte, doch keine körperlichen erfordert, und der seine geistigen Fähigkeiten und seine Tatkraft bis zu seinem Tode behält. Ich kannte mindestens drei Geistesarbeiter, die über neunzig wurden, ohne ihre Verstandeskraft einzubüßen. Aber ich habe auch Menschen gekannt, die noch vor ihrem physischen Tod geistig gestorben waren. Das ist ein schreckliches Los, und die Zahl der davon Betroffenen nimmt zu. Die moderne Medizin hat sensationelle Erfolge erzielt, wenn es darum ging, das physische Leben zu verlängern; aber keine entsprechenden Erfolge in der Verlängerung des geistigen Lebens. Heute ist es eine schwerwiegende Frage, ob die Medizin mit den ihr jetzt zur Verfügung stehenden Mitteln einen senilen Menschen physisch am Leben erhalten oder der Natur ihren Lauf lassen soll, damit er von seinem demütigenden Leben befreit wird.

Es ist schon ein Stück Glück, seine geistigen Fähigkeiten bis zu seinem Lebensende zu behalten – vor allem natürlich für einen Geistesarbeiter. Die meisten Menschen jedoch arbeiten körperlich; ich habe Farmer gekannt, die aufhören mußten, weil sie nicht mehr kräftig genug waren, mit der trübseligen Aussicht auf einen zweck- und bedeutungslosen Lebensabend.

Ikeda: Das Problem der Alten innerhalb der großen Gruppe derer, die körperlich arbeiten, ist allerdings weitaus schwieriger. Vielleicht ist es eine Lösung, wenn man für sie Werkstätten einrichtet, wo sie leichte körperliche Arbeit tun können, die ihnen das Gefühl der Bedeutsamkeit gibt und sie vielleicht zu einem freundschaftlichen Wettstreit anspornt.

Wenn es auch viele Fälle geben mag, wo Altersschwäche es alten Leuten verbietet, in ihrem eigenen Fach weiterzuarbeiten, so haben doch vielleicht dieselben Leute andere Fähigkeiten, mit denen sie sich nützlich betätigen können. Hier sind Organisationen nötig, die es sich zur Aufgabe machen, diese Fähigkeiten zu erkennen und die Alten anzuleiten, sie zu gebrauchen. Man muß entsprechende Einrichtungen schaffen, die mit der übrigen Welt in Verbindung stehen, sie müssen die Aktivität fördern und Gelegenheiten für fruchtbare Arbeit bieten.

Toynbee: Ich habe in meinem Alter ungewöhnliches Glück. Meine Frau lebt noch, und ich genieße die kostbarste Form der menschlichen Gemeinsamkeit. Mein Verstand ist ungeschwächt, wenn auch meine Körperkräfte durch eine Koronarthrombose gelitten haben. Aber ich kann noch immer Fragen mündlich und schriftlich beantworten, Bücher und Artikel schreiben, ja, andere Leute sind sogar willens, meine Bücher und Artikel zu veröffentlichen und mich für Zeitschriften und das Fernsehen zu interviewen. Doch je länger ich unter diesen glückhaften Umständen lebe, desto mehr trauere ich um das Schicksal derjenigen meiner Zeitgenossen, die im Ersten Weltkrieg, zwanzig bis dreißig Jahre alt, ihr Leben lassen mußten. Noch mehr betrübt mich das Schicksal eines lebenslangen Freundes, der, drei Monate jünger als ich, jetzt glücklicherweise gestorben ist, aber vor seinem Tode langsam senil wurde, doch nie so sehr, daß er nicht darunter gelitten hätte.

Ikeda: Ihres Freundes Not erweckt großes Mitgefühl. In der buddhistischen Lehre zählt das Altern zu den vier großen Leiden des menschlichen Lebens: Geburt, Altern, Krankheit und Tod. Mir scheint, der Lebensweg, den ein Mensch wählt, wenn er das reife Alter erreicht hat, hängt von seiner inneren Stärke und von seiner Lebensanschauung ab. Dieses ist vor allem ein religiöses Problem; auf der praktischen Ebene jedoch schuldet die Gesellschaft ihren Mitgliedern die Chance, auch noch im Alter ihr Leben zu gestalten.

Wohlstand und Wohlfahrt

Ikeda: Sozialismus wie Kapitalismus haben große Mängel. Der Kapitalismus hat das Glück und die Wohlfahrt des einzelnen dem Profitstreben geopfert; der Sozialismus unterdrückt die menschliche Freiheit um einer standardisierten Gleichheit willen. Hinter den Fehlern beider Systeme steht die Nichtachtung der Würde des menschlichen Lebens. Den gleichen Fehler begehen jetzt Länder, die Wohlfahrtsorganisationen schaffen wollen, weil sie zwar ihre bisherigen Systeme revidieren und das Streben nach dem allgemeinen Glück und Wohlleben proklamieren, das Gute jedoch, das sie erstreben, rein materialistisch orientiert sehen. Bis jetzt gibt es keine Nation, die ihrem Volk eine geistige Wohlfahrt, die in der Achtung vor der Würde des Lebens wurzelt, gewährleisten kann.

Toynbee: Wenn es um die Beziehungen der Menschen untereinander geht, sollte die Wahrung der Menschenwürde unser Ziel sein und der Maßstab für die Beurteilung der Richtigkeit oder Unrichtigkeit der Mittel, die wir gebrauchen, um dieses Ziel zu erreichen. Die menschliche Würde verlangt Freiheit und Gleichheit, zwei Unabdingbarkeiten, die einander nicht ausschließen. Kapitalisten wie Sozialisten hingegen begehen den Fehler, sie als einander ausschließend zu betrachten, weil sich das Blickfeld beider Ideologien auf die wirtschaftliche Ebene beschränkt. Das menschliche Leben und die menschliche Tätigkeit jedoch agieren auf zahlreichen verschiedenen Ebenen, von denen jede ihre eigenen Bedingungen hat.

Auf der wirtschaftlichen Ebene sollten Gleichheit und Einschränkung der Habgier herrschen. Hier brauchen wir Reglementierung; um der Menschenwürde willen sollten wir es hinnehmen, daß die wirtschaftlichen Angelegenheiten der Menschheit im sozialistischen Sinne geführt werden. Das wäre ein fairer Preis für soziale Gerechtigkeit und die Überlebensmöglichkeit. Andererseits ist auf der geistigen Ebene die Freiheit ebenso unerläßlich für die Menschenwürde wie die Reglementierung auf der wirtschaftlichen Ebene.

Um eine Parallele mit der Arbeit des menschlichen Körpers zu ziehen, so möchte ich sagen, daß die Reglementierung der Wirtschaft dem Menschen erlaubt, sich auf der geistigen Ebene frei zu betätigen, so wie im psychosomatischen Leben das automatische Funktionieren von Herz und Lunge das Gehirn frei macht, um als physischer Ort für das Bewußtsein und den Willen zu dienen.

Ikeda: Mit Ihrer Feststellung, daß Kapitalismus und Sozialismus nur auf der wirtschaftlichen Ebene operieren, haben Sie einen sehr wichtigen Punkt berührt. Die gegenwärtige Tendenz geht dahin, die Produktion und die Wirtschaft als die Totalität der menschlichen Gesellschaft anzusehen und nicht nur als einen untergeordneten Teil, der sie ja in der Tat sind. Diese große moderne Illusion hat fälschlicherweise alle anderen Seiten menschlicher Tätigkeit – Kultur, Religion, Technologie, Politik – in eine Stellung gedrängt, wo sie den wirtschaftlichen Bedürfnissen untergeordnet sind und ihnen dienen müssen.

Der Glaube, ökonomisches Wachstum mache die menschliche Gesellschaft aus, hat den ganzen Erdball erfaßt. Solange wir jedoch der Wirtschaft ihren eigenen unabhängigen Lauf lassen, werden wir in einen Kurs getrieben, der zum Verlust des Rechtes, auf dieser Erde zu existieren, führen wird.

Die Zeit ist gekommen, unsere Denkweise über die Priorität, die gegenwärtig wirtschaftlichen Dingen eingeräumt wird, zu revidieren. Wir müssen die Wirtschaft der Kultur und Erziehung unterordnen und alle unsere Energie an die Schaffung einer vor allem humanen Gesellschaft wenden, in der die Wirtschaft der geistigen Entwicklung dient und mithilft, die Menschen in den Stand zu setzen, ihre schöpferischen Fähigkeiten zu entwickeln und zu zeigen.

Ich empfehle, die schon bestehenden wirtschaftlichen Theorien und Systeme vom Standpunkt dieser Grundidee aus zu überprüfen; denn durch eine solche Abschätzung wird offenkundig, daß wirtschaftliche Kontrolle, Verwaltung und Planung für die menschliche Gesellschaft unerläßlich sind. Außerdem wird sie klarmachen, daß auch in kapitalistischen Ländern die Einführung gewisser sozialistischer Methoden ihren Wert hat.

Natürlich müssen wirtschaftliche Kontrolle, Verwaltung und Planung immer zum Wohle der Menschheit durchgeführt werden. Läßt man sie zum Selbstzweck werden, vergrößern sie die Gefahr der Errichtung totalitärer oder diktatorischer Regierungen. Aber eine auf den Idealen der Menschlichkeit beruhende Kontrolle ist in globalem Maßstab notwendig, um der Erschöpfung der Rohstoffe und der Verschmutzung und Zerstörung der Umwelt Einhalt zu gebieten. Und wenn wir ein Programm solchen Ausmaßes durchführen wollen, müssen Religion und Philosophie die letztgültige Basis unserer Handlungen sein.

Toynbee: Da haben Sie recht. Meine Hoffnung für das einundzwanzigste Jahrhundert geht dahin, daß es die Errichtung einer weltumfassenden Gesellschaftsordnung erleben wird, die wirtschaftlich sozialistisch und geistig frei ist. Wirtschaftliche Freiheit für eine Person oder Gemeinschaft bedeutet oft Knechtschaft für andere, aber die geistige Freiheit kennt keine solchen Schattenseiten. Jeder kann geistig frei sein, ohne die Freiheit eines anderen zu beeinträchtigen; die allgemein verbreitete geistige Freiheit bedeutet wechselseitige Bereicherung, nicht Verarmung.

Ikeda: Eine Gesellschaftsordnung mit wirtschaftlicher Gleichheit *und* geistiger Freiheit ist gewiß wünschenswert, aber schwer zu erreichen. Um die Wirtschaft zu kontrollieren, braucht man eine äußerst konzentrierte und mit großen Machtbefugnissen ausgestattete Autorität; und die Leute, die sie ausüben, sind oft nicht einmal auch nur geneigt, die geistige Freiheit anderer zu billigen. Nichtsdestoweniger enthält Ihre Auffassung viele Anregungen, die von Nutzen sind, wenn man sich über die Gesellschaft der Zukunft Gedanken macht.

Aber wir wollen uns für einen Augenblick den gegenwärtigen Bemühungen um einen Wohlfahrtsstaat in einigen fortschrittlichen Ländern wie Großbritannien, der Bundesrepublik Deutschland, Norwegen, Schweden, Dänemark oder Neuseeland zuwenden. In diesen Versuchen gibt es viele ungelöste Fragen, vor allem wirtschaftliche; und ich glaube, besonders in England.

In dem Maße, wie der Wohlstand gleichmäßiger verteilt wird und das Leben des Volkes stabiler wird, neigt das Wirtschaftswachstum dazu, sich zu verlangsamen oder sogar zu stagnieren. Mit anderen Worten: Sobald der ideale Wohlfahrtsstaat erreicht ist, wirkt er selber als Bremse für das wirtschaftliche Wachstum des Landes.

Die zweite Frage betrifft die Einstellung der Menschen selbst. Je mehr die soziale Sicherheit verwirklicht wird, büßen die Bürger an Selbständigkeit ein und verlassen sich immer mehr auf die Fürsorge des Staates. Das kann einen starken Einfluß auf die Entwicklungsjahre der Jugend haben und sogar eine Rolle bei der wachsenden Kriminalität in dieser Altersgruppe spielen.

Das dritte und meiner Meinung nach wichtigste Problem in einem Wohlfahrtsstaat ist das nachlassende Verständnis für die Bedeutung des Lebens, der Verlust an Wettbewerbsgeist und die wachsende Schwierigkeit für den einzelnen, seine schöpferischen Talente zu entfalten. Zu diesen drei Schwierigkeiten kommen wahrscheinlich noch zahlreiche andere in Verbindung mit der Struktur der Großstädte, mit der Umwelt, den Rohstoffen, dem Bevölkerungswachstum und so weiter.

Wenn ich diese wunden Punkte aufzähle, lehne ich keineswegs das Wohlfahrtssystem kategorisch ab. Ich gehöre im Gegenteil zu denjenigen, die ein solches System in Japan ernsthaft erhoffen. Ich betrachte es als ein Ziel, nach dem wir streben müssen; denn es kann, wenn es auf dem Einklang von geistiger und materieller Wohlfahrt beruht, ein Schritt auf dem Wege zur idealen menschlichen Gesellschaft sein.

Toynbee: Ich habe das Entstehen eines partiellen Wohlfahrtsstaates in England erlebt. Diese soziale, zum Glück unblutige Revolution wurde von der früher privilegierten Minderheit, deren Vorrechte durch die Einführung eines größeren Maßes an sozialer Gerechtigkeit beschnitten worden sind, gutwillig hingenommen. Aber der Wohlfahrtsstaat in England ist unvollständig, weil die Wirtschaft zum größten Teil noch immer in den Händen wetteifernder, auf Gewinn bedachter Privatunternehmen liegt. Und die gewerkschaftlich organisierten Industriearbeiter tun es jetzt in diesem Rennen nach Profit den Kapitalisten gleich. Außerdem gibt es noch immer eine Minderheit, die unter dem Existenzminimum lebt, und einen vielleicht größeren Teil der Nation, der wirtschaftlich zwischen den Kapitalisten und den gewerkschaftlich Organisierten in die Klemme geraten ist.

Die sogenannten entwickelten Länder stehen alle vor der Einführung des Wohlfahrtsstaatssystems, und in allen – sogar in den meisten Entwicklungsländern mit einigen Ausnahmen wie Burma – besteht der Wunsch nach wirtschaftlichem Wachstum mit dem Ziel, den materiellen Lebensstandard des einzelnen zu heben. Ich halte einen Anstieg des materiellen Lebensstandards auf der ganzen Welt für undurchführbar. Soweit es den Ländern und den Klassen in diesen Ländern gelungen ist, ihren Lebensstandard zu heben, geschah dies durch die Ausbeutung ihrer wirtschaftlich schwächeren Mitmenschen. Sogar die reiche Minderheit wird ihren Wohlstand nicht ad infinitum vermehren können; sie hat die unersetzlichen und auf unserem Planeten nur in begrenztem Umfange vorhandenen Rohstoffe in immer schnellerem Tempo aufgebraucht, während sich die Bevölkerungszunahme, besonders in den ärmsten Ländern und Klassen, ebenfalls beschleunigt. Wahrscheinlich wird in der näheren Zukunft eine weltweite wirtschaftliche Stabilisierung die einzige Alternative zu einer weltweiten Katastrophe sein.

Die derzeitige Gesellschaft sieht Erfolg und Glück nur unter dem Gesichtspunkt eines immer wachsenden wirtschaftlichen Überflusses. Dieses Ziel ist nicht nur materiell unerreichbar, sondern auch geistig unbefriedigend. Es ist allerdings ein Anreiz für den Arbeitseifer, und umgekehrt dient auch die Furcht vor Verarmung in einer Wettbewerbsgesellschaft als Ansporn.

Ich pflichte Ihnen bei, daß der Wohlfahrtsstaat, insoweit er wirtschaftliche Sicherheit gewährt, den Arbeitseifer schwächt. Wenn der Staat einige lebensnotwendige Dinge garantiert – Erziehung der Kinder, Renten für die Alten und kostenlose ärztliche Behandlung für alle –, werden die Leute dazu neigen, ihr Einkommen als eine Art Taschengeld anzusehen, das sie zur Befriedigung spontaner, kindischer Wünsche ausgeben können, denn sie brauchen es ja nicht mehr, um Schule und Arzt zu bezahlen oder für ihr Alter zu sparen. Der Wohlfahrtsstaat bestärkt seine Bürger in dem Gefühl, daß für ihre Grundbedürfnisse gesorgt wird, auch wenn sie ihre Arbeit nachlässig und unzulänglich tun und auf die Gefahr hin, daß sie ihren Arbeitsplatz verlieren, wenn sie weniger und schlechtere Arbeit leisten.

Wirtschaftliche Sicherheit dieser Art führt zum Abstieg der wirtschaftlichen Produktivität und ins Unglück. Wenn es möglich ist, etwas für nichts zu bekommen, ist man versucht, diese Gelegenheit zu nutzen. Das macht zuerst Vergnügen; letzten Endes jedoch ist es deprimierend, denn das Leben wird langweilig und bedeutungslos, wenn der Arbeit der Ansporn fehlt.

Ikeda: Ich sehe die Möglichkeit für eine Lösung dieser Probleme nur auf der geistigen Ebene. Leider jedoch waren die Bemühungen um eine Wohlfahrtsgesellschaft bis jetzt fast ganz materiell ausgerichtet. Die allgemein akzeptierte Interpretation dieser Art von Gesellschaft ist eine solche, wo Vollbeschäftigung herrscht und wo Ernährung, Kleidung und Wohnung durch das Steuerprogramm garantiert sind. Aber alle diese Dinge sind materiell; der geistige Aspekt der Wohlfahrt ist unberücksichtigt geblieben. Doch ich weiß wohl, daß ohne ein erhebliches Maß von materieller Sicherheit ein gehobenes geistiges Leben nicht möglich ist. In Japan haben wir ein Sprichwort, das den Nagel auf den Kopf trifft: Man lernt nur gute Manieren, wenn man genug zu essen und anzuziehen hat; oder, wie Bertolt Brecht es krasser ausdrückt: Erst kommt das Fressen, dann kommt die Moral.

Es ist jetzt erforderlich, eine grundlegende Wendung in der allgemeinen Denkweise über die Beziehungen zwischen dem Geistigen und dem Materiellen herbeizuführen. Es muß unser erstes Anliegen sein, den Stand der geistigen Wohlfahrt zu heben; die materielle Wohlfahrt gehört an die zweite Stelle. Mit anderen Worten: Vorrangig ist die Hebung des kulturellen, religiösen, erzieherischen, wissenschaftlichen und künstlerischen Niveaus der Gesellschaft. Soziale Sicherheitsprogramme, Vollbeschäftigung und andere materielle Aspekte der Wohlfahrt müssen im Dienst einer geistigen Gesellschaft auf hoher Ebene entwickelt werden. Wenn geistige und kulturelle Dinge in den Wohlfahrtsprogrammen der Staaten den ersten Platz einnehmen, wird auch das Problem des nachlassenden Arbeitseifers gelöst und die Frage nach dem Sinn des Lebens beantwortet; und schöpferische Talente werden Gelegenheit haben, sich voll zu entfalten.

Es ist zum Beispiel wohl wichtig, alten Menschen ausreichende Renten zu zahlen und anständige Wohnungen zu verschaffen; doch vielleicht noch wichtiger ist es, ihnen die Möglichkeit zu geben, die Schönheit eines Gemäldes zu erleben oder die Freude, etwas selber zu schaffen, sich mit ihren Kindern und Enkeln zu treffen und Gespräche mit ihnen zu führen und ein geselliges Leben zu haben. Auch aktive Teilnahme an religiösen Tätigkeiten und Glaubensübungen wären wichtig. Mit anderen Worten, den Menschen muß Gelegenheit gegeben werden, Lebensziele zu entwickeln und an ihnen festzuhalten. Natürlich ist es daneben wünschenswert, daß der Wohlstand des Landes gleichmäßig und gerecht verteilt wird, daß die Bürger materielle Sicherheit genießen und daß die Volkswirtschaft ein allmähliches und stetiges Wachstum erfährt.

International gesehen dürfen die fortgeschrittenen Nationen, die nach dem Wohlfahrtsstaat streben, ihre Augen nicht nur auf ihre eigenen Angelegenheiten richten, sondern auch auf die Sorgen der sogenannten Entwicklungsländer. Die Nationen, die bereit sind, um der Wohlfahrt ihres Volkes willen das wirtschaftliche Wachstumstempo zu modifizieren, dürfen nicht das wirtschaftliche Wachstum der Entwicklungsländer behindern; sie müssen im Gegenteil positive Anstrengungen machen, ihnen zu helfen und die Kluft zwischen arm und reich in der internationalen Gemeinschaft zu überbrücken. Das steht im Zusammenhang mit dem, was Sie mit internationaler wirtschaftlicher Stabilität meinen.

Toynbee: Wäre die Wirtschaft der Welt stabilisiert und automatisiert, dann wäre wahrscheinlich der größere Teil der Bevölkerung arbeitslos. Es wird eine Höchstgrenze für den Lebensstandard des einzelnen geben, und in einem Wohlfahrtsstaat werden die Unterschiede zwischen dem materiellen Standard der verschiedenen Klassen und Berufe verhältnismäßig klein sein, während sich jedermann wirtschaftlicher Sicherheit in dem Sinne, daß alles Lebensnotwendige gewährleistet ist, erfreuen kann. In einem solchen System haben die Menschen keinen ökonomischen Antrieb; infolgedessen sind sie unglücklich, solange sie das Glück vornehmlich in materiellem Erfolg, in materieller Befriedigung sehen. Sie werden unglücklich bleiben, wenn sie nicht den Gegenstand ihres Ehrgeizes wechseln, das heißt ihr wirtschaftliches Streben und Denken zugunsten geistiger Ziele zurückstellen. Um diese geistige Revolution zu vollbringen, werden sie sich über die Bedeutung und das Wesen des Lebens ihre eigenen Gedanken machen müssen.

Ikeda: Eine geistige Revolution ist für die Wohlfahrt der Menschheit unbedingt notwendig. Man kann nicht hoffen, das Glück allein in revolutionären Veränderungen des Systems und der Technologie zu finden. Jahrelang habe ich die grundlegende Wichtigkeit einer Revolution betont, die ich die »menschliche« nenne, weil ich überzeugt bin, daß nur Veränderungen, die aus den tiefsten Schichten des Lebens kommen, das Dilemma der Menschheit lösen können. Überdies werden durch langes und gründliches Nachdenken in Verbindung mit den tiefsten Schichten des Lebens die Menschen sich schmerzlich der Torheit bewußt werden, die sie im wirtschaftlichen Sektor begangen haben. Ein krasses Beispiel solcher Torheit ist die Haltung Japans zum Bruttosozialprodukt.

Bekanntlich hat sich Japan nach dem Zweiten Weltkrieg vorgenommen, in der wirtschaftlichen Produktion mit Amerika und Europa Schritt zu halten und sie womöglich zu überflügeln. In einem Geist der Gewinnsucht setzte Japan tatkräftig ein Programm hohen wirtschaftlichen Wachstums in Gang. Aber was waren die Folgen? Das japanische Volk wurde gezwungen, unter unmenschlichen Bedingungen lang und schwer zu arbeiten, und bis jetzt deuten keine Anzeichen darauf hin, daß sich daran etwas ändert. Industrielle und andere Verschmutzungen haben sich über das Land verbreitet. Die japanischen Erzeugnisse, das ist wahr, haben sich die Märkte fast der ganzen Welt erobert; aber wo unsere Produkte zuerst überrascht begrüßt wurden, stoßen sie jetzt auf Ablehnung. Endlich hat die japanische Regierung verlauten lassen, sie sei mit einem Wohlfahrtsstaat einverstanden, aber wieweit es ernst gemeint ist und wie nachdrücklich sie sich dafür einsetzen wird, darüber bestehen ernste Zweifel.

Das Bruttosozialprodukt ist vielleicht ein zuverlässiger Anzeiger der wirtschaftlichen Kraft eines Staates, doch wird es, glaube ich, Zeit, einer Bruttosozialwohlfahrt den Vorrang zu geben. Statt zu wissen, wieviel ein Land pro Jahr produziert, ist es viel wichtiger, zu wissen, in welchem Umfange dieses Produkt den Bedürfnissen der Bevölkerung dient. In der Bruttosozialwohlfahrt sollte natürlich die kulturelle und geistige Wohlfahrt die stärkste Beachtung finden.

Toynbee: Das Bruttosozialprodukt ist kein Index der wirtschaftlichen Prosperität der Menschen, die eine Nation bilden. Die Statistiker dividieren die Zahlen des Bruttosozialprodukts durch die Bevölkerungszahl und nennen die sich ergebende Teilungszahl das durchschnittliche Pro-Kopf-Einkommen. Dieser Begriff ist jedoch bedeutungslos und die Quantifizierung auf sträfliche Weise irreführend. Eine Zahl für den durchschnittlichen materiellen Schaden pro Kopf würde mehr besagen, denn obwohl der durch den Zuwachs des Bruttosozialproduktes verursachte Schaden in einer Gesellschaft des wirtschaftlichen Wettbewerbs – zum Beispiel auf dem Gebiet des Wohnungssektors – ungleich verteilt ist, betrifft die Verschmutzung von Luft, Wasser und Erde und anderen Bestandteilen der natürlichen Umwelt alle Bewohner eines Landes. Die Verschmutzung kann das Kind einer reichen Frau ebenso vergiften wie das einer armen.

In einem Land, in dem die Zunahme des Bruttosozialprodukts

nationalen Vorrang hat, ist der wirtschaftliche Wettkampf zwischen Einzelpersonen und Klassen wahrscheinlich sehr stark, was die gerechte Verteilung des Bruttosozialprodukts vermutlich erschwert. Zum Beispiel sind im heutigen Großbritannien, das zum Teil ein Wohlfahrtsstaat ist, die Wohnbedingungen erschreckend schlecht für eine Minderheit, die unter dem Existenzminimum lebt. Mit anderen Worten: Großbritannien kann nicht allen seinen Bürgern das Lebensnotwendigste garantieren.

Ich stimme zu, daß wir nicht das Bruttosozialprodukt, sondern die Bruttosozialwohlfahrt anstreben sollten. Unter Wohlfahrt würde ich verstehen: den Grad von Eintracht und gegenseitigem Wohlwollen der Mitglieder der Gesellschaft; den Pro-Kopf-Durchschnitt an geistiger Wohlfahrt, der den Grad von Eintracht und gegenseitigem Wohlwollen bestimmt; den durchschnittlichen Standard der Selbstbeherrschung, welcher der Schlüssel zur geistigen Wohlfahrt ist; den Grad, in dem die Gesellschaft dem Profit zugunsten der Verhütung der materiellen und geistigen Umweltverschmutzung entsagt. Der letzte Punkt wäre der Gradmesser dafür, wie weit es der Gesellschaft gelungen ist, der geistigen Wohlfahrt Vorrang über den materiellen Wohlstand zu geben.

Mutterschaft als Beruf

Ikeda: Die Aufgabe, ein Kind auf dem Wege zu leiten, der zum Erwachsensein führt, ist eine der größten Verantwortungen und eins der größten Vorrechte einer Menschenmutter. Sie erfordert viel Mühe und subtiles psychologisches Verständnis, aber sie kann nicht ohne grenzenlose Liebe bewerkstelligt werden. Da die Entwicklungsmöglichkeiten in der Kindheit unbegrenzt sind, haben die frühen Eindrücke auf das junge Gemüt eine ausschlaggebende Bedeutung. Es ist ein schwerer Irrtum, zu glauben, daß Kindergärten und ähnliche Einrichtungen, um die Mütter von der Last der Kindererziehung zu befreien, der Weg zu einer echten Frauenemanzipation sind.

Toynbee: Ich stimme Ihnen nachdrücklich darin zu, daß die Mutter in der häuslichen Umgebung als Erzieherin ihrer Kinder in den ersten

Lebensjahren, in denen Charakter und Temperament geformt werden, nicht zu ersetzen ist. Ein Teil der Persönlichkeit des Kindes wird vermutlich von den Genen bestimmt, die es körperlich durch die sexuelle Vereinigung der Eltern empfängt, aus der es hervorgeht. Doch der Charakter bildet sich durch die Wechselwirkung zwischen dem Erbteil eines Menschen und seiner Reaktion auf seine Umwelt, und man scheint sich darin einig zu sein, daß der Charakter zwar auf allen Lebensstufen modifiziert werden kann, die entscheidende Entwicklung jedoch in den ersten fünf Lebensjahren erfolgt, und daß in diesem formativen Stadium die wichtigste Umweltwirkung der erzieherische Einfluß der Mutter ist, wenn das Kind von der Mutter in der Familie aufgezogen wird.

In Großbritannien wurden im Zweiten Weltkrieg Kinder von ihren Müttern entfernt und in Heimen untergebracht, um die Frauen für die Kriegsarbeit zu mobilisieren. Psychologen, die sich mit den Lebensläufen einiger dieser Kinder befaßt haben, stimmen darin überein, daß diese gewaltsame Veränderung im frühesten Alter in allen Fällen schlechte Nachwirkungen gehabt hat.

Ikeda: Die Zukunft der menschlichen Gesellschaft beruht auf der Erziehung; und das erste erzieherische Gepräge, das die Seele des Kindes empfängt, sollte warm und menschlich, nicht amtlich und institutionalisiert sein.

In der materiellen Produktion und ähnlichen Tätigkeiten mag der Mann die Führung haben, doch wenn es darum geht, das hochempfindliche und empfängliche Kind zu hegen und zu pflegen und großzuziehen, haben Frauen mehr Geschick als Männer. Ich glaube, das liegt daran, daß Frauen schneller auf subtile psychologische Veränderungen reagieren und weil aufopfernde Liebe in ihrer Natur liegt.

Ein Kind nimmt mit großer Sensibilität Lehre und Vorbild der Mutter in sich auf, ihre Handlungen, ihre Empfindungen und das ganze Bild eines menschlichen Wesens. Und bei diesem Prozeß sammelt das Kind unmerklich persönliche Züge und macht sich auf diese Weise die grundlegende menschliche Kultur zu eigen. Ein altes Sprichwort sagt, das Kind sei der Spiegel der Mutter. Das Personal eines Kinderheimes, und wenn es noch so gut ausgebildet ist, vermag nicht zu geben, was eine Mutter und eine Familie geben kann.

Toynbee: Um die Frauen in den Stand zu setzen, den Kindern ihr Wissen und ihre Liebe zuteil werden zu lassen, ohne die Entwicklung und Nutzung ihrer anderen Gaben zu vernachlässigen, sollten wir eine Gesellschaft zu schaffen versuchen, die weder eine Männer- noch eine Frauengesellschaft, sondern beiden Geschlechtern angemessen ist. Für den Menschen bedeutet Freiheit das Recht, die ihm innewohnenden Fähigkeiten zu entwickeln einschließlich solcher, die nicht beiden Geschlechtern gemeinsam, sondern bei jedem Geschlecht anders sind als Folge der unterschiedlichen physiologischen und psychologischen Eigenschaften.

Ikeda: Ich glaube auch, daß wir eine Gesellschaft erstreben müssen, die beiden Geschlechtern diese Möglichkeiten gibt und ihnen gleiche Bezahlung bei gleicher Arbeit gewährt, einerlei, wer sie tut. Die Frauenbewegung jedoch ist auf dem falschen Wege, wenn sie die Befreiung der Frauen von ihren Pflichten als Hausfrau und Mutter fordert. Die Befürworter dieser Bewegung haben recht, wenn sie darauf hinweisen, daß in unserer Gesellschaft die Frauen immer noch nicht ihre Talente ebenso entwickeln und entfalten können wie Männer und daß sie ungerecht entlohnt werden. Diese Dinge bedürfen zweifellos einer Korrektur. Aber die Frauen von der Aufgabe zu befreien, Kinder zu gebären, was ihnen von der Natur bestimmt ist, und Kinder großzuziehen und für die Familie zu sorgen – das hieße Unheil auf die Menschheit heraufbeschwören. Zudem würden die Frauen, wenn sie sich dieser Aufgabe enthielten, ihre wichtigste Überlegenheit preisgeben. Mir scheint, es wäre für die Frauen vorteilhafter und für die Männer überzeugender, wenn sie an all diesen wichtigen Aufgaben festhielten und darüber hinaus gleiche Entfaltungsmöglichkeiten und gleiche Bezahlung für ihre Arbeit forderten. Allerdings treten zahlreiche Probleme auf, wenn Frauen ihre Verantwortlichkeiten für die Familie mit einer Arbeit anderer Art zu vereinen suchen.

Toynbee: Der erste Schritt zur Lösung dieses Problems wäre, die Verteilung der Arbeit neu zu ordnen, so daß Teilzeitbeschäftigungen für Mütter zur Verfügung stehen, solange sie von einem Kind beansprucht werden. Durch die Mechanisierung der Haushaltsgeräte spart die Mutter Zeit; schwieriger ist das psychologische Problem. Selbst wenn Zeit gewonnen wird, damit die Mutter ihren häuslichen Pflichten und gleichzeitig einer Teilzeitbeschäftigung nachgehen kann, mag es für sie nicht leicht sein, ihre Aufmerksamkeit und ihr Interesse befriedigend zu teilen. Ihre Kinder einerseits und ihre Arbeitskollegen andererseits könnten es ihr verübeln, daß sie ihnen nicht den gebührenden Anteil ihres Interesses zukommen läßt.

Eine andere Lösung hat sich ergeben durch die Verlängerung des durchschnittlichen Arbeitslebens, eine Folge des Fortschritts der Medizin. Eine Frau kann jetzt eine vollständige Ausbildung oder Hochschulbildung erlangen, sich dann für einen Beruf qualifizieren, kann heiraten, Kinder bekommen und aufziehen, während sie weiter ihrem Beruf nachgeht, wenigstens soweit, um auf dem laufenden zu bleiben, um ihn schließlich, wenn die Kinder erwachsen sind, voll auszuüben. Dann wird sie voraussichtlich noch immer in der Blüte ihrer Jahre sein, wenigstens in einer Gesellschaft, in der die Zahl der Kinder durch Familienplanung freiwillig beschränkt wird. Die Mutterschaft ist eine so wichtige und befriedigende Möglichkeit, daß normalerweise jede Frau Mutter sein möchte.

Die Menschen werden angespornt, gute Arbeit zu leisten, wenn sie die Bezahlung und den Status erhalten, den ihre Arbeit verdient. In einer freien Wirtschaft ist das Hauptstatussymbol (vielleicht bedauerlicherweise) der Lohn oder das Gehalt. Ich bin deshalb dafür, daß auch Mütter wie die beruflichen Erzieher ein Gehalt bekommen; daß dieses Gehalt hoch sein soll und daß es direkt an die Mütter selbst gezahlt wird, damit sie ein eigenes, selbstverdientes Einkommen haben, unabhängig von dem ihres Mannes. Das würde natürlich den Staat eine sehr hohe Summe kosten, und sie müßte durch eine entsprechende Kürzung der Gehälter der Männer aufgebracht werden. In unserer gegenwärtigen Gesellschaft würde eine solche Neufestsetzung des Einkommens von Mann und Frau zugunsten der letzteren eine erhebliche Zunahme des sozialen Status der Frau bedeuten.

Ikeda: Ihr Vorschlag ist ausgezeichnet und vernünftig. Es würde die Frauen von dem Gefühl befreien, daß sie sich für die Familie aufopfern. Zugleich würde es allen klarmachen, was Mutterschaft und die Arbeit einer Mutter bedeuten. Bis jetzt hat unsere Männergesellschaft das Kinderkriegen und Kinderaufziehen ganz einfach als die natürliche Aufgabe der Frau betrachtet, und die Frauen haben sich daran gewöhnt, die Mutterschaft als einen lästigen Job anzusehen, den ihnen ihr Geschlecht auferlegt hat. Und viele haben den Wunsch, sich von dieser Last zu befreien.

Eine Frau ist an erster Stelle Mensch, dann Mutter oder Ehefrau. Ich finde, die Frauenbewegung verfehlt ihren Zweck, wenn man behauptet, daß die Frauen nicht an ihre Familien gebunden sein wollen, um in erster Linie Mensch zu sein. Aber ich weiß wohl, daß es viele Frauen gibt, die zufrieden sind, wenn sie eine lebenslange Beschäftigung in irgendeinem Beruf finden – nicht nur auf religiösem Gebiet. Natürlich müssen auch die Rechte dieser Frauen geschützt werden.

Toynbee: Meiner Meinung nach wird die Befreiung der Frauen, auf die sie ein Recht haben, nicht vollständig sein, wenn nicht und bis solchen Frauen, die es vorziehen, auf Ehe und Kinder zu verzichten, um ihr Leben ganz einem Beruf zu widmen, die volle Gelegenheit gegeben wird, ihren Beruf mit den gleichen Rechten wie ein Mann auszuüben. Andererseits könnte eine Frau, selbst wenn sie der Mutterschaft freiwillig entsagt, psychologisch unter der Nichterfüllung einer so wichtigen weiblichen Funktion leiden – ebenso wie umgekehrt eine Frau trotz Erfüllung ihrer Mutterfunktion teilweise frustriert sein kann, wenn sie den sehr starken Drang nach einem Berufsleben hat.

Im ganzen jedoch habe ich den Eindruck, daß diese zweite Form der Frustrierung für eine Frau psychologisch weniger schädlich ist als diejenige, die sie erleiden kann, wenn sie auf Mutterschaft verzichtet. Ich glaube, die beste Lösung ist, die Arbeit in der Welt neu zu ordnen, damit es einer Frau möglich sein wird, ihr Leben so einzurichten, daß sie beides sein kann, Mutter und berufstätige Frau. In jedem Fall sollten einer Frau, insoweit und solange sie der Gesellschaft als Mutter dient, der hohe Status und das gute Gehalt zuteil werden, die diese Schlüsselstellung verdient. Ihr Status sollte mindestens so hoch sein wie, sagen wir, der eines Professors oder eines höheren Beamten oder eines Piloten und ihr Gehalt entsprechend.

Für ein Kind sind die Liebe und Fürsorge einer Mutter unentbehrlich. Nachdem jetzt die Frauen zahlreiche Alternativen zum Beruf der Mutter haben, kann es die Gesellschaft nicht mehr der Natur allein überlassen, dafür zu sorgen, daß es gute Mütter in ausreichenden

Mengen gibt. Sie sollte daher diesen Beruf, den die Männer aus physischen Gründen nicht ausüben können, für Frauen attraktiv machen. Mutterschaft sollte in hohen Ehren stehen und großzügig bezahlt werden.

Geburtenkontrolle

Ikeda: Man ist allgemein der Ansicht, daß die Geburtenkontrolle in den Entwicklungsländern, die großenteils für die Bevölkerungsexplosion verantwortlich sind, ein wichtiger Schritt zur Lösung dieses Problems sein würde. Doch der Verwirklichung stellen sich Hindernisse entgegen, unter anderem vom moralischen Standpunkt. Viele Menschen, besonders solche, die Kinder als sogenannte Gottesgeschenke ansehen, halten es für unmoralisch, vorgeburtliches menschliches Leben zu vernichten. Als religiöser Mensch bin ich mir des höchsten, unersetzlichen Wertes des Menschenlebens tief bewußt; ich glaube, daß alles menschliche Tun auf der Erkenntnis der Größe des Lebens gegründet sein muß. Andererseits wird die Menschenwürde durch die Geburtenkontrolle – die Verringerung der Möglichkeit, ein Kind zu empfangen – keineswegs mit Füßen getreten. Im Gegenteil, wenn solche Maßnahmen die chronischen Hungersnöte in den Entwicklungsländern vermindern können, dann demonstrieren sie eine noch größere Achtung vor dem Leben. Die Geburtenkontrolle verdient unsere Unterstützung, solange sie den Fortbestand der Menschheit begünstigt.

Toynbee: Neuerdings hat der Fortschritt der Wissenschaft das Problem der menschlichen sexuellen Beziehungen auf zweierlei Weise berührt. Die Wissenschaft hat die Rate des frühzeitigen Todes – besonders die Säuglings- und Wochenbettsterblichkeit – reduziert und die durchschnittliche Lebenserwartung verlängert; und das nicht nur in den fortgeschrittenen, sondern auch in den Entwicklungsländern. Dazu sind Mittel entdeckt worden, die wirkungsvoll und dabei offenbar unschädlich sind und Frauen den Geschlechtsverkehr gestatten, ohne eine Schwangerschaft befürchten zu müssen.

Der erste der beiden Erfolge der Wissenschaft hat eine Bevölkerungsexplosion verursacht. Die Todesrate kann schnell und leicht durch öffentliche Gesundheitsmaßnahmen reduziert werden, doch die Verminderung der Geburtenrate erfordert eigene Initiative und freiwilliges Handeln, und dieses wiederum verlangt nicht nur die Kenntnis neuer Verhütungsmittel und den Zugang zu ihnen, sondern auch den Bruch mit traditionellen Gewohnheiten. Infolgedessen wird die Geburtenkontrolle als Ergänzung der bereits erreichten Verminderung der Todesrate in den Entwicklungsländern am langsamsten angenommen, und die Bewohner dieser Länder bilden den größten und ärmsten Teil der Menschheit.

Der Impuls, soviel Kinder wie möglich zu zeugen, ist zweifellos den Menschen wie allen Lebewesen von der Natur eingepflanzt worden als ein Kniff (dieser Ausdruck ist nicht allzu wörtlich zu nehmen), das Überleben der Spezies zu sichern. Beim Menschen wurde dieser Naturtrieb rationalisiert und ins Religiöse transzendiert. Man glaubte, der Mensch müsse sichergehen, männliche Nachkommen zu hinterlassen, damit diese Riten vollziehen, die für den Geist des Verstorbenen notwendig sind; oder dem Menschen wurde wie in der jüdisch-christlichen Lehre von Gott befohlen: »Seid fruchtbar und mehret euch und erfüllet die Erde und machet sie euch untertan.«

Ikeda: Die Auffassung, der Mensch solle soviel Kinder wie möglich zeugen, muß geändert werden; denn wenn sie weiterhin gültig bliebe, würde sie die Bevölkerungskrise verschärfen und schließlich die Achtung vor dem Leben zerstören. Die einfältige Vorstellung, viele Kinder zu haben beweise die Zeugungskraft des Mannes und die Fruchtbarkeit der Frau, besteht vielerorts hartnäckig weiter. Der einzige Weg, dieses Mißverständnis auszuräumen, ist systematische Aufklärung über den Wert der Geburtenkontrolle. Mit den religiösen Grundsätzen in dieser Sache wird man es wahrscheinlich schwerer haben.

Toynbee: Das vermeintliche Gebot, soviel Kinder wie möglich zu zeugen, ist meiner Meinung nach ein Aberglauben, der weder faktisch wahr noch moralisch bindend ist. Nichtsdestoweniger vermehrt er die psychologische Schwierigkeit, mit einer alten Gewohnheit in der Handhabung der intimsten Angelegenheit des Menschenlebens zu brechen. Ich bedauere die Erklärung von Papst Paul VI., die das alte christliche Veto zum Gebrauch von künstlicher Empfängnisverhütung bestätigt und nur gestattet, den Geschlechtsverkehr in den Phasen des weiblichen Genitalzyklus zu vermeiden, in denen er leicht zur Schwangerschaft führt. Diese Ausnahmeerlaubnis ist unlogisch, denn eine kalkulierte periodische Enthaltung ist nicht weniger eine willkürliche Einmischung in den Lauf der Natur als der Gebrauch von Verhütungsmitteln.

Das Kriterium soll nicht ein vermeintliches religiöses Gebot oder Verbot sein, sondern die Wahrung der Menschenwürde. Bevor die menschliche Wissenschaft herausfand, wie man die Todesrate reduzieren und die Geburtenzahl beschränken kann, befand sich der Mensch in der gleichen erniedrigenden Lage wie die wehrlosen Tierarten, wie das Kaninchen. Die menschlichen Gemeinschaften wurden wie Kaninchengemeinschaften von Raubtieren dezimiert (im Falle des Menschen war seit Beginn der Zivilisation der Mensch selber das verheerendste Raubtier an sich selber, von Bakterien und Viren abgesehen). Deshalb haben die menschlichen Lebensgemeinschaften wie die der Kaninchen ein Höchstmaß an Nachkommenschaft gezeugt, um ein Höchstmaß an Todesfällen ersetzen zu können. Aber es geziemt sich für Menschen nicht, es den Kaninchen gleichzutun. Diese haben nichts zu verlieren, während der Mensch die geistige Würde verliert und verlieren kann, ein selbstverschuldeter Verlust, den der Fortschritt der Wissenschaft überflüssig und unerwünscht gemacht hat.

Ikeda: Wahrscheinlich wurden die religiösen Anordnungen – wie das katholische Veto zur Geburtenkontrolle – mit einem Auge auf den Schutz der Würde des Lebens erlassen. Aber wenn sie sich nicht den veränderten Zeiten anpassen können, müssen solche Anordnungen revidiert oder aufgegeben werden. Es steht keineswegs fest, daß Methoden, die in einem bestimmten Zeitalter gut waren, noch in einem späteren angemessen sind. Der wahre Geist der Religion wird nur solche Maßnahmen gutheißen, die die Würde des Lebens schützen.

Toynbee: Die menschliche Würde verlangt nicht die Erzeugung einer maximalen Kinderzahl, sondern einer optimalen. Die optimale Zahl kann man als die Zahl definieren, die unter den jeweiligen besonderen technologischen und sozialen Verhältnissen jedem neugeborenen Kind den optimalen Lebensstandard gewährleistet – womit ich den geistigen Standard meine und den materiellen als Mittel zu einem geistigen Ziel, nicht als Selbstzweck, betrachte.

Wir sollten uns um der menschlichen geistigen Wohlfahrt willen nicht von kirchlichen Vetos abschrecken lassen, die neue Macht zu gebrauchen, die uns der Fortschritt der Wissenschaft in die Hand gelegt hat. Die Macht zu verhüten, daß der Geschlechtsverkehr zur Schwangerschaft führt, kann zwar dazu mißbraucht werden, dem sexuellen Appetit ohne Würde oder Liebe nachzugehen; aber sie kann auch zum Wohle der Kinder, ihrer Mütter und der Gesellschaft ausgeübt werden. Wir sollten uns nicht dieser neuen Macht zum Wohle der Allgemeinheit berauben, wenn wir auch zugleich das Äußerste tun müssen, die junge Generation vor dem Mißbrauch dieser Macht zu bewahren.

Ikeda: Die Regierungen sollten in der Aufklärung über die Geburtenkontrolle vorangehen, besonders, weil deren gute Wirkungen auch starken Einfluß auf die Volkswirtschaft haben werden.

Natürlich ergeben sich bei der Propagierung der Geburtenkontrolle viele Probleme. Zum Beispiel könnte in dem Maße, wie das Wissen darüber Allgemeingut wird, sich der Sex in der falschen Richtung eines reinen Hedonismus bewegen, wie Sie schon angedeutet haben. Die Größenverhältnisse der Familieneinheiten werden sich ändern, und das wird Rückwirkungen auf das Wohnproblem haben. Wenn die jüngere Generation an Zahl abnimmt, wird sich auch die Zahl der Arbeitskräfte vermindern, und die ältere Generation wird eine stärkere Rolle spielen. Da hiervon die Industrie stark betroffen ist, wird der Wandel in der Bevölkerungsstruktur ein sorgfältiges Studium der Methoden der Arbeitsreduzierung nötig machen. Dies sind nur ein paar Hinweise auf die vielen Aspekte der Geburtenkontrolle, die es zu überdenken gilt.

Toynbee: Sie haben darauf aufmerksam gemacht, daß eine plötzliche Reduzierung der Geburtenzahl das Gleichgewicht zwischen den verschiedenen Altersgruppen innerhalb einer Gemeinschaft verändern muß. Diese Störung wird jedoch nur vorübergehend sein. Inzwischen wird die zeitweilige zahlenmäßige Zunahme der alten Leute ausgeglichen werden durch die Verlängerung des Arbeitslebens, ermöglicht durch Verbesserungen der Ernährung und der ärztlichen Fürsorge.

Ikeda: Man hört manchmal sagen, Ehepaare sollten sich auf zwei Kinder beschränken; ja, manche gehen so weit zu fordern, Ehepaare mit mehr als drei Kindern müßten bestraft werden. Ob nun solche gesetzlichen Anordnungen richtig oder falsch sind – ich bin dafür, daß irgendwelche restriktiven Maßnahmen ergriffen werden. Welche Methode würden Sie für opportun halten?

Toynbee: Die Beschränkung der Kinderzahl sollte so freiwillig wie möglich sein; aber eine ausschließlich freiwillige Abkehr von der alten und tiefverwurzelten Gewohnheit des Kinderkriegens wird höchstwahrscheinlich nicht genügen. Ich rechne damit, daß die Gesellschaft, vertreten durch ihre öffentlichen Autoritäten, ein Zwangslimit für die Kinderzahl wird verfügen müssen. Früher hat man es für selbstverständlich gehalten, daß dies lediglich die Eltern angeht; und es hat Fälle gegeben, in denen eine große Kinderzahl von der Regierung belohnt wurde. Aber bis jetzt haben es auch die totalitärsten Regime unterlassen, auf die Vergrößerung oder Verkleinerung der Familien direkten Einfluß zu nehmen. Ich erwarte jedoch, daß man erkennen wird – und es wird als drastische politische Aktion zum Ausdruck kommen –, daß die Kinderzahl nicht einfach eine Privatangelegenheit der Eltern ist, sondern eine von allgemeinem Interesse, in dem die öffentlichen Autoritäten das Recht und die Pflicht haben, nicht nur sich einzumischen, sondern auch sich zu vergewissern, daß sie und nicht die Eltern das letzte Wort haben werden.

Ikeda: Ich vermute gleichfalls, daß irgendeine Form amtlicher Restriktion unvermeidlich sein wird. Wenn auch zu hoffen ist, daß die Menschen freiwillig geeignete Schritte unternehmen und sich an kleine Familien gewöhnen werden, so fürchte ich doch, daß, ehe dieser wünschenswerte Zustand erreicht ist, die Katastrophe der Übervölkerung auf uns hereinbricht. Die Durchführung der Bevölkerungskontrolle wird allerdings vielfältige Probleme aufwerfen. Die Menschheit hat immer geglaubt, daß die Bevölkerungszunahme dem natürlichen Lauf der Dinge entspricht; Lebensvorstellungen und Sozialstrukturen sind auf diesem Prinzip aufgebaut worden, und ein Wandel wird außerordentlich schwer herbeizuführen sein.

Eins dieser Probleme betrifft die Erziehung. Die Beschränkung der Kinderzahl kann sich als ein ernstes Handicap für die Charakterbildung erweisen. Ein Kind mit wenigen oder keinen Geschwistern macht sich leicht allzusehr von den Eltern abhängig, die es ihrerseits übermäßig abschirmen und verwöhnen. Solcherart verzogene Kinder werden, da ihnen der Geist der Unabhängigkeit fehlt, oft selbstsüchtig. In Japan bestand vor dem Kriege die Familie durchschnittlich aus über fünf Mitgliedern; doch seit dem Zweiten Weltkrieg haben wenige Ehepaare mehr als drei Kinder. Die Abnahme der Geburtenzahl hat unleugbar nachteilige Wirkungen auf die Charakterbildung der Nachkriegskinder gehabt.

Toynbee: In den relativ großen Familien, die früher die Regel waren, wurden die Kinder nicht nur von den Eltern, sondern sie haben sich auch gegenseitig erzogen. Lernen, miteinander auszukommen und nach dem anderen zu sehen, war einer der wichtigsten Faktoren der Erziehung. Das Leben miteinander ist der Kern der menschlichen Erziehung, denn der Mensch ist ein gesellig lebendes Tier, das untergeht, wenn seine Fähigkeit, mit anderen zusammenzuleben, nicht genügend entwickelt ist. Eine Familie mit einem halben Dutzend Kinder ist eine Gesellschaft im kleinen und hat als solche eine formlose, doch starke erzieherische und soziale Wirkung. Keine Familie, die sich auf zwei oder drei Kinder beschränkt, erzielt ein solches Ergebnis.

Ikeda: Beziehungen zwischen Kindern sind mehr als nur ein Mittel, Wissen und Erfahrungen auszutauschen; sie sind grundlegend für die Charakterbildung. Obwohl die Erwachsenen die Kinder immer als unerfahren und unreif betrachten, sehen sich Kinder, die miteinander leben und spielen, als individuelle und gleichberechtigte Persönlichkeiten. Die Situationen, die sich aus diesem Zusammenleben ergeben, lehren die Kinder, ihre Selbstsucht zu beherrschen und mit anderen und schwächeren Kindern umzugehen. Charakterschulung dieser Art findet zwischen Geschwistern einer Familie und in Nachbargruppen statt, die sich immer bei kinderreichen Familien in einer Straße oder in einem Viertel bilden. Aber bei kleinen Familien sind die Möglichkeiten solchen sozialen Wechselspiels gering, und die Bande zwischen Eltern und Kindern werden enger und fester.

Toynbee: Wie sollen wir die Familien versorgen, in denen die

Kinderzahl nicht geringer ist, als es zum Wohle der Kinder erforderlich ist? Wir müssen einen Weg suchen, um das Interesse der Kinder, in einer eigenen Miniaturgesellschaft aufzuwachsen, mit dem Allgemeininteresse der Menschheit an der Geburtenbeschränkung zu vereinen.

Diese beiden Interessen geraten miteinander in Widerstreit bei einer Familie, die leider in dem verstädterten Teil der heutigen Gesellschaft normal geworden ist. Die typische städtische Familie besteht nur noch aus dem Ehepaar mit ein oder zwei minderjährigen Kindern. Aber diese reduzierte Familie ist ein neueres Phänomen; sie ist ein Produkt der Industrialisierung und Verstädterung einer seit zweihundert Jahren ständig zunehmenden Minderheit der Menschheit. Die traditionelle Familie war in allen menschlichen Gemeinschaften die Dreigenerationenfamilie von Großeltern, ihren Söhnen und Töchtern mit deren jeweiligen Frauen und Männern und all den Kindern dieser Mittelgeneration. In einer solchen Familie fanden auch Vettern und Kusinen Platz, oder sie wohnten, wiederum mit ihren Kindern, in der unmittelbaren Nachbarschaft. In einer solchen Dreigenerationenfamilie gäbe es auch heute noch genug Kinder für eine Miniaturgesellschaft, selbst wenn die Höchstzahl bei jedem Ehepaar – freiwillig oder zwangsweise – auf zwei oder drei beschränkt wäre.

Kann die traditionelle Dreigenerationenfamilie, wo sie noch fortbesteht, auch in der gegenwärtigen Gesellschaft erhalten bleiben? Und kann man sie wiederherstellen in einer Gesellschaft, in der sie von der Zweigenerationenfamilie mit dem Zweikindersystem verdrängt worden ist? Die Lösung dieses Problems wird schwierig für die bereits urbanisierte Minderheit der Menschheit sein. Man könnte eine Teillösung in der Dezentralisierung unserer gegenwärtigen gigantischen Großstadtbevölkerung sehen. Sie kann allerdings nur schrittweise vor sich gehen, und eine gewisse Zahl von großen städtischen Ballungsgebieten wird wohl ein dauernder Bestandteil der modernen Gesellschaft bleiben. Wir müssen daher einen Weg finden, die Dreigenerationenfamilie auch unter großstädtischen Bedingungen möglich zu machen.

5
Der Mensch
als gesellig lebendes Tier

Die Arbeiterbewegung

Ikeda: Die Arbeiterbewegung scheint an einem wichtigen Wendepunkt angelangt zu sein. Da sich in den letzten Jahren die Lebensbedingungen des Arbeiters verbessert haben, sind die Lohnforderungen,
einst die Haupttriebkraft der Bewegung, etwas in den Hintergrund
getreten, und Forderungen nach Arbeitsbedingungen, die dem einzelnen die Entfaltung seiner Fähigkeiten ermöglichen, erhalten mehr
Gewicht. Außerdem wird sich die Arbeiterklasse ihrer Rolle in der
Gesellschaft zunehmend bewußt. Zum Beispiel protestieren Arbeiter
manchmal, wenn sie erfahren, daß ihre Fabriken Quellen der Umweltverschmutzung sind oder Waffen erzeugen. Was ihre politische
Macht betrifft, so werden die Gewerkschaften oft zu Bundesgenossen
und Helfern politischer Parteien, und für Männer mit politischem
Ehrgeiz sind Posten in der Gewerkschaft eine gute Vorbereitung für
eine politische Laufbahn. Leider bewirkt dies häufig eine Kluft zwischen Gewerkschaftsführern und gewöhnlichen Mitgliedern.

Das sogenannte Klassenbewußtsein bei den Arbeitern ist in Japan
weniger entwickelt als im Westen. Das kommt daher, daß seit der
Feudalzeit der japanischen Geschichte der Industriebetrieb, meist aus
einem Familienbetrieb hervorgegangen, familienartig organisiert ist.
Sogar in sehr großen Unternehmen lehnen sich die Arbeiter im allgemeinen nicht gegen die Betriebsleitung auf; sie sind mehr geneigt, ihre
Kraft mit der aller anderen zum Nutzen der Firma zu vereinen.

Obwohl manche Soziologen das familiäre Betriebsklima als ein rein
japanisches Phänomen bezeichnen, scheint mir, daß in dem Maße, wie
die großen Unternehmen die Internationalisierung anstreben, engere
familienähnliche Beziehungen zwischen Arbeitgeber und Arbeitneh-

mer an Bedeutung gewinnen. Wenn zum Beispiel der Wettbewerb zwischen zwei großen Automobilherstellern – sagen wir Ford und Daimler-Benz – schärfer wird, könnten die Arbeiter in jedem der beiden Unternehmen sich mit der Leitung ihrer eigenen Firma stärker solidarisch fühlen als mit den Arbeitern der Konkurrenzfirma – wenn man auch annimmt, daß das Klassenbewußtsein international ist.

Toynbee: Bis jetzt konnte sich Japan besserer Beziehungen zwischen Kapital und Arbeit erfreuen als Großbritannien, wo die patriarchalische Tradition schon vor dem Ausbruch der industriellen Revolution zu Ende ging. In der ersten Periode der Industrialisierung wurde die neue Klasse der Industriearbeiter von den Unternehmern erbarmungslos ausgebeutet. Die Arbeiter trösteten sich mit der Aussicht auf die zukünftige Sozialisierung der Privatunternehmen; sie hofften, der Staat würde die Wirtschaft kontrollieren und für soziale Gerechtigkeit sorgen. Bis dahin versuchten sich die britischen Arbeiter durch die Bildung von Gewerkschaften gegen Ausbeutung zu schützen. Großbritannien ist bis heute kein sozialistischer Staat, aber die Gewerkschaften sind so mächtig geworden, daß sie von der Defensive in die Offensive übergehen konnten.

Dieser Kräftezuwachs der Arbeiter ist teilweise auf ihre eigene Initiative bei der Gewerkschaftsbildung zurückzuführen, teilweise auf die zunehmende Anfälligkeit der Gesellschaft gegenüber Streiks. Da der technische Fortschritt die Gesellschaft von öffentlichen Dienstleistungen wie Gas-, Elektrizitäts- und Wasserversorgung, Post und Verkehr immer mehr abhängig gemacht hat, können die gewerkschaftlich organisierten Arbeiter in diesen Schlüsselindustrien jetzt Lohnerhöhungen erzwingen, indem sie die Wirtschaft der Nation empfindlich stören oder sogar lahmlegen. Infolgedessen sind die Gewerkschaften praktisch die Nutznießer des wirtschaftlichen Systems des unbeschränkten Wettbewerbs, dessen Opfer sie einmal waren. Die gewerkschaftlich organisierten Arbeiter sind heute sogar heftigere Gegner des Sozialismus – das heißt der gesetzlichen Begrenzung von Preisen und Löhnen – als ihre kapitalistischen Arbeitgeber.

Ikeda: Ja, das ist ein sehr wichtiger und bedenkenswerter Punkt, wenn man versucht, die Arbeiterbewegung der Gegenwart zu analysieren.

Toynbee: Es wird für die Zukunft eine große Rolle spielen, aber es ist schon jetzt sehr wichtig. Im heutigen Großbritannien ist leider der Klassenkampf erneut ausgebrochen; aber die Trennungslinie zwischen den betroffenen Klassen verläuft anders als früher. Die Ausstattung eines Industriewerks ist außerordentlich kostspielig geworden, so daß durch Streiks verursachte Produktionsstockungen für die Unternehmer ruinös sind. Diese sind daher geneigt, den Forderungen der Arbeiter auf Lohnerhöhungen nachzugeben, und versuchen, ihre Verluste durch Preiserhöhungen auszugleichen. Der Klassenkampf findet heute in Großbritannien zwischen Gruppen statt: den Leuten einerseits, die die Macht haben, ihr Einkommen durch Erzwingung höherer Löhne für ihre unentbehrliche Arbeit oder durch Erhöhung der Verbaucherpreise für unentbehrliche Dinge zu vergrößern, und solchen andererseits, die nicht die Macht haben, das eine oder das andere zu tun. Die erste Klasse umfaßt sowohl die Arbeitgeber wie die Arbeitnehmer in der Industrie.

Natürlich sind Lohn- und Preiserhöhungen, in Geld ausgedrückt, zum Teil illusorisch, da das Geld selber in dem Maße an Wert verliert, wie die geldlichen Lohn- und Preiserhöhungen hinter den Produktionserhöhungen zurückbleiben. Nichtsdestoweniger können Unternehmer und gewerkschaftlich organisierte Arbeiter die Inflation für sich ausgleichen, indem sie ständig Löhne und Preise erhöhen, während alle anderen es nicht tun können und sehen müssen, wie sie mit gleichbleibenden Einkünften auskommen, auch wenn das Geld an Wert verliert. Auf diese Weise werden sie von den Leuten ausgeplündert, die höhere Löhne erzwingen oder höhere Preise verlangen können.

Es sollte mich wundern, wenn es in Japan keine ähnliche Entwicklung gäbe, wo Arbeitgeber und Arbeiter viel effektiver zusammenarbeiten als in Großbritannien. Anders ausgedrückt: Ich wäre überrascht, wenn die japanischen Unternehmer und die japanischen Arbeiter nicht zum Schaden des Verbrauchers zusammenwirken würden.

Ikeda: Leider ist seit etwa zehn Jahren in Japan eine derartige sehr stark ausgeprägte Tendenz festzustellen. Als nur ein Beispiel erwähne ich die Eisenbahn, ein absolut unentbehrliches Verkehrsmittel für den größten Teil der Bevölkerung. Fast in jedem Jahr fordern die Eisenbahngewerkschaften höhere Löhne, und die Streiks, mit denen sie ihre Forderungen erzwingen, lähmen den Verkehr für Millionen. Damit die Bahn fahren kann, muß die Direktion den Arbeitern Lohnerhöhungen bewilligen, aber, um den finanziellen Ausfall auszugleichen, auch die Fahrpreise heraufsetzen. Es ist also der sogenannte kleine Mann, der die Zeche bezahlen muß, wenn die Eisenbahnarbeiter höhere Löhne erhalten.

Toynbee: Das ist natürlich unfair; aber ironischerweise wirken sich Forderungen nach höheren Löhnen oft auch zum Schaden derjenigen aus, die sie erheben. Fortgesetzte Lohn- und Preiserhöhungen machen es einem Unternehmen schwer, wenn nicht unmöglich, sich gegenüber seinen Konkurrenten zu behaupten. In Großbritannien zum Beispiel vermehren die Lohn- und Preiserhöhungen die Zahl der Arbeitslosen und der Konkurse. Bis jetzt jedoch hat die Abnahme der Arbeitsplätze die Arbeiter in lebenswichtigen Industriezweigen nicht davor abgeschreckt, den äußersten Vorteil aus ihrer Schlüsselposition zu ziehen.

Ikeda: Früher waren die Hauptziele, die Rechte der Arbeiter und die Verbesserung ihrer Arbeits- und Lebensbedingungen zu sichern. Jetzt sind neue Ziele zu den alten hinzugekommen. Das Recht auf ein erfülltes und glückliches Leben für alle Klassen – nicht nur für die Arbeiter – muß gewährleistet werden. Als eins unserer wichtigsten Ziele müssen wir den Widerstand gegen soziale Mißbräuche stärken, die den Fortbestand der Menschheit gefährden. Die Arbeiterbewegung darf nicht der Befriedigung der Habgier den Vorrang geben, sondern sie muß Sicherheit und Schutz für die ganze Menschheit erstreben. Allerdings sollte sie dabei nicht ihre ursprünglichen Ziele aus den Augen verlieren und sich nicht von der Wirklichkeit entfernen.

Toynbee: Eine solche neue Bewegung ist sehr zu wünschen; denn wenn sich die Dinge so weiterentwickeln wie bisher, sehe ich die Zukunft nicht rosig. Ich glaube, daß sich die auf Wettbewerb gestellte freie Wirtschaft selber zum Tode verurteilt, weil alle Beteiligten ihre Habgier nicht zügeln können. Das ethische – oder besser unethische – Postulat dieser Wirtschaft lautet, daß Habgier kein Laster, sondern eine Tugend ist. Aber dieses Postulat verstößt gegen die Wahrheit, und die Lüge fordert ihre gerechte Vergeltung heraus. Schrankenlose

Habgier richtet sich selber zugrunde, denn sie ist von selbstmörderischer Kurzsichtigkeit. Ich glaube, in allen Industrieländern, wo das Höchstmaß an Privatgewinn das Motiv für die Produktion ist, wird das Wettbewerbssystem in Zukunft nicht mehr durchführbar sein. Wenn dies geschieht, ist ein durch eine Diktatur auferlegter Sozialismus unabwendbar. Dem werden sich die Arbeiter ebenso erbittert widersetzen wie ihre Brotherren, denn sie haben zeitweilig wie diese von einem System profitiert, von dem sie in den ersten Stadien seiner Geschichte ausgebeutet worden sind.

Man könnte mich für einen Marxisten halten, weil ich die Ankunft des Sozialismus prophezeie, aber ich bin kein Marxist in meinen ethischen Ansichten. Marx verunglimpfte die Unternehmer und idealisierte die Arbeiter; doch Lenin gab sich keinen Illusionen über die Arbeiter hin und hat sie später unterdrückt. Ich finde, Marx' Kritik an den Unternehmern seiner Zeit läßt sich auf die Arbeiter von heute anwenden. Die menschliche Natur ist bei beiden die gleiche.

Ikeda: Ich teile Ihre Ansicht. Der Ausgangspunkt jeder Reform muß eine genaue Einschätzung der menschlichen Natur sein. Bei allen früheren Revolutionen wurden die Grundelemente der menschlichen Natur nicht genügend studiert – man glaubte, die Gesellschaft allein durch die Veränderung von Systemen und Institutionen umgestalten zu können. Diese Revolutionen waren zwar auf einigen Gebieten erfolgreich, aber sie konnten eine totale Erneuerung der menschlichen Gesellschaft nicht bewerkstelligen, weil sie die menschliche Natur außer acht gelassen haben.

Toynbee: Die menschliche Natur ist habgierig, und Habgier führt ins Unglück, wenn man ihrer nicht Herr wird. Auch in der Wirtschaft ist wie in allen menschlichen Betätigungen die Selbstbeherrschung, glaube ich, der einzige Weg zur Selbstbefreiung.

Sie sagten schon, wir müßten von dem Streben nach der Befriedigung menschlicher Habgier zum Streben nach einer umfassenden Sicherheit übergehen. Ich pflichte Ihnen bei, aber ich fürchte, dieser Übergang wird kein freiwilliger sein, sondern er wird uns von einer Diktatur auferlegt werden. Alle Teilnehmer der Industrieproduktion werden sich diesem Regime unterwerfen, das sie widerstrebend als das kleinere Übel ansehen werden neben dem totalen wirtschaftlichen

Zusammenbruch, auf den das derzeitige System der freien Wirtschaft hinzusteuern scheint. Ich hoffe, daß die Diktatur, die ich voraussehe, wenn es ihr gelingt, ihren revolutionären Auftrag auszuführen, von einem milderen Regime abgelöst wird, das den Weltstaat, der, wie ich glaube, aus der Weltdiktatur hervorgeht, demokratischer regiert.

Ikeda: Sie sind der Überzeugung, daß in der Wirtschaft wie bei allen anderen menschlichen Tätigkeiten die Selbstbeherrschung der einzige Weg zur Selbstbefreiung ist. Darin stimme ich mit Ihnen überein. Aber Sie fürchten, daß in der Arbeiterbewegung der Übergang von dem Wunsch, die Habgier zu befriedigen, zu dem Bestreben, die Menschenrechte zu schützen, nicht freiwillig erfolgen kann, sondern von einer Diktatur befohlen werden muß. Dieser Gedanke verdient als die objektive Ansicht eines die Zukunftsmöglichkeiten analysierenden Historikers die größte Aufmerksamkeit. Sicher jedoch sind Sie nicht der Meinung, daß die Zukunft diesen Weg gehen sollte.

Toynbee: Freilich nicht. Ich erhoffe nicht die Errichtung einer Diktatur, ich befürchte sie. Die Diktatur an sich ist ein absolutes Übel, doch sie war früher oft ein Teil des unvermeidlichen Preises, den große soziale Veränderungen kosten. Ob gern oder nicht, die Völker haben Diktaturen geduldet, weil sie ihnen weniger schlimm schienen als irgendwelche Alternativen, die sie wählen oder sich ausdenken konnten. Kurzum, es war immer leichter, eine Diktatur zu errichten als die Gesellschaft auf andere Weise von einem System zu befreien, das sich als untauglich erwiesen hatte.

Tokugawa Iejasu in Japan, Han Liu Pang in China und Augustus im Römischen Reich waren Diktatoren; allen dreien gelang es, Diktaturen zu errichten, denen Dauer beschieden war, nachdem ähnliche Ordnungen ihrer Vorgänger versagt hatten. Warum? Sie waren erfolgreich, weil sie ihre Diktaturen in Grenzen hielten, so daß sie der öffentlichen Meinung akzeptabel zur Vermeidung der größeren Übel sozialer und politischer Anarchie erschienen.

Keinem Volk ist die Diktatur vom Schicksal bestimmt; aber wenn eine solche Platz greift, dann ist sie die gerechte Vergeltung für zügellose Selbstsucht und antisoziales Verhalten. Ich fürchte, daß die Stabilisierung unserer gegenwärtigen Welt ohne einen gewissen Grad von Diktatur nicht möglich sein könnte.

Ikeda: Ich sehe, worauf Sie hinauswollen, aber wenn ich kurz rekapituliere, kann ich wahrscheinlich zeigen, daß es einen Weg zur Vermeidung der Diktatur gibt. Unbestreitbar wirken sich die wachsende Macht der Arbeiterbewegung und die unbegrenzte Habgier der Unternehmer nachteilig auf das Leben des gewöhnlichen Volkes aus und drohen, die Gesellschaft an den Rand der Anarchie zu bringen. Solange die Gewerkschaftsführer wie die Großindustriellen ihre Mitmenschen als unvermeidliche Opfer ihrer schonungslosen Jagd nach materiellem Reichtum ansehen, mag die Diktatur der einzige Weg zur Wiederherstellung sozialer Ordnung sein. Aber es gibt einen Weg, diese scheinbar unaufhaltsame Entwicklung zum Stehen zu bringen.

Ich erwähnte zum Beispiel gewerkschaftlich organisierte Arbeiter, die sich aus Protest gegen ihre Arbeitgeber erhoben, weil ihre Fabriken entweder üble Umweltverschmutzung verursachten oder Kriegswaffen herstellten. Bevor die Arbeiter diese tapfere Haltung einnahmen, haben sie wahrscheinlich eine Art Introspektion vorgenommen, die man Selbstrevolution nennen könnte und die vielleicht auf Ideen, einem religiösen Glauben nicht unähnlich, basierten. Ihre Handlungsweise war altruistisch; sie traten für das Gute und den Schutz der Gesellschaft ein und nicht für die Machterweiterung der Arbeiter oder Gewerkschaften.

Wenn die Führer und Mitglieder der Arbeiterbewegung sich mit solchen religiösen Ideen, solcher Einsicht und solchem Mut wappnen können wie die Leute in meinem Beispiel, dann wird es möglich sein, sowohl die soziale Anarchie wie die Diktatur abzuwenden. Die Grundlage der revolutionären Selbstveränderung ist die Entwicklung einer Persönlichkeit, die das eingeborene menschliche Leiden in den Tiefen der Lebenssubstanz fühlen kann. Die Persönlichkeit, die mit der ganzen Gesellschaft im Einklang steht, ist eine Persönlichkeit, die vom Geist des Mitgefühls durchdrungen ist.

Der Pfad zur revolutionären Selbstveränderung ist nicht leicht zu gehen; sie verlangt intensive und strenge religiöse Disziplin und Übung. Aber solange der Mensch sich von einer Lebensphilosophie und einer Religion, die über die Existenzwahrheiten Klarheit schafft, leiten läßt, solange ist er zu einer revolutionären Selbstveränderung fähig.

Die Freizeit und ihre Verwendung

Ikeda: Unter normalen Bedingungen ist die Tätigkeit jedes Arbeiters durch seinen Arbeitsplatz festgelegt. Er hat nichts anderes zu tun, als die ihm gegebenen Anordnungen gewissenhaft zu befolgen; er braucht nicht darüber nachzudenken, was er als nächstes tun soll. Wenn es jedoch um seine Freizeit geht, muß er seine Tätigkeit planen, und dazu gehört eine geistige Arbeit, die für manchen fast peinigend ist.

Toynbee: Die Freizeit erweitert unsere Wahlmöglichkeiten, und da es eine drückende Verantwortung sein kann, eine Wahl zu treffen, scheut sich die menschliche Natur vor der Freizeit. Aus einem ähnlichen Grunde schrickt sie auch vor der Demokratie zurück.

Der Mensch kann der Verantwortung, eine Entscheidung zu treffen, enthoben werden; aber dann hört er auf, Mensch zu sein, und wird zu einem Rädchen in einer Maschinerie. Die althergebrachten Rezepte, einen Menschen zu entseelen, sind die politischen Diktaturen und der militärische Drill. Aber seit der industriellen Revolution sind diese altbewährten Mittel durch die Monotonie minuziös organisierter Fabrikarbeit ergänzt worden. Zur politischen Polizei und dem Feldwebel gesellt sich die unpersönliche Tyrannei des laufenden Bandes. Heute tut die Technik den weiteren Schritt zur Automatisierung, die jedermann die Freiheit, die bisher das Privileg von wenigen war, verspricht – oder androht.

Ikeda: In einer zukünftigen, wenn auch vielleicht noch fernen Zeit werden alle Produktionstätigkeiten wahrscheinlich Maschinen, Computern und Robotern überlassen bleiben. Die menschliche Arbeit wird noch gebraucht werden, um Pläne zu entwickeln und die Computer zu programmieren; doch es werden die Aufgaben einer besonderen Elite sein. Die meisten Menschen werden von der Arbeit befreit, ernsthaft darüber nachdenken müssen, wie sie ihre Tage verbringen. Mit anderen Worten: Die Freizeit wird ein Problem werden. Nicht für Künstler, Schriftsteller und andere, die Freude daran finden, ihre schöpferischen Kräfte zu gebrauchen und ihre freie Zeit bedeutungsvoll auszufüllen; Menschen jedoch, die das nicht können, werden möglicherweise gezwungen sein, zu nichtigen Vergnügungen Zuflucht zu nehmen, um die zusätzliche Freizeit hinzubringen, die ihnen die verkürzte Arbeitszeit gewährt. Ich glaube jedoch, daß der Mensch im Grunde ein schöpferisches Lebewesen ist, ja, daß er ohne die Freude des Schaffens nicht leben kann. Daher sehe ich die Lösung des Freizeitproblems darin, Mittel und Wege zu finden, schöpferische Begabungen zu entwickeln und zu pflegen.

Toynbee: Es wird notwendig sein, sowohl diese Talente zu entwikkeln als auch dafür zu sorgen, daß sie gebraucht werden. Viele Menschen, die sich schon früher der Freizeit erfreuen konnten, haben nicht immer vernünftigen Gebrauch davon gemacht. Die privilegierte Schicht zum Beispiel hat manchmal ihre Freizeit als eine so drückende Last empfunden, daß sie, um sich ihrer zu entledigen, künstliche Formen der Betätigung erfunden hat, sei es in der heiteren Form des Sports, sei es in der düsteren des Krieges. Neben solchem künstlichen Zeitvertreib hatten diese Drohnen nur eine Aufgabe: die gewaltsame Aufrechterhaltung von Privilegien, die sie genossen, ohne sie durch den Dienst an der Allgemeinheit verdient zu haben.

Im Gegensatz zu dieser Gruppe hat eine schöpferische Minderheit in jener Oberschicht die Freizeit nicht als eine Last, sondern als einen Segen empfunden. Sie hatte ihr ganzes Leben lang so viel zu tun, daß sie ihr Tagewerk gar nicht schaffen konnte. Früher also war das Problem der Freizeit nur Sache einer müßigen, privilegierten Minderheit; im Zeitalter der Automation jedoch wird sich die große Mehrheit damit auseinandersetzen müssen.

Wenn die Freizeit wirklich so unerwünscht ist, wie man aus der Sucht, ihr und den damit verbundenen Verantwortungen zu entfliehen, schließen könnte, dann wird es auch im Zeitalter der Automatisierung eine privilegierte Minderheit geben, aber eine solche, für die Arbeit beschafft werden kann. Es wird die kleine Gruppe von Arbeitern sein, welche die Computer, die andere Menschen ihrer Pflichtarbeit berauben, bauen, warten und programmieren.

Im vorautomatischen Zeitalter waren die meisten Menschen gezwungen zu arbeiten, um ihren Lebensunterhalt zu verdienen; aber ihre Haltung zu ihren Pflichten war zwiespältig. Sie haben sie gehaßt als einen Zwang, von dem nur die privilegierte Minderheit ungerechterweise ausgenommen war; doch wenn sie arbeitslos wurden, haben sie unter ihrer Beschäftigungslosigkeit gelitten, auch wenn die Arbeit, die sie verloren hatten, monoton, anstrengend und unangenehm gewesen war.

Ikeda: Unzufriedenheit bei Arbeitslosigkeit ist verständlich. In der Tat, selbst wenn die Arbeit als Mittel, den Lebensunterhalt zu verdienen, überflüssig werden sollte, wird sie weiterhin für eine wirklich menschliche Lebensführung unerläßlich bleiben. Arbeit gibt dem Menschen die Freude, schöpferisch zu sein. Das trifft sowohl für den Schmied und den Farmer zu, welche die unmittelbaren Ergebnisse ihrer Arbeit sehen können, als auch für den Angestellten oder Arbeiter, der sie nicht sehen kann.

Unsere Zivilisation hat sich in dem Glauben entwickelt, daß die Verkürzung der Arbeitszeit und die Verlängerung der Freizeit dem Menschen mehr Glückseligkeit verschaffen. Das ist bis zu einem gewissen Grade zutreffend, aber es gibt eine Grenze, und ich kann nicht sagen, ob wir diese Grenze schon erreicht haben. Demungeachtet hat dieses Phänomen wie alle eine positive und eine negative Seite; und wenn die Toleranzgrenze erreicht ist, bewirken die negativen Aspekte eine Reaktion.

Toynbee: Die Arbeitslosigkeit hat natürlich viele Nachteile. Der offensichtlichste, aber nicht der schwerste, ist die wirtschaftliche Notlage. Aber die psychologische Misere ist noch schlimmer. Ein Arbeiter, der keine Arbeit hat, fühlt sich gesellschaftlich überflüssig. Das ist erniedrigend, denn der Mensch ist ein Teil der Gesellschaft, und wenn er nicht in ihr tätig sein kann, sieht er sich zu einer Null reduziert. Fast noch schlimmer: Er ist jetzt der völligen Muße ausgesetzt. Wenn er nicht zu den seltenen schöpferischen Menschen gehört, die immer etwas zu tun finden, muß er sich der letztgültigen Frage nach der menschlichen Bestimmung stellen. Dieses Problem bedrängt einen Menschen sofort, wenn er seinen Arbeitsplatz verliert, der ihm den Lebensunterhalt ermöglicht hatte, oder sobald er aufhört, sich in nebenberuflichen Beschäftigungen zu ergehen, einerlei, ob sie spielerischer, schöpferischer oder schädlicher Art sind.

Die Frage nach der Bestimmung des Menschen lauert auf jeden, wie stumpfsinnig oder fühllos er auch sein mag, denn man kann nicht bewußt leben, ohne daß man eines Tages gewahr wird, daß Menschsein ein mißlicher Zustand und ein erschreckendes Geheimnis ist. Nur wenige leben ihr Leben zu Ende, ohne hin und wieder in Zeiten persönlicher Krisen diesem Zustand und diesem Geheimnis ins Auge zu sehen. Chronische Arbeitslosigkeit kann dasselbe bewirken wie eine vorübergehende Krise: den Menschen unausweichlich mit dem Problem der menschlichen Bestimmung konfrontieren.

Ist es ein Segen oder ein Fluch, daß man diesem Problem die Stirn bieten muß? Die meisten Menschen verhalten sich so, als sei es ein Fluch. Wenn sie nicht von ihrer Pflichtarbeit betäubt werden, erfinden sie nutzlose Tätigkeiten, um sich selber zu betäuben; und wenn sie aus der Gesellschaft herausfallen und auf solche Narkotika verzichten müssen, dann betäuben sie sich physisch mit Alkohol oder Drogen.

Ikeda: Ich glaube, der springende Punkt ist dieser: Einerlei, wieviel Freizeit man hat, es ist wichtig für den Menschen, seine Unabhängigkeit zu bewahren und ein schöpferisches Leben zu führen.

Entgegen der heutigen Tendenz, die Verkürzung der Arbeitszeit als eine ausschließlich gute Sache anzusehen, muß daran erinnert werden, daß die Arbeit zwei hauptsächliche Aspekte hat. Sie mag zuweilen bitter sein, doch sie gibt auch die Lust schöpferischer Betätigung. Infolgedessen ist es irrig, nur die eine Seite des Bildes zu betrachten und daraus zu schließen, daß mehr und mehr Freizeit die Menschheit befreien und Leid in Freude verwandeln wird.

Ich glaube, wir müssen eine Gesellschaftsordnung schaffen, in der jeder einzelne so viel arbeiten darf, wie er will, nicht unter Zwang, sondern nach seinem freien Willen und nach Talent und Neigung – ein System, das auch dafür sorgt, daß die Freizeit sinnvoll genutzt wird.

Toynbee: Was Sie sagen, ist richtig; aber lassen Sie mich kurz zu dem Punkt zurückkehren, wo davon die Rede war, sich in seiner Freizeit mit der Frage des menschlichen Schicksals zu befassen. Es gibt Leute, die eine so angewandte Freizeit als einen Segen empfinden. Die Auseinandersetzung mit dem Problem der menschlichen Bestimmung ist ja nur ein anderer Name für Religion und Philosophie. Unter den wenigen schöpferischen Menschen in der privilegierten Minderheit, deren Vorrecht ja gerade die Muße war, hat es immer Leute gegeben, die ihre schöpferischen Gaben nicht der Kunst, Wissenschaft oder Technik zuwandten, sondern der Religion und Philosophie.

Wenn es einigen Menschen möglich ist, Selbsterfüllung in einem Leben der Muße zu finden, das dem Studium der letztgültigen menschlichen Fragen gewidmet ist – wäre das nicht auch eine denkbare Form der Selbsterfüllung für alle Menschen? Es muß so sein, wenn es zutrifft – und es ist sicher so –, daß die Frage der menschlichen Bestimmung von jedem, der zum Bewußtsein erwacht, eine Antwort erwartet.

Da der Mensch ein gesellig lebendes Tier ist, hat die Religion eine gesellschaftliche wie eine persönliche Seite. Einsiedler – hinduistische, buddhistische und christliche – haben gefühlt, daß sie auch eine soziale Funktion ausüben, wenn sie den Forderungen ihres persönlichen geistigen Lebens Folge leisten; und ihre Mitmenschen haben diesen ihren Dienst an der Gesellschaft erkannt und gebilligt.

Die Religion scheint mir das aussichtsreichste Gebiet für eine Lösung der durch die Automatisierung entstandenen Probleme. Die Religion ist zugleich eine persönliche und eine soziale Tätigkeit. Sosehr wir ihr auch auszuweichen versuchen, sie wird uns irgendwann einmal im Laufe unseres Lebens begegnen. Selbst wenn es möglich wäre, die Religion völlig zu ignorieren – der Preis dieser Flucht wäre nicht weniger als die Einbuße unserer Menschlichkeit.

Die Wertbegriffe in sozialen Organisationen

Ikeda: Eins der Dinge, deren wir uns am stärksten bewußt sind, wenn in Diskussionen von moderner Kultur die Rede ist, ist das Organisationsproblem. Neben der Technologie und der Kommunikation ist die Organisation ein Hauptpfeiler unserer Zivilisation. An sich ist sie ein Segen für die Menschheit; doch zugleich unleugbar auch eine starke Bedrohung. Die Gesellschaft, selber eine vom Menschen geschaffene Organisationsform, ist ein Spiegel der menschlichen Pläne und Absichten. Aber gesellschaftliche Mechanismen funktionieren öfters auf ganz unerwünschte Weise. Es ist eine der Tragödien unserer Zeit, daß die verselbständigte Tätigkeit der organisierten Gesellschaft die Menschlichkeit manchmal unterdrückt und sogar verwirft.

Toynbee: Ja, Organisationen bringen manchmal Ergebnisse hervor, die den Vorstellungen ihrer Gründer entgegengesetzt sind. Man könnte meinen, sie erlangen einen eigenen Willen und setzen sich ihre eigenen Ziele, die von denen ihrer Mitglieder abweichen. Die Wahrheit ist, glaube ich, daß nicht Organisationen zu selbständigen Persönlichkeiten werden, sondern daß diejenigen, die sie leiten, es sich vor allem angelegen sein lassen, die fortlaufende Existenz der Organisationen zu sichern, für die sie verantwortlich sind. Und ihr zweites Anliegen ist, den unmittelbaren, beschränkten Zweck zu erfüllen, für den ihre Organisation gegründet wurde, ohne die weiteren Wirkungen und letzten Konsequenzen in Erwägung zu ziehen.

Ikeda: Ein extremes Beispiel für den Schaden, den man anrichten kann, wenn man die weiteren Wirkungen und letzten Konsequenzen nicht bedenkt, ist die von der hochindustrialisierten Gesellschaft verursachte Umweltverschmutzung. Sie hat zahlreiche Ursachen, doch die grundlegende besteht darin, daß man die Beziehung zwischen Mensch und Natur zu erkennen versäumt hat. Diese Unterlassung war eine Folge der Entwicklung von Wertbegriffen, die auf der Vorstellung basierten, der Mensch sei bestimmt, die Natur zu erobern, statt seinen Platz als Teil des Universums zu erkennen.

Zu gewissen Zeitpunkten der Geschichte waren Ideen und Taten, die neuerdings viel Schaden angerichtet haben, hochgeschätzt. Historisch betrachtet, waren sie nicht ursprünglich von inhumanen Regungen geleitet; sie erwuchsen im Gegenteil aus den besten Absichten. Doch als sie sich häuften und Bestandteil des sozialen Mechanismus wurden, wurden sie zu organisierten sozialen Übeln, welche die ursprünglichen Ziele entstellten und manchmal sogar zunichte machten. Zum Beispiel kann ein bestimmtes Medikament sehr wohltätig sein, die Massenproduktion desselben Mittels jedoch umweltverschmutzende Abfallprodukte erzeugen und zur Quelle gewaltigen Schadens werden. Aber wenn die Dinge dieses Stadium erreichen, ist es nicht leicht, die Produktion anzuhalten; denn sie ist der Lebensinhalt der Fabrik, und ein Produktionsstopp würde sie ruinieren.

Toynbee: Manchmal bauen im Grunde gute Organisationen sich selber und ihren Mitgliedern eine Sackgasse. Zum Beispiel kann ein Gewerkschaftsführer Lohnerhöhungen für seine Mitglieder so erfolgreich durchsetzen, daß schließlich der Unternehmer Bankrott macht und alle seine Arbeiter entlassen muß. Dann können die erkämpften höheren Löhne nicht mehr gezahlt werden, und die Arbeiter müssen von der Unterstützung leben. Ein solches Ergebnis läuft den Wünschen der Gewerkschaft wie der Regierung zuwider. Es ist die Folge kurzsichtigen und einseitigen Operierens.

Ikeda: Das ist wahr. Schon vor vielen Jahren ist vor dieser Gefahr gewarnt worden, aber man hat die Warnungen nicht beachtet. Seit der Mitte des vorigen Jahrhunderts, als das Problem der Arbeiterorganisationen noch nicht so offenkundig war wie heute, haben einige Philosophen und Soziologen mit bewundernswerter Voraussicht ihre Meinung darüber geäußert, ohne allerdings Lösungen zu erzielen. Ironischerweise wurden auch Marxismus und Sozialismus, die doch versuchten, die Arbeiterklasse zu erlösen – die Opfer der kapitalistischen Gesellschaft –, zwangsläufig verdorben, als aus ihren Idealen soziale Systeme wurden.

Es liegt in der Natur von Organisationen, Systemen und Gesellschaftsordnungen, ihre ursprünglich idealen Ziele zu verfehlen, so daß viele glauben, die ihnen zugrunde liegenden Probleme seien unlösbar. Aber die Ablehnung von Organisationen an sich führt zur Aufhebung jeder Gruppenkontrolle, mit anderen Worten zu Nihilismus und Anarchismus.

Toynbee: Nihilismus und Anarchismus sind, glaube ich, die ersten Reaktionen auf eine fehlgeleitete Organisation. Zum Beispiel demonstrieren die zornigen jungen Männer und die Hippies von heute gegen die Fehler des Systems der freien Wirtschaft, die auf Wettbewerb und den höchstmöglichen Gewinn ausgerichtet ist. Solche Reaktionen beschleunigen den Zusammenbruch der Organisation, gegen die sie sich richten, und die nächste Reaktion wird vielleicht ein drastisches diktatorisches Regime sein.

Ikeda: Ich fürchte sehr, daß eine durchgreifende Diktatur entstehen könnte. Doch ich hoffe, daß ein solches Regime durch den Neuaufbau der modernen Gesellschaft abgewehrt werden kann. Viele und sehr verschiedene Leute haben sich auf mehrfache Weise bemüht, mit den Widersprüchen der sozialen Ordnung fertig zu werden. Einige versuchen, sie im Rahmen derselben Organisationen zu lösen, auf die man sich früher verlassen hatte. Andere betrachten dies als Unsinn und sind für Massenbewegungen, die auf individueller Unabhängigkeit basieren. Meiner Meinung nach ergeben sich keine wirksamen Lösungen aus der Umgestaltung des Systems oder der Struktur einer gegebenen Gesellschaft. Es ist wichtig, mit der Überprüfung der Werte zu beginnen, die die Grundlage der individuellen menschlichen Handlungsweise bilden. Als erstes müssen wir die Lebensweise zu definieren versuchen, die den umfassendsten Wert für den Menschen von heute besitzt. Dann können wir individuelle Haltung und praktisches Handeln mit neuen Augen ansehen. Kurz, nachdem wir ein allgemeingültiges Wertkriterium aufgestellt haben, müssen wir die bestmöglichen Organisationen und Systeme zu finden suchen, die zur Verwirklichung der erkannten Werte beitragen. Meine Vorstellung von der Umgestaltung der modernen Zivilisation ist die Ausarbeitung einer Philosophie für unsere Zeit – zur Philosophie rechne ich auch die Religion – und die Revolutionierung des auf dieser Philosophie beruhenden menschlichen Bewußtseins. Das läuft auf eine Revolution in den Menschen selber hinaus. Wenn wir dies vollbracht haben, können wir zur Erneuerung von Organisationen und der Gesellschaft übergehen.

Toynbee: Ich stimme zu, daß die Krankheit der modernen Gesellschaft nur durch eine geistige Revolution in den Herzen und Köpfen der Menschen geheilt werden kann. Soziale Übel werden nicht durch organisatorische Veränderungen aus der Welt geschafft; alle derartigen Versuche bleiben an der Oberfläche. Entweder verwerfen sie jede Organisation, oder sie ersetzen lediglich eine durch eine andere. Die einzig wirksamen Kuren sind geistige. Jede soziale Organisation oder Institution beruht letzten Endes auf einer Philosophie oder Religion, und sie sind nur so gut wie ihre geistigen Grundlagen.

Sie haben recht, wenn Sie sagen, die Menschheit brauche eine neue geistige Grundlage. Wenn eine solche, die unsere gegenwärtige soziale Krankheit zu heilen vermag, gefunden ist, kann eine neue und befriedigendere Form der Gesellschaft auf diesem neuen und besseren geistigen Fundament aufgebaut werden. Ich sehe keine andere Möglichkeit der Heilung.

Ikeda: Eine geistige Basis ist vonnöten, tief verbunden mit jenen

Werten, an denen die Menschen festhalten. Menschliche Werte dürfen nicht beschränkt sein, niemals darauf gerichtet, nur die Wünsche einzelner Menschen, Gruppen, Rassen, Nationen oder Ideologien zu befriedigen; sie müssen universell sein. In der Vergangenheit haben beschränkte Werte zu Tragödien geführt. Jetzt, da sich das zwanzigste Jahrhundert seinem Ende nähert, müssen unsere Werte weit und tief sein.

Die Frage, was für ein Leben die Menschen führen sollten, kann nicht im Rahmen geläufiger sozialer Gemeinplätze und bloßen Menschenverstandes beantwortet werden. Denn der Mensch ist nicht auf eine einzige Gesellschaft in einem einzigen Lande beschränkt, sondern ist das Glied einer die Menschheit, die Naturerscheinungen der ganzen Erde und den Kosmos verbindenden Kette. Das heißt, der Mensch ist ein Teil, doch nur ein Teil des Universums.

Bis jetzt hat man den sozialen Aspekten des Menschen sehr viel Beachtung geschenkt, das heißt, einer Seite seines Wesens. Aber die Existenz der kosmischen Lebenskraft, des Ursprungs der ganzen Menschheit, ist oft zu leicht genommen worden. Das ist um so bedauerlicher, weil die Frage der Lebenskraft eine wichtige Beziehung zur grundlegenden Gleichheit aller Lebewesen hat.

Wenn man den Menschen als Teil der allen Dingen zugrunde liegenden Lebenskraft erkennt, dann wird es ohne weiteres klar, daß es falsch ist, Nachbarn, andere Rassen, andere Lebewesen oder was immer das Universum erfüllt, zu diskriminieren, weil innerhalb der kosmischen Lebenskraft alle existierenden Dinge gleich und miteinander verbunden sind. Die Natur des Menschen als Teil der Lebenskraft ist universell und geht über Gesellschaften, Nationen und Rassen hinaus. Der Mensch als bloße soziale Existenz hingegen verändert sich mit der historischen Zeit, dem Lande und der Rasse. Damit die Menschen ein ihrer Menschlichkeit würdiges Leben führen können, müssen sie ihre Natur als Teil der universellen Lebenskraft erneut erkennen und dies als die Grundlage aller ihrer Handlungen betrachten. Wenn sie einmal zu dieser Einstellung gelangt sind, werden sie imstande sein, den Wertbegriff zu schaffen, der heute so dringend nötig ist. Dieser Wertbegriff wird den ersten Platz dem Leben selber einräumen, und er wird der Lösung der Fragen, die das Leben betreffen, die allergrößte Beachtung schenken, denn diese sind es, die die Antworten auf alle anderen Fragen bestimmen.

Die Bindung an Organisationen

Ikeda: So gut wie jeder gehört nicht nur einer, sondern mehreren Organisationen an: der Firma, einer politischen oder nationalen Gruppe oder anderen Körperschaften. Firmen sind zu nationalen oder internationalen Verbänden zusammengeschlossen, und Nationen sind Mitglieder umfassender Verteidigungsbünde oder anderer internationaler Gemeinschaften wie der Vereinten Nationen. Innerhalb dieser Organisationen hat der einzelne unvermeidlich auch Rechte und Pflichten, die ihm auf die eine oder andere Weise Beschränkungen auferlegen. Das ist hinsichtlich der Freiheit des modernen Menschen sehr wichtig.

Toynbee: Die vielfältigen Bindungen an Institutionen und Organisationen, ein Charakteristikum unseres Zeitalters, begannen mit einer geistigen und politischen Revolution im Abendland in der zweiten Hälfte des siebzehnten Jahrhunderts. Eine ihrer kennzeichnenden Züge ist die Aufhebung der Entfernung, ermöglicht durch die Fortschritte der Technik. Das wiederum bedeutet, daß einige der wichtigsten Organisationen, mit denen die Menschen verbunden waren, sich nicht mehr auf geographisch festumrissene Gebiete wie Nationen oder Staaten beschränken.

Ikeda: Ja, heute werden die vom einzelnen wie vom allgemeinen gesellschaftlichen Standpunkt aus wichtigen Organisationen mehr nach ihrer Funktion als ihrer geographischen Lage gebildet. Sie werden immer komplizierter, so daß oft ausgeklügelte technische Mittel vonnöten sind, um die Mitglieder zu kontrollieren. Unter solchen Umständen wird es schwieriger, aber auch dringender, die Unabhängigkeit, Reinheit und Würde des Individuums zu schützen. Die Menschheit sah sich oft vor Probleme gestellt, die sich aus ihren Beziehungen zu den Naturkräften ergaben, doch heute geht es vordringlich um die Beziehungen der Menschen untereinander. Das ist das Problem der Organisation.

Früher waren in vielen Fällen die Organisationen monolithisch, das heißt, die politischen übten gleichzeitig wirtschaftliche und religiöse Funktionen aus, so daß der Mann an der Spitze die Kontrolle über alle diese Gebiete menschlicher Tätigkeit hatte. Obwohl dieser Zustand vom Standpunkt des modernen Menschen unerwünscht ist, mögen solche Organisationen in Zeiten, da die Menschheit mit der Natur um das Überleben zu kämpfen hatte, unerläßlich gewesen sein.

Toynbee: Ich glaube, die bedrückendsten und daher am wenigsten zu wünschenden Organisationen sind die sogenannten monolithischen, die eine ausschließliche Bindung verlangen. Klassische Beispiele sind Staaten, in denen die Regierung ihre politische Macht dazu gebraucht, ihren Untertanen die offiziell herrschende Religion aufzuzwingen oder diejenigen zu bestrafen, die einer anderen anhängen. Diese Art Regierungstyrannei war in Ostasien und Indien weniger üblich als im westlichen Teil der Alten Welt seit dem Beginn der aus dem Judentum stammenden Religionen. In den christlichen Staaten vom vierten bis zum siebzehnten Jahrhundert und in den moslemischen noch bis heute wurde der Staatsreligion ein Monopol eingeräumt oder zumindest eine bevorzugte Stellung. Einer ähnlich privilegierten Stellung erfreut sich der Kommunismus in den kommunistischen Staaten, und das nimmt nicht wunder, denn er stammt vom Christentum her und ist genaugenommen eine nichttheistische christliche Irrlehre.

Im Gegensatz zu den monistischen Regimen, die früher in den christlichen und moslemischen Ländern vorherrschten, ist heute die ganze nichtkommunistische Welt multiinstitutional, wie es schon immer in Indien und Ostasien der Fall war.

Ikeda: Vielleicht hat dies etwas mit der Art der von den verschiedenen Völkern verehrten Götter zu tun. Die Religionen der jüdischen Tradition glauben an einen alleinigen, allwissenden und allmächtigen Gott; und unter der Autorität dieses einen Gottes ist alles in einer Kultur zusammengeschlossen. Im Gegensatz dazu haben sich die asiatischen Völker immer ein polytheistisches Pantheon von Gottheiten vorgestellt, in dem jeder Gott für einen besonderen Aspekt menschlichen Tuns zuständig ist. So haben die Bauern einen Gott des Ackerbaus und die Fischer einen Gott des Fischfangs.

161

Toynbee: Indien und andere Länder Asiens haben nicht nur immer eine Vielfalt von Religionen, sondern auch von Philosophien gehabt. So war die Staatsphilosophie des chinesischen Reiches von 136 v. Chr. bis 1905 der Konfuzianismus, was jedoch weder das Fortbestehen des Taoismus noch die Einführung des Buddhismus hinderte. Die Verfolgungen des Buddhismus durch die Konfuzianer waren kürzer und milder als die Unterdrückung fremder Religionen durch die Christen und Moslems oder die kommunistischen Staaten.

Ikeda: Zum Thema der Beziehung des Menschen zu Organisationen möchte ich eine Familienform erwähnen, die früher wahrscheinlich sowohl im Osten wie im Westen üblich war, sich aber in den letzten Jahrzehnten weitgehend geändert hat, besonders in Japan. Darin übte das Familienhaupt buchstäblich eine Herrschaft über Leben und Tod aller Familienmitglieder aus. Der Feudalherr, nicht nur das Haupt seiner eigenen Familie, sondern auch einer oft sehr ausgedehnten Sippe, hielt seine Leute in so totaler Abhängigkeit, daß er sie der Freiheit berauben konnte, wenn sie gegen seinen Willen handelten oder auch nur sein Mißfallen erregten. Obwohl man einen solchen Herrn mit dem Chef eines Privatkonzerns vergleichen könnte, scheint uns heute ein System, das einem einzelnen solche Machtbefugnisse gibt, äußerst ungerecht. Der moderne Mensch, besonders in den freien fortgeschrittenen Nationen, genießt heute eine größere Freiheit von direkter Gewalt als je zuvor in der Geschichte. Seine Menschenrechte sind grundsätzlich gewährleistet. Die einzige Institution, die diese Rechte verletzen kann, ist der Staat, und sogar in diesem Fall muß ein Verfahren eingeleitet werden gemäß den Gesetzen, die letzten Endes vom Volk erlassen worden sind. Die Erlangung solcher Freiheit ist einer der größten Fortschritte der Menschheit.

Toynbee: Die Familie und die meisten anderen Institutionen und Organisationen sind heute aus einem wichtigen Grunde sehr viel anders als früher. Die großen Organisationen sind über den Erdball verstreute Diasporen, deren Vertreter nicht mehr nur für die Mehrheit eines einzelnen Landes verantwortlich sind.

Vor der Erfindung der modernen Verkehrsmittel waren Diasporen selten. Geographische Entfernungen erschwerten den Kontakt zwischen Mitgliedern einer Gruppe, die nicht an einem Ort konzentriert waren. Infolgedessen waren vor dem Maschinenzeitalter lokale Organisationen das Übliche, besonders im westlichen Teil der Alten Welt nach seiner Bekehrung zum Christentum oder zum Islam. Die ihnen auferlegte, geographisch bedingte Beschränkung rief große Intoleranz unter ihren Mitgliedern hervor; und die Intoleranz dieser christlichen und moslemischen Art hat jetzt die nichtwestlichen Länder ergriffen, deren Regierungen kommunistisch sind.

Ikeda: Meinen Sie, daß man sagen könnte, der moderne Staat sei eine Fortsetzung der örtlich begrenzten Organisationen, wie sie vor dem Maschinenzeitalter und im patriarchalischen System vorherrschten?

Toynbee: Vielleicht, aber in mancher Hinsicht spielt die Diaspora heute eine größere Rolle. Ich sagte, vor der Erfindung der modernen Verkehrsmittel seien Diasporen nicht üblich gewesen; doch es hat immerhin einige gegeben. Die klassische Diaspora ist die jüdische, die es noch immer gibt neben anderen, späteren, die wie diese durch religiöse Bande zusammengehalten werden. Die Parsen sind ein solcher Fall. Aber in unserer Zeit sind weltweite nichtreligiöse Diasporen entstanden, zu denen unter anderen Ärzte, Physiker und Wissenschaftler der ganzen Welt gehören. Für viele ist heute die Zugehörigkeit zu einer solchen Diaspora gesellschaftlich wichtiger als die zu einer örtlichen Organisation. Ein Arzt zu sein kann zum Beispiel für ihn größere Bedeutung haben als irgendeine Staatsangehörigkeit.

Die heute gegebene Möglichkeit, gleichzeitig Mitglied mehrerer unterschiedlicher Organisationen zu sein, fördert die persönliche Freiheit. Die Zugehörigkeit zu weltweit verstreuten Organisationen, die die Mitgliedschaft zu lokalen ergänzt, sichert die Freiheit des einzelnen und ist ein Meilenstein auf der Straße zur Einigung der Menschheit.

Ikeda: Es sieht ganz so aus, als ob die Möglichkeit, weltweiten sogenannten Diasporen anzugehören, statt in geographisch begrenzten Organisationen verankert zu bleiben, die Freiheit des einzelnen Menschen erweiterte. Aber ist das tatsächlich in modernen Organisationen der Art, wie Sie sie beschreiben, der Fall?

Ist jemand gleichzeitig Mitglied mehrerer unterschiedlicher Organisationen, kann er in eine sonderbare Lage gedrängt werden, wenn er sich an die Satzungen und Forderungen jeder einzelnen halten soll.

Tut er sein Äußerstes, um dem Kodex der einen Gruppe zu entsprechen, kann er unabsichtlich dem Kodex oder den Absichten einer anderen zuwiderhandeln, deren Mitglied er gleichfalls ist. Natürlich würde die betroffene Organisation – wenn es sich nicht um einen Nationalstaat handelt – sich nur mit indirekten, psychologischen Mitteln gegen eine solche Verfehlung zur Wehr setzen. Direkter physischer Zwang ist heute viel seltener als unter früheren totalitären Systemen. Doch könnte – auch wenn ein Außenstehender seine Reaktion nicht verstünde – für den Betroffenen psychologischer und indirekter Druck nicht weniger schwer zu ertragen sein als direkter physischer Zwang. Tatsächlich führt diese Art von Druck oft zu psychischen Störungen; und dies spricht gewiß unter anderem gegen die gleichzeitige Mitgliedschaft in mehreren Organisationen.

Toynbee: Ja, zweifellos bringt die Verbindung mit mehr als einer Organisation dem einzelnen mehr Freiheit; aber er muß sie mit dem Preis gelegentlicher Loyalitätskonflikte bezahlen. Er kann sich vor die Entscheidung gestellt sehen, welcher von zwei oder mehr unvereinbaren Pflichten er den Vorrang geben soll. Die Notwendigkeit, sich zu entscheiden, kann schädliche psychische Folgen haben, auch wenn keine Bestrafung oder Verfolgung damit verbunden ist. Aber das Recht, unter einer weiten Skala von Möglichkeiten zu wählen, ist mehr der Menschenwürde gemäß und mehr dem menschlichen Glück förderlich als der Zwang, einer einzigen Organisation die Treue zu schwören. Zu einer ausschließlichen Treue gezwungen zu sein ist schlimm genug, wenn es gegen den Willen des Betreffenden geschieht; noch schlimmer ist es, wenn er sich einer Institution oder Organisation ausschließlich verschreibt, weil er von der Existenz anderer nichts weiß.

Ikeda: Ich glaube, der Hauptgrund für die Schwierigkeit mit Organisationen und widerstreitenden Loyalitäten liegt in der reaktionären Natur solcher Gruppen, die nicht mit ihren alten Gewohnheiten brechen wollen. Organisationen entstehen aus der Notwendigkeit, verschiedene Bedürfnisse des einzelnen zu befriedigen. Sie beginnen und enden mit dem, zu dessen Schutz sie geschaffen werden. Hat er die Fähigkeit, selbständig zu denken und seine eigenen Handlungen in Beziehung zu den Maßnahmen und Entscheidungen einer Organisation zu beurteilen, dann wird er dieses Ursprungszweckes aller Organisationen gewahr. Und so muß jeder Mensch in sich ein starkes Bewußtsein seiner eigenen Unabhängigkeit pflegen.

Wer eine Organisation leitet, sollte sich folgende Einstellung zu eigen machen: Statt die Organisation als einen Mechanismus zu betrachten, muß er bedenken, daß sie eine komplizierte Körperschaft von Menschen ist, von denen jeder ein, wenn auch noch so kleiner Teil des Ganzen ist. Jeder dieser Teile verdient ebensoviel Achtung wie die gesamte Organisation. Kurz, der einzelne existiert in der Organisation und die Organisation im einzelnen. Wer eine Organisation oder Institution leitet, muß diese Einstellung haben, und jedes einzelne Mitglied muß die darin ausgedrückte Idee als die Definition seiner Beziehung zu der betreffenden Organisation ansehen.

Toynbee: Ich stimme entschieden dem Gedanken zu, daß die Daseinsberechtigung von Organisationen oder Institutionen jeder Art im Wohlergehen ihrer einzelnen Mitglieder liegt. Dieses Wohlergehen der Aufrechterhaltung oder Vergrößerung der Organisation unterzuordnen oder zu opfern ist die Umkehr der eigentlichen Beziehung zwischen Organisation und Mensch. Es ist ein Übel, gegen das wir auf der Hut sein müssen, denn die für die Verwaltung einer Organisation Verantwortlichen sind leicht versucht, ihrer zufälligen Pflicht, die Organisation zu erhalten, den Vorrang zu geben, während es doch ihre Pflicht ist, dafür zu sorgen, daß die Organisation dem menschlichen Wohlergehen dient. Danach ist jede Organisation zu bewerten, und wenn sie einer entsprechenden Prüfung nicht standhält, sollte sie reformiert oder getilgt werden. Jeder Versuch, sie unter solchen Umständen unverändert weiterzuführen, wäre eine antisoziale Handlung.

Ikeda: Die Organisationen sind für die Menschen da, nicht die Menschen für die Organisationen. Jedes Mitglied einer solchen muß so viel Intelligenz haben, daß es entscheiden kann, ob ihre Struktur und ihre Tätigkeit mit seinen Zielen übereinstimmen. Darüber hinaus sollte es die Urteilskraft und Eignung besitzen, die Organisation zu reformieren, wenn sie seinen Vorstellungen zuwiderläuft.

Ich glaube, das Verhältnis von Mensch und Organisation wird von zunehmender Wichtigkeit für das menschliche Glück sein. Jemand hat einmal gesagt, die Menschheit sei in politischen Dingen noch nie von Erfolg gewesen. Aber wenn der Mensch fortfährt, weiterhin so grundlegende Fehler zu begehen, wird das menschliche Elend nie ganz von der Erde verschwinden.

Das Establishment und die Kluft zwischen den Generationen

Ikeda: Ich glaube, daß die unterschiedliche Haltung der jüngeren Generation zur herrschenden Klasse, dem sogenannten Establishment, die Kluft zwischen den beiden Generationen erklärt. Vielleicht sind sich alle Generationen einig über die Bedeutung von Freiheit, Gleichheit, Achtung vor dem Individuum und vor dem Leben als solchem. Obwohl ältere Leute den Wert des Individuums würdigen, gehört ihre Neigung dem Establishment. In dem Glauben, es stütze sie und ihre Interessen, sind sie gewillt, alles zu seinem Schutz zu tun, selbst wenn sie dabei Gefahr laufen, ihr Leben zu opfern. Für Leute, die so empfinden, sind Achtung vor Leben und Freiheit nur Ideen, während der Schutz des Establishments für sie die grundlegende Voraussetzung ihres ganzen Seins und Tuns bedeutet.

Die diametral entgegengesetzte Einstellung der jüngeren Generationen ist die, daß das Establishment, das sie schützen sollte, vielmehr die größte Bedrohung für ihr Leben und ihre Freiheit darstellt. Dieser Standpunkt entspringt der Erkenntnis, daß die älteren Generationen Leben und Freiheit für das Establishment geopfert haben in dem Glauben, es verspräche Sicherheit. Die Jugend hält solche Opfer für äußerst töricht.

Der Wunsch der älteren Generation, das Establishment zu schützen, ist die Folge der Verflechtung ihrer eigenen Rechte und Interessen mit seiner Sicherheit. Als die jetzt Alten jung waren, litten sie unter der Autorität ihrer Vorgeneration. Jetzt haben sie selber die Macht. Doch ironischerweise weigern sich die jungen Menschen, die sie eines Tages ablösen müssen, die Gültigkeit des Staates anzuerkennen, auf die sich die Autorität der älteren Generation stützt. Die jungen Menschen von heute sind sich der dringenden Notwendigkeit, die Menschlichkeit zu schützen, schmerzlich bewußt. Deshalb spotten sie über den Stolz auf das Establishment und gehen zum Teil so weit, es völlig zerstören zu wollen. Wenn wir die Aktionen der jungen Leute verstehen sollen, müssen wir ihre Emotionen zu begreifen suchen.

Ihr Haupteinwand gilt den besonderen Privilegien, die viele Anhänger der herrschenden Klasse genießen. Jedes Alter hat sein eigenes Establishment, und jedes verändert sich im Laufe der Zeit. Doch einerlei, worauf es jeweils beruht – diejenigen, welche nicht daran teilhaben, entfremden sich ihm. Die jungen Menschen von heute werden durch den Widerstand gegen diese anscheinend unvermeidliche Entfremdung und gegen die Ideen, die sie hervorgerufen haben, zusammengehalten.

Eine dieser Manifestationen der Opposition war die heftige Welle der Studentenbewegung, von der die meisten Länder erfaßt worden sind. Dieser Bewegung verwandt waren die Hippies, die das Establishment durch nachlässige Kleidung und Haartracht verächtlich zu machen suchten. Durch eine ungewöhnliche Tracht und lange Haare haben sie eine Subkultur errichtet, die weite Verbreitung gefunden hat.

Wir wissen zur Zeit nicht, welche Wirkungen diese jugendliche Widerstandsbewegung haben wird. Es scheint jedoch, daß der »Mann auf der Straße« ihre Handlungsweise zwar nach wie vor unverständlich findet, in dem Maße aber, wie die Emotionen, von denen die Aktionen der Jungen getragen werden, sich weiterverbreiten, auch die Generation, die das Establishment stützt, sich unsicher zu fühlen beginnt und sogar Gefahr läuft, das Vertrauen in ihre eigenen Handlungen zum Schutz des Establishments zu verlieren.

Im Lauf der Zeit wird die derzeitige ältere Generation nachgeben müssen. Es ist nur eine Frage der Zeit, bis die heutige junge Generation an die Macht gelangt.

Toynbee: Wie Sie darlegen, gibt es heute tatsächlich eine weltweite Revolte gegen das Establishment. Das ist an sich nichts Neues. Im Ägypten der Pharaonen wurde die herrschende Klasse, die im Alten Reich die Pyramiden gebaut hatten, in der Sechsten Dynastie gestürzt; in der Antike geschah etwas Ähnliches im dritten nachchristlichen Jahrhundert; in Frankreich durch die Revolution von 1789; in China beim Ende der Ch'indynastie.

Das Besondere an der gegenwärtigen weltweiten Revolte gegen das Establishment scheint mir zu sein, daß der Aufstand hauptsächlich die Form eines Krieges zwischen der heranwachsenden und der reiferen Generation innerhalb des Establishments selber angenommen hat. Zwar sind auch viele frühere Revolten gegen die herrschende Klasse von deren jungen Angehörigen geführt worden, und es trifft auch zu, daß in der gegenwärtigen weltweiten Revolte die Bevölkerung unter dem Existenzminimum, in den reichen wie in den armen Ländern, die Mehrzahl der Rebellen bildet. Aber die Revolte *en masse* der heranwachsenden Generation innerhalb des Establishments ist der besondere Zug der gegenwärtigen allgemeinen Unordnung.

Ikeda: Natürlich hat es Kämpfe zwischen dem Establishment und dem Antiestablishment in allen Zeiten gegeben. Aber früher hatte jenes meist die Oberhand, und dieses war unterdrückt. Wurde das Establishment zu korrupt und unerträglich, wurde es vom Antiestablishment gestürzt, und eine soziale Veränderung kam zustande.

Wie Sie sagen, liegt der Unterschied zwischen diesen Kämpfen der Vergangenheit und dem gegenwärtigen Kampf in der Natur des Antiestablishments. Die jüdischen und germanischen Stämme, die die griechisch-römische herrschende Klasse als Untertanen zu Fall brachten, haben die Revolution von innen heraus vollbracht. Die germanischen Söldner, die das Weströmische Reich stürzten, waren eine Hauptstütze der herrschenden Klasse gewesen, aber außerhalb geblieben. In der Französischen Revolution gehörte die Bourgeoisie zum *Ancien régime*, aber nicht zur privilegierten herrschenden Klasse, die aus dem Adel und der Geistlichkeit bestand.

Im Gegensatz zu diesen Fällen sind die Studenten, die den Hauptbestandteil der gegenwärtigen Antiestablishmentbewegung bilden, zugleich die Kinder der Männer im Innern des Establishments. Sie sind der Nachwuchs, aus dem traditionsgemäß die künftigen Führer des Establishments hervorgehen sollten.

Toynbee: Ich sehe verschiedene Ursachen des gegenwärtigen Aufstandes der Jungen innerhalb des Establishments. Erstens ist die jetzt an der Macht befindliche reife Generation offensichtlich nicht imstande, mit den Problemen dieser Welt fertig zu werden. Zweitens bewirkt der immer geschwinder werdende sogenannte Fortschritt der Tech-

nik, daß sich die Dinge so schnell ändern und eine so bedrohliche
Wendung nehmen, daß die Nachwuchsgeneration befürchtet, die
reife Generation könne die Menschheit in eine vielleicht nicht wieder-
gutzumachende Katastrophe gleiten lassen, ehe die Jungen Gelegenheit haben, die Macht zu übernehmen. Drittens hat sich der Nachwuchs von seinen Eltern deshalb entfremdet, weil in den sogenannten
fortgeschrittenen Ländern die Tätigkeit und die Lebensweise des
Establishments an Ruf und Attraktivität verlieren. Vom Leben der
Brahmanen, der Samurai, der älteren Staatsmänner der Meidschiära,
der römischen Senatoren, sogar noch der Wallstreetmagnaten ging
eine gewisse Faszination aus, was man von einem Staatsbeamten,
Manager oder Gewerkschaftsführer von heute nicht behaupten kann.
Die Stumpfsinnigkeit des heutigen Establishments hat ebenso wie
seine Unfähigkeit den Aufstand seiner Kinder hervorgerufen.

Ikeda: Um diese doppelte Gefahr zu bannen, müssen wir uns
bemühen, einen Weg zu finden, den die jetzt entzweiten Generationen gemeinsam beschreiten können.

Toynbee: Die Spannung zwischen den Generationen könnte gemil-
dert werden, wenn man die Jungen zu der Einsicht brächte, daß keine
Generation jemals eine freie Hand hat oder gehabt hat und daß jede
Generation, sobald sie ihrerseits an die Macht kommt, erkennen muß,
daß ihre Handlungsfreiheit vom Karma, dem vorbestimmten Schicksal, eingeschränkt wird. Der Nachwuchs verachtet und haßt die
Elterngeneration noch mehr wegen ihrer anscheinenden Unaufrichtigkeit und Heuchelei als wegen ihrer Untüchtigkeit und Stumpfsinnigkeit. Sicher ist die reife Generation bis zu einem gewissen Grade
unaufrichtig und heuchlerisch, aber höchstwahrscheinlich weniger,
als es den Anschein hat. Sie mag den ehrlichen Wunsch haben, einige
der von der Jugend geforderten radikalen Reformen auszuführen;
doch sie findet gleichzeitig – ohne es deutlich erklären zu können –,
daß sie von ihrem Schicksalserbe gehemmt ist und unfähig, dieses Erbe
aus eigener Kraft genügend abzuwandeln, um die Verhältnisse so zu
ändern, wie es wünschenswert wäre.

Ikeda: Ihr Beispiel zeigt die Schwäche und Anfälligkeit der Menschheit angesichts von Karma und Schicksal. Auch die jungen Menschen
der Antiestablishmentbewegung müßten über diese Dinge nachden-

ken. Aber sie scheinen überzeugt zu sein, daß sie alles mit der Vernunft und ihren hohen Idealen vollbringen können. Eine solche Haltung gereicht der Jugend zur Ehre; aber Leute auf leitenden und verantwortlichen Posten stehen immer vor dem Problem des unwiderruflichen Schicksals. Und auch die idealistischen jungen Menschen werden erkennen, daß man aktuelle Probleme nicht allein mit Vernunft und Idealismus lösen kann. Im Leben jedes einzelnen lauern Karma und Habgier; und im Leben all derer, die am Bau der Gesellschaft mitwirken, gibt es unergründliche Schicksale, die sich überschneiden und verflechten müssen, um die Realität zu bilden. Sobald der Mensch sich in dieses komplizierte Geflecht von Umständen begeben hat, kann er nur schwer voranschreiten, ohne den Blick auf das Licht der Ideale zu verlieren. Eine wichtige Voraussetzung für die Überbrückung der Kluft zwischen den Generationen ist für alle Beteiligten, einander und alle anderen zu verstehen als Menschen, die mit den gleichen, vom Karma bestimmten Fehlern und Schwächen behaftet sind.

Toynbee: Die Kluft zwischen dem Establishment und der übrigen Menschheit ist ein Teil unseres Karma-Erbes. Werden wir imstande sein, unser Karma so weit abzuwandeln, daß wir diese soziale Kluft, die seit Beginn der Zivilisation, zumindest seit fünftausend Jahren besteht, schließen können? Wird es uns gelingen, das Establishment zu beseitigen, indem wir es mit der Masse der Menschheit verschmelzen? Ich gebe zu, daß dies unser Ziel sein muß, weil die Privilegien des Establishments mit der Würde des Menschen unvereinbar sind und wir im Widerstreit der Interessen zwischen jenem und der Menschheit dieser den Vorrang geben sollten. Das ist richtig an sich, und es ist auch die unabdingbare Voraussetzung für den Frieden zwischen den sich befehdenden Generationen. Die Geschichte zeigt allerdings, daß dies ein schwieriges Unterfangen ist. Das pharaonische Establishment in Ägypten wurde wie sein chinesisches Gegenstück mehrere Male wiederhergestellt, nachdem es mehrere Male gestürzt worden war. Die Französische und die russische Revolution beseitigten alte Establishments, doch nur, um den Weg für neue frei zu machen.

Ikeda: Am wichtigsten in diesem Zusammenhang ist natürlich zu wissen, wie man das karma- oder schicksalsbestimmte Böse im Men-

schen vernichtet. Warum monopolisieren diejenigen, die in einem
Establishment die Macht haben, die Autorität und treten die Menschenwürde mit Füßen? Warum muß ein Establishment, das zur
Erhaltung von Menschenglück und Frieden geschaffen wurde, damit
enden, der Menschheit nur Elend und die Bedrohung des Friedens zu
bringen? Ich bin davon überzeugt, daß der Grund dafür, daß die
Vernichtung alter Establishments immer und unvermeidlich zur
Schaffung neuer geführt hat, darin liegt, daß die Menschen nicht fähig
waren, das böse Karma in sich selber auszurotten. Aber ist das Karma
wirklich unveränderlich, wie es manchmal behauptet wird?

Nichiren Daishōnin lehrt, man könne das Karma und die menschliche Natur verändern, wenn man mit ihnen zu einer Einigung kommt.
Die Menschenwürde liegt in der Möglichkeit, das Karma zu entwikkeln und zu verändern.

Wenn die ältere wie die jüngere Generation die Anerkennung der
Menschenwürde zum Ausgangspunkt nähmen, hätte ich die Zuver-
sicht, daß sich ein Weg zur Gemeinsamkeit öffnen würde. Dies
seinerseits würde zu einer Umformung des Establishments und des
Erziehungssystems führen und zur Schaffung einer ganz neuen Ordnung. Zu diesem Zweck muß man alle Vorstellungen, Menschen für
das Establishment opfern zu können, aufgeben. Konkreter ausgedrückt: Alle Nationen müssen auf das Recht der Kriegführung und
der Rekrutierung von Soldaten verzichten. Selbstredend darf auch
keine andere Organisation oder Institution Machtbefugnisse haben,
vermittels derer sie die Achtung vor der Menschlichkeit oder die
Sicherheit des Lebens bedrohen oder verletzten könnte.

Obwohl unter den derzeitigen Verhältnissen in der Welt die Ausführung eines solchen Programms alles andere als leicht sein wird –
wenn es um die ethische Anerkennung der Würde des Lebens geht, ist
der von mir angedeutete Weg der natürliche Kurs, dem es zu folgen
gilt. Es kommt ganz darauf an, wieweit die Menschen ihr Bewußtsein
revolutionieren; und das hängt wiederum davon ab, wieweit sie sich
die religiösen Ideale zu eigen machen, die ihre Taten und Kräfte
leiten, mit denen sie ihre Pläne ausführen.

Toynbee: Ich glaube, daß wir, grundsätzlich jedenfalls, übereinstimmen. Wir werden mit der Lösung der Establishmentfrage nicht

wirklich weiterkommen, wenn wir nicht mehr erreichen als die Neu-
verteilung der Mehrwertrate der Menschheit nach einem gerechten
Verteilungsschlüssel. Ich teile Ihre Meinung, daß es auf die Anerkennung der Menschenwürde ankommt. Aber die Menschenwürde erfordert, daß alle Berufe freie Berufe werden. Wir müssen den Arbeiter am
laufenden Band und den Organisator abschaffen. Es sollte jedem
möglich gemacht werden, durch eine wirklich wertvolle Arbeit, die
der Betreffende auch als solche erkennt, seinen Lebensunterhalt zu
verdienen. Zur Zeit tun die meisten ihre Arbeit nur, um möglichst viel
zu verdienen, und nicht um der Arbeit selber willen. Das Gewinnstre-
ben sollte nicht mehr die Haupttriebkraft sein. Aber dieser sehr
wünschenswerte Motivationswechsel kann nur durch einen Wandel
des Herzens herbeigeführt werden und dieser wiederum nur durch
eine innere geistige Veränderung. Eine solche muß auf der religiösen,
nicht auf der wirtschaftlichen Ebene erfolgen, und sie muß von jedem
einzelnen Menschen vollzogen werden.

Die Neutralität der Massenmedien

Ikeda: Die Massenkommunikationsmittel beeinflussen viele Bereiche
unserer Gesellschaft und sind für unsere Zeit charakteristisch. Die Ra-
diowellen tragen unverzüglich Ereignisse in die ganze Welt, und das
Fernsehen macht diese Nachrichten durch das Bild noch lebendiger.

Toynbee: Die moderne Technik hat die Möglichkeiten, mit denen
die Öffentlichkeit unmittelbar durch visuelle und akustische Kommunikationsmittel angesprochen werden kann, enorm erweitert. Früher
standen einem öffentlichen Redner keine Lautsprecher zur Verfügung, noch konnten seine Stimme und sein Bild durch Radio und
Fernsehen verbreitet werden. Deshalb war sein Auditorium auf die
Zahl von Menschen beschränkt, die sich nahe genug um ihn versam-
meln konnten, um ihn gleichzeitig zu hören und zu sehen. Aristoteles
schätzte diese Zahl auf nicht höher als fünftausend, und demgemäß
sollte in einem Staat, dessen Regierungsform die direkte Demokratie
war, die Zahl der wahlberechtigten Bürger nicht mehr als fünftausend
betragen.

Im Gegensatz dazu können Radio und Fernsehen gleichzeitig von fast allen Menschen auf der Erde empfangen werden. Zeitungen und Bücher brauchen länger, auch wenn man sie auf dem Luftwege befördert. Und sie sind nur dem Teil der Menschheit zugänglich, der lesen kann; und wenn auch in einigen Ländern – zum Beispiel Japan, Deutschland oder Neuseeland – fast hundert Prozent der Einwohnerschaft lesen und schreiben können, besteht immer noch der größere Teil der Weltbevölkerung aus Analphabeten. So hat das gedruckte Wort weniger Einfluß als das gesprochene und als das Bild. Das ist keine glückliche Situation. Was man durch das Radio hört und auf dem Bildschirm sieht und hört, ist flüchtig. Es verschwindet so schnell, wie es gekommen ist; der Hörer und Betrachter behält davon nur die Erinnerung, auf die man sich bekanntermaßen nicht verlassen kann.

Ikeda: Der ungeheure Einfluß der optischen und akustischen Kommunikationsmittel bringt die Gefahr mit sich, daß sie zu Werkzeugen der Manipulation der Massen werden können. Auch wenn eine solche Manipulation unbewußt erfolgt, so tragen diese Massenmedien zur Bildung von Weltanschauungen bei und zur Lenkung dieser Anschauungen in die eine oder andere Richtung.

Toynbee: Die Wirkung der Massenmedien ist gewiß sehr groß, und die Leute, die sie kontrollieren, können sie dazu mißbrauchen, ihr Publikum zu manipulieren. Die Manipulation ist nicht auf das Bewußtsein des Hörers und Zuschauers beschränkt; die Medienmacher können heute durch die obere Bewußtseinsschicht der Psyche in die Tiefen des Unterbewußtseins dringen und es für ihre Zwecke beeinflussen. In den USA haben vor einigen Jahren große Firmen, die Sendezeit in Radio und Fernsehen gekauft hatten, um ihre Waren oder Dienstleistungen anzupreisen, in den Medien nicht die obere Bewußtseinsschicht, sondern die unterbewußten Schichten der Psyche angesprochen. Das war eine Suggestionsstrategie, damit die Leute ihre Waren unbewußt und unfreiwillig kauften. Dieses Manöver rief heftige Proteste hervor. In Frankreich unter de Gaulle klagte die Opposition mit Recht über das Regierungsmonopol in den Medien und meinte, dies sei ein gesetzwidriger Mißbrauch der Regierungsgewalt.

Ikeda: Daß diese Medien neutral sein müssen, liegt auf der Hand, doch ist es keineswegs leicht, Neutralität zu bewahren. Nehmen Sie zum Beispiel ein Bild in der Zeitung, das Opfer des Vietnamkrieges zeigt. Das Photo ist objektiv, aber die dargestellten Menschen können Südvietnamesen oder Nordvietnamesen sein – es kommt ganz auf die Bildunterschrift an, die des Lesers Aufmerksamkeit in diese oder jene Richtung lenkt.

Oder wenn die Fernsehkamera, die einen Zusammenstoß zwischen Studenten und Polizisten aufnimmt, den heftigen Angriff eines augenrollenden Studenten zeigt, der buchstäblich aus der Kamera in das Zimmer zu stürmen scheint, dann ist der Zuschauer geneigt, diese jungen Leute kritisch anzusehen. Wenn jedoch zu sehen ist, wie die Polizei die Waffen schwingt, um die Studenten zurückzudrängen, wird die Sympathie vielleicht in die andere Richtung gehen. Da man nicht zwei Bilder auf einmal senden kann, ist in solchen Fällen die strikte Neutralität ausgeschlossen. Dennoch glaube ich, daß wir von den Medien soviel Neutralität wie möglich verlangen sollten.

Aber was heißt, Neutralität zu bewahren? Es ist sehr schwer, ein neutrales Bild zu erlangen, wenn man die rechte und die linke Hälfte eines Sacherverhaltes zusammenfügt und das Ganze in der Mitte durchschneidet. Bei politischen Fragen ist oft Neutralität geboten; aber in solchen Fällen besteht ein großer Unterschied zwischen den Kräften der Regierenden und denen des Volkes; denn solange die Regierung die Macht fest in Händen hält, hat sie einen erheblichen Vorteil. Wenn also die Massenmedien eine Stellung zwischen Regierung und Öffentlichkeit einnehmen, so scheint das neutral, ist es in Wirklichkeit aber nicht. Wir müssen das bedenken, wenn wir von echter Neutralität sprechen, die bestenfalls ein vages Konzept ist, das gewöhnlich von Fall zu Fall wechselt.

Toynbee: Ich stimme ganz entschieden zu, daß diese große Macht, die uns die moderne Technik gegeben hat und die so geeignet ist, die Menschen zu beeinflussen, neutral gehandhabt werden sollte. Aber es wäre zu klären, was Neutralität bedeutet, und es müßte ein Gremium gefunden werden, das unabhängig ist und willens, die Medien so neutral einzusetzen, wie es wünschenswert ist.

Neutralität ist ziemlich leicht zu definieren, wenn es zum Beispiel in einem demokratischen Land bei Wahlen um die anteilige Sendezeit für die politischen Parteien geht. Die Zeit sollte im Verhältnis zu der Stärke der Parteien zugemessen und die Sendekosten sollten entsprechend der Größe des Werbefonds der Parteien berechnet werden. Diese Aufteilung der Sendezeiten und -kosten soll nicht von der jeweiligen Regierung und nicht von einer politischen Organisation, sondern von dem Verwaltungsrat der Medien oder einem entsprechenden Gremium vorgenommen werden.

Abgesehen von solchen besonderen Fällen wird jedoch die Unterscheidung zwischen Gut und Böse, zwischen Recht und Unrecht individuell von jedem menschlichen Wesen und kollektiv von jeder menschlichen Gemeinschaft getroffen. Man ist sich in keiner Weise einig, welche Dinge im besonderen gut oder schlecht und welche besonderen Handlungen richtig oder falsch sind. Aber es herrscht durchaus Übereinstimmung, daß eine intellektuelle Unterscheidung zwischen den beiden Kategorien getroffen werden muß und in der Meinung, daß es unsere moralische Pflicht ist, Partei zu ergreifen für das, was wir für gut und rechtens erachten, und gegen das, was uns böse und unrecht erscheint. Dieses Faktum wirft die Frage auf, ob es richtig und überhaupt möglich ist, sich zwischen Recht und Unrecht oder zwischen Gut und Böse neutral zu verhalten.

Zum Beispiel werden im Moralkodex der meisten Gesellschaftsordnungen Dinge wie politische Tyrannei, persönliche Unredlichkeit, die Anwendung von Gewalt oder Pornographie als böse und unrecht gebrandmarkt, wenn auch die genaue Definition dieser Übel schwanken wird. Es gibt aber auch Dinge, die sogar von Angehörigen ein und derselben Gesellschaft moralisch widersprüchlich beurteilt werden, wie Krieg, Todesstrafe, Selbstmord oder Homosexualität. Ist Neutralität richtig oder möglich zwischen Gut und Böse, Recht und Unrecht im Urteil eines einzelnen oder einer Gemeinschaft?

Ich selber halte in dieser Situation Neutralität nicht für möglich, und wenn sie es wäre, dann wäre sie nicht richtig. Neutral zu sein zwischen dem, was man für richtig, und dem, was man für falsch erachtet, ist gleichbedeutend mit der Parteinahme für das, was einem falsch dünkt, denn es würde die moralische Pflicht verletzten, die einem gebietet, für das einzutreten, was man für richtig hält.

Ikeda: In Dingen der Moral ist, wie Sie sagen, Neutralität zwischen Recht und Unrecht nicht möglich; aber ich muß auf der Neutralität der Massenmedien bestehen. Als Richtlinie für diese Art praktischer Neutralität möchte ich folgenden Vorschlag machen: Die Medien müssen ständig die Menschenrechte schützen und ihre Nachrichten so bringen, daß aus ihnen die Achtung vor dem Leben spricht.

Toynbee: Unter dem mir wichtigen Vorbehalt, daß es zwischen Recht und Unrecht keine Neutralität gibt, pflichte ich Ihnen bei, daß die Massenmedien neutral gehandhabt werden sollten. Ich würde sogar vorschlagen, daß die Intendanz oder Redaktion des betreffenden Mediums denjenigen, denen sie moralisch im Unrecht zu sein scheint, Gelegenheit gibt, ihre Meinung vorzutragen, ohne zu verheimlichen, daß die Redaktion in diesem Fall anders denkt.

Beschränkungen der Pressefreiheit

Ikeda: In den modernen demokratischen Staaten wird das Recht der freien Meinungsäußerung einschließlich der Rede- und Pressefreiheit anerkannt; aber auf bestimmten Gebieten scheinen doch gewisse Restriktionen angebracht. Einschränkungen der freien Meinungsäußerung werden allgemein gebilligt, wenn es sich um die öffentliche Moral, um Staatsgeheimnisse und um das Persönlichkeitsrecht handelt. In den fortschrittlichen westlichen Ländern geht der Trend dahin, das Verbot und die Kontrolle der Pornographie zu lockern. Einige Leute sind der Ansicht, diese Tendenz sei im Interesse der Jugenderziehung zu verwerfen; doch scheint mir dieser Standpunkt nicht gerechtfertigt. Der Mensch ist so veranlagt, daß ihn streng verbotene Dinge nur neugieriger machen. Statt über die Sexualität zu schweigen, sollten wir den jungen Menschen zu einer gesunden und vernünftigen Anschauung dieser Dinge verhelfen.

Toynbee: Geheimhaltung mag in vielen Fällen keinen Schaden anrichten, aber sie tut auch nichts Gutes. Ich wurde zum Beispiel in einer Zeit erzogen, als in den Familien des englischen Mittelstandes die sexuelle Frage als so peinlich empfunden wurde, daß man Kindern nichts davon erzählte. Als ich zehn oder zwölf Jahre alt war, versuchte

176

mein Vater, mich aufzuklären; doch er war so verwirrt, daß ich seine Erklärungen nicht verstand. Später versuchte es einer meiner Lehrer, aber er war ebenso verlegen wie mein Vater und hatte nicht mehr Erfolg als dieser. Bevor ich heiratete, suchte ich einen Arzt auf und bat ihn um Rat; und sonderbarerweise war auch diesem Mediziner eine offene Aussprache zuviel, und statt sich mit mir zu unterhalten, gab er mir ein Lehrbuch mit Abbildungen. Das war meine voreheliche Sexualerziehung, und so etwas ist absurd. Ich habe nach diesen negativen Erlebnissen keine Lust auf Pornographie bekommen, kann jedoch verstehen, daß solche Geheimniskrämerei manche Leute dazu verführt. Ich pflichte Ihnen daher durchaus bei, daß durch eine offene Aussprache die Sexualität zwar viel von ihrem Kitzel verlieren, doch dafür einen natürlichen Platz im Leben des Menschen einnehmen wird.

Ikeda: Echte Freiheit bedeutet die Freiheit, Pornographie sowohl abzulehnen als auch gelten zu lassen. Mit anderen Worten: Ich befürworte nicht ihre ganz uneingeschränkte Duldung, aber ich bestehe darauf, daß die Beschränkungen im Einklang mit dem Grundprinzip der Wahlfreiheit stehen.

Sprechen wir nun einen Augenblick über die Beschränkungen der Meinungsfreiheit in Verbindung mit dem, was man gemeinhin Staatsgeheimnisse nennt. Es ist unerwünscht, sogar gefährlich, daß sich Regierungen in Unternehmungen einlassen, die vor dem Volk und vor anderen Nationen geheimgehalten werden müssen. Der Staat sollte eine öffentliche Einrichtung sein; darum dürfte er, finde ich, unter keinen Umständen Geheimnisse haben. Man sollte im Gegenteil Staatsgeheimnisse in die Luft gehen lassen und mutig und aufmerksam darauf achten, daß die Regierungen ihre Völker keine gefährlichen Wege führen.

Toynbee: Staatsgeheimnisse sind ein Anzeichen für die Unmenschlichkeit der Politik, besonders der internationalen. Während der beiden Weltkriege habe ich insgesamt zehn Jahre als zeitweiliger Regierungsbeamter gearbeitet und hatte auch mit Geheimdokumenten zu tun. Mir mißfiel die Geheimniskrämerei, die mit dieser Tätigkeit verbunden war, von Grund auf. Im Foreign Office bekam jeder Beamte ein Bund Schlüssel für die Kisten, in denen die Geheimdokumente von einem Büro zum andern getragen wurden. Nach jedem der beiden Kriege wurde mir angeboten, im Staatsdienst zu bleiben; aber ich habe beide Male abgelehnt, weil ich nicht mein ganzes Leben mit Papieren zu tun haben wollte, die geheimgehalten werden mußten.

Einer der Gründe, weshalb die moderne Wissenschaft so große Fortschritte machen konnte, war ihre Aufgeschlossenheit. Bis zur Entdeckung der Kernspaltung und der Nutzbarmachung der Atomenergie waren wissenschaftliche Forschungen und Entdeckungen kein Geheimnis. Alles Neue wurde veröffentlicht, und jeder tauschte Informationen mit jedem aus. Die Wissenschaft kannte keine politischen Grenzen; wissenschaftliche Zeitschriften erschienen gleichzeitig in mehreren Sprachen und waren in den Bibliotheken jedermann zugänglich. Seit der Erfindung der Atomwaffen hingegen unterliegt zumindest die Kernforschung dem Ermessen der Regierungen und den Geheimregeln der Dienststellen; und ich fürchte, daß sich diese Praxis auch auf andere Zweige der Wissenschaft ausdehnen wird. Wir müssen einer solchen Gefahr begegnen und für die Freiheit der Wissenschaft kämpfen. In diesem Bereich – ebensowenig in anderen – dürfte es keine Staatsgeheimnisse geben.

Natürlich begeht ein Mensch, der geschworen hat, Staatsgeheimnisse zu bewahren, und sich dann bestechen läßt, um sie zu verraten, ein moralisches Unrecht. Doch mir scheint, daß in England die Bestrafung für solche Vergehen in keinem Verhältnis zu ihrer Schwere steht. Wir haben die Todesstrafe abgeschafft, und Mord wird mit lebenslänglicher Haft geahndet, wobei manchmal die Haftzeit verkürzt wird. Wer Staatsgeheimnisse verrät, unterliegt der gleichen Strafe, und es kann sogar vorkommen, daß er schwerer bestraft wird als ein Mörder, der wegen guter Führung vorzeitig entlassen werden kann.

Ikeda: Diese Art unangemessener Bestrafung ist ungerecht, besonders im Lichte meiner Überzeugung, daß es überhaupt keine Staatsgeheimnisse geben dürfte.

Das eine von den drei Bereichen, wo ich auf die Beschränkung der Meinungsfreiheit – in der Presse, im Fernsehen und Rundfunk – Gewicht lege, ist der Verstoß gegen das Persönlichkeitsrecht. Man kann gegen Klatsch nichts unternehmen, aber der einzelne muß das Recht haben, gegen gedruckte unbestätigte Gerüchte über ihn zu protestieren und ihre Veröffentlichung zu unterbinden.

Toynbee: Ja, das Privatleben sollte vor ungehöriger Publizität geschützt werden. 1939 nahm sich mein ältester Sohn das Leben; und unmittelbar, nachdem es bekannt geworden war, wurden wir von Reportern umringt und pausenlos mit Fragen belästigt. Meine Frau und ich baten sie, uns in Ruhe zu lassen, aber sie betonten, sie würden ihren Job verlieren, wenn sie nicht ihre Story bekämen. Als wir uns schließlich entschlossen, mit ihnen zu sprechen, waren sie verwirrt, und wir waren betrübt. Das kommt davon, wenn man hartnäckig auf Sensationsnachrichten aus ist.

Vor kurzem gab es ein Wettrennen zwischen einer berühmten Frau und einem Photoreporter, der sie offensichtlich verfolgte. Er sagte, er habe das Recht, seinen Lebensunterhalt damit zu verdienen, daß er hinter ihr und ihren Kindern her sei, um Aufnahmen von ihnen zu machen. Sie betonte und mit Recht, daß ihr Privatleben ihr gehöre. Ich stimmte ihr zu und meinte, sie müsse geschützt werden. Kein Photograph dürfte das Recht haben, andere zu quälen, um Geld damit zu verdienen. In solchen Fällen müßte der Pressefreiheit Beschränkung auferlegt werden.

Abschaffung der Todesstrafe

Ikeda: Leider gibt es in Japan und in den meisten anderen Ländern noch die Todesstrafe. Ich würde gern hören, wie man sie in Großbritannien abgeschafft hat.

Toynbee: Ich bin sehr froh, daß es die Todesstrafe bei uns nicht mehr gibt. Aber das kam nicht überraschend. Lange vorher waren die Polizei und die Kriminellen stillschweigend übereingekommen, daß beide Parteien nicht nur keine Waffen gebrauchen, sondern auch keine tragen sollten. Man hat von den Kriminellen nicht verlangt, Verbrechen wie Einbruch ganz aufzugeben; aber sie willigten ein, ihre Taten ohne Anwendung physischer Gewalt zu verüben, so lange, wie die Polizei sich auch der Gewalt gegen sie enthalten würde. Es ging beiden Parteien darum, sowenig Gewalt wie möglich anzuwenden; logischerweise sollte die Abschaffung der Todesstrafe ein weiterer Schritt auf diesem humanen Wege sein, und man erwartete von den Kriminellen, daß sie auf Kapitalverbrechen verzichteten.

Leider wurden nach der Abschaffung der Todesstrafe mehrere Polizisten ermordet, als sie, wie es ihre Pflicht war, Kriminelle festnehmen wollten. Jetzt, nachdem es keine Todesstrafe mehr gibt, könnte ein Krimineller folgendermaßen kalkulieren: Wenn die Polizei ihn erwischt, bekommt er eine lange Haftstrafe, sofern er ein schweres Verbrechen begangen hat. Hat er einen Polizisten umgebracht und wird festgenommen, ist das Schlimmste, was ihm widerfahren kann, eine noch längere Haft. Andererseits besteht die Möglichkeit zu entkommen, wenn er den Polizisten erschießt, der ihn verhaften will, und die Versuchung, sich auf diese Weise in Sicherheit zu bringen, ist groß. In dieser neuen Situation ist die Arbeit der Polizei gefährlicher geworden; deshalb hat sie vorgeschlagen, die Todesstrafe für Mord an Polizisten, die im Dienst sind, wieder einzuführen.

Ikeda: Natürlich habe ich Sympathie für die britische Polizei; aber das Beispiel anderer Länder zeigt, daß die Erneuerung der Todesstrafe der Ermordung von Polizisten kein Ende machen wird. Mein Grund, für die Abschaffung der Todesstrafe überall und immer einzutreten, ist auf der Achtung der Buddhisten vor der Würde des Lebens gegründet. Im allgemeinen wird gegen die Todesstrafe zweierlei angeführt: Erstens, der Mensch hat nicht das Recht, einen anderen zum Tode zu verurteilen; und zweitens nimmt die Zahl der Verbrecher nicht zu, wenn es keine Todesstrafe gibt. Die Befürworter dieses äußersten Strafmaßes sind hingegen davon überzeugt, daß sie die Zahl der Verbrechen vermindert. Ob sie nun diese Wirkung hat oder nicht – zur Todesstrafe gehört jedenfalls die Beseitigung eines Lebens, sei es zur Abschreckung, sei es zur Vergeltung. Aber Vergeltung führt unvermeidlich zu Widervergeltung und setzt eine Reihe von bösen Taten in Gang. Ich bin der Überzeugung, daß das Leben als absolute Einheit, der die höchste Achtung gebührt, niemals als Mittel benutzt werden darf, etwas anderes zu erreichen als das Leben selbst. Die Würde des Lebens ist Zweck an sich; wenn sich die Gesellschaft schützen muß, tut sie daher besser, Maßnahmen zu ergreifen, die das

Leben nicht verletzen. Die Verhängung der Todesstrafe als Abschrek-kung offenbart eine bedauerliche Tendenz, unter der die Menschheit lange genug gelitten hat und die heute wieder anzusteigen scheint. Es ist die Neigung, das menschliche Leben geringzuschätzen.

Eine der Hauptursachen dieser Unterbewertung des Lebens ist der Krieg. In fast allen Fällen werden Kriege im Interesse des Staates geführt; Menschenleben werden nur als Mittel zum Zweck des Sieges, also wie Gebrauchsgegenstände betrachtet. Keine von Menschen begangene Untat ist so abscheulich. Solange diesem ungeheuerlichen Verbrechen nicht Einhalt geboten wird, werden auch die anderen Untaten der Menschen sich ungehemmt verbreiten.

Toynbee: Ich hoffe, daß die Todesstrafe in allen Ländern abge-schafft werden wird, und zwar aus zwei triftigen Gründen. Kein Mensch hat das moralische Recht, einen anderen seines Lebens zu berauben. Sie haben mit Recht darauf hingewiesen, daß die Abschaf-fung der Todesstrafe die gleichzeitige Abschaffung des Krieges erfor-dert. Es ist unlogisch, zu meinen, wir hätten kein Recht, einen einzel-nen Menschen, auch wenn er ein schweres Verbrechen begangen hat, hinzurichten, doch es gleichzeitig für legitim zu halten, im Kriege zahllose Menschen auf grausame und barbarische Weise umzubrin-gen. Soldaten, die sonst ihren Mitmenschen kein Haar krümmen würden, werden gezwungen, die Soldaten des sogenannten Feindes zu töten, gegen die sie keinerlei persönlichen Groll hegen. Der Krieg mordet nicht nur die Menschen, er macht sie auch zu Mördern; und er begeht diese beiden Verbrechen nicht vereinzelt, sondern massenhaft.

Der zweite triftige Grund für die Abschaffung der Todesstrafe und des Krieges ist der, daß das Töten unwiderruflich ist. Solange der Mensch lebt, kann er sich bessern, selbst wenn er ein Krimineller ist, der wiederholt schwere Verbrechen begangen hat.

Ikeda: Ich pflichte Ihnen bei, daß nicht nur der Todesstrafe, son-dern auch dem Krieg ein Ende gemacht werden muß. Sollte dies gegenwärtig undurchführbar sein, müßte wenigstens die nukleare Kriegführung verboten werden. Man muß nicht nur gegen die Todes-strafe, sondern vor allem gegen das größte denkbare Verbrechen, den Mord mit Atomwaffen, eine feste Haltung einnehmen und das Übel mit der Wurzel ausrotten.

Ich begrüße freudig die weltweiten Bemühungen, die Todesstrafe gänzlich abzuschaffen, aber noch lieber würde ich die Menschheit einen Schritt weiter gehen und eine Gesellschaft schaffen sehen, in der die Todesstrafe unnötig wäre, weil keine schweren Verbrechen mehr verübt werden. Zum Wohle der Gesellschaft müssen wir den Trend der Geringschätzung des Lebens aufhalten und zugleich auf Maßnahmen zur Verringerung der Verbrechen bedacht sein. Als eine von mehreren wäre ich dafür, mit Geduld zu versuchen, das Gewissen derjenigen zu wecken, die Verbrechen begehen, und sie von dem Unrecht, das sie tun, zu überzeugen. Unter keinen Umständen dürfte dem Staat erlaubt sein, die Todesstrafe zu verhängen, denn wenn er das tut, wird er selber zum Mörder. Wenn eine Bestrafung absolut nötig ist, muß, wie ich schon erwähnte, eine andere Art der Sühne gefunden werden.

Toynbee: In einem Land, das auf die Todesstrafe verzichtet, kann die Alternative nicht darin bestehen, daß man dem Verurteilten das gleiche Maß an persönlicher Freiheit beläßt, auf das Bürger, die sich nichts zuschulden kommen ließen, moralisch und gesetzlich Anspruch haben. Wenn wir meinen, daß auch ein Mörder das Recht auf Leben hat, müssen wir auch einsehen, daß seine Mitmenschen das Recht auf Schutz vor dem Risiko haben, von ihm umgebracht zu werden. Ein verurteilter Mörder muß daher eingesperrt bleiben, bis vermutet wird – und es wird immer eine Vermutung, keine Gewißheit sein –, daß er in Freiheit keine Gefahr mehr für andere bilden wird. Der Zweck der Haft darf nicht Vergeltung sein, sondern Vorbeugung und über diesen negativen Zweck hinaus Erziehung und Besserung. Das Gefängnis sollte soweit wie möglich eine Schule sein, wo man den Verbrecher lehrt, sich selbst zu erziehen und zu bessern. Aber wieweit ist das durchführbar? Erziehung wirkt nur im richtigen Verhältnis zum Grad der Freiwilligkeit; Zwang erweckt wie bei allen menschlichen Beziehungen nur Widerstand. Eine Schule, die ein Gefängnis ist, ist eine Schule, in der der Zwang und das durch Zwang hervorgerufene Ressentiment ein Höchstmaß erreichen, sowohl objektiv wie im Bewußtsein des Gefangenen.

Ikeda: Nur Erzieher mit ungewöhnlicher Begeisterung und Hingabe an ihre Aufgabe und an die ihnen Anvertrauten werden diese

zugestandenermaßen großen Hindernisse auf dem Wege einer sinn-
vollen Sozialisation hinter Gittern überwinden können. Ich stimme
Ihrer Interpretation eines auf Besserung bedachten Strafvollzuges zu
und teile Ihre Hoffnung, daß die Todesstrafe in allen Ländern abgeschafft werden wird; aber ich bin überzeugt, daß sich der Geist
religiöser Gnade über die ganze Welt ausbreiten muß, ehe dies geschehen kann. Nur dann wird die Menschheit sich der Bedeutung der
Würde des Lebens bewußt werden, nur dann zur Erkenntnis der
Erhabenheit des Lebens erwachen.

Selbstmord und Euthanasie

Ikeda: Meinen Sie auch, daß es im Widerspruch zu der fundamentalen
Würde des Lebens steht, Selbstmord zu begehen?

Toynbee: Einen anderen Menschen seines Lebens zu berauben ist
das Schlimmste. Die Entscheidung, ob man seinem eigenen Leben ein
Ende setzen soll oder nicht, muß meiner Meinung nach der Entscheidung, allerdings der wohlerwogenen, jedes einzelnen überlassen bleiben. Ebenso hängt es von den jeweiligen Umständen ab, ob man
Selbstmord billigen soll oder nicht.

Wenn jemand geistesgestört ist, sollte man ihn daran hindern,
Selbstmord zu begehen, soweit es möglich ist. Auch wenn er bei
gesundem Verstand ist, sollte man ihn nach Möglichkeit zurückhal-
ten, wenn er unbedacht auf Schwierigkeiten reagiert, die ihm im
Augenblick unerträglich erscheinen, aber nach dem Urteil anderer
behoben werden können. Die Unwiderruflichkeit des Todes spricht
zugunsten einer solchen Bemühung, so wie sie gegen die Todesstrafe
und gegen den Krieg spricht. Die vorsätzliche Lebensverkürzung,
durch einen selber als auch durch andere, ist in allen Fällen unerwünscht, wenn das Wort »solange Leben ist, besteht Hoffnung«
zutrifft.

Es gibt jedoch auch Fälle, in denen keine Hoffnung mehr besteht,
obwohl das Leben noch nicht erloschen ist. In solchen Fällen sollte,
wenn der Betreffende im Besitz seiner Geisteskräfte ist, einem wohlbe-
dachten Wunsch zu sterben nicht zuwidergehandelt werden. Wenn

jemand in einer solchen Situation um Sterbehilfe bittet, sollte sie ihm gewährt werden; und wenn er es vorzieht, Selbstmord zu begehen, sollte man ihn nicht daran zu hindern suchen.

Ikeda: Ich betrachte Lust und Schmerz als komplementär im logischen Sinne und als gleichberechtigt im moralischen. Ich glaube, die Menschen müssen davor gewarnt werden, ihr Leben um der Lust willen zu opfern (wie es manchmal bei Rauschgiftsucht geschieht), und davor, es zu opfern, um dem Schmerz zu entgehen.

Toynbee: Für mich ist die Euthanasie nicht der Tötung eines Menschen, um ihn zu bestrafen oder andere vor ihm zu schützen, gleichzusetzen, sondern eine Gnadenhandlung. Ein Mensch, der bei Verstand ist, kann den Wunsch haben, zu sterben, und um den Tod bitten, weil er das Leben unerträglich findet; ein schmerzlicher Verlust oder sein eigenes Versagen mögen der Grund dazu sein. Oder er kann das Gefühl haben, daß es mit seiner Menschenwürde nicht vereinbar ist, anderen zur Last zu fallen oder kostspielige ärztliche Betreuung in Anspruch zu nehmen, die besser anderen Patienten zugute käme. Sollte man den Todeswunsch eines solchen Menschen ignorieren? Ich glaube nicht. Die Zurückweisung seiner Bitte wäre unter diesen Umständen eine Verletzung der Menschenwürde, auf deren Achtung er ein heiliges Recht hat.

Die Frage ist schwerer zu beantworten in solchen Fällen, wo der Patient zwar unerträglich leidet, physisch oder psychisch oder beides, aber nicht im vollen Besitz seines Verstandes ist. Da muß die Entscheidung für den Patienten von anderen Leuten oder Instanzen getroffen werden: den Freunden und Verwandten, der ärztlichen Wissenschaft, der Vormundschaftsbehörde. Wir würden keine Bedenken haben, ein nichtmenschliches Wesen aus seinem Elend zu befreien; und hat nicht ein menschliches Wesen den gleichen moralischen Anspruch? Wenn wir zögern, mit Ja zu antworten, so ist es darum, weil wir die Tötung eines Menschen für schwerwiegender halten als die Tötung eines Tieres. Aber ist dieses Zaudern nicht feige und tadelnswert, wenn der Patient unerträglich leidet und keine Aussicht auf Heilung, nicht einmal auf Linderung hat?

Wenn wir unter diesen Umständen zögern zu töten, müssen wir dann nicht auch zögern, alles zu unterlassen, was den Patienten am

Leben erhält? Die medizinische Wissenschaft hat in der letzten Zeit bisher unbekannte Mittel und Wege gefunden, Todkranke physisch am Leben zu erhalten. Ist es nicht ein Mißbrauch dieser neuen Errungenschaft, wenn man damit Leben künstlich verlängert, das fortzusetzen nicht barmherzig, sondern unbarmherzig wäre? In einem solchen Falle ist es bestimmt vernünftiger, den Patienten sterben zu lassen. Wenn wir aber jemanden sterben lassen, den wir am Leben zu erhalten imstande sind – ist dies dasselbe, wie ihn zu töten?

Die Frage, ob die Sterbehilfe berechtigt ist bei Personen, die geistesgestört und daher nicht imstande sind, um einen Gnadentod zu bitten oder ihn abzulehnen, ist so schwer zu beantworten, daß nach meiner Meinung die annehmbarste Lösung eine Entscheidung ad hoc ist, die von Fall zu Fall von einem Gremium verantwortlicher Leute zu treffen wäre. Die Zusammensetzung eines solchen Gremiums müßte gesetzlich geregelt werden; aber das Gesetz dürfte nicht im voraus die Entscheidungen festlegen, die das Gremium treffen wird.

Ikeda: Wenn wir davon ausgehen, daß der Euthanasie unter bestimmten Bedingungen beizustimmen ist, scheint mir Ihr Vorschlag überzeugend. Demungeachtet kann ich die Lebensverkürzung durch physikalische, chemische oder irgendwelche andere äußere Mittel nicht billigen. Ich halte es jedoch wie Sie für sinnlos, sich zu bemühen, das Leben von hoffnungslos Kranken zu erhalten, die nur noch vegetieren und deren Gehirn nicht mehr funktioniert oder deren Körper ohne Hilfe keine Nahrung mehr zu sich nehmen kann, auch wenn die moderne ärztliche Wissenschaft ein solches sinnloses Leben verlängern kann. Ich stimme mit Ihnen in diesem Punkt überein, weil ein Mensch, wenn er sich in einem solchen Zustand befindet, nicht mehr als menschliches Leben funktioniert und in einem gewissen Sinne längst tot ist.

Bei meiner Kritik an der Euthanasie denke ich weniger an die hoffnungslos Kranken, sondern an solche, die zwar zeitweise wirklich unerträglich leiden, jedoch noch eine Lebensspanne vor sich haben, in der sie vielleicht Lohnendes oder sogar Glanzvolles vollbringen können. Der Leidende mag diese Möglichkeit nicht sehen; daher ist es die Pflicht derer, die um ihn sind, ihn so überzeugend wie möglich darauf aufmerksam zu machen. Ich erkenne durchaus an, daß die Freiheit, einem anderen Sterbehilfe zu leisten, damit er von einem unerträglichen Schmerz befreit wird, oder sich selbst in einem solchen Fall den Tod zu geben, die logische Fortführung humanistischen Denkens ist; aber ich fürchte, diese Idee könnte, wenn man sich ihr nicht mit der äußersten Vorsicht nähert, in jene Unterbewertung des Lebens ausarten, die ich oft verurteilt habe.

Wenn sich die Menschen mit der Euthanasie befreunden, wäre es dann nicht denkbar, daß alte Leute, die nach einer schweren Krankheit bettlägerig sind und angewiesen auf die Pflege anderer, für die sie nichts als Gegenleistung tun können – daß sie schon die Tatsache, daß sie noch am Leben sind, als Schuld empfinden? Sieht man in solchen Fällen die Euthanasie als einen Akt der Barmherzigkeit an, dann könnte diese Betrachtungsweise leicht dazu führen, daß die Gesellschaft das Gefühl des Mitleids verliert.

Ich glaube, es müssen alle erreichbaren Mittel angewandt werden, um das Leiden zu mildern. Zu diesem Zweck ist keine Mühe zu gering. Aber menschliches Tun darf nicht das dem Leben innewohnende Recht auf Fortbestand verletzen.

Lust und Schmerz haben keine Würde in sich, während das Leben eine Würde besitzt, für die es nichts Gleichwertiges gibt; und keine Lust und kein Schmerz wiegen soviel wie die Würde des Lebens.

Toynbee: Aber wenn, wie Sie vorschlagen, der menschliche Wunsch, ein unerträglich gewordenes Leben zu beenden, kontrolliert werden müßte – sollten diese Kontrollen amtlich sein? In England kann man heute Selbstmord nur heimlich begehen, was mir unhuman und als eine Verletzung der Menschenwürde erscheint. Nehmen wir an, ich selber hätte den wohlerwogenen Entschluß gefaßt, mir das Leben zu nehmen – ich würde es sicher empörend finden, wenn ich es nur tun könnte, indem ich andere Leute betrüge.

Ich hatte zwei Freunde, die ihrem Leben ein Ende gemacht haben, beide nach einer wohlerwogenen Entscheidung, die ihnen moralisch richtig schien und auch mir so scheint. Der eine, eine Frau, war Künstlerin und hatte einen Schlaganfall erlitten. Sie wußte, daß sie nie wieder imstande sein würde, ihre Kunst auszuüben, und daß sie für den Rest ihres Lebens pflegebedürftig sein würde. Vor dem Schlaganfall hatte sie der Welt in ihren Kunstwerken etwas Positives, etwas

Wertvolles gegeben; danach mußte sie unfreiwillig viel nehmen, ohne etwas dafür geben zu können. Das war für sie mit ihrer Menschenwürde unvereinbar, und so machte sie einem Leben ein Ende, das, wie sie meinte, aus einem Pluswert zu einem Minuswert für sie selbst und für ihre Mitmenschen geworden war. Der andere Freund war Schriftsteller gewesen und plötzlich unheilbar blind geworden.

Beide hatten Vorkehrungen treffen müssen, ihren Entschluß so auszuführen, daß er nicht entdeckt und verhindert werden konnte. Es ist ihnen beiden gelungen; aber daß etwas Derartiges notwendig war, hat die Tragik der Situation verschlimmert, und dies war nach meinem Gefühl für sie ein nicht zu rechtfertigender zusätzlicher Schmerz. In Fällen wie diesen beiden halte ich den Freitod für legitim und ihnen Hindernisse in den Weg zu stellen für Unrecht.

Ikeda: Die Fälle ihrer Freunde erregen Mitgefühl; ich bleibe jedoch dabei, daß man sein eigenes Leben mit der gleichen hohen Ehrfurcht wie das eines anderen betrachten muß. Begabung und Denkfähigkeit bilden nur einen Teil der Totalität des Daseins. Die Vorstellung, ein Mensch müsse aufhören, ein bedeutsames Leben zu führen, wenn er sich seiner Talente nicht mehr bedienen kann, ist ein zu enger Maßstab für das Leben. Sollte diese Überzeugung um sich greifen, dann könnte es dahin kommen, daß unbegabte Menschen von sich selber und anderen für lebensunwert erachtet werden. Wie Sie sagen, kann es aus moralischen Gründen nicht löblich sein, sich an das Leben zu klammern, wenn man anderen zur Last fällt. Dennoch bin ich im Zweifel, ob sogar Menschen, die in diese extrem unglückliche Lage geraten sind, sogleich den Tod wählen sollten.

Unbestreitbar gibt es Leute, die versuchen, ihr Leiden zu beenden und Freiheit zu finden, indem sie freiwillig in den Tod gehen. Aber ist das, was sie auf diese Weise erlangen, die wahre Freiheit? Wenn das Leben dem Willen des Menschen zuwiderläuft und zur Knechtschaft wird, scheint die Freiheit, der Drangsal zu entrinnen, zu schwinden. Alles, was bleibt, ist die sogenannte Freiheit, sich für »Sein oder Nichtsein«, wie Hamlet sagt, zu entscheiden. Unter diesen Umständen bedeutet die Wahl des Todes die Flucht vor den »Pfeil' und Schleudern des wütenden Geschicks«.

Ob man Selbstmord und Euthanasie willkommen heißt oder ablehnt, hängt letztlich von des Betreffenden Religiosität ab – oder von seiner Anschauung von Leben und Tod. Zum Beispiel fühlten sich im früheren Japan, wo die Ehre des Namens in höchster Achtung stand, die Samurai berechtigt – und manchmal gezwungen –, Harakiri zu begehen, um ihren Namen von Schande reinzuwaschen. Im Gegensatz dazu wurde in den christlichen Ländern des Abendlandes der Selbstmord durch die religiöse Lehre verboten (während ironischerweise gegen die Tötung im Zweikampf zum Zwecke der Wiederherstellung der Ehre keine ernsthaften Bedenken bestanden). Sie sagten vorhin, wer in England Selbstmord begehen will, muß es heimlich tun. Ich vermute, es liegt ein religiöses Element in den gesellschaftlichen Verhältnissen, die eine solche Geheimhaltung notwendig machen.

Toynbee: Es gibt in Großbritannien einen historischen Grund, warum der Selbstmord mißbilligt und grausam und erniedrigend erschwert wird. Nach der christlichen Lehre begeht ein Mensch, der sich das Leben nimmt, eine Gotteslästerung; denn er maßt sich göttliche Vorrechte an. Gott allein hat das Recht, den Augenblick zu bestimmen, in dem ein Mensch sterben soll.

Ich glaube nicht an die Existenz eines menschenähnlichen Gottes. Wenn ich an seine Existenz glaubte, wäre ich nicht in der Lage zu wissen, welche Rechte hinsichtlich des menschlichen Tuns er sich vorbehält. Ich würde indessen annehmen, daß Gottes hypothetische Anordnungen folgerichtig sind, und wenn er dem Menschen untersagt, sich selber zu töten, er ihm auch *a fortiori* verbietet, andere Menschen umzubringen, sei es im Kriege oder indem er für Verbrechen die Todesstrafe verhängt. Umgekehrt würde ich auch vermuten, daß Gott keine ärztliche Hilfe und Krankenhauspflege billigt. Die Lebensverlängerung durch menschliches Zutun wäre nicht weniger als die Lebensverkürzung durch menschliches Eingreifen eine Gotteslästerung, wenn es zuträfe, daß Gott allein das Recht hat, die Lebensspanne des Menschen zu bestimmen.

Ikeda: Der buddhistische Standpunkt ist ganz anders. Nach unserem Denken ist es die große Lebenskraft, die Ehrfurcht verdient, nicht irgendeine anthropomorphe Gottheit. Infolgedessen ist es wegen der Würde des Lebens ein Unrecht, zu töten; aber es ist gut, das Leben soweit wie möglich zu verlängern, solange dafür kein anderes Menschenleben geopfert werden muß. Habe ich recht in der Annahme, daß auch bei Christen, bis zu einem gewissen Grade jedenfalls, darin Übereinstimmung besteht, daß es unrecht ist, Leben zu beenden – einerlei wessen Leben –, aber nicht, Leben zu verlängern?

Toynbee: Ja, doch im allgemeinen folgt die christliche Praxis nicht immer der christlichen Theorie. Ein Selbstmörder darf nicht auf geweihtem Boden neben einer Kirche begraben werden. Andererseits wird ein Soldat, der getötet wurde, während er bemüht war, feindliche Soldaten zu töten, nach christlichem Ritus bestattet und bekommt vielleicht sogar ein Denkmal zu seiner Ehre. Die Christen haben Hochachtung vor dem Heilberuf. (Die Christian Science, die ihren Anhängern verbietet, ärztliche Hilfe in Anspruch zu nehmen, bildet eine Ausnahme.)

Ich selber wurde als Christ geboren, doch in der vorchristlichen griechischen und römischen Geschichte und Literatur erzogen, und das hatte einen größeren Einfluß auf mich als meine angestammte christliche Religion. In der Antike war der Selbstmord nicht tabu. Die Griechen und Römer hielten den Freitod für ein grundlegendes Menschenrecht; und sie meinten auch, er sei in gewissen Situationen der einzige mit der Menschenwürde vereinbare Ausweg, und wer unter solchen Umständen Selbstmord beging, wurde hochgeachtet. Zum Beispiel ehrte man den griechischen Philosophen Demokrit nicht nur für seine geistigen Leistungen – er war der Schöpfer einer Atomtheorie über den Aufbau der Materie –, sondern auch, weil er es ablehnte, weiterzuleben, als er merkte, daß seine Geisteskräfte nachließen. Man sagt, er soll sich vorsätzlich zu Tode gehungert haben; und niemand kam auf den Gedanken, ihn gewaltsam zu ernähren, um ihn am Leben zu halten. Cato, ein politischer Gegner Julius Cäsars, wählte den Tod, um nicht unter Cäsars verfassungswidriger Militärdiktatur leben zu müssen. Er war kein sehr geschickter und erfolgreicher Politiker gewesen; doch dank des Ruhmes, den er sich durch seinen Freitod um der Menschenwürde willen erworben hatte, wurde er posthum für die folgenden anderthalb Jahrhunderte als der stärkste Opponent des autokratischen römischen Regimes betrachtet.

Viele moderne Abendländler, darunter auch ich, vermuten, daß der Billigung des Freitodes um der Menschenwürde willen durch die

Griechen und Römer die gleiche Haltung in Indien und Ostasien in allen Zeiten entspricht. Ich habe gelesen, daß unter dem kaiserlichen Regime in China ein Zensurbeamter, der sich verpflichtet fühlte, den herrschenden Kaiser zu kritisieren, diese Haltung dadurch bekräftigte, daß er seinem Leben ein Ende setzte. Ich hörte, daß die siebenundvierzig Ronin in Japan sehr bewundert wurden und daß die südbuddhistischen Mönche, die sich während der amerikanischen Besetzung in Südvietnam selbst verbrannten, einen ähnlichen postumen Einfluß gehabt haben sollen, wie ihn Cato in Rom gehabt hatte. Oder ist mein Eindruck falsch, weil ich zu wenig darüber weiß?

Ikeda: Wie Sie sagen, ist der Selbstmord in China und Japan von alters her ziemlich verbreitet gewesen und hat einen beträchtlichen Einfluß auf die Sitten dieser Völker ausgeübt. Besonders in Japan, als der Ehrenkodex der Samurai herrschte, wurde der Freitod als Teil einer gehobenen Moral gepriesen. Heute steht in Japan Beihilfe zum Selbstmord unter Strafe, aber nicht der Freitod selber oder der Versuch, sich zu töten. Ebenso könnte man wahrscheinlich viele Beispiele von Euthanasie aufführen. In der Meidschiära schrieb ein führender Autor, der auch Arzt war, einen Roman über einen Mann, der angeklagt wurde, weil er Sterbehilfe geleistet hatte.

Ich glaube, wir können, abgesehen vom politischen, einen ideologischen Grund für die Selbstopferung der vietnamesischen Mönche finden. Vermutlich hat die südbuddhistische Lehre, daß das Fleisch an sich unrein ist, diese Männer bis zu einem gewissen Grade beeinflußt.

Der nördliche Buddhismus hingegen erklärt, daß alles Leben ein kostbares Gefäß ist, das die Buddhanatur oder die Buddhawelt enthält. Mit anderen Worten: Das Leben selber ist ein Wert ohnegleichen, und über diesen Wert hinaus ist es doppelt kostbar, weil die Buddhanatur darin latent ist. Die Buddhawelt mag kurz folgendermaßen umrissen werden: Sie ist die Weisheit, die die letztgültige Natur des Universums und der Lebenskraft bestimmt; sie ist die Einheit, welche die unbegrenzte Lebenskraft enthält, die eins ist mit dem Einzelleben; sie ist der Quell aller wahren Glückseligkeit. Obwohl sich in der buddhistischen Literatur kein Hinweis auf das ausdrückliche Verbot von Selbstmord und Euthanasie findet, kommt auf der Grundlage des buddhistischen Glaubens an die Würde des Lebens ihre Billigung nicht in Frage. Wenn wir erörtern wollen, ob diese Handlungen gerechtfertigt sind, müssen wir die Beantwortung der Frage aus dem Verständnis der buddhistischen Lehre heraus versuchen.

Der Buddhismus setzt voraus, daß das Leben wie das Karma durch Vergangenheit, Gegenwart und Zukunft hindurch besteht. Das Leiden endet nicht mit dem Tode, sondern dauert, im Karma enthalten, auch nach dem Tode an. Das Karma wandelt sich nie, es sei denn, der Mensch verändert es durch eigene Kraft. Dieses buddhistische Konzept macht offensichtlich alle Rechtfertigungsgründe für eine Sterbehilfe hinfällig, da das Leiden, dem das Todesverlangen entspringt, auch nach dem Tode nicht aufhört. Ich lehne den Selbstmord ab, weil nach den buddhistischen Grundsätzen das Leben ein Gefäß ist, das den kostbarsten aller Schätze birgt.

Natürlich ist es unmöglich, die Kontinuität des Lebens objektiv zu beweisen. Infolgedessen muß die Einstellung zu Euthanasie und Selbstmord von dieser objektiv nicht beweisbaren Voraussetzung aus eine Glaubenssache bleiben. Aber solange das Menschenleben als unschätzbar und unersetzlich gilt, darf eine willkürliche Tat, es zu beenden, nicht entschuldigt werden.

Toynbee: Die Griechen und Römer haben wie die Chinesen und Japaner den Freitod und die Sterbehilfe gutgeheißen; eine Verbindung der beiden stellt das Harakiri dar, in welchem dem sadistischen Bauchaufschneiden unmittelbar die barmherzige Enthauptung folgt. Sie sind der Meinung, die ostasiatische und die vorchristliche westeurasische Haltung sei mit der buddhistischen Lehre ebensowenig wie mit der christlichen vereinbar.

Meine hellenische Erziehung hat meine christliche Herkunft verdrängt. Demgemäß halte ich Freitod und Sterbehilfe für unveräußerliche Menschenrechte. Ich finde, die Würde des Menschen wird von anderen verletzt, wenn sie ihn gegen seinen Willen am Leben erhalten, vielleicht aufgrund von Prinzipien, an die diese anderen Leute glauben, der Betroffene jedoch nicht. Ich meine auch, daß ein Mensch seine eigene Würde verletzt, wenn er es unter besonderen Umständen unterläßt, sein Leben selber zu beenden.

Sie und ich stimmen überein, daß die Menschenwürde der höchste menschliche Wert ist; aber wir sind über die Beziehung zwischen Menschenwürde und Selbstmord und Euthanasie nicht einig.

Ikeda: Ich bestreite nicht Ihre Erklärung, daß der Mensch das Recht hat, sich selbst zu töten; aber ich gehe nicht davon ab, daß die Entscheidung, wann dem Leben ein Ende gesetzt wird, der Lebenskraft selber überlassen werden sollte. Verstand, Vernunft und Gefühl sind oberflächliche Attribute der Lebenskraft, aber nicht die Lebenskraft selber. Sie haben sie zu schützen und dahin zu wirken, daß sie sich auf erhabenere Weise manifestieren kann. Und so haben Verstand, Vernunft und Gefühl nicht das Recht, das ganze Leben zu zerstören oder zu entscheiden, wann es enden soll. Nur das Leben selber hat dieses Recht; es kann sich selber beenden als das Ergebnis des Karmas der Vergangenheit oder vielleicht als Folge einer Funktionsstörung des physischen Mechanismus. Was auch immer der Grund sein mag, das Lebensende wird jenseits des menschlichen Bewußtseins bestimmt und ohne Beziehung zu Verstand und Gefühl.

Wenn natürlich Verstand, Vernunft und Gefühl zu den erhabeneren Manifestationen der Lebenskraft beitragen sollen, müssen sie um Gerechtigkeit, Mut und Güte bemüht sein. Auch wenn im Streben nach diesen Idealen Dinge auftauchen, die die totale Lebenskraft bedrohen, muß man es gelten lassen. Die Gerechtigkeit verdrehen, der Feigheit anheimfallen und andere opfern, um sich selber zu schützen, läuft auf eine Verletzung der Würde der Lebenskraft hinaus. Demgemäß lehrt sogar der Buddhismus, daß der Mensch sein Leben gern darangeben muß, wenn es aus altruistischen Gründen geschieht, um die Gerechtigkeit zu schützen. Die Ideen, die Sie mit Beispielen aus der Antike und speziell mit dem Catos veranschaulicht haben, sind von Mut, Gerechtigkeit und hoher Menschenwürde getränkt. In diesem Sinne ist Cato zu loben, und der Standpunkt, den er vertritt, verdient Beifall. Doch der Selbstmord ist und bleibt ein Vergehen. Cato mag Cäsar einen psychologischen Schock versetzt haben, als er sich das Leben nahm; aber er hat dadurch Rom nicht vor der Diktatur bewahrt. Hätte er sich entschlossen, weiterzuleben und weiterzukämpfen, wäre er wahrscheinlich unterlegen. Aber er hätte den Menschen in späteren Generationen, die die Freiheit liebten, ein eindrucksvolles Beispiel gegeben.

II
Das politische Leben

6
Die zweite Hälfte dieses Jahrhunderts

Die Vereinigten Staaten

Der Pioniergeist

Ikeda: Viele Leute meinen, daß die amerikanische Niederlage in Vietnam nicht nur eine politische und militärische, sondern auch eine moralische Niederlage war. Wenn dies zutrifft, dann fragt man sich, welche Bedeutung sie für die Zukunft der Vereinigten Staaten haben wird. In Europa muß eine große Zahl von Nationen und Völkern versuchen, auf beschränktem Raum einträchtig miteinander zu leben. Das ist in Amerika nicht der Fall. Die Weite und Größe des Kontinents hat den sogenannten Pioniergeist hervorgerufen; doch dieser Geist, ursprünglich ein Geist der Herausforderung an die Unbilden und Härten des unerschlossenen Landes, scheint die Existenz anderer Völker zu ignorieren. Wenn die Amerikaner nicht umhin können, sich mit anderen Nationen und Völkern zu befassen, dann meldet sich der Pioniergeist, indem er versucht, die gewaltige Macht der Vereinigten Staaten zur Geltung zu bringen. Die Niederlage in Vietnam ist vielleicht ein Anzeichen dafür, daß dieser Pioniergeist in eine Sackgasse geraten ist.

Toynbee: Die Amerikaner sind in ihrer Haltung zu anderen Ländern lange Zeit geneigt gewesen, die Menschen überhaupt nicht zu sehen. Bei dem Gedanken an den nordamerikanischen Kontinent als eine unbevölkerte Region von wilden Tieren, Wäldern und Wüsten haben sie die Eingeborenen nicht in Betracht gezogen; sie waren für sie nichts weiter als ein Teil der Flora und Fauna. Dieser Geist – der sogenannte Pioniergeist – bestimmte auch die amerikanische Außenpolitik und kam in Vietnam zum Ausdruck. Die Entdeckung, daß die Vietnamesen nicht zur Flora und Fauna gehören, hat den Amerikanern einen Schock versetzt. Die Niederlage in Vietnam war in der Tat eine moralische und, was wichtiger ist, eine Lehre, die sich, wie ich hoffe, die Amerikaner zu Herzen nehmen werden.

Aber wir Europäer haben keinen Grund zur Selbstgefälligkeit, denn in unseren Beziehungen zueinander ist nicht immer alles harmonisch verlaufen. Nicht alle europäischen Nationen können sich eines so einträchtigen Zusammenlebens von Völkern verschiedener Sprachen und Religionen rühmen wie die Schweiz. In Belgien zum Beispiel ergeben sich aus der Rivalität der französischen und flämischen Sprachgruppen ernsthafte Probleme. Wir Europäer haben kein Recht, uns auf unsere Eintracht etwas einzubilden.

Ikeda: Wahrscheinlich gibt es nur wenige Fälle, wo verschiedene Rassen über einen längeren Zeitraum in einem einzigen Land in vollkommener Harmonie zusammengelebt haben. Manchmal geht es eine Weile schlimm zu, dann bessern sich die Verhältnisse; in anderen Fällen herrscht eine Zeitlang Eintracht zwischen den Völkergruppen, bis sich etwas ereignet, das die Lage verändert. Das Beispiel der in Japan lebenden Koreaner gehört in die zweite Kategorie. Im Altertum und im Mittelalter wurden die Koreaner in Japan als Vertreter einer fortgeschrittenen Kultur begrüßt und geehrt; aber später gingen die Japaner dazu über, sie mit Herablassung und schlimmer zu behandeln. Nach dem Zweiten Weltkrieg hat sich die Lage gebessert; doch das Problem ist noch nicht ganz aus der Welt geschafft.

Der Mangel an Rassenharmonie in den Vereinigten Staaten hat eine besondere Bedeutung, weil er sich nachhaltig in der amerikanischen Weltpolitik spiegelt, und er ist noch wichtiger wegen des großen Einflusses der amerikanischen Politik auf die aller anderen Nationen.

Toynbee: Es ist wahr, daß der Pioniergeist und die damit verbundenen Vorurteile die Vereinigten Staaten dazu verführt haben, ihre Fehler zu vergrößern, indem sie sie auf das Gebiet der Weltpolitik projizierten. Ich glaube, sie werden ihren Pioniergeist in Südostasien aufgeben müssen. Er hat sich in Vietnam als unheilvoll erwiesen und einen Streit über Kambodscha zwischen dem Präsidenten und dem Kongreß zur Folge gehabt.

Mit Israel verhält es sich anders, und zwar aus verschiedenen Gründen. Da ist erstens der Einfluß der amerikanischen Juden auf die

Entschlüsse der amerikanischen Politiker; zweitens die – für einen Rationalisten wie mich – phantastische, aber unleugbare, in einigen amerikanischen religiösen Kreisen herrschende Überzeugung, daß Israel das verheißene Land wie im Alten Testament ist und daher rechtens den Juden gehört. Die Gruppen, die diese Ansicht vertreten, sind die altmodischen sogenannten Bibelchristen, die in den USA recht zahlreich sind. Schließlich wird die Haltung der Amerikaner zu Israel von ihrem Pioniergeist bestimmt, indem sie die Araber wie schon die Indianer als ein Volk ohne Rechte angesichts der überlegenen Israelis ansehen. Solange es von den Amerikanern unterstützt wird, kann Israel es sich leisten, einem gerechten Kompromißfrieden mit den Arabern Widerstand entgegenzusetzen. Aber durch ein seltenes Glück haben die Araber einen immensen Handelsvorteil; sie besitzen zufällig die bei weitem größten Ölquellen der Welt. Überall sonst wird das Öl knapp, und es steht dahin, ob die Amerikaner willens sind, ihren Ölverbrauch für Auto und Heizung um Israels willen einzuschränken.

Sowohl die Vereinigten Staaten als auch die Sowjetunion möchten gern ihre Beziehungen zueinander verbessern; aber solange der Nahe Osten eine Gefahrenzone bildet, könnte zwischen den beiden Großmächten der Krieg gegen ihren Willen ausbrechen. Es liegt in jedermanns Interesse, die arabisch-israelische Frage zu klären; dazu müssen aber die Amerikaner ihre derzeitige emotionelle und meiner Ansicht nach vernunftwidrige Haltung zu Israel und den Arabern ändern. Ein solcher Wandel wird auch eine Revision des Pioniergeistes mit sich bringen.

Das Unbehagen in der Außenpolitik

Ikeda: Zweifellos sind die Vereinigten Staaten ein bedeutender Brennpunkt in der Weltgeschichte dieses Jahrhunderts gewesen. Die Rolle, die sie im Zweiten Weltkrieg gespielt haben, als sie einem vom Faschismus heimgesuchten Europa Demokratie und Freiheit brachten, ist besonders rühmenswert. Andererseits kann man nicht die Fehler übersehen, die sie gemacht haben, als sie die Welt in den kalten

Krieg mit der Sowjetunion und in die Korea- und Vietnamkriege hineingezogen haben. Sogar in den USA selber haben Antikriegsbewegungen dazu beigetragen, dem Krieg in Vietnam – dem »schmutzigen Krieg« – ein Ende zu machen. Wir können nur gespannt sein, welchen Weg die USA in der Weltpolitik in Zukunft gehen werden; ob sie sich auf die in der Monroedoktrin festgelegte Stellung zurückziehen, oder ob sie versuchen werden, Führungsrechte in einer Welt, in der sie eine Supermacht darstellen, aufrechtzuerhalten.

Toynbee: In der Neutralitätsakte, die zu Beginn des Zweiten Weltkrieges vom Kongreß verabschiedet wurde, erklärten die Vereinigten Staaten ihren Entschluß, sich aus dem Krieg herauszuhalten. Wäre nicht Pearl Harbor gewesen, hätten sie nie am Krieg teilgenommen. Überraschend jedoch haben sie nach dem Krieg und bis zum heutigen Tag eine aktive Weltpolitik betrieben, die ihrer ganzen früheren Politik, die mit der berühmten Warnung der Gründerväter gegen fremde Einmischung begann, entgegengesetzt ist.

Hier sei festgestellt, daß die aktiv gewordene amerikanische Außenpolitik vorwiegend gegen die Kommunisten und speziell gegen die Sowjetunion gerichtet ist. Obwohl die USA in zwei Weltkriegen der Gegner Deutschlands und in einem der Gegner Japans gewesen waren, haben sie, von den tatsächlichen Kriegshandlungen abgesehen, gegen diese beiden Nationen sehr wenig Feindschaft gehegt, während sie seit 1917 stark gegen die Sowjetunion eingestellt sind. Wie ist das zu erklären?

Mir scheint, die Amerikaner sind politisch so introvertiert, daß sie es für ausgeschlossen halten, mit dem Kommunismus auf dem Feld internationaler Politik zu verhandeln. Statt dessen betrachten sie ihn als eine innenpolitische Bedrohung der Taschen reicher amerikanischer Bürger. Japan und Deutschland haben Amerikas politische Sicherheit gefährdet, aber sie drohen nicht das amerikanische Eigentum zu verstaatlichen oder zu enteignen, wie es die Grundidee des Kommunismus ist.

Ikeda: Ich glaube, die Tendenz, die durch die amerikanische Geschichte hindurchgeht, ist der Wunsch, ein ideales Land zu schaffen. Seit der Kolonisations- und frühesten Entwicklungszeit war es das Bestreben der Menschen in Amerika, mit der Alten Welt zu brechen und eine ideale Gesellschaft in der Neuen Welt zu gründen. Die Monroedoktrin sollte ihnen helfen, sich ganz und ungehindert der Entwicklung ihres eigenen Landes widmen zu können.

Im zwanzigsten Jahrhundert jedoch war es mit dem amerikanischen Isolationismus zu Ende. Die Amerikaner sind in beide Weltkriege offenbar nur widerwillig gezogen. Nach dem Zweiten, als sie sich ihrer weltbeherrschenden Kräfte bewußt wurden, haben sie sich vermutlich entschlossen, ihren Traum vom idealen Staat auf die ganze Welt auszudehnen. Dies, so scheint mir, war die Triebfeder zu ihrer aktivistischen Weltpolitik.

Unglücklicherweise haben sie sich bemüht, diese Ziele mit Gewalt zu erreichen. Ich leugne nicht die bedeutenden Wirkungen, die der amerikanische Idealismus auf die Welt hatte, aber ich kann es nicht entschuldigen, wenn er sich auf Waffengewalt stützt. Um den idealen Weg zu gehen, den sie im Sinne haben, sollten die Amerikaner auf die Kultur statt auf die Rüstung bauen.

Toynbee: Ja, das ist wahr. Zum Glück hat der Streit zwischen China und der Sowjetunion die Amerikaner etwas von ihrer Furcht befreit, der Kommunismus könne bei ihnen zu Hause Unruhe stiften. Ich hoffe, die daraus folgende Lockerung der Spannungen wird die Vereinigten Staaten veranlassen, eine weniger kriegerische Haltung gegenüber China und der Sowjetunion einzunehmen; denn es ist von höchster Wichtigkeit für die ganze Welt, daß diese drei Großmächte zum Wohle der Menschheit zusammenwirken.

Rassenunruhen im Lande

Ikeda: Das dringendste Problem, mit dem die Vereinigten Staaten im Lande zu tun haben, ist die Rassendiskriminierung. Die angelsächsischen Weißen haben lange die Führung in Händen gehabt. Die anderen Weißen – zum Beispiel die Bürger lateinamerikanischer Abstammung, die Schwarzen und die Indianer, die Ureinwohner des Landes, sind in eine elende Lage gedrängt worden.

Toynbee: Gewiß haben die Amerikaner dieses Problem. Die angelsächsischen Weißen genießen eine besondere Vorrangstellung, aber sie teilen sie mit Weißen deutscher, skandinavischer und holländischer Herkunft.

Die Rassendiskrimination ist jedoch keineswegs ein ausschließlich amerikanisches Phänomen. In Großbritannien ist die Zahl der Farbigen viel geringer als in den Vereinigten Staaten, aber die Briten bekunden ihnen gegenüber die gleichen Haßgefühle. Wir müssen uns an die eigene Brust schlagen, wenn wir die Amerikaner in diesem Punkt kritisieren wollen. Schon vor langer Zeit haben wir die früheren Bewohner Britanniens in die Berge von Wales gejagt, doch die Waliser haben es nicht vergessen. Und die Japaner haben die Ainu weiter und weiter nordwärts getrieben, bis sie jetzt fast nur noch auf Hokkaido beschränkt sind. Natürlich gibt es nur noch sehr wenige Ainu, die wissen, was mit ihren Vorfahren geschah; aber an irgendeinem Tage ihrer Geschichte müssen sie sich erinnert haben, daß ihnen einmal ein großer Teil Japans gehörte, und sie müssen den Verlust bedauert und das Volk, das ihnen das Land nahm, gehaßt haben. Man sieht also, daß auch viele andere Völker Rassenvorurteile hegen und das gleiche getan haben wie die Amerikaner, als sie den Indianern das Land raubten.

Ikeda: Vorurteile jeder Art sind dornenvolle Probleme, und auf Emotionen basierende Vorurteile, wie sie manche Amerikaner haben, sind besonders schwierig. Ich bin sicher, daß die Regierung und das Volk in den USA tun, was sie können, um den Rassenkonflikten beizukommen, aber es ist eine harte Aufgabe.

Einige Amerikaner haben sogar die Schaffung unabhängiger Staaten für die Schwarzen und die Indianer vorgeschlagen. Wie der Fall Israel zeigt, könnte das eine Lösung sein. Aber solange die sich gegenüberstehenden Parteien einander hassen, würde die Gründung unabhängiger Staaten den Streit nicht beenden. Letzten Endes ist der einzige Weg zum Frieden das Bestreben, Haß und Vorurteil zu eliminieren.

Toynbee: Ich fürchte, der Optimismus, mit dem Schwarze wie Weiße ihre Hoffnung in solche unabhängigen Staaten setzen, ist sehr übertrieben. Einige Indianer fordern unabhängige Staaten innerhalb der USA; doch die traurige Geschichte der Indianerreservationen sollte sie eines Besseren belehren. Man hat ihnen die denkbar schlechtesten Territorien gegeben und sie schlecht verwaltet. Die weißen Südafrikaner sind dabei, ihre Schwarzen in Gebiete abzudrängen, die ein sehr armseliges Surrogat für unabhängige Staaten sind. Ich glaube, schwarze und weiße Amerikaner werden zusammenleben müssen, und zwar auf der Grundlage von Gleichheit und wechselseitiger Achtung und Freundschaft.

Ikeda: Offenbar sind die Rassenprobleme innerhalb eines Landes schwer zu lösen. Wissen Sie Beispiele harmonischen Zusammenlebens verschiedener Völkergruppen oder Rassen?

Toynbee: Hawaii ist ein solcher Fall, wenn auch ein ungewöhnlicher. Aber Euroamerikaner, Japanamerikaner und Chinaamerikaner leben dort und heiraten untereinander in offensichtlicher Eintracht. Wenn so etwas in Hawaii möglich ist, sollte es anderswo auch möglich sein.

Die Raumforschungsrasse

Ikeda: Ich erkenne die Bedeutung der Raumforschung und ihre bisherigen Erfolge an; doch kann ich es nicht ohne weiteres billigen, daß sie unbeschränkt fortgesetzt wird, denn sie verschlingt mehr und mehr Geldmittel. Die dringendste Forderung der Zeit ist und bleibt die Linderung des Elends auf unserer Erde. Auch der größte Erfolg in der Raumfahrt wird bedeutungslos, wenn er auf Kosten der Wohlfahrt der Bewohner unseres eigenen Planeten erzielt worden ist. Es steht jeder Nation frei, sich an diesem hektischen Wettstreit zu beteiligen; aber wenn er den Staatshaushalt so sehr belastet, daß nicht genügend Mittel zur Lösung wichtigerer irdischer Probleme zur Verfügung stehen, für die Bekämpfung von Armut und Hunger und die Beschaffung von Arbeit, dann werden solche Bemühungen nutzlos und sogar schädlich.

Die Voraussetzung für ein Raumforschungsprojekt sollte in jedem Lande ein Zustand allgemeiner Zufriedenheit und Wohlfahrt sein, und davon ausgehend sollte der Fortschritt in der Raumforschung mit der Entwicklung auf anderen Gebieten der Wissenschaft und Technik koordiniert werden. Die Finanzierung der Raumforschung muß immer in einem vernünftigen Verhältnis zum Umfang des Staatshaushaltes stehen.

Toynbee: Grundsätzlich ist nichts gegen die Raumforschung einzuwenden. Sie erfordert Wagemut, Geschicklichkeit und Zusammenarbeit, und das sind lobenswerte Eigenschaften; und sie erweitert unser Wissen über den physischen Kosmos. Ich bin jedoch gegen die Raumforschung zum augenblicklichen Zeitpunkt, und zwar aus zwei Gründen, von denen Sie einen schon erwähnt haben. Erstens ist der dominierende Ansporn nicht Wißbegier, sondern der Wettkampf zwischen den Vereinigten Staaten und der Sowjetunion um die Vorherrschaft auf diesem Planeten – ein Wettkampf, bei dem das durch erfolgreiche Raumfahrten errungene Prestige ebenso wie der Besitz von Atomwaffen schwer in die Waagschale fällt. Zweitens sollte den immensen Ausgaben für die Raumforschung kein Vorrang gegeben werden über die Mittel, die man zur Linderung der Nöte der armen Mehrheit der Menschheit aufbringt, der es noch immer an Nahrung, Kleidung und Unterkunft fehlt. Die Rohstoffe dieser Erde sind knapp; daher spielt die Rangfolge eine wichtige Rolle.

Ikeda: Am Südpol werden geophysikalische Beobachtungen in Zusammenarbeit aller beteiligten Länder reibungslos durchgeführt. Auf ähnliche Weise würden aufeinander abgestimmte, von allen beteiligten Nationen finanzierte Raumforschungsprojekte erfreuliche Resultate für die wissenschaftliche und technische Entwicklung ergeben, und es würde viel Geld gespart werden. Allerdings könnten militärische Erwägungen verhindern, daß solche Pläne so leicht verwirklicht werden, wie es bei der antarktischen Expedition der Fall war.

Toynbee: Erst wenn der Lebensstandard der armen und unterernährten drei Viertel der Menschheit auf das Niveau der wohlhabenden Minderheit gehoben sein wird, ist es soweit, daß man überlegen könnte, ob die Raumforschung vorrangig sein soll, wenn es darum geht, einen etwaigen Überschuß zu verausgaben. Wenn wir die Entscheidung treffen, daß wir dazu sozial und moralisch berechtigt sind, dann bin ich wie Sie dafür, alle Vorkehrungen gemeinsam auf globaler Basis zu treffen und nicht in Form eines politisch motivierten Wettstreits zwischen der Sowjetunion und den Vereinigten Staaten.

So wie die Dinge jetzt stehen, scheint mir die Raumforschung eine ungerechtfertigte Extravaganz, der man zum Schaden der Ärmsten und Armen frönt. Die zukünftige Generation wird sie verdammen als die antisoziale Torheit einer reichen Minorität wie den Bau der Pyramiden, den Tempelberg von Angkor und Ludwigs XIV. Schloß von Versailles.

Japan und Großbritannien

Demokratie

Ikeda: Großbritannien und Japan haben, historisch betrachtet, verschiedenes gemeinsam. Was die politische Struktur betrifft, so haben jetzt beide Staaten die konstitutionelle Monarchie; und die Throne der britischen Königin und des japanischen Kaisers sind vielleicht die stabilsten der Welt. In einigen Punkten jedoch bestehen starke Unterschiede. Zum Beispiel haben Demokratie und die Ideen von Freiheit und Selbstbestimmung in England eine lange Geschichte. Diese Institutionen waren in der Vergangenheit schweren Prüfungen ausgesetzt, sind jedoch in der britischen Lebensweise tief verwurzelt. Im Gegensatz dazu sind in Japan Demokratie, Freiheit und Selbstbestimmung erst ein Vierteljahrhundert alt; sie wurden nicht vom Volk in langen, harten Kämpfen errungen, sondern nach dem Zweiten Weltkrieg von den Amerikanern nach Japan verpflanzt. Unsere Demokratie ist nicht im heimischen Klima geboren und nicht aus einem wohlvorbereiteten Boden gewachsen. Daher besteht eine weite Kluft zwischen der Demokratie in Japan und der traditionellen japanischen Denkweise über das menschliche und gesellschaftliche Bewußtsein, die beide für das Funktionieren demokratischer Institutionen von grundlegender Bedeutung sind.

Toynbee: Der britisch-amerikanische Typ einer konstitutionellen Regierung ist natürlich ein besonderes und zum Teil zufälliges Produkt einer langen lokalen historischen Entwicklung. Daher überrascht es nicht, daß er in Ländern, denen er fremdartig erscheinen muß, nicht ohne weiteres zu kopieren und zu handhaben ist. Sogar Frankreich, das mit seinen zum Teil noch aus dem Mittelalter stammenden

Institutionen mit England so viel gemeinsam hat, kommt schwer mit unserer Art von konstitutioneller Regierungsweise zurecht.

Ikeda: Lassen Sie uns einmal davon ausgehen, daß die Errichtung einer Demokratie der bestmöglichen Art in Japan wünschenswert ist. Was können wir Japaner von den Briten lernen? Auf welchen Ursachen beruht Ihrer Meinung nach das Gelingen des britischen Systems? Ich glaube, die wichtigste und grundlegendste Bedingung ist die persönliche Freiheit und Unabhängigkeit für jeden. Für einen britischen Bürger ist meine Feststellung wahrscheinlich nur zu selbstverständlich; doch in Japan gerät dieser Teil der unabdingbaren Lebensnotwendigkeiten manchmal in Vergessenheit. Ich bin überzeugt, daß man auf Sand baut, wenn man eine Demokratie ohne individuelle Freiheit zu errichten sucht.

Toynbee: Wie ich es sehe, beruht das relative Gelingen der parlamentarisch-demokratischen Regierungsweise in England auf den folgenden Faktoren. Erstens die wohlerwogene politische Mäßigung als Reaktion auf die politische Gewalttätigkeit im siebzehnten Jahrhundert. Zweitens die Organisation des Parlamentarismus durch das Zweiparteiensystem. (Der hohe Preis dafür ist die Reglementierung des einzelnen Parlamentsmitgliedes; der Wähler wählt in geheimer Wahl, während der Abgeordnete öffentlich abstimmen muß und von seiner Partei gemaßregelt wird, wenn er es nicht in Übereinstimmung mit der Parteilinie tut – so wie der Arbeiter von seiner Gewerkschaft, wenn er sich nicht an dem von ihr ausgerufenen Streik beteiligt.) Drittens das stillschweigende Einverständnis zwischen den beiden Parteien, daß sie in grundlegenden Fragen dem nationalen Interesse den Vorrang geben, statt auf eigensüchtige Vorteile bedacht zu sein. Viertens die Erkenntnis, daß politische Opposition mit Wohlwollen und Freundschaft vereinbar ist.

Seit dem Zweiten Weltkrieg hat die britische Tradition hinsichtlich der Punkte drei und vier einige beunruhigende Verfallserscheinungen gezeigt – zum Beispiel bei der Gesetzgebung über industrielle Verflechtungen und beim Beitritt zur Europäischen Gemeinschaft.

Ich glaube, dafür, daß es dem britischen Volk in den letzten drei Jahrhunderten gelungen ist, die individuelle Freiheit zu erlangen und zu bewahren, ist noch wichtiger und wesentlicher als seine Politik die britische Tradition, daß der einzelne Bürger die moralische Pflicht hat, persönliche Risiken einzugehen und, wenn erforderlich, persönliche Opfer zu bringen, sobald es um grundsätzliche Fragen geht.

Bei einer deutsch-englischen Diskussion nach dem Zweiten Weltkrieg waren, wie ich feststellte, die Deutschen überrascht, als sie erfuhren, daß ich einmal meinen Lehrstuhl aufgeben mußte, als es um die akademische Freiheit ging. Ich hatte diesen Vorfall beiläufig erwähnt als Illustration einer gewissen Seite des britischen öffentlichen Lebens. Für mich war mein Rücktritt eine Selbstverständlichkeit, aber die Deutschen sagten, sie fänden ihn aufschlußreich. Sie hatten angenommen, sagten sie, die persönliche Freiheit der Briten sei einfach ein Geschenk der Götter; sie waren der Sache nicht auf den Grund gegangen und hatten nicht begriffen, daß sie nur durch die ständigen Bemühungen von einzelnen aufrechterhalten wird. Ich halte diesen Punkt für sehr wichtig.

Diplomatie

Ikeda: Großbritannien und Japan sind beide Inselstaaten und den Küsten kontinentaler Staaten vorgelagert. Beide liegen den Vereinten Staaten gegenüber, doch von einer weiten Wasserfläche getrennt.

Toynbee: Die geographische Lage dieser zwei Inselstaaten zwingt sie zu engen Beziehungen zu den gegenüberliegenden Teilen sowohl der Alten als auch der Neuen Welt – besonders natürlich zu den Vereinigten Staaten. Ich glaube jedoch, daß für beide Länder das Verhältnis zu ihren Nachbarkontinenten sich als wichtiger erweisen wird als das Verhältnis zu Amerika. Deshalb erwarte und hoffe ich, daß jedes von ihnen sich einer regionalen Gruppe benachbarter Länder anschließen wird – Ostasien im Falle Japans, Europa im Falle Großbritanniens. Ich hoffe darüber hinaus, daß diese Regionalbündnisse keine Hindernisse, sondern Schritte zu einer letztlichen Vereinigung der ganzen Menschheit sein werden.

Ikeda: Der Gegensatz zwischen Großbritannien und Japan zeigt sich unter anderem in der Diplomatie. Großbritannien hat als erste freie Nation China anerkannt; und als Mitglied der Europäischen

Gemeinschaft nimmt es aktiven Anteil an den europäischen Fragen. Mit anderen Worten: Großbritannien versucht, neutral zu bleiben; während Japan in seiner Diplomatie von Neutralität weit entfernt ist. Mir erscheint Japans Politik gegenüber den Vereinigten Staaten servil, denn es erlaubt immer noch, daß Amerika japanische Gebiete als Militärstützpunkte benutzt. Die öffentliche Meinung in Japan geht dahin, daß die Regierung eine unabhängige Außenpolitik betreiben sollte, ohne dabei die freundschaftlichen Beziehungen zu den USA zu gefährden.

Was Geschichte und Tradition betrifft, so besteht ebenfalls ein großer Unterschied. Die Beziehungen zwischen Großbritannien und den Vereinigten Staaten waren lange Zeit fast familiär. Beide waren Sieger des Zweiten Weltkrieges, während Japan zu den Verlierern gehörte. Vielleicht ist dieser historische Hintergrund der Anlaß für die sehr unterschiedliche Einstellung der beiden Nationen zu den Vereinigten Staaten. Nicht ein einziges Mal seit dem Ende des Zweiten Weltkrieges hat Japan gegenüber den USA eine feste Haltung eingenommen. Unsere Beziehungen zu den USA sind verhältnismäßig jung; der geradezu märchenhafte wirtschaftliche Aufschwung Japans in der Nachkriegszeit hat unter amerikanischer Protektion stattgefunden. Aber jetzt wird es Zeit, daß wir unsere servile Haltung aufgeben und eine neutrale Stellung zwischen den Weltmächten beziehen, die letztlich auch den Vereinigten Staaten zum Vorteil gereichen und dazu beitragen würde, daß die freundschaftlichen Beziehungen von Dauer sein werden.

Toynbee: Ich würde sagen, daß es auch in dem Verhältnis Großbritanniens zu den Vereinigten Staaten einige Unterwürfigkeit gegeben hat. Die Briten hatten bis vor noch nicht langer Zeit den snobistischen Wunsch, nicht zu den europäischen Staaten, sondern zu den Überseemächten gerechnet zu werden. Dieser Snobismus hat sie blind gemacht für die harte Wahrheit, daß Großbritanniens vielgepriesenes »besonderes Verhältnis« zu den USA das eines Satelliten ist, den die Amerikaner nicht als gleichrangigen wirtschaftlichen Partner betrachten. Die Vorstellung, dieses »besondere Verhältnis« könne Großbritanniens wirtschaftliche Probleme lösen, ist nicht weniger illusorisch als die, daß sie durch die Teilnahme am Commonwealth gelöst werden könnten. Meiner Meinung nach liegt Großbritanniens wirtschaftliche Zukunft in der Mitgliedschaft bei der Europäischen Gemeinschaft, wo es einer von mehreren gleichberechtigten Partnern sein wird.

Für Japan ist die wirtschaftliche Partnerschaft mit China noch nicht in Reichweite, doch Japans wirtschaftliche Entwicklung wird wahrscheinlich eines Tages zu einer solchen Beziehung führen. Im Bündnis mit China und den anderen ostasiatischen Ländern wäre Japan vollkommen unabhängig von den Vereinigten Staaten.

Ikeda: Offen gesagt ist Japan seiner Verantwortung gegenüber den anderen asiatischen Ländern nicht nachgekommen. Während es seine Wirtschaftshilfe für Länder, die ihm vorteilhafte Bedingungen versprechen, weiter ausdehnt, ist es weniger großzügig zu solchen, bei denen es fürchtet, daß seine Investitionen sich nicht so schnell auszahlen. Andererseits versuchen die Japaner eifrig, die anderen asiatischen Länder wirtschaftlich zu durchdringen, so daß man sie schon die »gelben Amerikaner« genannt hat. Zur Zeit wendet Japan viel Kraft für eine Wirtschaftsdiplomatie auf, die leider nur das Ziel hat, den Reichtum Japans zu mehren.

Es wäre eine bessere Wirtschaftsdiplomatie, den armen Ländern zu helfen. In Zukunft wird es für Japan wichtig sein, auch eine Kulturdiplomatie zu entwickeln, besonders im Verkehr mit anderen asiatischen Nationen, um mit ihnen gemeinsam Erziehungs- und Gesundheitsfragen in Angriff zu nehmen und den Austausch von Wissenschaft und Technologie zu fördern.

Toynbee: Auch Großbritannien, obwohl in der wirtschaftlichen Entwicklung von Japan heute weit überflügelt, gehört zu der wohlhabenden Minderheit der Völker. Ich pflichte bei, daß die reichen Länder die moralische Pflicht haben, den armen zu helfen und sich ihrer Ausbeutung zu enthalten. Ich glaube, die Wirtschaftshilfe, die den armen Ländern von den Mitgliedsstaaten der Europäischen Gemeinschaft gewährt wird, ist sowohl im Verhältnis zu ihrem Bruttosozialprodukt wie auch in absoluten Zahlen größer als die von Großbritannien geleistete. Als das dem Bruttosozialprodukt nach drittreichsten Land der Erde hat auch Japan eine entsprechende Verpflichtung. Ich stimme Ihnen zu, daß die Hilfe keine nur wirtschaftliche sein sollte. Die beste Form der Wirtschaftshilfe besteht darin, daß der wirtschaftlich stärkere der beiden Partner gerechte Handelsbedingungen akzeptiert. Das ist besser als milde Gaben, die wir durch unfaire Handelsbedingungen und Exportgewinne aus den Investierungen in Entwicklungsländern wieder ausgleichen. Man sollte diesen Ländern helfen, sich selber zu helfen, und zu diesem Zweck kann die Unterstützung auf den Gebieten der Gesundheitspflege, Erziehung, Wissenschaft, Kunst und Technologie sehr wirkungsvoll sein.

Die konstitutionelle Monarchie

Ikeda: Wenn man die Faktoren erwägt, die zum Erfolg der britischen parlamentarischen Demokratie beigetragen haben, ist es interessant, die Rolle zu prüfen, die hierbei die Institution der Krone spielt. Japan hat wie Großbritannien ein beschränktes monarchisches System beibehalten, als es die demokratische Regierungsform annahm. Auf den ersten Blick scheinen sich Monarchie und Demokratie zu widersprechen; doch in England bestehen sie seit langem nebeneinander. Vielleicht ist es der britische Traditionalismus, der ihre Koexistenz ermöglicht.

Toynbee: Schon vor der heutigen Wiederkehr der Machtverehrung in den souveränen Nationalstaaten hat die politische Macht immer eine gewisse emotionelle Anziehungskraft – ein Gefühl der Verehrung, wenn nicht Zuneigung – auf die Bürger eines Staates ausgeübt. Meist ist dieses Gefühl auf die Träger der Macht gerichtet.

In der japanischen wie in der britischen Monarchie sind es zwei verschiedene Instanzen, die Macht ausüben und Verehrung empfangen. Das Gefühl der Verehrung konzentriert sich auf einen Monarchen, der keine Macht ausübt, während den eigentlichen Trägern der Macht keine Verehrung entgegengebracht wird. In der Geschichte beider Länder wurde diese Trennung nicht vorsätzlich vollzogen; sie war das Ergebnis unbeabsichtigter historischer Entwicklungen. Die Teilung von Macht und Verehrung wird manchmal – ich glaube zu Recht – als ein glücklicher Zufall bezeichnet.

Ikeda: Ob es nun zufällig oder wohlbedacht geschah – die Trennung des Monarchen als Gegenstand der Verehrung von den Trägern der Exekutive war ein Glücksfall; denn wer die Macht hat, wird, weit davon entfernt, *verehrt* zu werden, oft gefürchtet und sogar gehaßt. Um jedoch die Kräfte eines Volkes zu wecken und zu leiten, ist etwas vonnöten, das Ehrfurcht erweckt. Die Teilung dieser zwei Aspekte der Führerschaft hat die frühe politische Stabilisierung Englands – früher als in jedem anderen europäischen Land – und die Entfaltung der Fähigkeiten des britischen Volkes sehr gefördert. Auf ähnliche Weise, so glaube ich, hat die gleiche Teilung Japan geholfen, trotz vieler innerer Kämpfe, wechselnder Führer und Rivalitäten mit ausländischen Mächten seine eigene unabhängige Kultur zu entwickeln. Jedenfalls hat von dem Zeitpunkt an, wo aus dem lokalen Nationalstaat ein Weltstaat wurde, bis heute die Trennung zwischen dem Gegenstand der Verehrung und den Trägern der politischen Macht sich als heilsam erwiesen.

Toynbee: In einer absoluten Monarchie (wie im kaiserlichen China oder im pharaonischen Ägypten) kommt der Herrscher entweder durch Erbfolge oder Adoption oder eine Revolution an die Macht. Er ist sowohl der Brennpunkt der Verehrung und Untertanentreue als auch der Träger der gesamten Macht im Staate, soweit er persönlich imstande ist, sie auszuüben. Erweist er sich als politisch unfähig, liegt die Macht, die nominell die seine ist, praktisch in den Händen von Mitgliedern seiner Familie, die dazu gar kein verfassungsmäßiges Mandat haben. So wird in einer absoluten Monarchie unter allen Umständen die Macht willkürlich gehandhabt. Ein solches System ist zweifellos nicht so gut wie das japanische oder britische.

Aber auch bei diesen sind nicht alle Regierungsprobleme gelöst. Die De-facto-Träger der Macht, die sie im Namen des Monarchen ausüben, sind immer in Versuchung, das Ansehen der Krone in Anspruch zu nehmen, um die Unterstützung des Volkes für ihre Politik zu gewinnen. Umgekehrt ist die Krone verpflichtet, die Politik gutzuheißen und für sie die offizielle Verantwortung zu übernehmen, die in ihrem Namen geführt wird, ohne daß sie ein Mitspracherecht hat. Die Rolle eines konstitutionellen Monarchen ist psychologisch unbefriedigend.

Ikeda: Die Monarchie ist auf der ganzen Welt im Rückgang. Doch da die Monarchien ihrem Wesen nach verschieden sind, je nach der Nation, von der sie getragen werden, ist es schwer, Allgemeingültiges über sie auszusagen. Aber was halten Sie von der Zukunft der konstitutionellen Monarchie als System?

Toynbee: Voraussichtlich werden die gegenwärtig noch vorhandenen konstitutionellen Monarchien – außer Japan und Großbritannien noch Belgien, die Niederlande und die drei skandinavischen Länder – länger bestehenbleiben als andere Staatsformen. Wenn auch sie schließlich verschwinden, dann wahrscheinlich nicht, weil man die Monarchien abschaffen will, sondern weil kein Mitglied der königlichen oder kaiserlichen Familie mehr Lust haben wird, einen solchen unattraktiven Job zu übernehmen.

Im Laufe dieses Jahrhunderts hat die Zahl der Monarchien erheblich abgenommen. Sie wurden in Deutschland, Österreich-Ungarn und der Türkei beseitigt, nachdem diese Länder den Ersten Weltkrieg verloren hatten. In der arabischen Welt ist seit dem Zweiten Weltkrieg diese Regierungsform schon in Ägypten, im Irak, im Jemen und in Libyen verschwunden, und sie scheint auch in den anderen arabischen Ländern gefährdet.

Die Monarchie jeder Art, sowohl die absolute als auch die »ehrenamtliche«, war der Brennpunkt der gefühlsmäßigen Verbundenheit der Untertanen mit ihrem Staat. Diese Verbundenheit war eine Form der religiösen Verehrung. Staaten sind tatsächlich wie Gottheiten empfunden worden. Es sieht so aus, als sei das fortschreitende Verschwinden von Monarchien ein Anzeichen dafür, daß man den Staat nicht länger als eine Gottheit ansieht, sondern mehr und mehr als eine zweckdienliche öffentliche Institution. Ich halte diesen Wandel in der Einstellung zum Staat für durchaus begrüßens- und wünschenswert.

Der Niedergang der Nationalstaaten

Ikeda: In allen modernen Ländern ist, besonders seit dem Ende des Zweiten Weltkrieges, ein Prestigeverlust der staatlichen Autorität festzustellen, am auffallendsten in den sogenannten fortschrittlichen Nationen, wo die staatliche Struktur am perfektesten ist. Aber die

Staatsidee ist für das menschliche Leben nicht unerläßlich, noch ist sie der höchsten Ehrfurcht wert. Ganz im Gegenteil: Übermäßige Ergebenheit dem Staat gegenüber kann die Zukunft der Menschheit ernsthaft bedrohen.

Toynbee: Der Nationalismus – die Anbetung der Kollektivmacht eines Nationalstaates – ist zur führenden nachchristlichen Religion im Abendland geworden, der mehr Menschen mit größerer Intensität anhängen als jeder anderen modernen Religion. Sie hat sich über die ganze Welt verbreitet. Heute gibt es ungefähr 140 souveräne Staaten, von denen jeder wie eine Gottheit betrachtet wird, mit dem göttlichen Recht, Unmenschlichkeiten zu begehen. Ein souveräner Staat ist weder theoretisch noch praktisch einem Gesetz unterworfen. Es trifft allerdings zu, daß die Anbetung der Nationalstaaten nach dem Zweiten Weltkrieg ihren Höhepunkt überschritten hat.

Ikeda: Eine der Ursachen dafür mag der verstärkte internationale Austausch auf wirtschaftlichen, kulturellen und anderen Gebieten menschlicher Tätigkeit sein. In dem Maße, wie die Aktivitäten auf internationaler Ebene zunehmen, bleibt den nationalstaatlichen Autoritäten weniger Spielraum; und der Gedanke greift um sich, daß staatliche Autorität ein Hindernis für die Freiheit des Handelns darstellt.

Eine andere Ursache für den Ansehensverlust des Staates ist die Möglichkeit eines Atomkrieges in naher Zukunft, den ein Staat allein nicht verhindern kann. Auf dem Gebiet der internationalen Beziehungen nehmen die sogenannten Supermächte für sich allein das Recht in Anspruch, bedeutsame Erklärungen abzugeben. Zwar kann keine alle Macht an sich reißen und einen Krieg ohne die massive Unterstützung von Verbündeten riskieren; dennoch beanspruchen die Großmächte nach wie vor die Führungsrolle in den Verteidigungsbündnissen. Das bedeutet, daß Nationen kleineren und mittleren Umfangs in diesen Bündnissen zwar kühne Ansichten über die Weltpolitik äußern dürfen; doch was sie zu sagen haben, wird meistens ignoriert. Mit anderen Worten: Den Nationalstaaten aller Größen- und Machtordnungen fehlt die Handlungsmöglichkeit, selbständig Krieg zu führen, weil über ihnen die Atombombe schwebt. Aber die selbständige Kriegführung war ja gerade ein traditionelles Recht der Nationalstaaten.

Toynbee: Ich glaube, Ihr erster und zweiter Punkt sind, zusammengenommen, die Hauptursachen des Autoritätsverlustes der vergötterten Nationalstaaten. Die neuzeitliche technische Entwicklung hat die Skala der menschlichen Aktivitäten auf dem militärischen wie dem zivilen Sektor erheblich erweitert. Wir nähern uns dem Zeitpunkt, da der einzig effektive Maßstab für Unternehmungen von irgendeiner Bedeutung der globale sein wird. Das aber bedeutet, daß die Nationalstaaten, einst die zweckmäßigsten größeren gesellschaftlichen Einheiten, jetzt äußerst unzweckmäßig geworden sind und sogar schädlich, soweit sie noch Macht besitzen. Überdies hat sich die Größe der einzelnen Nationalstaaten vermindert. Heute ist der bewohnbare Teil der Erde in ungefähr doppelt soviel kleine Nationalstaaten unterteilt wie vor dem Zweiten Weltkrieg.

Ikeda: Eine dritte Ursache für den Autoritätsverlust des Staates ist der Trend bei Unternehmern wie bei Arbeitern, ihre eigenen Gruppen zu bilden, die jeweils einen Staat im Staate darstellen. In vielen Fällen ist das Gefühl, einer solchen Gruppe anzugehören, stärker als das Bewußtsein, Staatsbürger zu sein.

Toynbee: Ja, das ist auch wichtig. Einige Organisationen, die wirtschaftliche Ziele verfolgen – Unternehmerverbände einerseits und Gewerkschaften andererseits –, haben mehr Macht erlangt als die Regierungen, und ihnen anzugehören ist von größerer Bedeutung als die Staatsbürgerschaft. Die Regierungen können sich nicht gegen Verbände behaupten, die multinationale Dimensionen erreicht haben; sie können es nicht einmal gegen die Gewerkschaften, deren Tätigkeit auf das eigene Land beschränkt ist. In England hat sich der Staat um das Jahr 1500 eine feste Macht über Menschen und Organisationen gesichert. Dieses Supremat des Staates, in England von Heinrich VII. durchgesetzt, wurde in Japan etwa ein Jahrhundert später durch Tojotomi Hidejoschi und Tokugawa Iejasu erreicht. Aber im heutigen Großbritannien können die Gewerkschaften dem Staat Trotz bieten so wie in England die Barone, bevor Heinrich VII. ihre Macht brach.

Ikeda: Eine weitere Ursache ist die derzeitige Tendenz einzelner, sich dem Establishment zu widersetzen; wenn es der Staat ist, der das Establishment repräsentiert, ist die Opposition gegen ihn gerichtet.

Toynbee: Aber das ist nichts Neues. Ich glaube, daß alle Staaten, wie auch immer sie beschaffen waren, vom Establishment beherrscht und zur Durchsetzung von dessen Interessen manipuliert worden sind. Infolgedessen haben die Massen, sobald sie sich dem Establishment entfremden, auch zum Staat, dessen Untertanen sie sind, eine feindliche Einstellung.

Ikeda: Infolge der traditionellen Beziehungen zwischen Staat und Bürgern führt der Staat häufig hochtönende Gründe an, um seine Bürger in einen Krieg zu ziehen. Dieser Betrug war früher nicht so schlimm, als die Soldaten meist aus bestimmten Schichten kamen und sich freiwillig anmustern ließen. Seit der Einführung der Militärdienstpflicht jedoch muß ein erheblich größerer Teil der Bevölkerung den Tod im Kriege riskieren. Der Erste Weltkrieg hat gezeigt, wie schrecklich der Krieg sein kann, und damit wesentlich zum Zerfall des staatlichen Absolutismus beigetragen.

Toynbee: Es ist wahr, daß das Ansehen des Staates durch die großen Veränderungen zum Schlimmen in der Kriegführung seit 1914 gelitten hat. Die Kriege des zwanzigsten Jahrhunderts waren von Greueln begleitet, die an die der europäischen Kriege im siebzehnten Jahrhundert erinnern.

Abgesehen von den Greueln, die seit 1914 wieder Begleiterscheinungen der Kriege geworden sind, hatten auch die sogenannten legitimen Kriegshandlungen destruktive Wirkungen. Die Kriegsopfer waren gewaltig, aber auch die Verluste in der Zivilbevölkerung, nachdem der Bombenkrieg die frühere Unterscheidung zwischen Kämpfenden und Nichtkämpfenden aufgehoben hatte. In Vietnam hat der Einsatz von Chemikalien die Pflanzenwelt in kurzer Zeit so zerstört, wie es bei übermäßiger Verwendung von Insektiziden in der Landwirtschaft erst über einen langen Zeitraum geschieht.

Ikeda: So wie wir sie skizziert haben, sind also die zahlreichen Faktoren, die heute zur Diskreditierung des staatlichen Ansehens beitragen, auf eine sehr komplizierte Weise miteinander verflochten; aber ich glaube, die Kriegsverbrecherprozesse von Nürnberg und Tokio nach dem Zweiten Weltkrieg sind ein wichtiges Symbol für diese Faktoren.

Die Prozesse wurden geführt, um es den Siegern des Krieges zu ermöglichen, die Besiegten wegen Vergehen gegen Frieden und

Menschlichkeit zur Rechenschaft zu ziehen. Natürlich wurden unmenschliche und kriminelle Taten auch von Soldaten der Siegerseite begangen; dennoch klagten die Sieger einseitig die Verlierer an, die sie als verantwortlich ansahen. In nicht wenigen Fällen waren die Urteile nicht genügend beweiskräftig, und die Führung der Prozesse war nicht streng unparteiisch.

Abgesehen von diesen fragwürdigen Punkten waren die Prozesse an sich durchaus lobenswert. Sie erkannten den Wert von Menschlichkeit und Frieden an und betonten, daß sie unverletzlich sein müßten. Ich glaube, der Nachdruck, der darauf gelegt wurde, daß diejenigen, die den Frieden brechen und die Menschenrechte verletzen, auch wenn es auf militärischen Befehl oder auf Anordnung einer Regierung geschieht, für schuldig erklärt werden müssen, ist von historischer Bedeutung.

Im Gegensatz dazu wurden nach dem Ersten Weltkrieg weder Kaiser Wilhelm II. noch seine Generäle zur Verantwortung gezogen. Damals dachte niemand daran, die Handlungen des Staates, einerlei, wie tragisch ihre Folgen sein mochten, als verbrecherisch zu brandmarken. Nach dem Zweiten Weltkrieg lag der Fall völlig anders, nachdem die Vorstellung, der Wille des Staates sei absolut und verdiene jeden Respekt, zusammengebrochen war. Daher glaube ich, daß die Kriegsverbrecherprozesse den Niedergang der Staatsautorität illustrieren und eine wichtige historische Entwicklung kennzeichnen.

Toynbee: Die Prozesse von Nürnberg und Tokio haben einen historischen Wandel in der Haltung der Menschheit zum Kriege symbolisiert und verkündet. Sie gaben zu verstehen, daß der Krieg als das Verbrechen gesehen werden müsse, das er ist, und nicht mehr als das legitime Vorrecht souveräner Regierungen, die man für gottähnlich und daher menschlichen Gesetzen nicht unterworfen hielt. Aber die Prozesse waren insofern ungerecht, als sie von Siegern gegen Besiegte geführt wurden, als die Sieger Ankläger und Richter in einer Person waren und als sie keinen ihrer eigenen Politiker und Feldherren vor Gericht stellten, obwohl einige davon billigerweise wegen der gleichen Vergehen hätten angeklagt werden müssen.

Ikeda: All das läßt uns den Begriff Kriegsverbrecher überdenken. Sollen Prozesse wie die von Nürnberg und Tokio überhaupt geführt werden? Wenn ja – wer soll angeklagt werden? In welcher Form sollen die Prozesse geführt werden, und auf welchen Grundsätzen sollen sie basieren?

Toynbee: Jedes Mitglied einer Institution trägt ein gewisses Maß von persönlicher Verantwortung für die Taten, die in seinem Namen von denen verübt werden, die diese Institutionen beherrschen. Wenn die Wähler in den Vereinigten Staaten ein Kriegsgericht einberufen sollten, um diejenigen ihrer Landsleute anzuklagen, die in Vietnam Kriegsverbrechen begangen haben, dann dürfte meiner Ansicht nach die Strafverfolgung nicht auf Präsidenten, Oberbefehlshaber und untergeordnete zivile und militärische Befehlsausführer beschränkt bleiben, sondern die amerikanische Wählerschaft müßte sich selber anklagen, denn in einem demokratischen Staat trägt die letzte Verantwortung der Wähler.

Ikeda: Mit anderen Worten – das Volk hat für die Handlungen des Staates einzustehen. Das sollte bedeuten, daß der Staat dazu da ist, den Willen des Volkes zum Audruck zu bringen, und daß er daher kein Gegenstand der Verehrung, sondern ein Werkzcug der Zweckmäßigkeit ist. Aus diesem Grund stimme ich dem Gedanken zu, daß im Idealfalle die Welt unter einer Weltregierung vereinigt und der einzelne Staat, so wie wir ihn heute verstehen, verschwinden sollte. Doch so erstrebenswert dieses Ziel sein mag, wir müssen erst unsere hergebrachte Vorstellung vom Staat ändern, bis wir in der sozialen und politischen Entwicklung die Stufe erreichen, wo Nationalstaaten zu existieren aufhören. Ich glaube, es genügt fürs erste, den Staat als eine regionale Einheit anzusehen, die gewisse gesellschaftliche und kulturelle Eigenheiten einer Völkergruppe repräsentiert, oder bestenfalls als eine zweckdienliche Verwaltungseinheit.

Toynbee: Ich bin dafür, den Nationalstaaten die Souveränität zu entziehen und sie der Staatsgewalt einer Weltregierung zu unterstellen. Auch dann bliebe ihnen noch die nützliche und in der Tat unentbehrliche Rolle einer lokalen Verwaltungseinheit – die Rolle, die in einem Bundesstaat die einzelnen Bundesländer haben. Da die Aufgaben der öffentlichen Hand weiterhin zunehmen, erwarte ich, daß zahlreiche Regierungsfunktionen der Nationalstaaten von der künftigen Weltregierung übernommen werden; aber es wird wahrscheinlich ein nicht zu reduzierender Restbestand von Obliegenheiten bleiben, für den die administrative Dezentralisation angebracht ist. Diese Überlegungen führen zu dem Schluß, daß die derzeitigen 140 Nationalstaaten auf dieser Erde keine politischen Einheiten bleiben sollen und können, Einheiten, die das souveräne Recht haben, Kriege zu führen, und zugleich das letzte Wort in nichtmilitärischen menschlichen Angelegenheiten.

Ikeda: Wie bewerten Sie den Staat, so wie er jetzt ist, in seiner Beziehung zum einzelnen Menschen? Und was erwarten Sie von dem zukünftigen Staat?

Toynbee: Wie ich schon sagte, sehe ich den Staat, dessen Bürger ich bin, als eine öffentliche Einrichtung an, so wie die Betriebe, die mich mit Wasser, Gas und Elektrizität versorgen. Ich betrachte es als meine staatsbürgerliche Pflicht, meine Steuern zu entrichten, so wie ich meine anderen Rechnungen bezahle, und als meine moralische Pflicht, eine wahrheitsgemäße Steuererklärung abzugeben. Aber ich glaube nicht, daß ich und meine Mitbürger die heilige Pflicht haben, unser Leben für unseren Staat zu opfern, und *a fortiori,* daß ich weder die Pflicht noch das Recht habe, Bürger anderer Staaten zu töten oder zu verstümmeln und ihr Land zu verwüsten. Meine eigene höchste Loyalität gehört der Menschheit, nicht meinem lokal begrenzten Staat und nicht dem Establishment, das diesen Staat kontrolliert.

Meine Haltung ist jedoch nur die eines einzelnen. Die große Masse der Menschheit wird dahin gebracht werden müssen, ihre traditionelle religiöse Verehrung der Nationalstaaten aufzugeben, wenn diese auf die Funktionen beschränkt werden, die mir ihre eigentlichen und legitimen zu sein scheinen. Ich möchte die Staaten ihres Heiligenscheines beraubt und dafür die nichtmenschliche Natur als den Gegenstand der Verehrung wiedereingesetzt sehen.

Empfänglichkeit bestimmter Länder für den Kommunismus

Ikeda: China, Indien und die Staaten im Nahen und Mittleren Osten hatten große Kulturen geschaffen und die Weltgeschichte auf glanzvolle Weise mitgeprägt; doch in den letzten Jahrhunderten waren sie dem Kolonialimperialismus der westeuropäischen Nationen unterworfen und sind in Verfall geraten. Jetzt, da sie ihre Unabhängigkeit wiedererlangt haben, gehen diese Länder den dornenvollen Weg des Wiederaufbaues. Indien und die anderen mittelasiatischen Länder sind wegen ihrer politischen Instabilität und ihres unzureichenden Sozialkapitals noch weit hinter dem Westen zurück, während Chinas Neugestaltung gelungen ist, unter einem festen kommunistischen Regime, das seine politische Lage stabilisiert und dem Land eine sozialistische Planwirtschaft und die daraus folgende Mehrung des Sozialkapitals gegeben hat. Wenn Indien und die anderen mittelasiatischen Länder Chinas Beispiel folgten – würden sie nicht auch unter einer kommunistischen Herrschaft besser fahren?

Natürlich erklärt nicht der Kommunismus allein Chinas Aufstieg. Es hatte das Glück, in Mao Tse-tung einen Führer von großem Format gefunden zu haben, einen großen Mann, den zu besitzen für eine Nation von großer Wichtigkeit ist. Mao konnte ein neues China erschaffen, indem er den Marxismus-Leninismus der historischen und geistigen Tradition seines Landes anpaßte. Zweifellos ist es Maos großer Führerqualität zu danken, daß die chinesische kommunistische Revolution Erfolg hatte.

Toynbee: Ich diagnostiziere den Kommunismus als Religion und im besonderen als eine Abart der aus dem Judentum stammenden Religionen. In ihm hat sich die jüdische Mythologie unter dem Deckmantel eines nichttheistischen Vokabulars erhalten. Allen aus dem Judentum stammenden Religionen ist eine feste Organisation und eine strenge Disziplin gemeinsam. Dies ist die positive Seite ihres Ausschließlichkeitsdenkens und ihrer Unduldsamkeit.

Die Menschen brauchen Disziplin und unterwerfen sich ihr in einer Krise; und alle nichtwestlichen Kulturen waren in einer Krise, seit die abendländische Zivilisation begonnen hatte, ihnen ihren Stempel aufzudrücken. Diese Herausforderung hat sie zu einem Gewaltmarsch gezwungen, um auf den Gebieten, wo der moderne Westen leistungsfähiger war als die übrige Welt, vor allem in der Technik, Schritt halten zu können. Ein Gewaltmarsch erfordert Disziplin militärischer Art; und der Kommunismus sorgt für eine solche. Deshalb ist er eine nützliche Religion für eine Gesellschaft, die zu einer *tour de force* gezwungen ist, um sich eine fremde Zivilisation anzueignen, besonders einer Gesellschaft, der ein totaler Zusammenbruch droht, wenn ihre Wandlung nicht genügend schnell und nachdrücklich vor sich geht.

Ikeda: Ich stimme Ihnen zu, daß der Kommunismus eine Religion ist; doch ein Aspekt, der ihn von anderen Religionen unterscheidet, ist der Umstand, daß er sich ausschließlich mit den Fragen des Diesseits befaßt und dem Leben nach dem Tode keine Beachtung schenkt. Ich vermute, eine der Ursachen, weshalb es China leichtfällt, eine aufs Praktische gerichtete, diesseitige Religion wie den Kommunismus zu akzeptieren, ist die traditionelle Uninteressiertheit der Chinesen an absoluten, übernatürlichen Dingen und eine im allgemeinen rationalistische Einstellung zum Leben. Der Taoismus ist noch mystisch gefärbt; doch der Konfuzianismus ist eine völlig rationale Philosophie des Lebens und der Politik. Die religiöse Psychologie, die der Konfuzianismus darstellt, ist Teil der rationalen Tradition, die es den Chinesen leichtgemacht hat, die Lehren des Marxismus-Leninismus zu akzeptieren.

Der Allah der Muslimen ist nicht nur eine absolute Gottheit, sondern auch der Herr über alle Dinge dieses Lebens. Wenn man auch nicht sagen kann, daß die islamischen Länder nie den Kommunismus übernehmen werden, so glaube ich, daß sie ihn sich nicht so mühelos aneignen können, wie es die Chinesen getan haben, denn ihre Welt ist völlig anders geartet.

Toynbee: Der Kommunismus – in einem seiner Aspekte eine linksgerichtete Form der modernen westlichen Religion des wissenschaftlichen Rationalismus – kann verhältnismäßig leicht von einem Land wie China angenommen werden, wo die vorherrschende Tradition wie der Konfuzianismus rationalistisch und autoritär ist. Bis jetzt haben sich die Muslime gegen den Kommunismus allergisch gezeigt. Das ist überraschend, denn der Islam ist eine rationalere Version der jüdischen Religion als das Christentum, und er ist zumindest ebenso autoritär. Das Wort *Islam* bedeutet Ergebung in Gottes Willen. Die Türken, wie die Chinesen stolz darauf, ein ehemaliges kaiserliches Volk zu sein, haben ihre Trägheit, sich der abendländischen Zivilisation anzupassen, mit Demütigungen bezahlen müssen, wie sie einst den Chinesen zugefügt wurden. Aber die Türken haben schließlich im Gegensatz zu den Chinesen ihren Gewaltmarsch in die moderne Zivilisation unternommen, ohne beim Kommunismus Zuflucht zu suchen. Die Araber sind schwerer gedemütigt worden als die Türken, aber auch sie haben dem Kommunismus widerstanden, obwohl sie sich äußerlich mit ihm verglichen haben, als sie sowjetische Unterstützung gegen Israel und die Vereinigten Staaten annahmen. Ich finde die Unzugänglichkeit des Islams gegen den Kommunismus erstaunlich.

Ikeda: Ich betrachte diese verwunderliche Tatsache als eine Folge der Ausschließlichkeit Allahs, des absoluten Gottes, der über alles in dieser wie in der jenseitigen Welt herrscht. Allah läßt keinen Raum für die Gedankenwelt des Kommunismus und für seinen Anspruch, die Handlungen der Menschen auch in diesem Leben zu bestimmen.

Toynbee: Es ist im Prinzip richtig, daß die Muslime nur die Autorität Allahs anerkennen; doch in der Praxis haben sie schon seit der Frühzeit ihrer Geschichte eine autokratische weltliche politische Herrschaft über sich ergehen lassen. Natürlich hatten diese weltlichen Herrscher die islamischen Religionsgesetze zu befolgen; dennoch waren die meisten islamischen Regierungen sehr despotisch.

Heute hat der moderne Nationalismus die islamische Welt infiziert. Zwei Länder sind auffallende Beispiele dafür: die Türkei nach dem Ersten Weltkrieg und Pakistan nach dem britischen Machtverzicht.

Das erste, was die Türken nach dem Ersten Weltkrieg taten, war die Beseitigung der osmanischen Dynastie. Dies widerspricht nicht dem islamischen Gesetz, denn es verfügt nicht, daß die Muslime autokratisch regiert werden sollen. Aber einige Maßnahmen der türkischen Reformer verletzten tatsächlich das islamische Gesetz, so daß sich viele Muslime vor den Kopf gestoßen fühlten. Die Türken säkularisierten den Staat durch die Abschaffung des Kalifats, dem in der Nachfolge des Propheten Mohammed dessen politische Aufgaben zugefallen waren. Außerdem haben sie den Koran ins Türkische übersetzt, während er nach dem islamischen Gesetz nur auf arabisch gelesen werden darf. In der Türkei war mithin der Nationalismus stärker als der Islam.

Pakistan, ein etwas anderer Fall, verdankt seine Existenz als unabhängiger Staat dem Einheitsstreben der Muslime in Indien. Vorher hatten sie über den ganzen Subkontinent verstreut gelebt und wie die hinduistischen Inder vielen verschiedenen Rassen angehört, aber sie wollten sich in einem eigenen Staat zusammenschließen. In der Annahme, die gemeinsame Religion würde rassische und sprachliche Unterschiede überbrücken, konzentrierten sich alle indischen Muslime in dem jetzigen Westpakistan und dem heutigen Bangladesch. Sie hätten nie gedacht, daß der Islam allein auf die Dauer nicht imstande sein würde, die beiden Regionen zu verbinden. Aber das Unheil ließ nicht lange auf sich warten. Das Volk von Bangladesch weigerte sich, das Urdu, die offizielle Sprache von Westpakistan, als seine eigene Sprache zu akzeptieren, und es widersetzte sich auch dem arabischen Alphabet und beharrte auf der bengalischen Schrift, die den hinduistischen und muslimischen Bengalen gemeinsam ist. Mit anderen Worten: Auch in Bangladesch hat wie früher in der Türkei der Nationalismus über die islamische Religion gesiegt, und Bangladesch hat sich aus nationalistischen Gründen von Pakistan gelöst.

Das waren sehr harte Schläge für die islamische Einheit; aber der Islam ist schließlich gegen den Nationalismus nicht mehr gefeit als das Christentum. Bei beiden hat sich der Fanatismus von der Religion auf die Nation verlagert.

Ikeda: Mit anderen Worten: Die starke verbindende Kraft, die der Islam einst hatte, geht jetzt von einer Kraft aus, die die Muslime in den Nationalismus treibt.

Aber einen ähnlichen nationalistischen Trend erkennt man auch im heutigen China. Es ist nicht auf dem direkten Weg zum Kommunismus gekommen, sondern auf dem Umweg über den Nationalismus; und diese Entwicklung drückt sich im chinesischen Nationalcharakter aus.

Dieser chinesische Dualismus ist äußerst interessant, besonders, da sich ja der Kommunismus ständig als eine Ideologie präsentiert hat, die den Vorstellungen von Rasse und Nation absagt. Natürlich haben die Kommunisten unter den Bannern des Antiimperialismus und Antikolonialismus Nationen und Völkern der ganzen Welt beigestanden; demungeachtet haben sie immer die Abschaffung der Nationen und die Vereinigung aller Völker als ideale Forderung erhoben. Dieses Ideal stimmt jedoch nicht ganz mit den derzeitigen Verhältnissen in China überein. Unter Berücksichtigung der latenten Faktoren, die den Weg Chinas bestimmen werden, müssen wir wahrscheinlich unsere Terminologie ändern; das heißt, wir werden den Nationalcharakter Chinas und der Chinesen nicht mehr hinlänglich als rein kommunistisch oder rein nationalistisch bezeichnen können.

Die Frage, die wir jetzt stellen und beantworten müssen, ist die nach dem Ursprung dieser chinesischen Widersprüchlichkeit, und um die Antwort zu finden, müssen wir noch einmal auf den Konfuzianismus zurückgreifen, der in der Geschichte Chinas eine herrschende Rolle gespielt hat.

Er lehrt, daß der einzelne Mensch der höheren Ordnung Folge leisten und daher die Autorität der ihm Übergeordneten anerkennen muß. Der Gegenstand des Respekts wechselt nach der Situation; es können Eltern, Vorgesetzte, Könige oder Volksführer sein. Die Bezeichnung des idealen Menschen wird gewöhnlich mit »konfuzianischer Edelmann« übersetzt, der den Weg zum Himmel weiß. Die konfuzianischen Ideale sind in einer Reihe von moralisch-politischen Regeln zusammengefaßt, die Sittlichkeit, Ehrfurcht, Autorität der Regierung und Frieden befürworten. Ich glaube, der gleiche Sittenkodex hat noch heute für die Chinesen Gültigkeit; und darum war es für sie ganz natürlich, treue Anhänger einer Führung zu werden, auch wenn sie die Lehren von Marx, Lenin und Mao verkündet.

Die Situation, die zum Kommunismus in Rußland geführt hat, war eine ganz andere. Die christliche Ostkirche, die jahrhundertelang das russische Volk beherrscht hatte, war mystisch und irrational. Mit der Revolution hat Lenin das russische Leben völlig verändert, indem er es in den Materialismus und Rationalismus lenkte. Die Plötzlichkeit und Gewaltsamkeit dieses ungeheuren gesellschaftlichen Umsturzes hat einen schweren Zoll an Zerstörung und Menschenopfern gefordert. Obwohl die Methoden der sowjetischen Führer hart und unnachgiebig waren, haben sie gezeigt, daß eine kommunistische Revolution in Ländern möglich ist, in denen die vorherrschende Religion antimaterialistisch und irrational ist. Vor der russischen Revolution war keine andere Nation in der Welt vollständig zum Kommunismus bekehrt worden. Seit der Revolution jedoch sind zahlreiche Nationen einen ähnlichen Weg gegangen, wenn auch durch Perioden des Experimentierens hindurch. Wenn wir die gegenwärtigen Zustände dieser Länder betrachten, müssen wir sagen, daß der Kommunismus keineswegs immer zu einer idealen Gesellschaft führt.

Toynbee: Wie der Kommunismus ist auch die russische Ostkirche autoritär. Vielleicht erklärt dies zum Teil, warum der Kommunismus (und auch sein Vorläufer in Rußland, die westliche »aufgeklärte« absolute Monarchie, die Peter der Große einführte) Rußland erobern konnte trotz des Widerspruchs zwischen dem westlichen kommunistischen und vorkommunistischen Rationalismus und der Irrationalität des Christentums. Vermutlich ist dieser Widerspruch in Wirklichkeit nicht so groß, wie es scheint, denn der Kommunismus hat ein hohes Maß seiner ererbten jüdischen Irrationalität unter seiner rationalistischen Hülle behalten. So hat zum Beispiel die Idee von der Diktatur des Proletariats viel mit der jüdischen Vorstellung des auserwählten Volkes gemeinsam. Sie sind beide weder rational noch heilsam.

Ikeda: Was halten Sie von den Chancen des Kommunismus in andersgearteten Gesellschaftsordnungen? Zum Beispiel ist in Indien die Hindutradition ein integraler und tief verwurzelter Bestandteil des Alltagslebens und der Sitten. Der Hinduismus hat das strenge Kastensystem geschaffen. Glauben Sie, daß der Kommunismus mit seinem Klassenkampf und seinem Ideal der klassenlosen Gesellschaft in einem Land wie Indien eine Revolution bewirken kann?

Toynbee: Der Kommunismus hat wenig Aussicht in einer zutiefst unrationalistischen Gesellschaft wie der hinduistischen oder in einer Gesellschaft, die keinen Gewaltmarsch zu machen braucht, um mit dem Westen Schritt zu halten.

Vaterlandsliebe zur ganzen Welt

Ikeda: Im wesentlichen ist der Wunsch, das Land, in dem man lebt, zu lieben und seine Entwicklung zu fördern, eine besondere Spielart der fundamentalen menschlichen Charakterzüge, sich selbst und sein eigenes Leben zu lieben und seine eigene Größe zu steigern. An sich ist dies für die Menschheit wichtig und wünschenswert. Ohne diesen Wunsch und den ihm zugrunde liegenden Lebenswillen hätte die menschliche Gesellschaft nicht ihren gegenwärtigen Stand erreicht. Aber sobald die natürliche Liebe zur Gesellschaft, in der man lebt, zur Konfrontation mit anderen Nationen mißbraucht wird, nimmt sie eine verdächtige Färbung an; denn in einem solchen Falle verzerrt der Nationalismus – der etwas ganz anderes ist als der reine Patriotismus – die ursprüngliche Liebe zum Vaterland.

Zu oft schon ist der reine Patriotismus im Namen eines kriegerischen Nationalismus entstellt worden. Geschieht dies, so verwandelt sich die Vaterlandsliebe in Geringschätzung oder Haß anderen Ländern gegenüber; und aus dem Gefühl der Gemeinsamkeit mit der eigenen Gesellschaft wird Selbstaufopferung für den Staat.

Toynbee: Diese Art von Vaterlandsliebe, die so viele junge Menschen in der ganzen Welt in beiden Weltkriegen und in den meisten Kriegen, die seit der amerikanischen und der Französischen Revolution geführt wurden, ins Unglück und in den Untergang geführt hat, ist, so wie ich es sehe, eine alte Religion. Die Völker des Abendlandes sind ihr verfallen, als sie sich in einem religiösen Vakuum erblickten, nachdem sie den Glauben an ihre angestammte Religion, das Christentum, verloren hatten. Diese erneuerte vorchristliche Religion ist die Anbetung der Macht einer lokalen Gemeinschaft; sie war die Religion der sumerischen wie der griechischen Stadtstaaten.

In der griechisch-römischen Geschichte trat schließlich an die Stelle der Verehrung der Lokalmacht die Verehrung der Macht des Römischen Reiches. Sie war weltweit in dem Sinne, daß das Reich die ganze Welt umfaßte, soweit sie seinen Bewohnern bekannt war. Es gab jedoch gleichzeitig jahrhundertelang das langlebigere chinesische Reich, das ebenfalls alles Land unter dem Himmel beherrschte, soweit seine Bewohner davon wußten. Für die christlichen Märtyrer war die Anbetung der römischen Kaisermacht eine unzulängliche und unbefriedigende Religion, und sie opferten lieber ihr Leben, als daß sie die Riten vollzogen, die die Annahme dieser Religion bedeutet hätten.

Ich finde, die christlichen Märtyrer hatten recht. Die Verehrung des Kaiser-Gottes und der Göttin Rom war eine weniger schädliche Form der Verehrung menschlicher Macht als die Verehrung der Göttin

Athene, die den Stadtstaat Athen verkörperte. Die Verehrung einer weltumfassenden Menschenmacht gab der Menschheit politische Einheit und Frieden. Aber keine menschliche Macht, lokal oder weltweit, ist ein geziemender Gegenstand der Verehrung.

Ikeda: Ich stimme zu, daß die menschliche Kollektivmacht und ihre Verehrung, ob lokal begrenzt oder weltweit, die Grundlage des Nationalbewußtseins und auch der Feindschaft zwischen zwei oder mehr Nationen bilden. Ich stimme auch zu, daß diese Macht und das Konzept des Nationalstaates keine geziemenden Gegenstände der Verehrung sind. Mit dem Fortschritt der Zivilisation hat sich die Lebensbasis des modernen Menschen erweitert – das heißt, das Land, in dem er heute lebt, ist die ganze Welt. Infolgedessen müssen das Gefühl, daß die Erde unsere Heimat ist, und die Liebe zur ganzen Menschheit an die Stelle der begrenzten Vaterlandsliebe der Vergangenheit treten. Wenn sich ein weltweiter Patriotismus durchsetzt, wird der nationale Patriotismus nicht mehr Bedeutung haben als die Liebe zu einer Stadt oder einem Dorf.

Toynbee: Nachdem die ganze bewohnte Welt auf der technischen Ebene vereint ist, müssen wir sie auch auf der emotionellen Ebene zusammenschließen. Die politische Ergebenheit, die bis jetzt irgendeinem Fleck Erde und den Bewohnern und der Regierung dieses Flecks gezollt wurde, muß auf die ganze menschliche Rasse und die ganze Welt – sogar auf das Universum – übertragen werden. Für die griechischen Stoiker war der Mensch ein Bürger des Universums; und der neukonfuzianische Philosoph Ch'eng Hao lehrte, der Mensch müsse Himmel und Erde und alle Dinge als Einheit ansehen. Für diesen Menschen gäbe es nichts, das nicht auch er selber sei; er betrachte die Welt als eine einzige Familie.

Ich glaube, das der Ehrfurcht des Menschen gemäße Objekt der Verehrung ist die letztgültige geistige Realität in und hinter dem Universum. Wie ich es sehe, ist die letztgültige Realität die Liebe. Ich stimme mit dem neukonfuzianischen Philosophen Wang Yang-ming (1472 bis 1529) überein, der gesagt hat, das höchste Ziel sei das letztgültige Prinzip, Charakter zu manifestieren und die Menschen zu lieben. Meine Überzeugung ist, daß der Mensch der Liebe folgen sollte, auch wenn sie ihn zur Selbstaufopferung führt. Die Liebe ist der geistige Impuls, zu geben statt zu nehmen; sie ist der Impuls, das Selbst in die Harmonie mit dem übrigen Universum zurückzuversetzen, von dem es sich durch seine angeborene, aber überwindbare Ichbezogenheit entfremdet hat.

7
Waffen und Krieg

Wirtschaftswachstum und Krieg

Ikeda: Der Krieg ist oft als eine bewaffnete Version von Politik und Diplomatie bezeichnet worden, aber die Politik ist heute nur eine Teilursache, während wirtschaftliche Faktoren eine wichtigere Rolle beim Krieg und in der Rüstung zu spielen scheinen. Die Frage, wie der Krieg abzuschaffen wäre, muß von vielen Seiten her durchdacht werden; es gibt viele Ursachen dafür, daß sich eine Nation genötigt sieht, gewaltige Teile ihres Budgets für Krieg und Rüstung auszugeben. Aber unter den gegenwärtigen Umständen ist das wichtigste Problem, einen Weg zu finden, wie man den wirtschaftlichen Wohlstand sichern und dabei Konfrontationen vermeiden kann, die zum Krieg führen könnten.

Toynbee: Der Ausspruch des philosophierenden preußischen Generals Clausewitz, der Krieg sei die Fortsetzung der Politik mit anderen Mitteln, ist absichtlich provokatorisch, denn er ignoriert den moralischen Unterschied zwischen Verhandlungen mit der Absicht der Einigung und einer physischen Kraftprobe, in der ein Interessenkonflikt oder ein Unterschied in den Anschauungen mit roher Gewalt ausgetragen wird. Es käme der Wahrheit näher, wenn man sagte, der Krieg sei die Nemesis einer verfehlten Politik. Es ist wahr, daß ein Krieg manchmal einen Streit entschieden hat, den die Diplomatie nicht schlichten konnte; doch der Preis der kriegerischen Lösung war weitgehend Tod und Zerstörung, die zu neuen Problemen führten, die ihrerseits neue Kriege zur Folge hatten. Die Geschichte zeigt, daß die Beilegung eines Streits durch einen Krieg selten eine befriedigende und dauerhafte Lösung gewesen ist.

Ikeda: Der Krieg ist unleugbar ein Übel und eine Gefahr für die

Würde des Lebens. Doch ebensowenig zu leugnen ist der Antrieb, den der Krieg der wirtschaftlichen und technischen Entwicklung gegeben hat. In der modernen Welt scheinen Krieg und Rüstung eng mit den Bedürfnissen der Wirtschaft verbunden; jedenfalls gibt der Krieg der Gesellschaft die Möglichkeit, sich der Überschüsse ihrer enormen Produktionskraft zu entledigen. In einem Notfall werden alle Mittel eines Landes mobilisiert; der Krieg hat Vorrang über alles andere. Alle Tätigkeiten werden kontrolliert und für den Krieg und das Endziel des Sieges organisiert. In solchen Zeiten steigert sich die normale Arbeitsleistung einer Gemeinschaft zu einer Stärke, wie sie unter gewöhnlichen Bedingungen kaum denkbar ist.

Unter dem Impuls zweier Weltkriege wurden Luftfahrt, Raketentechnik und Atomkraft beschleunigt erforscht und entwickelt; und nach den Kriegen brachten sie der Menschheit Wohltaten. Indem sie den Bedarf an Waren und Arbeitskräften erhöhen, spielen Krieg und Rüstung eine wichtige Rolle für die wirtschaftliche Entwicklung; es entsteht jedoch ein Teufelskreis, in dem die Wirtschaft, sobald sie zu groß wird, den Krieg herbeiführt und der Krieg neues Wirtschaftswachstum bewirkt.

Toynbee: Der griechische Philosoph Heraklit sagte, der Krieg sei der Vater aller Dinge. Der Krieg ist ein Stimulans für die technische und wirtschaftliche Entwicklung; die Kriegsmittel kommen aus der Wirtschaft, und seine Waffen sind Erzeugnisse der Technik. Die kriegführenden Mächte entwickeln ihre technische Erfindungsgabe und steigern ihre wirtschaftliche Produktivität bis zum Äußersten; denn die Kräfte werden am höchsten gespannt, wenn sie um ihr Leben kämpfen. Hier jedoch kommen wir zur Nemesis des Krieges. Da ein Krieg die verhängnisvolle Neigung hat, neue Kriege zu gebären, tendieren der mit ihm verbundene technische Fortschritt und das Wachstum des Mehrprodukts, das für den Krieg verwendet werden kann, dazu, jeden neuen Krieg noch verheerender zu führen als die vorhergegangenen, bis schließlich der Kriegszustand so chronisch und so zerstörerisch wird, daß man ihm nur Einhalt gebieten kann, wenn man der Souveränität der kriegführenden Nationalstaaten ein Ende setzt.

Ikeda: Der Krieg bedroht unsere Zivilisation und unser Fortleben auf dieser Erde. Wir müssen etwas tun, um die Grundlagen der Wirtschaft so zu verändern, daß sie nicht mehr zum Kriege treibt. Es gibt genug andere Faktoren, die das wirtschaftliche Wachstum fördern können. So würden zum Beispiel die Erweiterung und Vervollkommnung der Erziehung und der sozialen Sicherheit, der Bau besserer Wohnstätten für unsere Bevölkerung und die gründliche Auslandshilfe für Entwicklungsländer so viel Kapital erfordern, daß die Wirtschaft der meisten Nationen genügend zu tun hätte.

Toynbee: Der Krieg ist nicht nur die teuerste der zahlreichen möglichen Antriebskräfte der Wirtschaft, sondern bestimmt auch die am wenigsten wünschenswerte.

Es wird uns an Antriebskräften auf dem zivilen Sektor in der unmittelbaren Zukunft nicht fehlen. In der nächsten Etappe der Geschichte – die nicht mehr lange auf sich warten läßt – wird sich die Menschheit gewaltig anstrengen müssen, nur um ihren Fortbestand zu sichern. Wir werden die Weltwirtschaft stabilisieren und der Bevölkerungsexplosion Einhalt gebieten müssen. Und wir werden der Menschheit die Religion als das wichtigste Anliegen, das sie in der Vergangenheit war und immer sein sollte, wieder zum Bewußtsein bringen müssen. Wir werden mehr als genug Arbeit haben, die unsere besten Kräfte beansprucht. Wir werden den Krieg nicht brauchen, und wir werden uns auch keinen Krieg mehr leisten können.

Die friedliche Nutzung der Atomkraft

Ikeda: Als zukünftige Energiequelle ist die Atomkraft ein wichtiger Gegenstand der Erwägung. Die erste internationale Konferenz über die friedliche Nutzung der Atomenergie in Genf 1955 bahnte den Weg für eine solche Entwicklung. Seitdem wetteifern die fortgeschrittenen Länder in der Förderung der friedlichen Anwendung dieser vielversprechenden Kraftquelle.

Die Kohle, der wichtigste Energielieferant im neunzehnten und zu Anfang des zwanzigsten Jahrhunderts, hat schon dem Erdöl Platz machen müssen. Aber das Erdöl, das in der modernen Industrie noch die führende Rolle spielt, wird in nicht zu ferner Zukunft aufgebraucht sein. Eine immer schneller expandierende Industrie verschwendet die Energiereserven, die die Natur seit unvordenklichen Zeiten unermüdlich geschaffen hat, und sogar die Atomenergie ist nicht unerschöpflich; denn sie wird aus mineralischen Stoffen hergestellt, die es auf unserem Planeten nur in begrenzten Mengen gibt. Doch bis auf weiteres hat sie als Kraftquelle noch eine große Zukunft und kann leicht Kohle und Erdöl ersetzen.

Die Atomenergie ist jedoch ein sehr gefährliches zweischneidiges Schwert. Sie kann außerordentlich viel zur Wohlfahrt der Menschheit beitragen; aber ihr Mißbrauch vermag die Menschheit auszulöschen. Ihre allgemeine Verwendung, die Frage der Abfallbeseitigung und ähnliche Probleme sind bei der Atomenergie weitaus gravierender und schwieriger als bei der Kohle und dem Erdöl. Obwohl es keinen ernsthaften Einwand gegen die friedliche Nutzung der Atomenergie gibt, ist noch viel zu tun, um die damit verbundenen Schwierigkeiten zu lösen und unermeßlichen Schaden zu verhüten.

Von all diesen Problemen ist das schwierigste die Frage, wie man verhindern kann, daß die Ergebnisse der Forschung zur friedlichen Nutzung der Atomenergie für Kriegszwecke mißbraucht werden.

Toynbee: Aus den von Ihnen angeführten Gründen ist die Entwicklung der Atomenergie für friedliche Zwecke wünschenswert und unerläßlich. Ich stimme Ihnen darin zu, daß wir es hier mit der gefährlichsten elementaren Kraftquelle zu tun haben, die bis jetzt vom Menschen nutzbar gemacht wurde.

Ikeda: Ich würde eine internationale Körperschaft vorschlagen, vielleicht von den Vereinten Nationen eingesetzt, um die Tätigkeiten aller Nationen auf dem Gebiet der Atomenergie periodisch zu kontrollieren. Natürlich muß diese Körperschaft über genügend Autorität verfügen, um ihrer Aufgabe nachgehen zu können; und alle Nationen, auch die, die scheinbar keine Atomkraftwerke besitzen, müßten diese Kontrollen zulassen. Und es sollte selbstverständlich sein, daß überall eine atomare Abrüstung erfolgt, ehe mit der friedlichen Nutzung der Atomenergie begonnen wird; und wenn die totale Abrüstung auf einmal zu schwierig sein sollte, müßte sie schrittweise erfolgen. Dabei sollten wie auf allen technischen Gebieten Neuerungen zum gemeinsamen Wohl der Menschheit publik gemacht werden.

Mein Vorschlag muß natürlich den jeweiligen Gegebenheiten aller Länder angepaßt werden. In Japan betreiben wir die Forschung für die friedliche Nutzung der Atomenergie; aber wir werden im Geist unserer Verfassung nicht erlauben, daß sie militärischen Zwecken dient. Damit es in allen Ländern verhindert wird, muß die kontrollierende Instanz von politischen Interessen frei sein und sich aus Wissenschaftlern, aber auch aus gewöhnlichen Bürgern zusammensetzen; sie muß in die Lage gesetzt werden, ihre Untersuchungen jederzeit ohne Einspruch der betreffenden Regierung durchzuführen.

Ein noch fundamentaleres Problem als die friedliche Nutzung der Atomenergie ist die Lösung von Streitfällen, die zu kriegerischen Konflikten zwischen Nationen, die im Besitz von Nuklearwaffen sind, führen könnten; denn eine solche Situation betrifft unmittelbar den Frieden und die Wohlfahrt der Menschheit.

Toynbee: Solange nicht alle Völker darin einig sind, auf die Verwendung der Atomenergie zu kriegerischen Zwecken zu verzichten, und solange wir nicht eine übernationale Autorität haben, die darüber wacht, daß sich keins von dem allgemeinen Verzicht ausschließt, wird es aus Sicherheitsgründen nicht ratsam sein, in der friedlichen Nutzung der Atomenergie fortzufahren.

Eine arbeitsfähige übernationale Kontrollinstanz für den Gebrauch der Atomenergie setzt indessen die Errichtung einer arbeitsfähigen Weltregierung voraus – einer, die imstande sein wird, sich auf der ganzen Welt Geltung zu verschaffen, so wie Shih Huang Ti seine Autorität in China nach 221 v. Chr. durchsetzen konnte und Hidejoschi und Iejasu ihre Autorität in Japan im sechzehnten Jahrhundert.

Marionettenkriege und Asien

Ikeda: Spannungen und Gegensätze zwischen den Großmächten, der Sowjetunion, China und den Vereinigten Staaten, bedrohen die mittleren und kleinen Nationen in Asien und anderen Erdteilen. Glauben Sie, daß die Welt noch mehr Tragödien wie den Vietnamkrieg wird erdulden müssen? Wenn ein solcher Marionettenkrieg, in dem Großmächte sich bekämpfen, ohne sich offen als Kriegsführende zu bezeichnen, sich wieder ereignet – was können mittlere und kleinere Nationen tun, um nicht hineingezogen zu werden?

Toynbee: Sie werden wahrscheinlich, wie vorsichtig sie auch handeln mögen, leider gegen ihren Willen in solche Kriege hineingezogen. So ist zum Beispiel Kambodscha, ein kleines friedliches Land, der amerikanischen Politik in Südostasien zum Opfer gefallen. Die USA waren gegen die Vereinigung von Nord- und Südvietnam. Nordvietnam widersetzte sich der amerikanischen Entscheidung und entschloß sich zu einer militärischen Aktion. Aber der einzige Weg nach Südvietnam war der Ho-Chi-Minh-Pfad durch Kambodscha. Die Kambodschaner waren machtlos; hätten sie versucht, den Lauf der Ereignisse aufzuhalten, wären sie von den Nordvietnamesen überrannt worden. Prinz Sihanouk blieb nichts anderes übrig, als den Nordvietnamesen den Durchmarsch zu gestatten. Dann dehnte Präsident Nixon sehr zu Unrecht den Krieg auf Kambodscha aus, was dazu führte, daß Bürgerkrieg dieses vorher friedliche Land heimsuchte und verwüstete. Die Machtlosigkeit und Schuldlosigkeit der Kambodschaner war der tragischste Aspekt des ganzen Krieges.

Auch andere südostasiatische Länder wurden in den Vietnamkonflikt hineingezogen. Thailand, wie Japan eine unabhängige Nation, die nie unter Kolonialherrschaft gestanden hatte, konnte schwer nein sagen, als die Vereinigten Staaten darauf drängten, auf ihrem Boden Luftstützpunkte zu errichten. So wurde auch Thailand gegen seinen Willen in den Krieg verwickelt. Australien und Neuseeland, die aus der Kapitulation von Singapur gelernt hatten, daß Großbritannien sie nicht würde schützen können, wandten sich den USA zu, weil sie eine starke, wenn auch unbegründete Angst vor Ostasien hatten, und wurden gleichfalls gezwungen, sich am Vietnamkrieg zu beteiligen.

Ikeda: Es scheint in der Tat in einer fast nur noch von der Macht beherrschten Welt für kleine und mittlere Nationen bei aller Vorsicht schwierig zu sein, nicht auf die eine oder andere Weise in einen Krieg hineingezogen zu werden. Ich glaube jedoch, daß es für Kambodscha, Australien und Neuseeland noch eine andere Möglichkeit gab. Sie hätten fest und unbeirrt auf ihrer strikten Neutralität beharren sollen. Kambodscha hätte Nord-und Südvietnam gleichermaßen den Durchgang verweigern, Thailand hätte zu den amerikanischen Luftstützpunkten nein sagen können. Und Australien und Neuseeland hätten keine Truppen nach Vietnam zu entsenden brauchen.

Offensichtlich hätte solches Verhalten die Beziehungen Kambodschas zu China und der Sowjetunion und die Beziehungen Thailands, Australiens und Neuseelands zu den Vereinigten Staaten beeinträchtigt. Aber damit kommen wir zu der grundlegenden Frage nach dem ethischen Wert der Sicherheits- und Verteidigungsbündnisse, die in diesem Zeitalter des militärischen Machtdenkens die Beziehungen zwischen den Nationen beherrschen.

Das ist ein weites Feld und ein schwieriges Thema; doch scheint es mir unumgänglich, für eine Welt, in der die Flammen des Krieges sich rasch von Land zu Land verbreiten, eine neue Ethik zu finden. Natürlich haben Sicherheits- und Verteidigungsbündnisse schon gute Dienste geleistet. Als das nazistische Deutschland und das militaristische Japan kleine und mittlere Nationen überfielen und unterdrückten, konnten Sicherheitsbündnisse den Opfern einigen Beistand gewähren. Auf der anderen Seite spielte das gleiche Konzept eine ursächliche Rolle bei der Entstehung von zwei Weltkriegen. Seitdem hat sich die Art der Kriegführung durch die Entwicklung der Atomwaffen geändert. Heute kann es keinen Krieg für den Schutz der Gerechtigkeit mehr geben, denn der Krieg selber zerstört die Gerechtigkeit.

Wie Sie sagten, wurden Kambodscha und Thailand, Australien und Neuseeland ganz gegen ihren Willen in den Krieg hineingezogen. Wenn solche Situationen möglich sind, dann ist es dringend notwendig, die Moral zwischenstaatlicher Beziehungen grundlegend zu ändern. Da es sehr schwer sein würde, jede Nation völlig sich selbst zu überlassen, sollten alle, nicht nur einige große Nationen zusammentreten, um über ihre Stellungnahme nachzudenken. Dann wären die großen und mächtigen Nationen nicht mehr in der Lage, kleinere in ihre Konflikte zu verwickeln. Darüber hinaus könnte ein solcher Rat der Nationen dazu beitragen, den Krieg selber abzuschaffen.

Toynbee: Es sind nicht nur Sicherheits- und Verteidigungsbündnisse, die kleinere Nationen in die Konflikte der großen hineinziehen können. Nehmen Sie zum Beispiel den tragischen Fall des Libanon, dessen geographische Lage und Bevölkerungszusammensetzung ihn fast unweigerlich in die Kriegshändel seines nächsten Nachbarn Israel verstricken. Obwohl nur ein kleines Land, war der Libanon der bei weitem modernste und fortgeschrittenste der arabischen Staaten. Das früher völlig christliche Land bekam nach dem Ersten Weltkrieg eine zahlreiche muslemische Bevölkerung hinzu, als Frankreich früheres türkisches Territorium im Libanon und in Syrien übernahm und den Umfang der Libanesischen Republik durch Hinzufügung muslemischen Territoriums verdoppelte. Heute sind der christliche und der muslemische Anteil der Bevölkerung ungefähr gleich, doch die Christen sind reicher und tüchtiger. Natürlich sympathisieren die Muslime, die nicht gern unter christlicher Herrschaft leben, mit den arabischen Guerillas. So zog der Konflikt zwischen Israel und dem Libanon einen Streit zwischen Christen und Moslems im Innern des Landes nach sich, der es an den Rand des Bürgerkrieges brachte. Trotz aller Vorsicht konnte die Regierung nicht verhindern, daß arabische Guerillas vom Libanon aus operieren oder daß die Israelis Vergeltungsangriffe gegen die Guerillas in das Land hinein führen. Das ist die Tragödie des Libanon, aber nicht seine Schuld.

Ikeda: Das Problem des Libanon ist eines der heiklen Probleme, wo eine schwierige innenpolitische Spaltung durch die Verquickung mit einem internationalen Streit eine ganze Nation in den Krieg zu ziehen droht. Ich glaube, um ein solches Problem zu lösen, müssen die streitenden innenpolitischen Parteien eine Situation herbeiführen, in der ein vollkommenes *Fair play* möglich ist; das heißt, es muß ihnen gestattet sein, ihre eigenen Kräfte zu gebrauchen und ihre Probleme allein zu lösen. Hindert man sie daran, so werden sie in ihrer Verzweiflung Hilfe von außen suchen, und das wird unweigerlich ihre eigene nationale Sicherheit bedrohen.

Toynbee: Sie haben da zwei sehr wichtige Punkte berührt, die der Vervollständigung bedürfen: Fair play oder soziale Gerechtigkeit und Verzweiflung. Es ist niederträchtig, ein Volk in die Verzweiflung zu treiben, indem man ihm die soziale Gerechtigkeit versagt. So ist es mit den palästinensischen Guerillas geschehen. Schon seit der Balfour-Deklaration von 1917 hat man die einheimischen Palästinenser als Nullen behandelt, die nicht zählen. Sie sind aber Menschen, die wie die Vietnamesen eine solche Behandlung übelnehmen und ihrem Groll in sinnlosen Kleinkriegen und Terrorakten Luft machen. Es ist nur eine kleine Minderheit, die zu diesen Mitteln greift, aber sie ist groß genug, um als Beispiel dafür zu dienen, daß Verzweiflung zu Gewaltausbrüchen führt.

Ähnliche Situationen, wo ein Volk von einem anderen ungerecht behandelt oder unterdrückt wird, kann man in anderen Teilen der Welt beobachten: die Indianer in dem Massaker von Wounded Knee, die schwarzen Guerillas in Rhodesien. Die Antwort auf das Problem ist einfach: Laßt den Indianern, den rhodesischen Schwarzen, den Palästinensern Gerechtigkeit widerfahren, und die Welt ist nicht gezwungen, Guerillakriege und die Greuel von Wounded Knee mitanzusehen – oder eine israelische Vergeltung, die in sich ebenfalls kriminell ist.

Ikeda: Sie haben völlig recht. Die erste Forderung, die an jede Regierung zu stellen ist, lautet, alle Menschen unter ihrer Herrschaft mit Fairneß zu behandeln und allen – nicht nur einer Gruppe von Auserwählten – die gleichen Rechte und Chancen zu gewähren. Diese Haltung ist eine Grundbedingung jeder Politik und unentbehrlich für das Glück des einzelnen wie für den Frieden der Welt.

Bevor wir dieses Thema abschließen, möchte ich auf das zurückkommen, was wir Marionettenkriege genannt haben, und fragen, warum Ihrer Meinung nach so viele Konflikte der Art, wie sie seit dem Zweiten Weltkrieg vorgekommen sind, sich gerade im Osten ereignet haben.

Toynbee: Der Grund für die Kriege im Vorderen Orient, in Korea und Südostasien ist der, daß in diesen Teilen der Welt die Vereinigten Staaten sich auf Kriege einlassen konnten, ohne die Gefahr einer russischen oder chinesischen Intervention fürchten zu müssen. Die schwarzen afrikanischen Staaten sind noch zu schwach, um Kriege zu riskieren, und die südamerikanischen sind zu zerstritten und zu sehr von den USA beherrscht. Was Europa betrifft, so ist es ein zu gefährliches Territorium, um es auf einen Krieg ankommen zu lassen, solange die Vereinigten Staaten und die Sowjetunion keine festen guten Beziehungen unterhalten.

Selbstverteidigung und die japanische Verfassung

Ikeda: Seit dem Beginn der Geschichte unterhalten die meisten Nationen zum Zwecke der Verteidigung eine Wehrmacht. Unser Zeitalter macht darin keine Ausnahme, und die militärischen Rüstungen haben Ausmaße erreicht, von denen man früher keine Vorstellung hatte. Entsprechend sind die Rüstungsausgaben ins Unermeßliche gestiegen. Die Nationen, die im Besitz von Atomwaffen sind, behaupten, sie brauchen sie, um sich zu verteidigen; aber ihre Vorräte an Atomwaffen übersteigen bei weitem die Mengen, die benötigt würden, um sich gegen eine Invasion zu schützen. Diese Waffen sind gewaltig an Zahl und so fürchterlich in ihrer Beschaffenheit, daß ihr Einsatz nicht nur das angegriffene und das angreifende Land, sondern die ganze Welt in die schwerste Gefahr bringen würde. Man muß also in einer modernen Wehrmacht etwas ganz anderes sehen als die Verteidigungskräfte, die einem aus früheren Zeiten vertraut sind. In der heutigen Welt gibt es keine Rechtfertigung mehr für militärische Rüstungen.

Toynbee: Die wirksamste nationale Verteidigung bei den gegenwärtigen Kräfteverhältnissen wäre der Verzicht auf eine ständige Bewaffnung mit Ausnahme einer Polizeitruppe zur Aufrechterhaltung von Ruhe und Ordnung im Inneren. Dieser Verzicht auf Verteidigungswaffen gegen den eventuellen Angriff eines anderen Staates muß natürlich von einer Politik begleitet sein, die sich aller Aktionen enthält, die geeignet sein könnten, eine fremde Regierung zu beleidigen oder herauszufordern.

Die meisten Regierungen und fast alle Menschen sind sich heute einig, daß die Aggression eines Staates gegen einen anderen ein Verbrechen ist. Bezeichnenderweise heißt es jetzt überall auch nicht mehr »Kriegsministerium«, sondern »Verteidigungsministerium«.

Ikeda: Schlimmer als dieser Euphemismus ist der Schwindel, junge Menschen aufzurufen, ihr Leben für einen als Verteidigungskrieg getarnten Angriffskrieg zu opfern. Nur zu oft gebrauchen die herrschenden Mächte den Vorwand der nationalen Verteidigung, um Invasionen durchzuführen, die beide, Überfallene und Invasoren, in das tiefste Elend stürzen. Ich glaube, Beispiele für Kriege, die nachweisbar ausschließlich zum Zwecke der Verteidigung geführt wurden, sind sehr selten.

Toynbee: In der Tat; denn die Vorbereitungen für einen Verteidigungskrieg sind von denen für einen Angriffskrieg nicht zu unterscheiden. Das führt dazu, daß andere Nationen sich gedrängt fühlen, Gegenmaßnahmen zu ergreifen; und wenn das Wettrüsten erst einmal begonnen hat, ist jeder der Konkurrenten versucht, das Rennen durch einen Überraschungsangriff zu gewinnen oder sich zumindest einen Vorsprung zu sichern; und er rechtfertigt diesen Akt der Aggression, indem er ihn »Präventivkrieg« nennt.

Nach der Niederlage Deutschlands im Ersten Weltkrieg verzichtete Dänemark darauf, den Teil von Schleswig, wo die Mehrheit der Bevölkerung deutsch war, zurückzuverlangen, obwohl ganz Schleswig früher dänisch gewesen und erst durch den Krieg von 1864 an Preußen gefallen war. Zwischen den beiden Weltkriegen war Dänemark so gut wie abgerüstet. Im Zweiten Weltkrieg wurde es von Deutschland okkupiert, ohne daß es diesen Angriff provoziert hätte; aber die 1920 festgelegte Grenze war eine der wenigen (in den von deutschen Truppen vorübergehend besetzten Territorien), die Hitler nicht zugunsten Deutschlands revidieren wollte. So wäre Dänemarks Politik der Waffenlosigkeit, verbunden mit dem Verzicht auf eine ungerechte Gebietserweiterung, auch gerechtfertigt gewesen, wenn Deutschland den Zweiten Weltkrieg gewonnen hätte.

Die These, die beste Verteidigung sei der Verzicht auf alle Waffen, auch auf Verteidigungswaffen, lassen die meisten kleineren Staaten nicht gelten. So sind die Schweiz und Schweden, die sich beide zu einer Politik der Neutralität bekennen, zur Abschreckung von Aggressionen stattlich gerüstet. Die bewaffnete Schweiz hat in beiden Weltkriegen ihre Neutralität bewahrt; und auch Schweden konnte sich aus beiden Weltkriegen heraushalten, doch im Zweiten Weltkrieg nur, weil sich Deutschland von der Besetzung Schwedens keinen strategischen Vorteil versprach. Außerdem verlangte Deutschland als Preis für die Berücksichtigung von Schwedens Neutralität bestimmte Transiterleichterungen während des Krieges, die vielleicht mit der von Schweden beteuerten Neutralität nicht ganz vereinbar waren.

Ikeda: Artikel 9 der japanischen Verfassung untersagt jedes Kriegs-
potential. Es gibt große Meinungsverschiedenheiten darüber, ob diese
Klausel auch die Erhaltung von Verteidigungsstreitkräften verbietet.
Die Diskussion geht weniger um technische Fragen als darum, wie die
Sicherheit Japans in dem gegenwärtigen internationalen Klima ge-
währleistet werden kann.

Die Befürworter einer Wiederaufrüstung weisen darauf hin, daß
alle Länder der Welt mit Ausnahme von Japan Streitkräfte besitzen,
und es sei selbstverständlich, daß eine unabhängige Nation Waffen
habe, um sich verteidigen zu können. Erst wenn die ganze Welt auf
alle Arten des Rüstungspotentials und auf das Recht der Kriegführung
überhaupt verzichte, dann und nicht früher würde das Recht auf
Verteidigung, auch wenn es theoretisch anerkannt werde, seine praktische Bedeutung verlieren. Andere argumentieren, daß die Ausübung
des Rechtes der Verteidigung nicht unbedingt eine Militärmacht
erfordere und daß die Politik der absoluten Waffenlosigkeit in sich
selber eine mächtige Waffe im Rahmen der derzeitigen internationalen Beziehungen sei.

Das Recht der Verteidigung ist das Recht eines Staates, seine
Existenz gegen drohende und ungerechte Aggressionen anderer Länder zu sichern. Das oberste Recht des Menschen, sein Leben zu
schützen, wird auf der gesellschaftlichen Ebene zum Recht des Staates
auf Verteidigung. Es ist daher axiomatisch, daß keine Nation dieses
Recht dazu mißbrauchen sollte, das Leben der Bewohner eines anderen Landes zu gefährden; es ist geradezu ein Bestandteil des Rechtes
auf Verteidigung.

Wie die Dinge gegenwärtig liegen, setzt das Recht der Verteidigung die Aggression anderer Nationen voraus; infolgedessen ist die
Welt mit einem Kriegspotential ausgerüstet, das den Fortbestand der
Menschheit schwer bedroht. Um sich gegen diese ungeheure Kriegs-
maschinerie zur Wehr zu setzen, muß ein Land riesige eigene Rü-
stungskapazitäten besitzen, und so hat die bewaffnete Verteidigung
ihre Grenzen. Dieses Problem wird nicht zu lösen sein, solange wir die
Rüstung als das einzige Mittel ansehen, das Recht der Verteidigung
gegen andere Staaten geltend zu machen. Es ist aber soweit, sich
neuen Grundsätzen zuzuwenden und mit großzügigeren Auffassun-

gen einen neuen Anfang zu machen. Der Ausgangspunkt muß das Überlebensrecht aller Menschen auf der Welt sein, nicht das einer Nation allein.

Von diesem Standpunkt aus bin ich stolz auf den Geist der japanischen Verfassung, die auf jede Form der Bewaffnung verzichtet und damit die Entschlossenheit zum Ausdruck bringt, unser Leben und unsere Sicherheit im Vertrauen auf die Gerechtigkeit und Redlichkeit der friedliebenden Völker zu bewahren. Dieser Geist muß erhalten bleiben.

Toynbee: Es wäre ein unheilvoller Fehler Japans, den Artikel 9 seiner Verfassung aufzuheben – oder, was noch schlimmer wäre, ihn zu verletzen oder außer Kraft zu setzen. Wie sich auch immer die internationalen Beziehungen entwickeln werden, ich glaube, es wird für Japan lebenswichtig sein, gute Beziehungen zu China herzustellen. In chinesischen Augen ist die Befolgung des Artikels 9 der Verfassung der Test für Japans Politik gegenüber China. Japans Wiederaufrüstung, auch bona fide zum Zwecke der Verteidigung und nicht der Aggression betrieben, würde in China Argwohn und Feindseligkeit erregen und Erinnerungen an die Jahre 1894 und 1931 bis 1945 wach werden lassen. Sie könnte China sogar in Versuchung führen, sobald seine Atombewaffnung genügend entwickelt ist, einen sogenannten Präventivkrieg gegen Japan anzufangen.

Solange hingegen Japan sich an den Artikel 9 hält, wird es keine Gefahr laufen, von China angegriffen zu werden, selbst wenn sich China zu einer führenden Atommacht entwickeln sollte. Chinas territoriale Ansprüche gehen vermutlich nicht weiter als bis zu den Grenzen, die es 1796 erreicht hatte; darüber hinaus wünscht es zweifellos den Abzug der amerikanischen Truppen aus Ostasien und den angrenzenden Meeren; aber es gibt keine Anzeichen dafür, daß China Anspruch auf eins der asiatischen Territorien erhebt, auf denen die Vereinigten Staaten zur Zeit Truppen und Stützpunkte haben.

Daher ist meiner Meinung nach das Festhalten an dem Artikel 9 für Japan vorteilhaft, selbst bei dem augenblicklichen anarchischen Zustand der internationalen Beziehungen. Wenn die Völker der Welt es fertigbringen, dieser Anarchie durch die Errichtung einer Weltregierung ein Ende zu bereiten, wäre das der Beweis für die Weisheit und

Voraussicht des japanischen Volkes, das den Lauf der Geschichte geahnt hat, als es diesen Artikel in seine Verfassung aufnahm.

Ikeda: Die wirtschaftliche Expansion Japans hat in vielen Ländern Unwillen erregt; und das erinnert mich an die Stellung, die unsere Nation vor dem Zweiten Weltkrieg einnahm. Glauben Sie, daß Japan wieder in eine internationale Isolierung gedrängt werden wird? Und wenn es so ist, wie kann man es Ihrer Meinung nach verhindern?

Toynbee: Nein, Japan spielt in der Weltwirtschaft eine so wichtige Rolle, daß man es nicht wird missen können, und wenn auch nur aus materiellen Gründen. Offensichtlich bemühen sich sowohl China wie die Sowjetunion um die japanische Unterstützung bei der Entwicklung ihrer eigenen Wirtschaft.

Das Problem, so wie ich es sehe, ist das ungewöhnliche Ausmaß des japanischen wirtschaftlichen Erfolges in den letzten Jahren. Die Handelsbilanz war zu sehr zu Japans Gunsten. Wenn Länder auf lange Sicht miteinander Handel treiben wollen, dann muß ein außenwirtschaftliches Gleichgewicht bestehen, obwohl es natürlich auch für kurze Zeit zugunsten des einen oder anderen Landes schwanken kann. Ich hoffe, Japan wird einsehen, daß es in seinem Handel mit anderen Nationen – zum Beispiel mit den Vereinigten Staaten – ungefähr ebensoviel einführen wie ausführen muß.

Japan soll weder stärker noch schwächer, weder Gewinner noch Verlierer sein, sondern gleichwertig mit den anderen Ländern auf der Welt. Es ist zwar menschlich, mit dem Partner zu feilschen und zu versuchen, den größtmöglichen Vorteil herauszuholen, aber ich hoffe, wir werden trotzdem eines Tages ein gesundes Gerechtigkeitsgefühl im Verkehr mit anderen entwickeln. Nein, ich glaube nicht, daß Japan wieder isoliert werden wird; aber ich glaube, alle Nationen müssen einander achten und berücksichtigen.

Die Polizeikräfte der Zukunft

Ikeda: Als Buddhist befürworte ich den absoluten Pazifismus und bin gegen jegliche militärische Bereitschaft. Aber wir wollen einmal als Diskussionsthema gelten lassen, daß inländische Polizeikräfte zur

Erhaltung von Ruhe und Ordnung nötig sind. Wenn wir je zu einer Weltregierung gelangen sollten, müßte auch diese Polizei ihr unmittelbar unterstehen. Mit anderen Worten: Wir müssen nach einer politisch geeinten Welt streben und ihr dann alle wie auch immer gearteten bewaffneten Kräfte unterstellen.

Toynbee: Was die Kriegsrüstung betrifft, so sollte unser Ziel sein, ihre Stärke, Tödlichkeit und Verwendung auf ein Minimum zu reduzieren.

Nehmen wir also an, es sei der Menschheit gelungen, eine Weltregierung zu bilden, und diese Weltregierung habe es fertiggebracht, den Krieg zwischen den ihr unterstehenden Einzelstaaten abzuschaffen. Nehmen wir weiter an, daß diesen Einzelstaaten jede nationale Rüstung untersagt sei und daß sie sich an dieses Verbot hielten. Ich glaube, es wäre trotzdem eine bewaffnete Polizei in jedem Lande erforderlich. Auch der bestregierte Staat und einer, in dem die meisten Bürger friedlich und ordnungsliebend sind, kommt nicht ganz ohne Polizei aus, denn es bleibt immer eine asoziale Minderheit, die in Schranken gehalten werden muß. Was für einen gut regierten Nationalstaat gilt, behält auch für einen gut regierten Weltstaat Gültigkeit – falls es je zu einem solchen kommen wird.

Ikeda: Auch ich glaube, daß es zur Aufrechterhaltung von Ruhe und Ordnung immer eine bewaffnete Polizei oder etwas Dementsprechendes geben muß. Ohne sie blieben die anständigen Menschen ungeschützt. Es hat noch nie eine Gesellschaft ganz ohne Ungerechtigkeit und Verbrechen gegeben. Leider scheinen sie heute mächtiger zu sein als Rechtschaffenheit und Gerechtigkeit.

Toynbee: Wenn wir also übereinstimmen, daß eine Polizei unerläßlich ist, ergeben sich zwei Fragen. Wie soll sich diese Polizei zusammensetzen, und wie soll sie bewaffnet sein?

Ich meine, die Polizei des Weltstaates sollte von dessen Regierung rekrutiert werden, und die Angehörigen dieser Polizei sollten der Weltregierung unmittelbar unterstehen, ähnlich wie der Beamtenstab der Vereinten Nationen. Eine Weltpolizei dürfte sich nicht aus Kontingenten der einzelnen Nationalstaaten zusammensetzen, denn solche würden ihrem eigenen Lande mehr Loyalität erweisen als dem Weltstaat, während die Loyalität zu diesem den Vorrang haben muß.

Für die Sicherheit des Inlandes soll dem einzelnen Staat eine inländische Polizeitruppe gestattet sein, aber deren Umfang und Bewaffnung muß sich in Grenzen halten, damit sie nicht für den verfassungswidrigen und unsozialen Zweck mißbraucht werden kann, der Autorität der Weltregierung Trotz zu bieten.

Die Weltregierung muß über eine Polizeimacht verfügen können, die ausreichend ist, um in solchen Gebieten, in denen Ungerechtigkeit, Streit und Gewalt den Weltfrieden ernsthaft bedrohen oder die Menschenrechte des einzelnen oder der Gesamtheit verletzen, so unparteiisch wie möglich für Ruhe und Ordnung zu sorgen. Sie würde zum Beispiel der Unterdrückung von Schwarzen durch Weiße in Südafrika, von Arabern durch Israelis im Nahen Osten, von Katholiken durch Protestanten in Nordirland ein Ende zu bereiten haben. Sie würde aber auch Vorkehrungen treffen müssen, daß diese gegenwärtigen Unterdrücker nicht ihrerseits ihren früheren Opfern preisgegeben werden.

Um diese Funktionen zu erfüllen und um ihren Willen durchzusetzen, scheint es mir selbstverständlich, daß die Weltregierung über eine eigene Polizeimacht verfügt, die ausreichend bewaffnet sein muß, um jeden nationalen Widerstand zu brechen, der sie an der Pflicht hindern könnte, für einen weltumfassenden Frieden zu sorgen, der Ordnung und Gerechtigkeit einschließt. Wenn man allerdings die angeborene Selbstsucht der menschlichen Natur und die Unversöhnlichkeit des National- und Rassenhasses bedenkt, wird es, fürchte ich, nicht immer ohne Waffengewalt und Blutvergießen zugehen.

Ikeda: Ich bin mir schmerzlich bewußt, daß die Welt heute weit von dem Idealzustand entfernt ist, wo eine bescheidene Polizeitruppe ausreichen würde. Ich stimme zu, daß eine Weltpolizei nötig ist und wahrscheinlich auch in Zukunft nötig sein wird. Aber auch dann brauchen wir eine strenge Rüstungskontrolle. Als erster Schritt müßten alle Nationen wenigstens auf Atomwaffen verzichten.

Die Atomwaffen haben sich in den Jahren seit dem Zweiten Weltkrieg so schnell entwickelt, daß sie jetzt um ein Vielfaches tödlicher sind als die Bomben von Hiroshima und Nagasaki. Auch die Mittel, sie an Ort und Stelle zu bringen, haben sich vervollkommnet: interkontinentale Raketengeschosse, mit Atombomben bestückte Flugzeuge und Unterseeboote, die Atomraketen abfeuern können. Unser Planet wird ständig von dem Schrecken einer totalen Vernichtung bedroht, die auf einen Knopfdruck erfolgen kann.

Wir alle, die in diesem Zeitalter leben, müssen uns fest darin einig sein, daß es ein Verbrechen ist, Atomwaffen herzustellen, zu besitzen oder zu verwenden. Sonst wird entweder die Menschenrasse ausgelöscht werden, oder unsere Nachkommen werden vor dieser schrecklichen Bedrohung stehen. Zu welchen Höhen auch unsere Zivilisation und Kultur noch aufsteigen mögen – die Menschheit kann so lange auf ihre Leistungen nicht stolz sein, wie es Atomwaffen gibt.

Hiroshima und Nagasaki haben gezeigt, wie fürchterlich die atomare Zerstörung ist; sie haben gezeigt, wie durch Radioaktivität verursachte Krankheiten an Menschenleben vernichtend wirken, noch lange, nachdem die Städte wiederaufgebaut sind. Alle Menschen auf dieser Welt müssen diesen erschreckenden Fakten ins Auge sehen.

Toynbee: Ohne auf die Weltregierung zu warten, sollten die jetzt noch souveränen Nationalregierungen von ihren Untertanen genötigt werden, alle Atomwaffen zu zerstören und auf jede Atombewaffnung künftig zu verzichten. Die zukünftige Weltregierung hat sich des Besitzes von Atomwaffen zu enthalten, und dieses selbstauferlegte Veto muß ein Grundartikel ihrer Verfassung sein.

Schon die Beschaffenheit und die Anwendungsweise der Atomwaffen lassen im Kriege keinen anderen Einsatz zu als zu dem wahnsinnigen Zweck der gegenseitigen Ausrottung. Da Atomwaffen nur die unterschiedslose Vernichtung kennen, sind sie *a fortiori* für die Arbeit der Polizei untauglich. Die südafrikanischen Weißen, die nordirischen Protestanten und die israelische Besatzungsarmee auf arabischem Gebiet können nicht mit Atomwaffen zur Vernunft gebracht werden. Man könnte sie mit Atomwaffen vernichten, aber dies würde in den meisten Fällen die gleichzeitige Vernichtung einer weitaus größeren Zahl ihrer Opfer einbeziehen. Da der Zweck der Übung jedoch die Befreiung dieser Opfer ist, würde jeder Versuch, ihn mit dem Einsatz von Atomwaffen zu erreichen, auf den Angreifer zurückschlagen.

Soweit die inländische Polizei bewaffnet sein muß, sollte man sich auf konventionelle und auf solche Waffen beschränken, mit denen man, ohne mehr als unbedingt nötig zu verwunden und zu töten, bewaffnete Aufrührer, die Widerstand leisten, in Schach halten kann. Die zum Schutze der Gesetze tätige Polizei sollte soweit wie möglich nichttödliche Waffen gebrauchen: Gummikugeln, die nur Prellungen, keine Wunden verursachen, Gas, das vorübergehend lähmt, ohne schädliche Folgen zu hinterlassen, und das Besprühen mit haftender Farbe auf Kleidern und Haut, die den Unruhestifter identifizierbar macht und ihm das Entkommen erschwert.

Bisher haben Wissenschaft und Technik stets nur Waffen erfunden, mit denen die Kriegführung immer tödlicher und zerstörerischer wurde. Jetzt sollten ihre Bemühungen in die umgekehrte Richtung gehen; sie sollten Waffen erfinden, die den Polizeikräften – denen der künftigen Weltregierung wie denen der Nationalregierungen – die Möglichkeit geben, die Ruhe und Ordnung aufrechtzuerhalten, ohne daß Widerspenstige und unbeteiligte Passanten körperliche Schäden erleiden.

Ikeda: Die Idee, Waffen zu entwickeln, die Aufrührer vorübergehend unschädlich machen, ohne Menschenleben ernsthaft zu gefährden, ist ausgezeichnet. Es ist nicht einzusehen, warum nicht auch solche Waffen hergestellt werden könnten. Wissenschaftler und Politiker täten gut daran, ihre Gedanken in diese Richtung zu lenken.

Das Wesen und die Zukunft des Krieges

Ikeda: Wir wissen aus der Naturgeschichte, daß *Homo sapiens* die einzige Spezies ist, die ihre Artgenossen mit systematischer Gewalt und Grausamkeit umbringt. Meinen Sie, daß es der Menschheit bestimmt ist, für alle Zeiten unter dem Krieg zu leiden? Wie, glauben Sie, können wir den globalen Atomkrieg verhüten und zu einem beständigen Frieden gelangen?

Toynbee: Unser derzeitiges Wissen von den menschlichen Gefühlen, Gedanken, Werturteilen und Handlungen umfaßt keinen längeren Zeitraum als die allerjüngste Periode der Menschheitsgeschichte, das heißt die Periode, aus der wir geschriebene Zeugnisse besitzen. Das sind nur fünftausend Jahre, und unsere Ahnen mögen vor einer

Million Jahren Menschen geworden sein. Diese Datierung bezeichnet das Stadium in der Evolution unserer Ahnen, in dem sie, wie wir aus Knochen- und Werkzeugfunden schließen, sich ihrer selbst bewußt, das heißt völlig menschlich wurden. Selbst wenn wir die jetzt ausgestorbenen Spezies der Hominiden nicht als voll menschlich ansehen und den Begriff *Mensch* auf die einzige überlebende Spezies, den sogenannten *Homo sapiens*, beschränken, wäre die menschliche Rasse mindestens schon zwei- bis dreihunderttausend Jahre alt; und das ist noch eine lange Zeitspanne, verglichen mit den letzten fünftausend Jahren.

Nun ist es leider wahr, daß in den letzten fünftausend Jahren der Krieg eine Hauptbeschäftigung der Menschen war. Wir haben für Kriege den bei weitem größten Teil unserer Überschußproduktion ausgegeben, das heißt den größten Teil dessen, was wir über das Existenzminimum hinaus, also um uns am Leben zu erhalten und den Fortbestand unserer Spezies zu sichern, erarbeitet haben. Aber der Krieg ist ohne Überschußproduktion unmöglich, denn er erfordert den unwirtschaftlichen Gebrauch von Arbeitszeit, Nahrungsmitteln und Material und eine Industrie, die aus diesem Material Waffen und anderes Kriegsgerät macht. Soviel wir wissen, hat keine menschliche Gemeinschaft diesen für die Kriegführung benötigten Überschuß besessen, bevor die unteren Stromgebiete des Tigris-Euphrat und des Nils trockengelegt und künstlich bewässert wurden, und das kann nicht lange vor 3000 v. Chr. gewesen sein. Die frühesten erhaltenen Darstellungen von Kriegshandlungen in der sumerischen und der ägyptischen bildenden Kunst und die frühesten geschriebenen Berichte darüber sind ungefähr aus der gleichen Zeit. Ich schließe daraus, daß der Krieg nicht älter ist als die Zivilisation und daß er, da die beiden gleichen Alters sind, eine der angeborenen Krankheiten der Zivilisation ist.

Der Krieg ist nicht identisch mit Gewalt und Grausamkeit, aber er ist eine besondere Manifestation der menschlichen Gewalt und Grausamkeit. Ich glaube, diese beiden bösen Impulse sind der menschlichen Natur angeboren und Bestandteile des Lebens selber. Jeder einzelne lebende Organismus ist potentiell gewalttätig und grausam; und der Krieg ist die organisierte und institutionalisierte Verübung grausamer

Gewaltverbrechen. Im Krieg bekämpfen und töten Menschen einander nach den Befehlen öffentlicher Autoritäten – von Regierungen oder von improvisierten Regierungen in Bürgerkriegen. Soldaten kämpfen ohne persönliche Haßgefühle und ohne ihre Gegner persönlich zu kennen.

Ikeda: Sie sagten, der Mensch habe für den Krieg den größten Teil seines Produktionsüberschusses ausgegeben; doch ich glaube, er hat tatsächlich viel mehr als diesen Produktionsüberschuß aufgewandt, wenn man an die zerstörten Städte und verwüsteten Äcker denkt und an alle die Lebensnotwendigkeiten, die dem gewöhnlichen Volk in Kriegszeiten entzogen werden. Ein interessantes Beispiel für die Opfer, die das Volk dem Kriege bringen mußte, sind die Samurai im japanischen Mittelalter. Sie wurden als die höchste Gesellschaftsklasse betrachtet und durften die Bauern und Kaufleute ausbeuten. Sogar im modernen Japan gibt es noch eine nicht ganz unähnliche Situation. In dem Maße, wie Verteidigungskräfte vermehrt werden, verzichtet man dafür auf die Verbesserungen in den Lebensbedingungen des gewöhnlichen Volkes; und es können nicht einmal minimale Wohlfahrtseinrichtungen geschaffen werden. Die Wohnungen für Arbeiter bleiben unzulänglich, weil das Geld, das für solche Projekte gebraucht wird, in den Verteidigungshaushalt fließt. Ich vermute jedoch, daß sich alle Länder, die militärisch rüsten, in einem ähnlichen Dilemma befinden.

Toynbee: Zweifellos tun sie das; doch lassen Sie mich zu Ihrer ersten Frage zurückkehren – ist der Krieg Menschenschicksal? Aus dem historischen Grund, den ich aufgeführt habe, glaube ich, daß dem nicht so ist. Ich glaube zwar, daß Gewalt und Grausamkeit in der menschlichen Natur liegen; doch lehrt uns, wie Sie bemerkt haben, die Naturgeschichte, daß der Mensch auf diesem Planeten die einzige Spezies unter den Lebewesen ist, die Angehörige ihrer eigenen Spezies bis zum Tode bekämpft. Wenn bei den Tieren die Männchen um den Besitz des Weibchens kämpfen, unterwirft sich schließlich das eine, und das andere schont sein Leben. Gewaltverbrechen bis zum Mord hat es, wie wir annehmen können, schon bei unseren Vorfahren gegeben, seitdem sie Menschen wurden. Aber auch in den letzten fünftausend Jahren haben sich nicht immer und überall Gewalt und Grausamkeit in der Form des Krieges manifestiert.

Japan zum Beispiel scheint über fünfhundert Jahre lang bis zum zwölften Jahrhundert, abgesehen von Grenzkriegen gegen die Ainu, ein friedliches Land gewesen zu sein. Danach wurde es über vierhundert Jahre lang von unaufhörlichen Bürgerkriegen heimgesucht. Unter dem Tokugawaregime vom Beginn des siebzehnten bis zur Mitte des neunzehnten Jahrhunderts lebte Japan wieder im inneren und äußeren Frieden; und seit 1945 hat es dem Krieg erneut entsagt.

Die Norweger haben zwischen 1814 und 1940 in Frieden gelebt; doch waren sie in der Wikingerzeit eines der kriegerischsten Völker der Erde gewesen, und sie haben im Zweiten Weltkrieg hartnäckig gekämpft, nachdem sie und ihr Land angegriffen und besetzt wurden.

In den friedlichen Zeiten der japanischen wie der norwegischen Geschichte hat es in beiden Ländern Morde und öffentliche Hinrichtungen gegeben. Das zeigt, daß wir zwischen Krieg und nichtmilitärischen Morden und Gewalttätigkeiten unterscheiden müssen.

Ikeda: Sie haben völlig recht, wenn Sie diesen Unterschied betonen. Mit der Hinrichtung von Verbrechern verhält es sich vielleicht anders – wir haben über die Berechtigung und Nichtberechtigung der Todesstrafe an anderer Stelle gesprochen –, aber Mord ist immer die Tat eines einzelnen. Selbst wenn er von einer Bande oder Verbrecherorganisation begangen wird, bleibt die Grundsituation die gleiche, denn der Entschluß, sich einer solchen Organisation anzuschließen, ist eine individuelle Entscheidung. Morde geschehen in allen Ländern und werden überall streng geahndet. Aber dieselben Nationen, die den Mord bestrafen, eine Einzeltat, kennen keine Bestrafung des Krieges, eines Verbrechens, das von Nationen begangen wird. Das barbarische Gesetz, das von alters her gilt, lautet: Wer gewinnt, hat recht. Aber der Widerspruch, der in dieser Vorstellung liegt, ist so himmelschreiend, daß jeder sie im Grunde unhaltbar findet. Nichtsdestoweniger hat man dieses vernunftwidrige Gesetz Jahrtausende hindurch stillschweigend gebilligt.

Diese Zustimmung scheint zu besagen, daß die Menschen den Krieg und die von ihm geschaffenen Bedingungen für einen normalen Zustand im Verhältnis der Staaten untereinander halten. Es wird offenbar für unerläßlich erachtet, zu allen Zeiten für den Krieg gerüstet zu sein und mit seinen Nachbarstaaten auf Kriegsfuß zu stehen; und so betrachtet, bedeutet der Frieden letzten Endes nicht mehr als eine Pause zwischen Kriegen. Ich glaube jedoch nicht, daß es so sein sollte.

Ich meine, alle Menschen müssen dahin gelangen, den Frieden – die Zeit, wo kein Mensch einen anderen zu fürchten braucht, wo die Menschen einander lieben und einander vertrauen – als die normale und natürliche Lebensweise anzusehen. Nur wenn dieser Glaube unser Leitsatz wird, kann sich eine wirklich menschliche Gesellschaft bilden. Ich betrachte die Propagierung solchen Glaubens und den darauf folgenden Aufbau einer menschlichen Gesellschaft als die erste Pflicht unserer Politiker, Philosophen und Intellektuellen.

Toynbee: Der Krieg kann abgeschafft werden, auch wenn es sich als unmöglich herausstellt, alle Menschen davon zu heilen, daß sie nicht-militärische Gewaltakte begehen. Ich glaube, die Erfindung der Atomwaffen macht es wahrscheinlicher, daß es gelingen wird, den Krieg abzuschaffen, trotz der Schwierigkeit, von einer fünftausend Jahre alten Gewohnheit zu lassen. Die Voraussetzung eines Krieges ist doch die, daß der eine siegen und der andere verlieren wird und daß der Gewinn für den Sieger größer sein wird als die Kosten des Krieges. Diese Rechnung ist nicht immer aufgegangen; denn oft genug waren Kriege für die Sieger ebenso unheilvoll wie für die Verlierer. Aber es ist klar, daß es in einem Krieg, der mit Atomwaffen geführt wird, nicht einmal so etwas wie einen Sieg um jeden Preis geben wird. Und diese Aussicht beraubt die Staaten eines vernünftigen Grundes, einen Krieg anzufangen.

Die menschliche Natur ist jedoch nur zum Teil vernünftig. Es ist durchaus vorstellbar, daß wir auf vernunftwidrige Weise einen Massenselbstmord begehen. Die Institution des Krieges kann nicht beseitigt werden, ohne daß eine neue Institution an ihre Stelle tritt: die Weltregierung. Der Krieg wird sogar im Atomzeitalter im Bereich des Möglichen bleiben, solange nicht die derzeitigen 140 großen, mittleren und kleinen Nationalstaaten sich einer einzigen weltumfassenden Autorität unterwerfen, die mit so wirksamen Machtbefugnissen ausgestattet ist, daß sie auch die mächtigsten Nationen dazu zwingen kann, Frieden zu halten.

8
Die Wahl eines
politischen Systems

Führertum und Demokratie

Ikeda: Die Helden und Führer der Epoche des Zweiten Weltkrieges sind, einer nach dem anderen, gestorben oder vom Schauplatz abgetreten. Heute scheint es keine überragenden Persönlichkeiten mehr zu geben, die einen weltweiten Einfluß ausüben könnten; und es ist schwer zu sagen, ob der Mangel an Helden nicht sogar ein Glück ist. Es ist sicher ein Zeichen des Fortschritts, wenn die Verhältnisse nicht mehr die Konzentration auf einen einzigen Menschen erfordern, der mit so viel Macht ausgestattet ist, daß man aus ihm einen charismatischen Führer machen kann, dessen Entscheidungen den Lauf der Welt bestimmen. Es ist gut, daß der demokratische Mechanismus der Gesellschaft so zufriedenstellend arbeitet, daß es nicht nötig ist, sich auf allmächtige Führer zu verlassen. Die Frage lautet jedoch ganz anders, wenn man das Fehlen von Führerpersönlichkeiten so interpretiert, daß die heutige demokratische Gesellschaftsordnung unfähig ist, Männer mit einer starken Anziehungskraft und großen Fähigkeiten hervorzubringen.

Toynbee: Ich fürchte, daß wir noch nicht den letzten charismatischen diktatorischen Führer erlebt haben. Natürlich ist die konstitutionelle Regierungsform mit der größtmöglichen Beteiligung der größtmöglichen Zahl von Bürgern das politische Ziel, nach dem wir streben sollten; doch die heutige Welt braucht so drastische politische und soziale Veränderungen, und sie braucht sie so dringend, daß ich zweifele, ob es möglich sein wird, sie auf konstitutionellem Wege herbeizuführen.

Ich glaube, persönliche Führerschaft ist für jede kollektive Unternehmung irgendwelcher Art vonnöten, auch für solche, die so demokratisch wie möglich organisiert sind. Die Führung einer demokratischen Unternehmung, Organisation oder Institution ist eine heiklere und schwierigere Aufgabe als eine charismatische diktatorische Führerschaft. Ein Führer der letzteren Art erlangt den Gehorsam seiner Untertanen teils durch Gewalt, teils durch die Erregung irrationaler Gefühle. In einem demokratischen Regime sollte der Führer die Mitarbeit seiner Mitbürger dadurch zu gewinnen suchen, daß er sie mit Vernunftgründen von der Richtigkeit seiner Politik überzeugt, und er sollte diesen rationalen Dialog mit ihnen ohne Emotionen führen.

Ikeda: Der Unterschied zwischen diesen beiden Arten der Führerschaft ist von höchster Bedeutung. Wie Sie bemerkten, ist die Aufgabe eines demokratischen Führers heikler und schwieriger; er hat sich stets mit Systemen und Strukturen zu befassen, die im Einklang mit den demokratischen Spielregeln stehen müssen, deren Lehren den Hintergrund jeder Führung bilden. In jedem menschlichen Herzen jedoch steckt beständig die Gier, die eigenen persönlichen Rechte und Privilegien zu festigen und zu erweitern, auch auf Kosten anderer. Wenn der Mann an der Spitze ein solches Verlangen über seine Gedanken und Taten Herr werden läßt, kann das System oder das Gebilde, das er zum Besten der Mehrheit leiten soll, zum Selbstzweck werden, und die Ideale, auf die es gegründet wurde, werden übersehen.

Da die gegenwärtige Weltlage weder stabil noch friedlich ist, wäre für die Lösungen der vielen Probleme, denen die Menschheit gegenübersteht, eine Führerschaft unbedingt erforderlich, die sich auf Weisheit und hohe Ideale gründet. In einer Demokratie muß der Führer immer leidenschaftslos nach seinen Grundsätzen beurteilt werden und danach, wieweit er sie in die Praxis umsetzen kann. Eine solche Kritik, vernünftig und unbeirrt angewandt, kann wesentlich dazu beitragen, das Aufkommen charismatischer Führer zu verhindern.

Toynbee: Wenn eine Demokratie befriedigend funktionieren soll, benötigt sie einen Führer, der kein Schwindler oder Demagoge ist, sondern eine Persönlichkeit von so offenkundiger ethischer und geistiger Integrität, daß ihm seine Mitbürger folgen, ohne dazu gezwungen oder emotionell angestachelt werden zu müssen. Ein solcher Führer ist schwer zu finden, und wenn man ihn gefunden hat, mag er zögern, sich für eine derart schwierige und undankbare Aufgabe zu verpflichten. Die Rolle des Führers ist zweifellos von größter sozialer Bedeutung; sie aus altruistischen Gründen zu übernehmen erfordert einen sehr hohen Grad von Selbstlosigkeit und Verantwortungsgefühl.

Die demokratischen Führer, die in unserer Zeit diesem Idealbild am nächsten kamen, sind meiner Meinung nach Franklin D. Roosevelt, Winston Churchill und Jawaharlal Nehru gewesen. Aber Roosevelt – und sogar Nehru – waren nicht völlig aufrichtig in ihrem Verhältnis zu ihren Wählern. Überdies hatten alle drei den Vorteil, während einer Krise berufen zu werden, in einer Zeit also, wo auch Demokratien leichter zu bewegen sind, Entbehrungen auf sich zu nehmen und Opfer zu bringen.

Ikeda: Ja, in Notzeiten sind die Menschen vermutlich leichter zu lenken. Man kann sagen, daß Roosevelt und Churchill Glück hatten, in einer nationalen Krise, die ihnen Gelegenheit gab, ihre Talente voll zu entfalten, an die Macht gekommen zu sein. Aber aus der Krise wäre eine Katastrophe geworden, wenn sie diese Talente nicht gehabt hätten.

Ich glaube, die Macht eines Führers in einer Demokratie müßte immer zeitlich begrenzt sein. Wenn seine Amtszeit beendet ist, sollten seine Leistungen geprüft und es sollte entschieden werden, ob er auf seinem Posten bleiben oder zugunsten eines anderen zurücktreten soll. Mit anderen Worten: Das Merkmal des demokratischen Führers im Gegensatz zum Diktator ist das Bewußtsein, daß seine Amtsgewalt, wie groß sie auch sein mag, vom Volke stammt und dessen Urteil unterworfen ist. Ich bin mir klar, daß dieses System einen großen Mangel hat; denn wer ein hohes Amt hat und es behalten möchte, gerät leicht in Versuchung, eine Politik zu führen, nur weil sie populär ist und ihm die Verlängerung seiner Amtszeit sichert.

Toynbee: Ein demokratischer Führer muß einen Mittelkurs zwischen zwei unerwünschten Alternativen steuern, und sein Spielraum ist schmal. Einerseits mag er versucht sein, den Wünschen seiner Wähler nachzukommen, selbst wenn er sie für verfehlt hält. Tut er es, dann entsagt er praktisch seiner Führerrolle und enttäuscht das in ihn gesetzte Vertrauen. Die andere unerwünschte Alternative ist die, seine Wähler dazu zu bringen, für eine Politik zu stimmen, die er für richtig hält, die jene aber abgelehnt hätten, wenn sie ihnen offen und ehrlich vorgelegt worden wäre. Auch dies ist ein Verrat des Führers an dem Vertrauen, das man ihm entgegengebracht hat; sein Betrug wird früher oder später entdeckt werden und ihn in Mißkredit bringen.

Ikeda: Ich pflichte Ihnen bei, daß der Führer in einer Demokratie weder Verrat an sich selber begehen darf, um sich beim Volk beliebt zu machen, noch das Volk betrügen darf, um seine Ideen durchzusetzen. In allem müssen Wahrhaftigkeit und Pflichttreue die Grundlagen seines Tuns und Denkens sein; denn sowie er versucht, das Volk oder sich selbst zu täuschen, verwirkt er seine Qualifikation zum Führer. Es gibt in einem Staat nichts Beunruhigenderes als einen Politiker, dem es allein um die Sicherung seiner Autorität um jeden Preis geht.

In dieser Hinsicht bewundere ich sehr die Haltung Winston Churchills. Er diente seiner Nation heroisch während des Alpdrucks des Zweiten Weltkrieges; doch als der Kampf vorüber war und man ihm zu verstehen gab, daß er dem Volk für die Arbeit des Wiederaufbaus nicht geeignet schien, überließ er mannhaft seine politische Autorität Clement Attlee und dessen Labour Party.

Ich verlange von einem Politiker, daß er zuverlässig ist und aufrichtig zu sich selber und zu seinem Volk und daß seine Handlungsweise gerecht ist. Die Eigenschaften des guten Führers – Mut, Gerechtigkeit und Verbindlichkeit, Intelligenz und gesunder Menschenverstand, Würde und Großzügigkeit – können sich nur manifestieren, wenn er willens ist, Gespräche mit dem Volk zu führen, für das Wohl seines Volkes zu kämpfen und notfalls mit ihm zu sterben. Darüber hinaus zeigt sich der wahre Wert des Führers darin, wie gut er jene Männer vorbereitet, die ihm nachfolgen sollen. Er muß sie lehren, nicht an ihren persönlichen Erfolg und die Befriedigung ihrer Habgier zu denken, sondern an die Wohlfahrt und die Zukunft ihres Volkes und der ganzen Menschheit.

Aber, wie Sie schon sagten, Führer dieses Formats sind heute selten. Zudem sind viele historische Persönlichkeiten, die großes Aufsehen erregten und in vielen Fällen auch Großes vollbrachten, Menschen gewesen, deren Charakter viel zu wünschen übrigließ.

Toynbee: In einem nichtdemokratischen Staat, wo der Führer herrscht, indem er Gewalt ausübt und Emotionen erregt, ist der idealistische und selbstlose Fanatiker – wie Robespierre und Lenin – oft unheilvoller und weniger erfolgreich als der kaltblütige und zynische, aber geschickte und instinktsichere Karrieremacher. Der chinesische Kaiser Han Liu Pang, der römische Kaiser Augustus und der arabische Kalif Moawija sind drei Beispiele eines solchen Führertyps. Alle drei haben Reiche übernommen, die durch die Ungeschicklichkeit ihrer Herrscher innerlich zerfallen waren; und jedem gelang es dank seiner Fähigkeiten, ein zusammengebrochenes Reich zu erneuern und auf eine dauerhafte Grundlage zu stellen.

Ich glaube nicht, daß eine wie auch immer geartete Herrschaft von einer mittelmäßigen Persönlichkeit ausgeübt werden kann. In der Geschichte der Vereinigten Staaten hat es einige mittelmäßige Präsidenten gegeben, die dem Lande mehr geschadet haben als irgendwelche Demagogen und Schwindler. In der Sowjetunion scheint mir Leonid Breschnew, wenn er auch dem ungeheuerlichen Stalin vorzuziehen ist, ein schlechter Tausch gegen seinen temperamentvollen und dynamischen Vorgänger Nikita Chruschtschow.

Sicherungen gegen Faschismus

Ikeda: In der letzten Zeit hat man in Ländern wie den Vereinigten Staaten, wo staatliche Kontrollen sich zunehmend über mehr und mehr Bereiche erstrecken, sich Sorge über die Gefahr einer Hinwendung zum Faschismus gemacht. Obwohl Demokratie und Faschismus sich grundsätzlich widersprechen, tarnt sich dieser manchmal mit einer demokratischen Maske. Tatsächlich kann auch die Demokratie den Boden für die Saat des Faschismus abgeben. Davon ausgehend scheint es mir nützlich, daß wir uns zwei Fragen zuwenden: den Dingen und Vorgängen, die mit größter Vorsicht zu behandeln sind, wenn wir einen neuen Faschismus verhüten wollen; und den Bereichen der Demokratie, die am ehesten zur Entstehung eines neuen Faschismus führen können. Wegen der Gefahr, daß die Demokratie in eine Pöbelherrschaft ausarten kann, müssen wir ständig auf der Hut sein.

Toynbee: Gewiß ist die Demokratie manchmal in eine Herrschaft des Pöbels ausgeartet. Ein notorisches Beispiel ist Athen im fünften Jahrhundert v. Chr. Die mittellose Mehrheit der Bürger setzte die Steuern fest, die die Reichen zu entrichten hatten; und als die athenische Demokratie durch einen verlorenen großen Krieg an Ansehen verlor, ergriffen die Reichen die Gelegenheit, ein faschistisches Gewaltregime zu errichten. Es wurde bald wieder gestürzt, und die Demokratie in Athen wurde wiederhergestellt; aber die mit der Demokratie verbundenen Mißstände wurden nicht beseitigt.

Ikeda: Solange die Zahl derer, die von der Demokratie ernsthaft enttäuscht sind, klein bleibt, besteht keine Gefahr für das politische System; aber wenn die Unzufriedenheit überhandnimmt, kann der Faschismus Fuß fassen.

Die Geschichte der Neuzeit beweist, daß der Faschismus anfangs nie sein wahres Gesicht zeigt. Oft taucht er auf, ohne sich anzukündigen, und nimmt eine durchaus legale Position in einer demokratischen Gesellschaft ein; und deshalb kommt es darauf an, seine Merkmale zu erkennen, bevor sie Gelegenheit haben, sich zu einem ausgewachsenen Faschismus zusammenzuschließen und zu entwickeln. In der Weimarer Republik war der Nationalsozialismus zuerst nur eine kleine reaktionäre Partei auf der äußersten Rechten. Wie konnte diese Gruppe, die sich ironischerweise demokratischer Wahlen bediente, aus einer kleinen Splitterpartei zur führenden Partei und dann zu einer fest etablierten Diktatur werden? Hitlers böser Geist als Manipulator der Massen hat zweifellos eine Rolle gespielt; aber die nähere Untersuchung zeigt, daß das nicht die ganze Geschichte ist. Anfangs unterstützten Angehörige aller Klassen die nazistische Richtung, ohne, wie ich wohl glaube, eine Ahnung von den schrecklichen Zuständen zu haben, die sie heraufbeschworen. Besonders nach der weltweiten Panik von 1929 folgten kleine Geschäftsleute und Angestellte, Bauern und die überwältigende Mehrheit der Studenten, entmutigt durch Deutschlands Niederlage im Ersten Weltkrieg und verschreckt durch die Wirtschaftskrise, dem Ruf der Nazipartei, weil sie für sie die einzige politische Organisation war, die ihre Nöte würde beseitigen können.

Toynbee: Eine verarmte Minderheit ist politisch machtlos. Andererseits ist eine untere Mittelklasse zwischen dem kapitalistischen und dem gewerkschaftlichen Flügel des Establishments imstande, sich zu organisieren und gegen diese beiden privilegierten Klassen Front zu machen. Die aufsässige untere Mittelklasse war die gesellschaftliche Explosivkraft, die Hitler in den dreißiger Jahren in Deutschland zur Macht brachte. Da keiner ihr helfen wollte, half sie sich selber, indem sie sich in der nationalsozialistischen Partei organisierte und die Regierungsmacht ergriff. Ich pflichte Ihnen bei, daß Hitler nicht allein durch sein Talent der Diktator Deutschlands geworden wäre, wenn es nicht dort eine Klasse der Unzufriedenen gegeben hätte, denen er wirtschaftlichen Aufstieg als Gegenleistung für ihre Gefolgschaft versprechen konnte.

Ikeda: Die Deutschen verschrieben sich damals allzu bereitwillig der Nazipartei in der Hoffnung, dort Lösungen für ihre zugegebenermaßen drückenden Nöte zu finden. Sie konnten nicht sehen, daß die Methoden der Nazis anderen Völkern unendlich größere Nöte bringen würden. Ungeduldig geworden durch ihre eigenen Entbehrungen und unfähig, den Schaden zu erkennen, den die Nazis anrichten könnten, waren die Deutschen natürlich nicht imstande, vorauszusehen, daß die Völker, denen sie Unrecht zufügten, sich eines Tages mit ungeheurer Kraft gegen sie erheben würden. Diese Blindheit führte zur Vereitelung von Deutschlands Hoffnungen und zu seiner Selbstzerstörung.

Mit Betrübnis müssen wir zugeben, daß es ein sehr menschlicher Zug ist, für eigene Schmerzen besonders empfindlich und für die Leiden anderer höchst unempfindlich zu sein. Dennoch muß um der Erhaltung der Freiheit willen jeder einzelne so viel Verstand besitzen, die Wirkungen der politischen Handlungen seines Systems auf das Leben und Wohlergehen anderer Völker zu ermessen. Der einzige Weg, um sicherzugehen, daß alle Menschen über eine solche Fähigkeit verfügen, ist meiner Meinung nach, sie mit einer gesunden Philosophie auszustatten, die auf Liebe und Achtung für die ganze Menschheit gegründet ist. Eine solche Philosophie wird die individuelle Weisheit fördern, und Weisheit allein kann die Entstehung des Faschismus verhindern. Ich bin gewiß, daß um der Demokratie willen jeder einzelne die Intelligenz besitzen muß, den Dingen und Geschehnissen um ihn herum sorgfältig auf den Grund zu gehen. Das ist der beste Weg, die Demokratie gegen die Gefahr des Faschismus zu schützen.

Toynbee: Meiner Meinung nach ist die größtmögliche soziale Gerechtigkeit der beste Schutz gegen den Faschismus. Eine vollkommene soziale Gerechtigkeit ist schwer zu erreichen, weil das Establishment – wie auch immer es gesellschaftlich zusammengesetzt sein mag – gewöhnlich eine unterschiedliche Verteilung des allgemeinen Wohlstandes verlangt. Zum Beispiel beharren heute in Großbritannien sowohl die Gewerkschaftler als auch die Kapitalisten auf solchen Unterschieden. Infolgedessen gibt es gewöhnlich einige Gesellschaftsklassen, die das Nachsehen haben. Wenn die Ungerechtigkeit, mit der sie von ihren mächtigeren Mitbürgern behandelt werden, zu kraß wird, dann werden diese benachteiligten Klassen jede Gelegenheit ergreifen, ein Regime zu stürzen, das versäumt hat, ihnen einen fairen Anteil zu geben, so wie es in Deutschland 1933 geschah. Je mehr ein Regime der sozialen Gerechtigkeit nahekommt, desto größer ist seine Stabilität. Aber soziale Gerechtigkeit ist ein schwer faßbares Ziel, denn es gibt kein allgemeingültiges Kriterium, um zu entscheiden, welches die gerechte Verteilung des Wohlstandes einer Gemeinschaft unter die verschiedenen sozialen Klassen wäre, aus denen sie sich zusammensetzt.

Die Macht und der Mißbrauch der Macht

Ikeda: Die Ansicht, der Zweck heilige die Mittel, ist bei vielen Organisationen die treibende Kraft gewesen und heute auf vielen Gebieten vorherrschend. Politiker, die sich in Machtkämpfen engagieren, behaupten, die Anwendung dieses Prinzips sei unvermeidbar. Die Faschisten sind das extreme Beispiel einer solchen Gruppe; und da wir das Entstehen ähnlicher Gruppen verhindern müssen, ist es erforderlich, die Beziehungen zwischen Zielen und Mitteln zu verstehen. Meine Meinung geht dahin, daß das Ziel in hohem Maße von den Mitteln abhängt, die gebraucht werden, um es zu erreichen. Mit anderen Worten: Die Art und Weise, mit der wir zum Ziel gelangen, muß dessen Richtigkeit erweisen.

Toynbee: Der Zweck heiligt keineswegs die Mittel. Mittel und Zweck müssen moralisch übereinstimmen, ein Prinzip, das der Erfahrung entstammt. Es ist unmöglich, auf Stufe zwei das Rechte zu tun, wenn man auf Stufe eins vorsätzlich unrecht gehandelt hat. Wenn man von Anfang an unrecht tut, kann man kein gerechtes Ziel erreichen.

Ikeda: Etwas, was besonders wichtig macht, die Mittel und Wege moderner Organisationen zu prüfen, ist die Art der Ziele, die sie verkünden. Der Fall liegt etwas anders bei Organisationen, die sich offen zu herkömmlichen Ansichten bekennen; aber oft haben die von Gruppen bekundeten Ziele eine so breite Skala von Anwendungsmöglichkeiten, daß sie für viele erstrebenswert sind. Solche Ziele erwecken Sympathie, weil sie menschliche Bedürfnisse zu befriedigen scheinen; und da sie häufig vage, abstrakte Ideen enthalten, ist es schwer, ihre guten und schlechten Punkte zu erkennen und das Wesen der Gruppen oder Bewegungen zu erfassen, die solche Programme verkünden. Ich pflichte Ihnen bei, daß Zweck und Mittel moralisch übereinstimmen müssen; denn wenn die Mittel den Zwecken widersprechen, entarten die Zwecke und Ziele zu bedeutungslosen Schlagworten.

Toynbee: Die Torheit der Vorstellung, man könne gute Ziele mit schlechten Mitteln verfolgen, ist das Thema von Dostojewskis Roman *Die Dämonen* mit seinem satanischen Helden. Sie wird uns gleichzeitig durch die Laufbahnen zweier hochherziger Revolutionäre gelehrt, Robespierre und Lenin. Beide waren selbstlose Männer, die sich aufrichtig und rückhaltlos der Arbeit an der Wohlfahrt der Menschheit verschrieben hatten. Aber sie haben den Fehler begangen (einen ethischen wie intellektuellen Fehler), zu denken, ihre Ziele seien so gut und so erstrebenswert, daß zu ihrer Erreichung auch Gewalt gerechtfertigt sei. Und so, statt ein Paradies auf Erden zu schaffen, führte Robespierre den Terror herbei und Lenin ein totalitäres Regime.

Ikeda: Ihre Beispiele unterstreichen die Notwendigkeit, daß sich die erhabenen Ideale eines Ziels in den Mitteln, die zu seiner Erlangung angewandt werden, spiegeln müssen. Mir scheint, die weltweiten Friedensbewegungen täten gut daran, die Art und Weise, mit der sie ihre hohen Programme realisieren wollen, zu klären und sie ihren idealen Zielen anzupassen. Aber selbst wenn ein großes Ziel mit idealen Mitteln erreicht ist, taucht unweigerlich das Problem der

Macht und ihres Mißbrauchs auf. Das ist ein Punkt, der ständige Aufmerksamkeit erfordert.

Die Gesellschaft braucht Ordnung, und um die Ordnung aufrechtzuerhalten, ist Autorität vonnöten. Die Autorität manifestiert sich in Machtbegriffen, die die Handlungsfreiheit der Menschen einengen und manchmal unterdrücken. Und so wird die Macht oft zu einem Übel, das die menschliche Freiheit einschränkt und gegen die Menschenrechte verstößt. Mit anderen Worten: Obwohl die Macht ausgeübt werden muß, um die Menschheit zu schützen und wohltätige Zwecke zu erfüllen, wird sie wegen der psychologischen Motive und der Ziele derer, die sie ausüben, oft zum Übel.

Die Worte *Mißbrauch der Autorität* haben zwei verschiedene Bedeutungsnuancen. Einmal können sie auf die Entartung des Machthabers als Folge seiner übersteigerten Selbstsucht und Ruhmbegierde hinweisen; und zweitens können sie den Eingriff in die Menschenrechte und die Gefahr der Lebensbedrohung durch solche Eingriffe bezeichnen. Doch die Macht kann einwandfrei ausgeübt werden, solange derjenige, der sie in Händen hat, danach strebt, die Gerechtigkeit und die Glückseligkeit der Menschen zu schützen, und sich hütet, seine Machtbefugnisse zu mißbrauchen. Offensichtlich erwarten und erhoffen die Menschen eine solche Art der Machtausübung.

Doch leider ist der Mensch von Natur aus nicht immer gut, und die Umstände berauben ihn oft seiner geistigen Unschuld. Eine solche Situation ruft einen Machtmißbrauch hervor, der imstande ist, viele Menschenleben dem Wohlergehen einer kleinen Gruppe von Herrschenden zu opfern. Obwohl der Machtmißbrauch in erster Linie ein Problem der Machthaber selber zu sein scheint, ist auch die Rolle der Massen hierbei sehr wichtig, denn sie erzeugen das Klima, in dem Machtmißbrauch gedeihen kann.

Toynbee: Die von einem oder mehreren über andere ausgeübte Macht ist ein unvermeidlicher Faktor im menschlichen Leben; denn der Mensch ist ein gesellig lebendes Tier, und Machtverhältnisse sind eine automatische Folge sozialer Beziehungen. Natürlich kann die Macht zum Guten statt zum Bösen gebraucht werden; aber da jedes Lebewesen von Natur aus ichbezogen und habgierig ist, unterliegt ein Mensch, der Macht erwirbt, der starken Versuchung, sie zu mißbrauchen zugunsten seines eigenen Vorteils und zum Schaden der Interessen des Volkes, die seiner Macht unterstehen.

Da der Mensch ein gesellig lebendes Tier ist, muß es das erste Anliegen einer Gemeinschaft sein, sich vor der Auflösung in eine Anarchie zu schützen, die ihren Mitgliedern das Überleben unmöglich machen würde. Infolgedessen gibt es Situationen, in denen sogar ein ungerechter Gebrauch der Macht das kleinere Übel ist, und das ist der Grund, warum die Opfer eines Machthabers sich manchmal in den ungerechten Gebrauch seiner Autorität fügen. Mit anderen Worten, sie hoffen, die Gesellschaft vor dem Zerfall schützen zu können um den Preis, den Machthaber tun zu lassen, was er will. Natürlich geht diese Rechnung sehr oft nicht auf. 1933 unterwarfen sich die Deutschen Adolf Hitler in der Hoffnung, er würde ihr Retter sein. Statt dessen führte er sie mutwillig in den Zweiten Weltkrieg und in einen Zusammenbruch, der weitaus schlimmer war als die Finanzkrise von 1929 und die Niederlage im Ersten Weltkrieg.

Ikeda: Der Wunsch, sich zu behaupten, wenn man die Macht hat, ist einer der Gründe des Machtmißbrauchs. Aber ich möchte auf einen weiteren psychologischen Aspekt hinweisen, der dem Anwachsen der Tyrannei Antrieb gibt. Es gibt viele Menschen, die sich mit Freuden vor den Mächtigen erniedrigen, weil sie hoffen, dadurch in die Führungsgruppe gelangen und die damit verbundenen Annehmlichkeiten genießen zu können. Ein großer Halunke zieht kleine Halunken an, und wenn er sie fest im Griff hat, zehrt er ihre Kräfte aus und wird noch stärker. Dieser Zug der Selbstfortpflanzung beim Machtmißbrauch ist ein höchst erschreckendes Übel.

Toynbee: Ja, und diese Eigenschaft findet in großen Gemeinschaften einen weiten Entfaltungsspielraum. Zum Beispiel verschmelzen heute alle Völker in einer Weltgemeinschaft, aber diese läuft Gefahr, aus verschiedenen Gründen auseinanderzufallen. Erstens droht durch die Existenz von 140 souveränen Staaten, die großenteils miteinander zerstritten sind, eine totale politische Anarchie; zweitens stellt uns die Bevölkerungsexplosion vor unermeßliche Probleme; und drittens hat der atemberaubende technische Fortschritt der letzten Jahrzehnte einer reichen Minderheit der Menschheit einen großen Kraftzuwachs gebracht, den sie für sich selber mit Beschlag belegt. Sie gebraucht ihre

Macht, um ihrer Habgier zu frönen, indem sie einen ungebührlichen Anteil der Rohstoffe dieser Erde verbraucht, von denen viele weder zu erneuern noch zu ersetzen sind.

Ikeda: Durch eine solche Handlungsweise wird der Mensch selber zur größten Bedrohung seiner Existenz. Wenn wir nicht lernen, uns besser zu beherrschen, laufen wir Gefahr, in einen Strudel der Vernichtung zu stürzen. Das Problem der Macht und der Autorität ist ein eklatantes Beispiel dafür, wie wichtig es für die Menschen ist, Selbstbeherrschung zu lernen.

Toynbee: Sie sprechen von der Gefahr, daß wir in einen Strudel der Vernichtung stürzen könnten. Man kann jedoch auch sagen, es hat den Anschein, die Menschheit könne plötzlich zu der Erkenntnis kommen, daß durch die Habgier der Reichen zusammen mit der wachsenden Zahl von Armen in der Welt und mit der zunehmenden Anarchie der internationalen Beziehungen die ganze Welt von einer unmittelbar bevorstehenden Katastrophe bedroht wird. Ich fürchte, daß eine weltumfassende totalitaristische Bewegung von der kommunistisch-faschistischen Art die bestehenden Institutionen – wie nationale Souveränität, politische Demokratie, freie Wirtschaft – umstoßen und daß in elfter Stunde ein solches totalitäres Regime die Zustände mit drastischen Maßnahmen stabilisieren wird – Maßnahmen, bei denen unerläßliche grundlegende Reformen mit Grausamkeiten und Ungerechtigkeiten verflochten sein werden. Diese weltweite Revolution kann die Form einer globalen politisch-religiösen Organisation annehmen, von der eine neue Ideologie ausgehen wird. Ihre Hauptstütze wird vermutlich die Stabilisierung aller Lebensbereiche um jeden Preis sein.

Ist dieses revolutionäre Werk unter einem rücksichtslosen Weltdiktator vollbracht, dann wird vermutlich eine Reaktion einsetzen und der Zustand der Zwangsstabilisierung zu einer milderen und daher dauerhafteren Form abgewandelt werden. Diese Gegenbewegung wird von einem zweiten Weltdiktator ausgehen, der vorsichtiger und rücksichtsvoller handelt, da er die Erfahrung gemacht hat, daß seines Vorgängers Härte der Produktivität abträglich ist.

Ikeda: Ihre Voraussage ist kühn und bestürzend. Ich bete ständig, daß es nie wieder zu einem totalitären Regime kommen möge, das die

Freiheit des einzelnen Menschen mit Füßen tritt. Bitte erklären Sie etwas detaillierter, worauf Ihre Zukunftsvision basiert.

Toynbee: Ich könnte meine Ansicht mit zahlreichen Beispielen begründen, will mich aber auf drei aus der japanischen, chinesischen und römischen Geschichte beschränken. Tokugawa Iejasu, der Nachfolger Toyotomi Hidejoschis, errichtete um 1600 das langlebige Tokugawaregime. Shih Huang Ti gründete das Reich Ch'in, das nur vierzehn Jahre (von 221 bis 207 v. Chr.) dauerte; aber sein Nachfolger Han Liu Pang schuf ein chinesisches Reich, das einundzwanzig Jahrhunderte bestand. Ähnlich bildete Augustus, der Nachfolger Julius Cäsars, eine Form des Römischen Reiches heraus, die unverändert von 31 v. Chr. bis 284 n. Chr. und in einer mehr autokratischen Form in Byzanz bis 1204 Bestand hatte.

In allen drei Fällen waren auch die gemäßigteren Regime, die auf die tyrannischen folgten, zuweilen und bis zu einem gewissen Grade ungerecht und grausam in der Ausübung ihrer Macht, aber im großen und ganzen doch ein kleineres Übel als jede mögliche Alternative, wenn man die jeweiligen besonderen Umstände bedenkt.

Ikeda: Ich kann mir vorstellen, daß ein Zusammenbruch der menschlichen Gesellschaft die Errichtung einer weltweiten Diktatur zur Folge haben könnte. Wenn auch offensichtlich soziale Fragen eine wichtige Rolle spielen, liegt doch der wahre Grund für den Machtmißbrauch in dem Bösen, das – wie das Gute – ein Grundelement des menschlichen Lebens ist. Darum wird bei aller Bemühung um Frieden und Glückseligkeit das Problem des Machtmißbrauchs nicht aus der Welt zu schaffen sein, selbst wenn alle anderen Fragen gelöst sind.

Toynbee: Sie haben recht; das Hauptübel der Macht ist eine der menschlichen Natur angeborene Neigung, und wir müssen Mittel und Wege suchen, dieses Übel zu mildern. Ich glaube, das einzig wirksame Mittel ist die Unterordnung der Selbstsucht oder Habgier unter die Uneigennützigkeit und Nächstenliebe in der Haltung jedes einzelnen. Mit anderen Worten: Die Selbstbeherrschung ist der einzige Weg zum Glück für den einzelnen wie für die ganze Menschheit.

Ikeda: Es dürfte heute das wichtigste Anliegen der Menschheit sein, die Mittel und Wege, die Sie genannt haben, zu erkennen und in die Tat umzusetzen. Das fängt mit der Selbsterkenntnis und Selbstbeherrschung beim einzelnen an, aber es gilt für die ganze menschliche Gesellschaft. Es wird eine Revolution nötig sein, damit beim einzelnen wie in der Gemeinschaft der Altruismus das Denken beherrscht. Um zu verhindern, daß diese Revolution in einen Totalitarismus ausartet, der die Menschenwürde verletzt, müßten wir dafür sorgen, daß sie auf einer Philosophie und einer Religion basiert, die die Kraft hat, alle Menschen zu überzeugen, und von dem spontanen Erwachen jedes einzelnen getragen wird.

Demokratie oder Diktatur

Ikeda: Mehrere hervorragende Schriftsteller und Gelehrte haben versucht, die wachsende Bedeutung der Massen zu analysieren. Das klassische Werk auf diesem Gebiet ist vielleicht *Der Aufstand der Massen* von Ortega y Gasset. Zu den weiteren erwähnenswerten Autoren, die dieses Thema behandelt haben, gehören Erich Fromm, der über die Neigung der Masse schrieb, sich aus der Freiheit in die Diktatur zu flüchten, und David Riesman mit seiner Arbeit über die »einsame Masse«. Diese und andere Werke ähnlicher Art haben wiederholt die Beziehung zwischen dem Diktator und der Masse untersucht mit dem besonderen Bezug auf das nationalsozialistische Deutschland. Aber in keinem dieser Werke wird erörtert, wie ein Volk davor bewahrt werden kann, unter die Herrschaft eines Diktators zu geraten.

Leider neigen die Menschen im großen und ganzen zur Torheit; sie sind sich ihrer Rechte nicht bewußt und trachten nach Vergnügungen. Auch wenn die Masse noch nach außen hin die Menschenrechte und die Freiheit preist, so verliert sie doch schnell das Vertrauen in die Demokratie. So betrachtet, scheint die Menschheit einen gefährlichen Weg zu gehen, der entweder zu einer übermächtigen Diktatur oder in den Totalitarismus führt.

Toynbee: Die Menschen lassen sich eine Diktatur gefallen, wenn sie sie nicht sogar begrüßen oder herbeiwünschen, aus zwei Gründen, die von verschiedener Beschaffenheit sind. Der eine Grund ist psychologisch und perennierend; der andere wird von der Umwelt und den

Umständen bestimmt. Aus dem ersten Grund wird die Diktatur akzeptiert, weil sie alle mit Ausnahme des Diktators selber der Qual enthebt, Entscheidungen zu treffen; der zweite Grund zur Hinnahme der Diktatur ist ein materieller oder sozialer Notstand.

Eine Gefahr ist leichter zu überwinden, wenn das davon betroffene Volk sich unter den Befehl eines einzigen stellt, statt daß jeder einzelne versucht, unkoordiniert mit der gemeinsamen Gefahr fertig zu werden. Das Reisen mit dem Schiff oder dem Flugzeug wäre unzulässig und zu gefährlich, wenn sich die Passagiere nicht für die Dauer der Reise den Anordnungen eines Kapitäns fügten. Und auf ähnliche Weise kann ein Volk die Empfindung haben, daß die Unterwerfung unter eine Diktatur ein kleineres Übel ist als die Fortdauer der Anarchie.

Der Wunsch, eine Notlage zu überstehen, ist eine weniger schreckliche Ursache für eine Diktatur als der Wunsch, sich der quälenden Verantwortung zu entziehen, eine Wahl treffen zu müssen. Das Wort *Diktator* ist ursprünglich ein Terminus aus der ersten republikanischen Verfassung Roms. In einem Notfall konnten die verfassungsmäßig gewählten Staatsbeamten freiwillig auf die Ausübung der Macht verzichten und einen Diktator bestimmen, der an ihrer Stelle autokratisch regierte, solange der Notstand dauerte. Dieses System funktionierte erfolgreich bis 133 v. Chr., als der Notstand in Rom infolge unerträglicher wirtschaftlicher und sozialer Krankheiten chronisch wurde. Ein Jahrhundert später wurde die Diktatur in Rom zum Dauerzustand, weil die gesamte Bürgerschaft apathisch geworden war. Sie hatte das Vertrauen an ihre Fähigkeit verloren, sich selbst zu regieren, ohne in eine Katastrophe zu geraten.

Die heutige Welt befindet sich in einem unerträglichen Zustand der Anarchie. Das Überleben der Menschheit hängt jetzt von einer Technologie ab, deren Operationsfeld die ganze Welt ist, aber ihre Wirksamkeit wird von der Teilung der Welt in 140 uneinige souveräne Nationalstaaten gelähmt. Daher ist es wahrscheinlich, daß früher oder später die moderne Welt auf eine ähnliche Weise in einer Diktatur politisch geeint werden wird, wie es in China im dritten Jahrhundert v. Chr. durch Shih Huang Ti geschah, als das Volk die turbulenten Zustände in der Zeit der »Streitenden Reiche« gründlich satt hatte.

Ikeda: Es ist wahr, daß sich die Menschen in fast jedes Regierungssystem fügen, das ihnen bessere Zustände verspricht. Aber ich glaube, daß die wahre Natur des Systems selber, einerlei, ob man es Monarchie, Diktatur oder Herrschaft einer intellektuellen Elite nennt, von der Haltung der Machthaber abhängt. Da die Demokratie am besten dem Mißbrauch der Macht Einhalt gebieten kann, gilt sie heute allgemein als das annehmbarste Regierungssystem, das uns zur Verfügung steht. Natürlich hat sie auch ihre Nachteile, aber es ist nicht gut, zu lange darauf zu verweilen, weil es die sentimentale Sehnsucht nach einer Rückkehr der Monarchie der Vergangenheit erwecken könnte oder den Wunsch nach Sicherheit durch eine neue Diktatur.

Solange die Masse das anscheinend angeborene Verlangen nach einer Diktatur in kritischen Zeiten hat, ist es wichtig, Mittel und Wege zu finden, wie man der Gefahr des Aufkommens von Diktatoren begegnen kann. Ich glaube, der einzige Weg dazu besteht darin, das Niveau der Masse pädagogisch und moralisch zu heben. Dazu muß das Volk aus seiner Lethargie aufgerüttelt und es müssen Systeme entwickelt werden, in denen eine größtmögliche Beteiligung der größtmöglichen Zahl von Bürgern verhindert, daß die Macht außer Kontrolle gerät.

Was ich jetzt sagen will, bezieht sich auf das, was Sie vorhin als den durch die Umwelt und die Umstände bestimmten Grund für das Aufkommen einer Diktatur bezeichnet haben. Nehmen wir an, eine Gemeinschaft befindet sich in einer heftigen Fehde mit einer anderen. Da mag es vorteilhaft erscheinen, die Exekutive in den Händen eines einzigen Mannes oder einer Gruppe zu konzentrieren. In solchen Zeiten sind sofortige Entschlüsse und die schnelle Anpassung an wechselnde Umstände vonnöten, denn Trägheit im Treffen von Entscheidungen würde dem Feind einen wichtigen Vorteil verschaffen, der zur Niederlage und Vernichtung führen könnte. In einem Kriege müssen also alle Aktivitäten auf den Entscheidungen des Führers basieren: Gehorsam ist Pflicht und Unbotmäßigkeit verboten.

In Friedenszeiten jedoch ist die Lage eine völlig andere. Wenn die Existenz des Volkes nicht von Sieg oder Niederlage abhängt, ist die Beschaffenheit von Entscheidungen und Urteilen wichtiger als die Schnelligkeit, mit der sie getroffen werden.

Es sind in einem Lande die verschiedensten Bedürfnisse und Wünsche zu befriedigen. Tausende von Einzelwesen bilden die mannigfaltigsten Gruppen, und jede hat ihre eigenen Ideale und Ziele. Unter solchen Umständen besteht die wichtigste Aufgabe einer Autorität darin, harmonische Verhältnisse zu schaffen und für eine gerechte Befriedigung der verschiedenen Bedürfnisse und Wünsche der vielen Gruppen zu sorgen, von denen jede im Wettstreit mit den anderen ihre Ansprüche nachdrücklich geltend macht. Jetzt ist die Ausübung der Autorität nicht gegen einen äußeren Feind gerichtet, sondern sie muß dahin wirken, die Einzel- und Gruppeninteressen innerhalb einer Gemeinschaft unter einen Hut zu bringen.

Im Idealfalle sollte die Macht so gebraucht werden, daß sie den Willen aller Mitglieder einer Gemeinschaft in gleicher Weise widerspiegelt. So betrachtet, komme ich zu dem Schluß, daß die Demokratie mit all ihren Fehlern und Fallstricken die erstrebenswerteste Regierungsform ist.

Toynbee: Auch eine dauernde Diktatur ist noch ein kleineres Übel als eine unheilbare Anarchie; dennoch ist jede Diktatur ebenfalls ein Unheil. Die Alternative ist ein arbeitsfähiges konstitutionelles Regime, in dem möglichst viele aus der Bürgerschaft sich so aktiv wie möglich an der Führung der öffentlichen Angelegenheiten beteiligen. In der heutigen Welt ist das lebenswichtig. Aber die Bürger werden sich nicht bemühen, aktiv mitzuarbeiten, wenn sie nicht das Gefühl haben, daß ihre Mitarbeit tatsächlich zweckvoll ist.

Ikeda: Im Hinblick auf diese Gefahr sind gewisse Leute gegen die Demokratie, weil sie meinen, die Bürger seien zu dumm, für sich zu denken, und könnten daher nicht mit dem Recht betraut werden, ihre Führer zu wählen. Vielfach sind die Befürworter dieser Theorie Leute mit aristokratischen Neigungen oder Angehörige einer geistigen Elite.

Einer der offenkundigsten Fehler der Demokratie rührt gerade von der Tatsache her, daß die Bürger für einen Mann stimmen, den sie aus zahlreichen guten und schlechten Gründen für den attraktivsten halten. Schon mancher Politiker ist durch eine öffentliche Wahl zu einer hohen Stellung gelangt, nur weil er es verstanden hatte, die öffentliche Meinung geschickt zu manipulieren. Andererseits werden oft fleißige und gewissenhafte Führerpersönlichkeiten nicht beachtet, weil sie es

nicht verstehen, für sich zu werben. Im Extremfalle kann das demokratische Wahlsystem dazu mißbraucht werden, einen Mann zur
Macht zu bringen, dessen Ziel es ist, die Demokratie zu Fall zu
bringen und sich zum Diktator zu machen. Diese Schwäche ist der
Grund, warum eine Demokratie für alle von vielen Leuten kritisiert
wird, aber sie gehört nun einmal zu diesem System. Es wäre jedoch ein
Irrtum, alle Staatsbürger wegen solcher Fehler für Dummköpfe zu
halten; es ist vielmehr die Pflicht der intellektuellen Elite, die Masse
aus ihrer Unwissenheit emporzuheben. Sie ist nicht dümmer als jedes
einzelne ihrer Glieder, und wir alle haben unseren Teil Dummheit.
Eine Erziehung, die das geistige Niveau der Bevölkerung hebt, kann
viel zur Milderung dieses Mangels beitragen. Zugleich muß die Macht
eine möglichst breite Grundlage haben, so daß so viele Staatsbürger
wie möglich ihre Rechte durch die direkte Teilnahme an der Regierung ausüben.

Toynbee: Sie haben von Kritikern der Demokratie gesprochen, die
im allgemeinen entweder mit der Aristokratie sympathisieren oder
einer intellektuellen Elite angehören. Ich glaube jedoch, der Mangel
an Vertrauen zur Demokratie ist weiter verbreitet, als Sie andeuten.
Die Demokratie braucht ihrem Wesen nach das völlige Vertrauen
ihrer Bürger; dieses unerläßliche Vertrauen wird von zwei Dingen
bedroht. Die eine Bedrohung ist immerwährend, die andere unserer
Zeit eigentümlich.

Die perennierende Bedrohung ist die Schwierigkeit, Leute zu wählen, die eines hohen Regierungsamtes würdig sind. Die konstitutionelle Regierungsform bringt Politiker hervor, das heißt Leute, die die
Politik zu ihrem Beruf machen und es verstehen, die Wähler dahin zu
bringen, ihnen zur Macht zu verhelfen und sie darin zu halten. Diese
Berufspraxis befähigt die Politiker, zwar zu gewinnen, aber nicht die
Achtung der Wähler zu erringen. Sie werden gewählt, aber nicht
geschätzt; und ihr schlechter Ruf diskreditiert die konstitutionelle
Regierungsform. Das Defizit an Glaubwürdigkeit, die Kluft zwischen
den Versprechungen und den Leistungen der Politiker, wird seit
einiger Zeit immer größer. Die Öffentlichkeit hat die Unaufrichtigkeit
und Unfähigkeit der Politiker durchschaut; aber sie weiß nicht, wie sie
vertrauenswürdigere Männer wählen soll. Die gegenwärtige weitver-

breitete Enttäuschung über die Politiker, verbunden mit dem Unvermögen, diese Enttäuschung in Reformen umzusetzen, gefährdet die Demokratie. Soviel über die Bedrohungen, denen die Demokratie schon immer ausgesetzt war.

Die unserer Zeit eigentümliche Gefahr für die Demokratie ist die unheilvolle Zunahme an Mengen und Größen. Das ist die Wirkung zweier Ursachen: der Bevölkerungsexplosion und des wirtschaftlichen und technischen Wachstums. Der Mensch fühlt sich zwerghaft klein in seiner Umwelt, der gesellschaftlichen wie der künstlichen Umwelt, die infolge des triumphalen Fortschritts der Technik die natürliche verdrängt hat. Die gesellschaftliche Umwelt des Menschen ist deprimierend unpersönlich geworden, die materielle erdrückend. Dieses Erlebnis zehrt an der Fähigkeit des Menschen, zu glauben, er könne ein nützliches und verantwortliches Glied der Gesellschaft sein, und diese Skepsis mindert seine Selbstachtung und damit seine ethischen Maßstäbe.

Es ist daher äußerst wichtig, den einzelnen Bürger in den Stand zu setzen, sich gesellschaftlich sinnvoll zu betätigen; und um dies zu ermöglichen, muß er davon überzeugt werden, daß ihm unsere demokratischen Institutionen eine Chance dazu geben; und um ihn zu überzeugen, müssen wir unsere Institutionen ehrlich und deutlich für jedermanns Teilnahme öffnen. Wegen der widrigen Umstände, von denen ich sprach, wird dieser Prozeß schwierig sein, aber wir dürfen nicht der Verzweiflung oder Resignation oder Untätigkeit verfallen.

Selbst wenn bei der derzeitigen Weltkrise eine Weltdiktatur die einzige Alternative zu einer selbstverschuldeten Auslöschung der Menschheit wäre, können wir uns Rat und Trost bei den Römern in der Zeit der Republik holen, denen es wiederholt gelang, aus einer zeitweiligen Diktatur zu einer konstitutionellen Regierungsweise zurückzufinden, nachdem die Notlage, die die Diktatur erfordert hatte, vorüber war. Unsere Haltung sollte die von Passagieren sein, die sich den Anordnungen des Kapitäns fügen, solange sie unterwegs sind, aber selbstverständlich ihre persönliche Handlungsfreiheit wiedererhalten, sobald die gefährliche Reise vorbei ist.

Ikeda: Früher hat man oft versucht, das Übel eines Systems durch ein neues System zu bekämpfen. Aber in dem Augenblick, da das alte

Übel durch die Vorzüge des neuen Systems beseitigt worden war, sind unweigerlich neue Nachteile und Mängel entstanden. Die Meidschirestauration in Japan im neunzehnten Jahrhundert und die Französische wie die russische Revolution zeigen, was ich meine.

Natürlich hat jedes System seine Fehler und Vorzüge. In Zukunft muß das wichtigste Kriterium für seine Beurteilung der Beitrag sein, den es zur Glückseligkeit der Menschheit leistet. Mit anderen Worten: Wir dürfen nicht vergessen, daß die Mehrheit der Menschen in allen Systemen die grundlegende Initiative haben muß. Wenn sie diese Initiative nicht ergreift, wird das System – wie vortrefflich es auch erscheinen mag – zu einem System des Bösen und der Unterdrückung entarten.

Demokratie oder Meritokratie

Ikeda: Jeder Staat sollte versuchen, das politische System anzunehmen, das am besten zu seiner nationalen Identität, seinem Bildungsniveau, seiner wirtschaftlichen Entwicklungsstufe und seiner Stellung in der Welt paßt. Infolgedessen spricht der Kommunismus solche Völker an, deren Mehrheit besitzlos ist und von einer reichen Minderheit unterdrückt wird; während er in Ländern, wo die Besitzenden in der Mehrzahl sind und der Lebensstandard hoch ist, wenig willkommen ist. Obwohl man kein allgemeines Urteil fällen kann, welche Systeme gut oder schlecht sind, findet ein solches, das sich die Hebung des geistigen und Bildungsniveaus und die Schaffung eines Wohlstandes für alle zur Aufgabe macht, uneingeschränkte Zustimmung.

Welches ist nun das ideale politische System für eine Nation, die sich eines hohen Bildungsniveaus und wirtschaftlichen Wohlstandes erfreut? Im allgemeinen scheint man die Demokratie dafür zu halten; aber ich glaube, es ist notwendig, dieses System im Lichte moralischer Grundsätze zu prüfen, die weder mit den Maßstäben des Bildungsniveaus noch des wirtschaftlichen Wohlstandes gemessen werden können.

Toynbee: Der Mensch ist erstaunlich schöpferisch und einfallsreich in der Technik gewesen und bestürzend unfruchtbar und unschöpferisch in der Politik. Die Zahl der bisher entdeckten möglichen politischen Systeme ist klein, und die meisten davon haben sich als unbefriedigend erwiesen. Was für die Demokratie spricht, läßt sich meiner Meinung nach am sinnvollsten negativ ausdrücken: Die Demokratie ist von allen politischen Systemen, die sich der Mensch ausgedacht hat, die am wenigsten schlechte.

Auch sie hat ihre Unvollkommenheiten. Eine der schwersten ist die Neigung der Menschen, die in einer parlamentarischen Demokratie leben, sich einer kleinen, letzten Endes wenig wichtigen Gruppe anzuschließen statt einer großen übergeordneten. Damit meine ich, daß zu oft die Interessen einer politischen Partei über die der Nation und die Interessen der Nation über die der Menschheit gestellt werden.

Der zweite bedenkliche Nachteil der Demokratie ist die Unaufrichtigkeit. Die Politiker werden manchmal erheblich unter Druck gesetzt, damit sie der Parteilinie folgen, selbst wenn diese gegen ihr Gewissen geht. Manche Politiker sind allzu bereit, ihre Überzeugung ihrem Ehrgeiz zu opfern. Oder sie geben vor, eine Politik zu unterstützen, an die sie nicht wirklich glauben. Die Haltung der britischen Labour Party zum Beitritt zur Europäischen Gemeinschaft ist ein solcher Fall ebenso wie die offizielle Haltung der CDU in der Bundesrepublik zu den Verträgen mit Polen und der Sowjetunion, mit denen die Nachkriegsgrenzen anerkannt wurden.

Ikeda: Mir scheint, die Ursache für den Hauptfehler der modernen Demokratie ist der Mangel an einem festen Gefühl für Moral. Aber auch die athenische Demokratie, sogar als sie im Zenit ihres Glanzes stand, enthielt schon den Keim der Schwäche, die sie später zu einer Herrschaft der Masse entarten ließ. Es wird manchmal darauf hingewiesen, daß die Vereinigten Staaten und die Staaten Westeuropas vor einer ähnlichen Krise stehen.

Toynbee: Das goldene Zeitalter der athenischen Demokratie war das erste Jahrhundert nach seiner Begründung. Damals lag die Macht schon, wie es auch die Verfassung vorsah, in den Händen der Masse; aber in der Praxis ließ sie sich von der Aristokratie regieren, so wie im ersten historischen Kapitel der Vereinigten Staaten die Amerikaner sich von den aristokratischen Gründervätern leiten ließen.

Aber sogar in diesem anfänglichen goldenen Zeitalter der athenischen Demokratie erlag die Masse zwei Versuchungen. Erstens drehte sie den Spieß um, indem sie die wohlhabende Minderheit ihrer Landsleute erdrückend besteuerte und von ihr öffentliche Dienste erzwang, die nur dem Namen nach freiwillig waren. Zweitens mißbrauchte die Masse die athenische Flotte, die von ihr abhängig war, weil sie die Ruderer für die Kriegsschiffe stellte. Im Besitz dieser Überlegenheit benutzte die Masse die Kriegsflotte, um andere griechische Staaten, die offiziell Bundesgenossen Athens waren, zu unterwerfen und zu tyrannisieren. Bei mehreren zeitgenössischen athenischen Autoren galt die athenische Verfassung als ein schlechtes System – zum Beispiel bei dem Geschichtsschreiber Thukydides und dem Philosophen Platon. Ihr Urteil darf nicht ohne Vorbehalt akzeptiert werden, denn sie waren als Angehörige der wohlhabenden Minderheit nicht unvoreingenommen. Immerhin beruht ihre Kritik an der athenischen Innen- und Außenpolitik auf unmittelbarer Erfahrung und wird weitgehend von unbestrittenen historischen Fakten gestützt.

Es ist bezeichnend, daß die Demokratie in Athen kurzlebig war; sie hatte keine zwei Jahrhunderte Bestand und wurde dann von einer gemäßigten Oligarchie abgelöst, die etwa dreimal so lange dauerte – in der Tat so lange wie der athenische Stadtstaat selber. Das oligarchische System blieb auch unter der römischen Oberhoheit bis mindestens zum dritten Jahrhundert unserer Zeitrechnung erhalten; es war ein gemäßigtes System, verglichen mit der Zügellosigkeit des vorangegangenen demokratischen Regimes; doch auch die nachdemokratische athenische Oligarchie war sozial ungerecht. Unter diesem Regime wurde Athen von und im Interesse einer Minderheit von Rentiers regiert, besonders von Gutsherren, die von den Pachtzahlungen der Bauern ein parasitäres Leben führten. Der Gelehrtenadel, der das chinesische Reich mehr als zwei Jahrtausende regierte, war ein Gegenstück zu der nachdemokratischen herrschenden Klasse Athens.

Ikeda: Manche Leute sind der Ansicht, auch die moderne Demokratie wird wahrscheinlich kurzlebig sein wie die des alten Athen und von einer Oligarchie der intellektuellen Elite abgelöst werden.

Toynbee: Wie ich es sehe, gibt weder eine selbstsüchtige Minderheit noch eine selbstsüchtige Mehrheit eine gute Regierung ab. Ich würde eine Verfassung vorziehen, die der Mehrheit eine negative Macht verleiht, nämlich die Kontrolle der Regierung vermittels eines Vetorechtes in solchen Dingen, die die vitalen Interessen der Mehrheit betreffen, ohne das positive Recht, selber zu regieren. Ich glaube, die beste Regierung wäre eine »Meritokratie«, eine Regierung der Verdienstvollsten und Fähigsten. Aber auch die unparteiischste und sorgfältigst ausgewählte Meritokratie dürfte nicht der öffentlichen Kontrolle entzogen sein, denn auch die fähigsten vom Gemeinsinn beseelten Persönlichkeiten sind menschlichen Schwächen unterworfen, und schon die Macht selber vermag zu korrumpieren.

Die regierende Meritokratie, die mir vorschwebt, sollte nicht aus allgemeinen Wahlen hervorgehen. Eine der schlechtesten Eigenschaften der Demokratie, der direkten wie der repräsentativen, ist die, daß die demokratischen Politiker versucht sind, ihre eigene Wahl oder Wiederwahl zu ihrem wichtigsten Anliegen zu machen und ihre Handlungen darauf abzustellen statt auf das eigentliche öffentliche Interesse. Diese Schwäche wird illustriert durch die Geschichte der amerikanischen Präsidentschaft seit Jacksons Ära und die Geschichte des athenischen Generalstabs *(strategoi)* im nachperikleischen Zeitalter der athenischen Demokratie. Ich wäre dafür, das demokratische repräsentative Wahlsystem für die Zusammensetzung des Parlaments als Kontrollorgan für die Regierung beizubehalten, doch ich möchte die Wahl als Mittel zur Bildung einer meritokratischen Regierung ausschalten. Diese Regierung sollte teils durch Zuwahl und teils durch Nominierung gebildet werden, wobei die Kandidaten von sozial und kulturell bedeutenden unpolitischen und wirtschaftsunabhängigen Institutionen berufen werden sollten.

Ikeda: In der modernen Demokratie besteht die Tendenz zu einer sogenannten negativen Teilnahme der Majorität und zu einer stärkeren positiven Teilnahme der intellektuellen Elite an den Regierungsgeschäften. In diesem Sinne scheint sich mir die gegenwärtige Situation ihrer Idee einer Meritokratie zu nähern. Ich fürchte jedoch, die Kluft zwischen der Masse und der Elite würde sich vertiefen und deutlicher hervortreten, wenn sich Ihre Meritokratie verwirklichte.

Abgesehen von dieser Schwierigkeit habe ich einige andere Zweifel an einer Meritokratie. Sie sagen, das Führungsgremium solle teils durch Zuwahl, teils durch Nominierung gebildet werden. Wer wird das Recht haben, die Betreffenden zu nominieren, und wonach richten sich ihre Qualifikationen? Dann sagen Sie, die Allgemeinheit würde das Recht haben, die Regierung zu kontrollieren, nicht jedoch, sie zu wählen. Was für eine Kontrolle könnte das Volk unter solchen Umständen ausüben?

Die Bevölkerung wird also ein Vetorecht haben, wenn es um Dinge geht, die für sie von vitalem Interesse sind; ich kann mich aber des Gefühls nicht erwehren, daß es für das Volk schwierig sein wird, zu erkennen, wieweit eine besondere politische Maßnahme ihre vitalen Interessen berührt. Zum Beispiel können zahlreiche Maßnahmen im einzelnen durchaus harmlos erscheinen, jedoch gehäuft eine schwere Bedrohung darstellen. Wenn die Meritokratie eines Tages die moderne Demokratie ablösen soll, müßten noch viele damit verbundene Probleme gelöst werden, bevor daraus ein arbeitsfähiges Regierungssystem entsteht.

Die hohen Ansprüche an Moral, Einsicht und Urteilsfähigkeit, die an das Volk gestellt werden, sind in der Meritokratie wie in der Demokratie die gleichen. Weder die eine noch die andere Form ist lebensfähig, wenn nicht die Masse diese Qualitäten besitzt.

Ich respektiere die Gleichheit aller Menschen und würde eine Regierungsform vorziehen, in der alle Volksschichten gleichberechtigt mitarbeiten. Ich glaube, es ist am vordringlichsten, das moralische und intellektuelle Niveau der Masse so weit zu heben, daß es die Last des demokratischen Systems tragen kann.

Toynbee: Darin stimme ich Ihnen zu. Zweifellos ist das der einzige Weg, zu der so dringend benötigten Verbesserung des politischen Lebens zu kommen. Aber der Zeitfaktor kann uns einen Strich durch die Rechnung machen. Die immer rascher aufeinanderfolgenden Veränderungen in der Technik haben auch den Wandel unseres politischen und sozialen Lebens entsprechend beschleunigt. Die Masse kann einer Katastrophe anheimfallen, lange bevor sie Zeit hat, das moralische und geistige Niveau zu erreichen, auf dem sie imstande ist, die Politik aus der Gefahrenzone zu steuern.

Die Meritokratie, die ich befürworte, ist sozusagen ein Mittel, Zeit zu gewinnen, indem man ein Übergangsregime bildet oder einen

Verwaltungsapparat wie den britischen Civil Service in Indien oder den kaiserlichen Staatsdienst in China. Deren Beamte wurden durch Ausleseprüfungen bestimmt.

Ich gebe jedoch zu, daß die Geschichte dieser Administrationen, wenn sie auch im ganzen rechtschaffen und erfolgreich gearbeitet haben, auch die Schwächen einer Meritokratie aufdeckt. »Jede Macht korrumpiert, und die absolute Macht korrumpiert absolut«, wie Lord Acton sagte. Eine Meritokratie mag aufrichtig tun, was nach ihrer Überzeugung zum Besten des Volkes ist; aber sie kann blind sein für seine tatsächlichen Bedürfnisse, weil sie vom Volk isoliert ist oder durch den unbewußten Wunsch, unentbehrlich zu bleiben. Das Beispiel des britischen Civil Service in Indien macht deutlich, was ich meine.

Ich sehe die Schwäche einer meritokratischen Regierung ebensogut, wie ich die Gefahren der parlamentarischen Demokratie bei einer geistig und moralisch ungebildeten Wählerschaft verstehe. Leider muß ich fürchten, daß die erschreckende politische Unvernunft der Menschen in der Vergangenheit von ihrem unvernünftigen Verhalten in der Zukunft noch übertroffen wird.

9
Eine Welt

Internationale Währung

Ikeda: Obwohl man sagt, der Zweck des gegenwärtigen Währungssystems sei, eine Wiederholung des Währungschaos der dreißiger Jahre zu verhindern, kann man es tatsächlich als ein Produkt der Geldpolitik der Vereinigten Staaten in der Nachkriegszeit ansehen. Als der Zweite Weltkrieg zu Ende ging, waren die USA – und sind es geblieben – das wirtschaftlich stärkste Land der Welt. Aber solange wie die Währungen der Welt vom Dollar gestützt und daher auch in hohem Maße beeinflußt werden, bringt anscheinend jede Schwäche der amerikanischen Währung das Weltwährungssystem durcheinander. Es ist für die Währung einer Nation keineswegs wünschenswert, die wirtschaftlichen Tätigkeiten aller anderen Nationen zu kontrollieren. Doch solange der Wert einer Währung selber fluktuiert, kann man keine stabilisierten wirtschaftlichen Aktivitäten erhoffen. Das Problem, mit dem die meisten Länder heute fertig zu werden versuchen, ist kein vorübergehendes, aber auch wenn man eine provisorische Lösung findet, wird es sich immer wieder von neuem stellen. Ich bin daher überzeugt, der einzige Weg zur Lösung der Dollarkrise besteht darin, das internationale Währungssystem von Grund auf zu revidieren.

Toynbee: Die Völker der Welt sind heute wirtschaftlich so eng miteinander verknüpft, daß sie ohne einen lebhaften und umfangreichen internationalen Handel und ohne Investierungen im weltweiten Maßstabe nicht auskommen. Einige Länder – Japan, Großbritannien, die Bundesrepublik Deutschland – sind auf den Außenhandel angewiesen. Aber es kann keinen Welthandel und keine Investierung auf internationaler Basis geben ohne einen internationalen gemeinsamen Standardwert, aufgrund dessen die Angehörigen verschiedener Länder Verträge miteinander schließen und Zahlungen leisten und empfangen können. Darüber hinaus muß dieser Standardwert eine stabile Kaufkraft haben, denn wer Geschäfte abschließt, muß auf längere Zeit disponieren können. Er muß sichergehen, daß Verträge, die aufgrund dieses Standardwertes abgeschlossen werden, vor unvorhergesehenen Valutaveränderungen geschützt sind, bevor die Transaktionen beendet sind.

Bis jetzt hat es noch keine Weltwährung gegeben. Noch immer ist die Welt in viele souveräne Staaten geteilt, zu deren Rechten eine nationale Währung gehört, die durch Regierungsmaßnahmen auf- oder abgewertet werden kann.

Wenn jedoch nationale Währungen das einzige Zahlungsmittel gewesen wären, hätten keine internationalen Geschäfte abgeschlossen werden können. Daher mußte ein Ersatz für eine internationale Währung gefunden werden; und der gemeinsame Nenner, auf den die verschiedenen nationalen Währungen gebracht wurden, ist seit alters das Gold gewesen. Aber das Gold als Wertmaßstab hat mindestens zwei Nachteile: Erstens ist sein wirtschaftlicher Nutzen als Material in der Technik gering. Das Gold wurde nicht wegen seiner Nützlichkeit geschätzt, sondern wegen seiner Seltenheit. Die hohe Bewertung des Goldes ist nicht rational, sondern ein Aberglaube. Zweitens steht, weil das Gold selten ist, das Angebot in keiner Beziehung zu der Nachfrage nach ihm in seiner Rolle als Äquivalent einer Weltwährung. Im neunzehnten Jahrhundert konnte infolge der Entdeckung neuer Minen in Kalifornien und Australien ein zunehmendes Goldangebot mit dem gleichzeitigen Anwachsen des internationalen Handels mehr oder weniger Schritt halten, aber das war nur ein Zufall.

Nach der industriellen Revolution hätte das Gold allein nicht mehr als Währungsgrundlage ausgereicht, so daß es im internationalen Handel ergänzt wurde – und weitgehend ersetzt – von einer besonderen nationalen Währung, die nicht nur, am Goldwert gemessen, stabil war, sondern auch international den Ruf besonderer Stabilität genoß. Im neunzehnten Jahrhundert spielte das britische Pfund Sterling diese Rolle, während es heute fast ganz vom amerikanischen Dollar abgelöst worden ist. Aber jetzt hat sich auch der Dollar wie einst das Pfund als zu schwach erwiesen, um seine bisherige Funktion weiter auszuüben. Zur Zeit gibt es keinen neuen internationalen Standardwert; zahlreiche wichtige Währungen schwanken im Verhältnis zum Dollar, und dieser Mangel an einem Standardwert lähmt die internationalen Handelsbeziehungen.

Aber auch eine Weltwährung wird nur stabil sein und Vertrauen in ihre Stabilität erwecken, wenn sie auf etwas basiert, das anders als das Gold einen praktischen Wert an sich besitzt, der sowohl stabil als auch hoch ist.

Es gibt zahlreiche Materialien, die einen höheren praktischen Wert als Gold haben. Aber keins ist von Wert, wenn es nicht einer menschlichen Tätigkeit nutzbar gemacht wird. Erdöl zum Beispiel war nutzlos, bis der Mensch lernte, es zu fördern und zu raffinieren und Maschinen zu bauen, denen es als Treibstoff dient. Der letztgültige Wertmesser ist die menschliche Produktivität, die aus drei unerläßlichen Faktoren besteht: Können, Planung und Zusammenarbeit. Diese ist der wichtigste Faktor, denn jedes wirtschaftliche Unternehmen beruht auf der gemeinsamen Tätigkeit mehrerer Mitarbeiter. Wenn diese sich entzweien, zum Beispiel weil ein Streit über die Bezahlung der gemeinsamen Produktion entsteht, ist die Arbeit lahmgelegt, und Können und Geschick fehlt die Gelegenheit, sich zu entfalten. Dieser Punkt wird deutlich bei den derzeit üblichen Produktionssabotagen und Streiks wegen Lohn- und Arbeitszeitfragen in den sogenannten entwickelten Ländern.

Die wirtschaftliche Produktivität scheint mir der einzige wirtschaftliche Wertmaßstab zu sein. Wenn dem so ist, sollte auf ihr eine künftige Weltwährung basieren. Aber wie kann man das eine mit dem anderen in Beziehung bringen? Eine internationale Währung muß vor allem stabil sein, und man muß an ihre Stabilität glauben. Aber die Produktivität, wenn sie auch der wahre Wertmesser ist, leidet unter der gleichen Schwäche wie das Gold, das Pfund und der Dollar; sie ist wie diese früheren Wertmesser unstabil.

Der Produktivitätsgrad variiert von Land zu Land und von Jahr zu Jahr, und er hängt von der Laune des Menschen ab. Das Können und Geschick, das jetzt der Technik und der Organisation zukommt, würde verkümmern, wenn sich die darin geschulten Kräfte von der Wirtschaft ab- und der Philosophie oder Kunst zuwendeten. Die

Produktivität würde zurückgehen, wenn die Arbeiter dazu übergingen, statt soviel wie möglich zu arbeiten, um möglichst viel zu verdienen, weniger zu arbeiten, um mehr Freizeit zu haben. Und die Produktivität würde gelähmt werden, wenn die Zusammenarbeit nachließe und Streitigkeiten unter den Mitarbeitern Platz griffen.

Sollte aus einem dieser Gründe oder aus allen zusammen die Produktivität der Menschheit abnehmen, müßte auch die auf ihr basierende Geldmenge entsprechend reduziert werden. Ist es möglich, einem internationalen Zahlungsmittel die Stabilität zu geben, die eine *sine qua non* ist, und zugleich diese Weltwährung auf die Produktivität der Menschheit zu gründen (die, glaube ich, der einzige echte Wertmesser, jedoch anscheinend ebenso unstabil ist)? Dies scheint mir das Problem zu sein, mit dessen Lösung sich die Fachleute der ganzen Welt zu befassen haben. Ich kann das Problem so hinstellen, wie ich es sehe, aber ich kann keine Vorschläge zu seiner Lösung machen, denn mir fehlen dazu die allernotwendigsten Sachkenntnisse.

Ikeda: Das Problem ist ernst und schwierig. Es ist wünschenswert, sich um eine Änderung der Weltwirtschaftsordnung zu bemühen und von einem System selbständiger nationaler Währungen zu einem internationalen Währungsverbund zu kommen; denn nur so wird es möglich sein, die Währung zu stabilisieren und zugleich den Bereich der wirtschaftlichen Aktivitäten zu erweitern. Lassen Sie mich den Weg andeuten, den ich für geeignet halte, dieses Ziel zu erreichen.

Der erste Schritt war die Errichtung einer Wirtschaftsgemeinschaft in Europa. Ich betrachte sie als eine kurzfristige Maßnahme zu dem langfristigen Ziel einer europäischen politischen Gemeinschaft. Sollte dieses Ziel erreicht sein, wäre die Schaffung eines Währungssystems der Europäischen Gemeinschaft oder einer europäischen Zentralbank durchaus möglich. Dies würde die gegenwärtige Abhängigkeit vom amerikanischen Dollar lockern und könnte zu einer Weltbank führen, wie sie John Maynard Keynes vorgeschlagen hat.

Dann müßten ähnliche Wirtschaftsgemeinschaften wie die EG in anderen Wirtschaftsgebieten gebildet werden. Im Falle Asiens stünden dem einige Hindernisse entgegen; vor allem natürlich die Gegensätze der politischen Systeme: Einige asiatische Nationen sind kapitalistisch, einige kommunistisch und andere weder das eine noch das andere. Diese beträchtlichen Unterschiede in den Wirtschaftsstrukturen Asiens versperren den Weg zur Einheit. Infolgedessen wird sich wahrscheinlich die Weltwirtschaft noch einige Zeit auf den amerikanischen Dollar als Grundwährung stützen müssen. Wenn ich das sage, möchte ich jedoch nicht zu verstehen geben, daß die politischen und ideologischen Verschiedenheiten eine asiatische Wirtschaftsgemeinschaft völlig unmöglich machen. Im Gegenteil, nachdem alle Menschen die gleichen wirtschaftlichen Bedürfnisse haben, müssen regionale Wirtschaftseinheiten angestrebt werden, denn die Bemühungen in dieser Richtung sind Beiträge zu einer Welteinheit.

Die Rolle Ostasiens

Ikeda: Obwohl sich die Beziehungen zwischen China und den Vereinigten Staaten offensichtlich verbessert haben, scheint es nicht unwahrscheinlich, daß ihr zukünftiges Verhältnis zueinander dem zwischen den USA und der Sowjetunion gleichen wird; das heißt, sie könnten versuchen, vermittels riesiger Arsenale von Atomwaffen das Gleichgewicht der Macht aufrechtzuerhalten. Sollte die Entwicklung so verlaufen, werden die anderen asiatischen Nationen in einem Zustand der Angst und Unsicherheit bleiben.

Toynbee: Bis jetzt ist die Entspannung zwischen den Vereinigten Staaten und China nur oberflächlich gewesen. Selbst wenn sie gründlicher sein würde, wäre die Aussicht auf Frieden noch immer nicht sehr vielversprechend. Die Veränderung der Nachkriegskonstellation jedoch von der Bipolarität zur Multipolarisierung wird die drei Supermächte zwingen, positivere freundschaftliche und konstruktive Beziehungen zueinander herzustellen, weil jeder der drei bemüht sein wird, die Gefahr einer Koalition zwischen den anderen beiden abzuwenden.

Ikeda: Die Lage der asiatischen Länder zwischen den Supermächten ist prekär. Sie müssen ihre Neutralität wahren und eine Pufferzone zwischen China und den USA bilden. Aber eine Nation hat bei dieser delikaten Aufgabe die Initiative zu übernehmen, eine Nation, die so stark ist, daß sie von beiden Blöcken unabhängig bleiben kann. Japan besitzt diese Qualifikation; deshalb glaube ich, daß es die Verantwortung übernehmen und den anderen asiatischen Nationen in ihren Bestrebungen, die wirtschaftliche und politische Unabhängigkeit zu erreichen, vorangehen muß.

Japan und China haben vierzehn Jahrhunderte lang kulturelle und soziale Beziehungen unterhalten, die während dieser erstaunlich langen Zeit nur durch den chinesisch-japanischen Krieg von 1904 und den Zweiten Weltkrieg unterbrochen wurden. Keine andere unabhängige Nation war China stärker verbunden als Japan. Man kann getrost annehmen, daß Japans Stellung zu China auf andere Länder in ihrer Meinungsbildung über den asiatischen Riesen von großem Einfluß sein wird. Japan spielt eine führende Rolle in der Förderung der Zusammenarbeit zwischen China und vielen Ländern sowohl im Osten als auch im Westen.

Wenn Japan und China ein Zentrum bilden, um das sich die anderen asiatischen Nationen sammeln können, so wird das natürlich für die Politik der ganzen Welt Folgen haben. Da es keine Anzeichen einer Verbesserung der chinesisch-russischen Beziehungen gibt, hat Rußland Schritte unternommen, sich Japan fester zu verbinden. In Japan herrscht die Ansicht, daß die sich um einen chinesisch-japanischen Kern gruppierende asiatische Einheit viel zum Weltfrieden beitragen würde.

Toynbee: In den diplomatischen Bemühungen, den drei Atomsupermächten zu besseren gegenseitigen Beziehungen zu verhelfen, fällt Japan, das schon eine der großen wirtschaftlichen Weltmächte ist, eine wichtige Rolle zu.

Japans historische kulturelle und soziale Verbindungen mit China sind sicher von höchster Bedeutung. Die freiwillige Sinofizierung des japanischen Volkes durch die Übernahme der chinesischen Form des Buddhismus begann im sechsten Jahrhundert n. Chr., ungefähr eine Generation früher als die freiwillige Annahme der römischen Form des Christentums in Britannien. Der chinesische Anteil an der japanischen Kultur ist enorm, und seine Bedeutung wird nicht dadurch gemindert, daß es dem japanischen Volk gelungen ist, etwas spezifisch Japanisches daraus zu machen.

Japan unterhielt bereits gute Beziehungen mit den Vereinigten Staaten wie mit der Sowjetunion, als die Amerikaner der Wiederaufnahme freundschaftlicher Beziehungen zwischen Japan und China nichts mehr in den Weg legten. Es folgte eine Aussöhnung der beiden Nationen, und dank des jahrhundertelangen Kulturaustausches werden die Beziehungen Chinas zu Japan voraussichtlich enger sein als die zu den USA oder zur Sowjetunion. Auf der diplomatischen Ebene kann diese Entwicklung dazu führen, daß Japan den »ehrlichen Makler«, wie Bismarck sagte, zwischen den drei Atomsupermächten abgeben wird. Japans Eignung für diese Rolle wird dadurch verstärkt, daß es in seiner derzeitigen Verfassung auf das Recht der Kriegführung verzichtet hat und keine Atomwaffen besitzt.

Ich sehe Japans Aufgabe jedoch nicht auf die eines »ehrlichen Maklers« beschränkt, so wichtig diese Mittlerdienste wahrscheinlich sein werden; ich glaube sogar, wie ich schon andeutete, daß Japan schließlich zusammen mit China, Vietnam und Korea eine Achse bilden wird, die der erste Schritt zu einer Einigung der ganzen Welt sein könnte.

Ikeda: Was eine solche Achse betrifft, so mache ich mir gründlich Gedanken darüber, welche Beiträge Japan für Asien leisten und was Asien für den Aufbau des Friedens und die Entwicklung einer der Menschheit würdigen Zivilisation beisteuern kann.

Einem großen Teil Asiens droht Hungersnot. Zur Industrialisierung von ganz Asien ist noch ein weiter Weg; und auch in der Bildung und Kultur steht Asien weit hinter dem Westen zurück.

Aber die Unterströmung der buddhistischen Philosophie, die allen ostasiatischen Völkern gemeinsam ist, verdient Aufmerksamkeit, weil ihr künftiger Einfluß sehr groß sein kann. Wenn auch ihr sichtbarer Einfluß heute gering ist, so hat doch das buddhistische Denken das geistige Leben der ostasiatischen Völker jahrhundertelang geformt und bereichert. Die ostasiatische Kultur, die sich unter dem Einfluß der buddhistischen Philosophie entwickelt hat, eine Kultur, die Ruhe verleiht und das Gefühl einer wundervollen Harmonie zwischen Mensch und Natur, hat den Völkern dieses Teils der Welt einen gewaltigen Lebensimpuls gegeben. Mir scheint, daß Religion und Philosophie, besonders der Buddhismus, die Bereiche sein werden, in denen die Völker Ostasiens am stärksten den Frieden und die Kultur fördern können.

Toynbee: Ich glaube es auch. Das übrige Asien (der indisch-pakistanische Subkontinent und der Nahe Osten) werden voraussichtlich bei der Stabilisierung der Welt – der einzigen Alternative zu einer Weltkatastrophe – eine geringere Rolle spielen. Indien, Pakistan und der Nahe Osten sind wirtschaftlich rückständig trotz der Ölreserven der arabischen Länder, und diese Regionen sind auch politisch ein Chaos. Die Kontroversen zwischen Hindus und Muslimen, Arabern und Israelis, zwischen Pakistan und Bangladesch und zwischen den konservativen und den radikalen arabischen Staaten sind in weitaus größeren Ausmaßen Gegenstücke zu dem Kampf zwischen den Protestanten und Katholiken in Nordirland. Die Völker Westasiens werden nicht dazu beitragen, die Probleme der Menschheit zu lösen; sie haben ihre eigenen schweren Sorgen, zu deren Lösung sie die Hilfe anderer Völker brauchen werden.

Wie ist die Lage in Ostasien? China ist gegenwärtig noch keine Supermacht, weder wirtschaftlich noch militärisch. Selbst wenn es sich um eine Parität mit den Vereinigten Staaten und der Sowjetunion auf diesen Gebieten bemühen würde, wären die Erfolgsaussichten vorerst noch gering. Aber die beiden derzeitigen Supermächte, Japan und die meisten anderen Länder zeigen in ihrem Verhalten, daß sie China schon als einen wichtigen Faktor in der Weltpolitik betrachten. Das Prestige, das sich China bereits erworben hat, steht in keinem Verhältnis zu seiner gegenwärtigen und voraussichtlich auch künftigen materiellen Kraft. Wie ist es also zu erklären?

Von der Zeit des Opiumkrieges bis zur kommunistischen Machtübernahme ist China von der Welt mit Verachtung behandelt und auf unverschämte Weise geschurigelt worden. Auch jetzt ist China, verglichen mit den westlichen Nationen, mit Japan und der Sowjetunion, materiell nicht viel stärker als in diesem demütigenden Jahrhundert seiner Geschichte. Es sieht so aus, als basiere die gegenwärtige Hochschätzung Chinas nicht auf Chinas Ruf während der kurzen Zeit seiner modernen Geschichte, sondern auf seinen Leistungen in den vorausgegangenen zweitausend Jahren und auf der Anerkennung der zeitlosen Tugenden des chinesischen Volkes.

Ostasien besitzt zahlreiche historische Vorzüge, die es befähigen könnten, die geographische und kulturelle Achse einer geeinten Welt zu werden. Es ist, so wie ich sie sehe, erstens die in einundzwanzig Jahrhunderten erworbene Erfahrung des chinesischen Volkes, ein Reich zu bewahren, das als regionales Modell für einen Weltstaat dienen könnte; zweitens der ökumenische Geist, von dem während ihrer langen Geschichte die Chinesen erfüllt waren; drittens der Humanismus der konfuzianischen Weltanschauung; viertens der Rationalismus sowohl im Konfuzianismus als auch im Buddhismus; fünftens das Gefühl für das Mysterium des Universums und die Erkenntis, daß Versuche des Menschen, das Universum zu beherrschen, sich gegen ihn selber richten (für mich die kostbarste Lehre des Taoismus); sechstens die Überzeugung (sie wird mit dem Buddhismus und dem Schintoismus von der chinesischen Philosophie aller Richtungen geteilt), daß der Mensch in Harmonie mit der nichtmenschlichen Natur leben und nicht danach trachten sollte, sie zu beherrschen; siebentens der vom japanischen Volk erbrachte Nachweis, daß es einem ostasiatischen Volk möglich ist, die westlichen Völker auf ihrem eigenen Gebiet zu schlagen, nämlich in der Anwendung der Wissenschaft auf die zivile wie militärische Technologie; achtens der sowohl von den Japanern wie den Vietnamesen aufgebrachte Mut, dem Westen die Stirn zu bieten, teils auf wirtschaftlichem, teils auf militärischem Gebiet. Dieser Mut wird, so hoffe ich, erhalten bleiben und im nächsten Kapitel der Menschheitsgeschichte dem friedlichen Aufbau zugute kommen.

Die moderne Welt hat erfahren, daß die Chinesen außerordentlich tüchtige Geschäftsleute sind und ein vorbildliches Familienleben führen. Sie haben diese Tugenden auch entfaltet, als ihr Land geschwächt war oder sich sogar in einem chaotischen Zustand befand; aber das Chaos war in China kein Dauerzustand. Es hat auch vor der Zeitspanne von 1911 bis 1949 wiederholt Unruhen gegeben, doch in der meisten Zeit seit dem erstmaligen Zusammenschluß Chinas im Jahre 221 v. Chr. war es politisch geeint und gut regiert. Vor 221 v. Chr. ähnelte seine politische Geschichte der des Westens der Alten Welt, denn auch China war in zahlreiche sich befehdende Lokalstaaten geteilt. Aber danach verfiel es nur noch gelegentlich und vorübergehend in politische Zerrissenheit und Anarchie. Im ganzen war die Geschichte des chinesischen Reiches, das auch in der heutigen Volksrepublik weiterbesteht, die Geschichte eines politischen Erfolges im dramatischen Gegensatz zu der des Römischen Reiches, das vergebens versucht hatte, der Welt Einheit und dauernden Frieden zu geben.

Seit dem Zusammenbruch des Römischen Reiches ist es dem Abendland nie wieder gelungen, seine verlorene politische Einheit wiederzugewinnen. Es hat enorme Kräfte in allen Bereichen der menschlichen Aktivität entfaltet und in den letzten fünfhundert Jahren die ganze Welt wirtschaftlich, technisch und bis zu einem gewissen Grade auch kulturell zusammengeschlossen, aber es hat nicht die politische Einheit für sich selbst geschweige denn für die ganze Welt erreicht. Politisch hat der Einfluß des Abendlandes auf die übrige Welt sogar entzweiend gewirkt. Das politische Regime, das es jenseits der eigenen Grenzen propagierte, war der souveräne Nationalstaat; die nachrömische politische Tradition war nationalistisch, nicht ökumenisch. Daher ist es unwahrscheinlich, daß die politische Einigung der Welt als Ganzes vom Westen ausgehen wird. Doch die Einigung der Welt auf politischer Ebene ist unerläßlich geworden durch die Einigung der Welt auf anderen Gebieten, wo sie infolge der Expansion des Westens bereits stattgefunden hat.

Es ist durchaus vorstellbar, daß der zukünftige Einiger der Welt kein westliches oder verwestlichtes Land sein wird, sondern China; und vielleicht ist das derzeitige überraschende Prestige China in der Welt eine Vorahnung seiner späteren Rolle. Fast zweiundzwanzig Jahrhunderte lang hat eine zentralistische chinesische Regierung nahezu ununterbrochen Hunderte von Millionen Menschen politisch zusammengehalten. Mehr noch: Das geeinte China war das Reich der Mitte, dessen politische Oberhoheit von einem Kreis von Satellitenstaaten anerkannt wurde und dessen kultureller Einfluß noch weiter ausstrahlte. Tatsächlich war China in dem größten Teil der Zeit seit dem dritten Jahrhundert v. Chr. der Schwerpunkt der halben Welt. Während also in den vergangenen fünfhundert Jahren die Welt durch die Leistungen des Abendlandes auf allen Gebieten außer dem politischen miteinander verknüpft war, ist es jetzt vielleicht Chinas Bestimmung, nicht nur der halben, sondern der ganzen Welt politische Einheit und Frieden zu geben.

Ikeda: Natürlich haben politisch erfolgreiche Regierungen wie die des chinesischen Reiches odas das Togugawa-Schogunat in Japan ihren Ländern Frieden gebracht. Aber unter solchen Herrschaftssystemen sind Freiheit und Schöpferkraft des Volkes in einem beträchtlichen Grade eingeschränkt und unterdrückt worden; die Regime selber neigten zu Starrheit und Abgeschlossenheit, und das führte in Japan wie in China zur Stagnation. Die europäischen Völker, die sich mit dem System der freien Wirtschaft beachtlich entwickeln konnten, gaben den Impuls, der China und Japan aus ihrer friedlichen Schläfrigkeit weckte.

In der heutigen Welt verlangen die Menschen mehr nach Frieden und Stabilität als nach Fortschritt. Aus diesem Grunde könnte eine Einheit im chinesischen Stil von Bedeutung sein. Doch ich zweifele sehr, daß eine starre Gesellschaftsordnung, die die Freiheit des einzelnen und die Entfaltung seiner Begabung unterdrückt, von Dauer sein kann. Wir müssen vielmehr danach trachten, ein System zu ersinnen, das Stabilität und Frieden gewährleistet, ohne die Freiheit und die schöpferischen Kräfte des Individuums zu beeinträchtigen.

Obwohl ich sehe, daß wir in dieser Sache nicht völlig übereinstimmen, glaube ich doch, daß ein Staatenbund auf der Grundlage der Gleichberechtigung – vielleicht so etwas wie die Europäische Gemeinschaft – diese beiden Forderungen erfüllen könnte. Im großen und ganzen scheint sich die Welt heute um eine Dreiheit von China, Sowjetunion und Vereinigte Staaten zu gruppieren, wobei China bereits verkündet hat, daß es nicht die Absicht hat, eine Supermacht zu werden. Sicher könnte China den anderen beiden Großmächten keinen Widerstand leisten, weder militärisch noch wirtschaftlich, aber sein kultureller Einfluß könnte unermeßlich sein. Chinas Haltung in den Fragen der Nationalität, Weltpolitik und Kultur ist völlig von der des Westens verschieden; und wenn es auf der internationalen Bühne erscheinen wird, kann man damit rechnen, daß es besonders für die Nationen Asiens und Afrikas neue Vorbilder aufstellen wird. Die wichtigste unmittelbare Frage betrifft die Abschaffung der Atomwaffen. Wenn China im Abrüstungskomitee der Vereinten Nationen aktiv mitzuarbeiten beginnt – wird es imstande sein, die USA und Sowjetrußland zu zwingen, auf die atomare Bewaffnung zu verzichten? Wird China in den Abrüstungsdebatten die Initiative ergreifen und einen entscheidenden Schritt zur Errichtung und Aufrechterhaltung eines dauerhaften Weltfriedens tun können? Dieser Punkt verdient in Zukunft unsere ständige Aufmerksamkeit.

In ihrem Buch *The Present-Day Experiment in Western Civilisation* haben Sie geschrieben: »Die Beherrschung und Kolonisierung der ganzen Erdoberfläche durch China ist eine der Möglichkeiten, die die Zukunft für uns bereithalten kann.« Darf ich fragen, worauf Sie diese Vermutung gründen? Glauben Sie noch immer, daß diese Möglichkeit besteht?

Ich glaube nicht, daß die Chinesen aggressive Absichten haben; ich betrachte sie im Gegenteil im wesentlichen als Pazifisten, die um Frieden und Sicherheit für ihr eigenes Land bemüht sind. China wurde in den Opiumkrieg, den chinesisch-japanischen Krieg, den Koreakrieg gezwungen, aber es hat diese Kriege nicht angefangen. Mir scheint, daß sich die Chinesen nur auf Feindseligkeiten einlassen, wenn sie sich verteidigen müssen; und auch eine gewisse nationalistische Neigung scheint sich mir erst nach den aufeinanderfolgenden Invasionen fremder Länder – einschließlich Japans – seit dem Opiumkrieg entwickelt zu haben. Diese scheinbar nationalistische Haltung ist nur eine Maske zu diplomatischen Zwecken; im Grunde sind die Chinesen überwiegend Kosmopoliten, verbunden allerdings mit einem chinesischen Ethnozentrismus. Das kommunistische China verharrte in seinem diplomatischen Isolationismus, weil es nach der Revolution vordringlich war, die inneren Angelegenheiten zu ordnen, und wegen des ehrwürdigen und stolzen traditionellen Glaubens, daß China die Welt sei.

Toynbee: Grundsätzlich stimme ich Ihrer Diagnose der chinesischen Haltung zu. Napoleon soll einmal über China gesagt haben: »Weckt nicht den schlafenden Riesen.« Die Briten, kaum daß die napoleonische Gefahr gebannt war, hatten nichts Eiligeres zu tun, als den Opiumkrieg anzufangen.

Ich pflichte Ihnen bei, daß die Chinesen seit 1839 nur gekämpft haben, um sich zu verteidigen. Ich glaube, sie rechnen dazu auch die Wiederherstellung der Grenzen, die ihr Reich hatte, als die Ch'ingdynastie in der letzten Regierungszeit Ch'ien Lungs im Zenit stand. Das würde die Wiedereroberung Tibets rechtfertigen – vom tibetanischen Standpunkt ein Akt kolonialistischer Aggressivität – und Chinas sonst unerklärlichen Bruch mit Indien, das vorher Chinas bester Freund gewesen war. China hat mit Indien wegen einiger Landstreifen im Himalajagebiet gebrochen, die, an sich ohne Nutzen und strategisch wertlos, für China vermutlich symbolische Bedeutung hatten, weil Indien eine Grenze beanspruchte, die von den Briten gezogen war, als China zu schwach war, um Einspruch zu erheben. Ich sehe keine Anzeichen, daß China die Absicht hat, sich über die Grenzen auszudehnen, die es 1796 hatte, im Todesjahr Ch'ien Lungs. Und obwohl es vor kurzem Zusammenstöße zwischen den Chinesen und Russen am Amur gegeben hat, scheint China nicht ernsthaft den Versuch machen zu wollen, die ausgedehnten Gebiete hinter dem linken Amurufer und dem rechten Ufer des Ussuri wiederzuerobern, die es von 1858 bis 1861 an Rußland abtreten mußte. Der chinesische Anteil an der Bevölkerung dieser Territorien war und ist sehr klein.

Chinas Auslandsbeziehungen nach dem Opiumkrieg waren jedoch etwas Neues in seiner Geschichte. Vor 1839 war China tatsächlich das Reich der Mitte der ostasiatischen Hälfte der Alten Welt, und es war »alles, was unter dem Himmel ist« in dem Sinne, daß die chinesische Kultur von allen seinen Nachbarn angenommen worden war, Japan eingeschlossen, wenn dieses auch politisch nie von China abhängig war. Erst gegen Ende des zweiten Jahrhunderts v. Chr. nahm China die ersten Kontakte mit den zivilisierten Völkern des westlichen Endes der Alten Welt auf. Der einzige große Einfluß aus dem Ausland – vor dem großen des Westens – kam aus Indien, und er hatte die friedliche Form der buddhistischen Infiltration. Überdies hat China dem Buddhismus eine chinesische Form gegeben, so wie es die Barbaren sinofizierte von den Hiongnus bis zu den Mandschu, die zu verschiedenen Zeiten China oder Teile davon eroberten.

Andererseits konnte China nicht die Russen sinofizieren, die im siebzehnten Jahrhundert die Barbaren als Chinas nördliche Nachbarn ersetzten, und auch nicht die westlichen Völker, die im sechzehnten Jahrhundert eindrangen und China vorübergehend im neunzehnten Jahrhundert beherrschten. Während die westliche Herrschaft vorüber ist, hält der westliche Einfluß an. Wie der ältere indische Einfluß hat er die Form einer Bekehrung Chinas zu einer nichtchinesischen Religion angenommen. China hat dem Buddhismus eine eigene Form gegeben, und jetzt sieht es so aus, als wolle es auch dem Kommunismus eine spezifisch chinesische Form geben. Aber der chinesische Kommunismus wird wahrscheinlich, wie es der chinesische Buddhismus tat, eine tiefe Veränderung auf die Weltanschauung und die Lebensweise Chinas ausüben.

Bis 1839 waren die Beziehungen Chinas zu anderen Teilen der zivilisierten Welt oberflächlich und unbedeutend mit der einzigen Ausnahme des Einflusses der indischen Kultur in der friedlichen Form des Buddhismus. Doch in den letzten fünfhundert Jahren haben die Völker des Westens die ganze Menschheit (auf der technischen und wirtschaftlichen Ebene) durch ihre weltweite Expansion zusammengeschlossen; und dieser Vereinigungsprozeß auf westliche Initiative und ursprünglich in einem westlichen Rahmen hat China, so wie es bei Japan der Fall war, in das Netz einer neuen Weltzivilisation gezogen. Seit 1839 ist China immer tiefer in ein weltweites System auf allen Gebieten menschlicher Aktivität verstrickt worden: militärisch, technisch, wirtschaftlich, politisch und kulturell und religiös. Nachdem es jetzt die vorübergehende militärische, politische und wirtschaftliche Herrschaft abgeschüttelt hat, kann es sich nicht in die Isolierung zurückziehen. Durch die Einwirkung des Westens hat sich Chinas Welt von der östlichen Hälfte der Alten Welt auf die ganze Oberfläche der Erde erweitert; es wird nie wieder das Reich der Mitte eines isolierten Ostasiens sein können. In diesem Sinne sehe ich eine Möglichkeit, daß China einmal die Welt beherrschen wird.

Ikeda: Die USA und andere Staaten der freien Welt tragen einen großen Teil der Verantwortung für Chinas frühere isolationistische Politik und für sein Zögern, einen Platz in den Vereinten Nationen einzunehmen. Obwohl diese Haltung wahrscheinlich auch bei anderen Völkern zu finden ist, glaube ich, daß die Chinesen besonders empfindlich sind für die Art und Weise, mit der man sich anschickt, sie zu akzeptieren. Damit meine ich, daß die Chinesen, nachdem sie in der Nachkriegszeit vielfach ungerecht behandelt worden sind, großen Wert darauf legen, daß die Stellung, die ihnen jetzt angeboten wird, ihrem wirklichen Rang entspricht. China kann nicht dulden, daß die

Vereinigten Staaten und die Sowjetunion die Welt beherrschen. Natürlich empfinden Frankreich und Großbritannien vermutlich dasselbe; aber zur Zeit ist ihre diplomatische Technik bei diesem Punkt die eines Kompromisses. Die Chinesen hingegen haben einen stärkeren Anlaß, an ihrer Forderung nach einer fairen Einschätzung ihres Status festzuhalten. Wenn die Welt sich nicht darauf einstellt, ihnen den Platz einzuräumen, der ihnen ihrer Ansicht nach zukommt, werden sie es vorziehen, in ihrer Isolierung von der internationalen Gesellschaft zu verharren, bis sich die Dinge ihrem Wunsch entsprechend ändern.

Japans Beitrag zur Zukunft

Ikeda: Früher hat das japanische Volk eine große Begabung gezeigt, fremde Kulturen zu übernehmen und zu assimilieren. In der ersten Periode seiner Einigung formte Japan seine politische und soziale Ordnung nach dem Vorbild Chinas und erlernte Künste und Handwerk von China und Korea. Die Kulturen der Asuka- und der Tempijozeit (sechstes bis achtes Jahrhundert) waren sehr unselbständig, aber in der Haianzeit (794 bis 1192) schuf Japan aus dem, was es von seinen Nachbarn gelernt hatte, eine eigenständige und einzigartige Kultur. Während der Kamakurazeit (1192 bis 1333) und der Muromachizeit (1392 bis 1573), als Bürgerkriege das Land verheerten, wurde die Kultur wieder vorwiegend von eingeführten und absorbierten Elementen bestimmt; doch unter der isolationistischen Politik des Tokugawaschogunats während der Edoperiode (1603 bis 1868) entwickelte Japan erneut eine echte japanische Kultur, die auch das einfache Volk durchdrang. Nach der Meidschirestauration von 1868 begann in Japan eine Politik der raschen Modernisierung, bei der es viel von europäischen Vorbildern lernte. Dieser Lernprozeß hat sich nach dem Zweiten Weltkrieg fortgesetzt, nur daß nun der Einfluß der Vereinigten Staaten vorherrschte. Die Geschichte Japans bestand bis zum neunzehnten Jahrhundert aus verhältnismäßig kurzen Perioden von kulturellen Entlehnungen, die mit langen Perioden schöpferischer Aneignungen wechselten.

Toynbee: Wenn man bedenkt, daß der Westen sich selber ein Problem geworden ist, nachdem er seine natürliche Umwelt unter einer von der modernen Technik heraufbeschworenen künstlichen Umwelt erstickt hat, überrascht es nicht, daß die Japaner von den Einflüssen der westlichen Zivilisation verwirrt werden, mit der offensichtlich schwerer umzugehen ist als mit der chinesischen Kultur der T'angzeit. Aber sie scheinen mir am erfolgreichsten von allen nicht-westlichen Völkern mit den Problemen des Westens fertig zu werden; erfolgreicher als die Russen und weitaus erfolgreicher als die Chinesen, Hindus und Moslems.

Die Japaner haben auf vier Gebieten versucht, sich mit dem westlichen Einfluß auseinanderzusetzen. Im sechzehnten Jahrhundert zeigten sie eine ziemlich unkritische Empfänglichkeit für die europäische Kultur und Religion. Bei näherer Bekanntschaft jedoch kehrten sie ihre Politik um und gingen in ihrer Isolierung bis zum Äußersten. Dann, als sie gewahr wurden, daß die isolationistische Tokugawapolitik nicht mehr praktikabel war, machten sie während der Meidschirestauration das Experiment, gleichzeitig in zwei Welten zu zwei verschiedenen Zwecken zu leben: in der modernen Welt des Westens auf den Gebieten der Technik, Wirtschaft und der internationalen Beziehungen einschließlich Handel, Diplomatie und Krieg und in der althergebrachten japanischen Welt der Kultur des häuslichen Lebens. Dieser dritte Versuch, es mit der westlichen Zivilisation aufzunehmen, endete in der Katastrophe von 1945. Seitdem unternehmen die Japaner ein viertes Experiment – sie versuchen, die militärische Niederlage im Zweiten Weltkrieg auf nichtmilitärischem Feld wettzumachen und den Westen mit seinen eigenen Waffen der technischen Perfektion zu schlagen.

Darin sind die Japaner verblüffend erfolgreich gewesen, aber die Technik ist nur eins von vielen menschlichen Anliegen und nicht das wichtigste. Ich glaube, daß im menschlichen psychosomatischen Organismus die geistige Komponente wichtiger als die physische ist, und ich habe den Eindruck, daß dies auch der Glaube des japanischen Volkes ist.

Ikeda: Ja, das ist der Glaube des japanischen Volkes gewesen; und es sollte auch jetzt in Übereinstimmung mit diesem Glauben leben.

Was Japans Beitrag zu einer zukünftigen Welt betrifft, so können wir, glaube ich, zwei Punkte hervorheben. Erstens kann Japan – wie alle Völker – die Früchte seiner selbständigen Schöpferkraft anbieten. Zweitens kann es als Modell für die Möglichkeit dienen, in einem Geist der Harmonie mit einer Kultur zu leben, die anders ist als die eigene.

Toynbee: Was Sie sagen, ist richtig; aber ich gehe an die Sache von einem anderen Standpunkt heran. Ich könnte mir denken, daß die Japaner sich heute fragen: »Haben wir unsere Mühe und Aufmerksamkeit so ausschließlich auf die Technik konzentriert, daß wir darüber das Geistige vernachlässigt haben? Ist unser Triumph in der Nachkriegszeit vielleicht allzu einseitig gewesen? Hält unseren technischen Siegen auch ein entsprechender geistiger Sieg die Waage? Wenn wir es versäumt haben, sollte es nicht jetzt unser Hauptziel sein? Und wenn es so ist, wie soll Japans Rolle in der gegenwärtigen Welt beschaffen sein?«

Nur die Japaner selber können diese Fragen beantworten. Es ist für einen Ausländer riskant, es zu versuchen, auch wenn er wie ich Zuneigung und Bewunderung für das japanische Volk hat. Dennoch möchte ich es wagen, einen Vorschlag zu machen. Die Japaner haben gezeigt, daß sie Hervorragendes in der modernen Technik leisten können. Doch überall auf der Welt ist den Menschen die Technik aus der Hand geglitten; sie hat bei der Produktion materiellen Wohlstandes auch physische und geistige Verschmutzung hervorgebracht. Jetzt muß die Menschheit die Technik zur Ordnung rufen – sie nicht verwerfen, aber im Zaum halten, und das heißt in erster Linie die menschliche Habgier zügeln, die viel älter ist als die Technik, nämlich so alt wie das Leben selbst.

Die Japaner verfügen dazu über die nötigen geistigen Reserven. Ihre altererbten Religionen, Schinto und Buddhismus, lehren beide die moralische Verpflichtung des Menschen, mit der nichtmenschlichen Natur zusammenzuwirken; im Gegensatz zu der jüdisch-christlichen Tradition des Abendlandes, die dem Menschen nicht nur gestattet, sondern ihn dazu aufruft, sich die Natur untertan zu machen. Dieser Kurs steuert auf die Katastrophe zu. Ich glaube, das japanische Volk kann die Menschheit einen sichereren und glücklicheren Weg führen. Es hat die moderne Technik des Westens gemeistert, ohne seine angestammte religiöse Tradition aufzugeben, die uns das rechte spirituelle Heilmittel gegen die Verschmutzung der Natur und die Enthumanisierung des menschlichen Lebens geben kann. Die japanische Tradition steht für die Würde der nichtmenschlichen Natur wie für die Würde des Menschen.

Von der Bipolarität zur Multipolarität

Ikeda: Obwohl sich in den letzten Jahren die Beziehungen der Sowjetunion zu den Vereinigten Staaten etwas verbessert haben, ist doch ein grundlegender Antagonismus geblieben. Das Wettrüsten zwischen den beiden Nationen, besonders bei den Atomwaffen, ist nach wie vor eine schwere Bedrohung für den Weltfrieden. Wie denken Sie über die künftige Entwicklung, die sich aus der Spaltung der Welt in kapitalistische und kommunistische Blöcke ergeben könnte?

Toynbee: Der Widerstreit zwischen Kapitalismus und Kommunismus ist, so wie ich es sehe, zum großen Teil eine Vortäuschung. Er ist eine Tarnung für viel ältere Konflikte zwischen den konkurrierenden Interessen und Bestrebungen von Nationalstaaten. In diesem Streit versuchen Militaristen auf jeder Seite, den Fanatismus ihrer Bürger dadurch anzustacheln, daß sie den rivalisierenden Staat mit einem ideologischen Schlagwort brandmarken, das Furcht und Haß erregen soll. Im Westen der Alten Welt hat diese Art der Propaganda Vorläufer. Die sogenannten Glaubenskriege zwischen Christen und Moslems, Sunniten und Schiiten, katholischen und protestantischen Christen haben als Tarnung für nationale Rivalitäten dienen müssen.

Es ist ein Beweis für die Oberflächlichkeit und Unaufrichtigkeit sogenannter ideologischer und religiöser Antagonismen, daß es innerhalb der beiden angeblich monolithischen Blöcke Fehden gibt, die nicht weniger heftig sind als die zwischen den Blöcken selber, und es haben sich auch Verbindungen über die Grenzen der Blöcke hinweg gebildet. Im kommunistischen Block ist der Streit zwischen der Sowjetunion und China einer der erbittertsten der gegenwärtigen Welt; und im kapitalistischen Block hat sich Frankreich gegen die amerikanische Hegemonie aufgelehnt. Indien und Pakistan sind beide kapitalistische Länder, doch ihre Feindschaft, nicht weniger haßerfüllt als die zwischen der Sowjetunion und China, hat sich zu einem regelrechten Kriegszustand ausgeweitet. In den früheren religiösen Spaltungen im Westen der Alten Welt hat sich der schiitisch-islamische Iran mit dem christlichen Venedig und der habsburgischen Monarchie gegen die sunnitisch-islamische Türkei, hat sich das katholisch-christliche Frankreich mit der islamischen Türkei und den protestantisch-christlichen deutschen Staaten und mit Schweden gegen die Habsburger verbündet. Und die protestantisch-christlichen Ungarn begrüßten die islamischen Türken als Befreier von den katholisch-christlichen Habsburgern.

Ich schließe daraus, daß auch bei gleichen Ideologien die Feindschaft zwischen den Vereinigten Staaten und der Sowjetunion nach ihrem gemeinsamen Sieg im Zweiten Weltkrieg ausgebrochen wäre. Weil sie die beiden übriggebliebenen Großmächte waren, sind sie beinahe automatisch in den Wettstreit um die Beherrschung der Welt getrieben worden.

Ihre Rivalität und die sich daraus ergebende Feindschaft sind eine schreckliche Bedrohung des Weltfriedens, eine Bedrohung von noch nie dagewesener Schwere, weil beide mit Waffen von beispielloser Vernichtungskraft gerüstet sind. Die Erkenntnis, daß in einem Krieg zwischen ihnen jeder den anderen vernichten und keiner gewinnen würde, hält sie von einer direkten Kriegserklärung zurück. Aber wenn die Marionettenkriege in Südostasien und dem Nahen Osten andauern, können sie jederzeit die beiden Weltmächte gegen ihren Willen in eine direkte Konfrontation ziehen.

Fast ebenso gefährlich und nicht weniger unmoralisch ist das Wettrüsten ihrer jeweiligen Satelliten, das sich nicht auf diejenigen beschränkt, die aktiv in einen der Marionettenkriege verwickelt sind. Das hat nicht nur militärisch, sondern auch wirtschaftlich böse Folgen. Zum Beispiel haben Indien und Pakistan, zwei Länder, in denen Armut herrscht, sich auf riesige Ausgaben und eine ruinöse Verschuldung eingelassen, um Waffen zu kaufen, deren Einsatz nur gegeneinander gerichtet sein würde und nicht zur Unterstützung der Politik der Großmächte dient, von denen die Waffen geliefert wurden.

Ikeda: Bis jetzt hat es noch keinen direkten bewaffneten Konflikt zwischen den Vereinigten Staaten und der Sowjetunion gegeben. Und die Führung der beiden Mächte ist so schwach geworden, daß sich eine wachsende Tendenz zu einer Multipolarisierung abzeichnet. Die Feindschaft zwischen China und der Sowjetunion und der tschechische Aufstand, beides vielleicht Beispiele für eine solche Multipolarisierung, könnten als Puffer zur Vermeidung eines Frontalzusammenstoßes zwischen Amerika und Rußland dienen. Aber die Reibungen, Konflikte und Konfrontationen, die eine Multipolarisierung entstehen lassen, sind im Grunde die Folgen der Feindschaft zwischen den beiden Lagern. Wenn ein Fortschritt in der Weltpolitik erzielt werden soll, müssen die sich gegenüberstehenden Blöcke ihren Antagonismus auflösen.

Toynbee: Die gegenseitige Lähmung der Vereinigten Staaten und der Sowjetunion hat ihre Herrschaft über ihre jeweiligen Satelliten gelockert, und das hat die internationale Multipolarisierung gefördert. Frankreich widersetzt sich den USA, und Israel vermag ihnen zu diktieren. Der tschechische Aufstand gegen die Sowjetunion ist fehlgeschlagen, aber Rumänien hat sich der Sowjetunion zum Trotz mit China angefreundet. Die Aufsässigkeiten der Satelliten sind jedoch von geringerer Bedeutung, verglichen mit dem Wandel in der Stellung Chinas. Als sich die Kommunisten zu Herren des ganzen kontinentalen Chinas machten, blieb es ein Satellit der Sowjetunion. Jetzt hat es nicht nur die russische Hegemonie abgeschüttelt, sondern ist zum Rang einer dritten Großmacht aufgestiegen und wird von den beiden anderen als solche anerkannt. Das ist eine revolutionäre Veränderung in der Nachkriegsstruktur der internationalen Beziehungen. Der tote Punkt im Verhältnis der Sowjetunion und den USA ist nun durch die neue Möglichkeit überwunden, daß jeweils zwei der drei Mächte auf die dritte Druck ausüben können, indem sie sich gegen sie verbünden.

Außerdem sind Japan und Westdeutschland wieder im wirtschaftlichen Bereich erstarkt; und im Atomzeitalter, in dem ein Krieg zwischen zwei Großmächten Selbstmord wäre, ist die wirtschaftliche, nicht die militärische Stärke der Schlüssel zur politischen Macht. So gesehen, gibt es jetzt fünf Großmächte – die Vereinigten Staaten, die Sowjetunion, China, Japan und Westdeutschland – statt der bisherigen zwei. So ähnelt die Struktur der internationalen Beziehungen wieder mehr dem Zustand beim Ausbruch des Ersten Weltkrieges, als die Zahl der Großmächte acht betrug. Wenn die Multipolarität auch wahrscheinlich eine weniger gefährliche Konstellation ist als die Bipolarität, ist sie doch zu gefährlich, als daß man sie dulden könnte.

Ikeda: Die Zersplitterung der Welt in gegnerische Gruppen ist im wesentlichen auf den Mangel an gegenseitigem Verständnis unter den Völkern zurückzuführen. Die Folge dieses Mangels kann man mit einer Analogie aus dem Alltagsleben illustrieren. Wenn Nachbarn, die Tür an Tür wohnen, es ablehnen, miteinander zu verkehren, weiß keiner, was in dem anderen vorgeht. Unter diesen Bedingungen kann auch eine gutgemeinte Aktion oder Ansprache ein unerwartetes Mißverstehen hervorrufen, dem unweigerlich andere folgen, bis mit der Zeit sich die Mißverständnisse zu hartnäckigen Vorurteilen wandeln. Die Feindschaft zwischen den Nachbarn wächst und ist immer schwerer zu schlichten.

Ich glaube, der Schlüssel zum Weltfrieden ist die Förderung des Verstehens unter den Völkern. Wenn dies zustande kommt, werden Amerikaner wie Russen sehen, daß sie in vieler Hinsicht gleich sind und daß jeder zu derselben Menschenrasse gehört. Und wenn alle zu dieser Erkenntnis gelangen und sie in Wort und Tat zum Ausdruck bringen, werden die Feindseligkeiten der Regierungen absurd erscheinen.

Der Mensch kann nicht völlig frei von Vorurteilen sein, und mehr und mehr Kontakt und Meinungsaustausch führt nicht immer zur Förderung des Wohlwollens. Doch Auseinandersetzungen zwischen Völkern, die miteinander vertraut sind, haben mit Sicherheit weniger Furcht und Argwohn zur Folge. Der Mangel an gegenseitigem Verstehen hingegen erzeugt eine endlose Kette von Haß und Furcht und kann letztlich zu verheerenden Konsequenzen führen. Die Herbeiführung gegenseitigen Verstehens als gesunde Grundlage der internationalen Beziehungen ist die erste Vorbedingung für einen dauernden Weltfrieden.

Weil die Welt infolge der modernen Verkehrsmittel mit beispielloser Schnelligkeit kleiner und kleiner wird, ist es heute nicht mehr schwierig, das gegenseitige Verstehen zu fördern. Wenn es den Regierungen nicht gelingt, so ist das kein Grund zur Verzweiflung, weil ein verstärkter Meinungsaustausch zwischen den Völkern selber mehr zu einem dauernden Frieden beitragen kann als eine Annäherung auf Regierungsebene. Stimmen Sie mit mir in diesem Punkt überein?

Und glauben Sie, daß eine friedliche Regelung der Probleme zwischen den beiden Blöcken zu bewerkstelligen ist? Wenn ja – worauf gründet sich Ihr Glaube, und auf welche Weise wird nach Ihrer Meinung eine Lösung gefunden werden?

Toynbee: Ich habe aus zwei Gründen Hoffnung. Erstens hat die Aufhebung der Entfernung durch die moderne Technik das Volumen des geschäftlichen wie des Touristenverkehrs vergrößert und ebenso die Menge der Informationen über andere Länder, die man (ohne zu reisen) durch Radio und Fernsehen erlangen kann. Damit ist eine Steigerung des Bewußtseins verbunden, daß wir alle Angehörige einer einzigen Menschenfamilie sind und als solche gemeinsame Interessen und Sorgen haben.

Zweitens verleihen große internationale technische Projekte den Völkern das Gefühl der Zusammengehörigkeit. Die Raumforschung ist zwar in einer Hinsicht der Ausdruck der Rivalität zwischen der Sowjetunion und den Vereinigten Staaten, doch andererseits empfinden sie Russen, Amerikaner und die anderen Völker dieser Erde als ein gemeinsames menschliches Unternehmen und Wagnis. Die Sowjetunion und die USA gratulieren einander zu Erfolgen und drücken sich gegenseitig ihr Beileid aus, wenn etwas schiefgeht.

Geschäftsreisen, der Tourismus, Radio und Fernsehen können zusammen viel zur Überwindung von Mißverständnissen, Vorurteilen und Mißtrauen beitragen. Das hatten die westlichen Alliierten im Sinn, als sie 1946 auf der Pariser Friedenskonferenz den Russen einen großzügigen Austausch nicht nur von Touristen, sondern auch von Studenten und Wissenschaftlern, Ärzten und Regierungsbeamten vorschlugen. Stalin lehnte ab, und seine Haltung wurde ganz richtig dahin interpretiert, daß er keine freundlichen Beziehungen zwischen den ehemaligen Verbündeten wünschte. Der Eiserne Vorhang hat Stalin überlebt; aber jetzt, da die Bipolarität auf internationalem Gebiet durch Multipolarität ersetzt worden ist, ist es nicht unwahrscheinlich, daß sowohl die Sowjetunion wie auch die anderen beiden

Großmächte das Gefühl haben werden, sich einen Isolationismus nicht mehr leisten zu können. Jede Macht wird mit den anderen unter dem »Alpdruck feindlicher Koalitionen«, wie Bismarck sagte, um den Goodwill der übrigen Welt wetteifern.

Zunehmende Kontakte und Gedanken- und Warenaustausch führen zwar nicht immer zur Förderung des Goodwills. Aber im ganzen erwarte ich, daß die Verbesserungen im internationalen Verkehr im Wechselspiel mit der Verschärfung der internationalen sozialen Probleme der Menschheit zum Bewußtsein bringen werden, daß sie eine einzige Familie ist, damit sie sich auch wie eine solche benimmt.

Die Einigung der Welt

Ikeda: Hinsichtlich einer zukünftigen Vereinigung der Welt unter einer einzigen Regierung heben Sie mehrere Punkte hervor, die ich wie folgt zusammenfassen darf. Erstens: China wird wahrscheinlich bei dieser Vereinigung eine führende Rolle spielen. Zweitens: Das chinesische Herrschaftsprinzip wird dabei als inspirierendes Beispiel dienen. Drittens: Ein Diktator mit überragenden Führerqualitäten wird vielleicht für die Verwirklichung einer geeinten Welt unumgänglich sein. Viertens: Sie erwarten die Entstehung einer neuen Weltreligion als Katalysator für die geistige Einheit aller Völker.

Der rote Faden, der diese vier Punkte verbindet, scheint aus dem Eindruck zu stammen, den das chinesische Reich auf Sie gemacht hat. Es wurde fast immer von einem Alleinherrscher regiert, dessen Handlungen auf der Moral und Philosophie des Konfuzianismus basierten. Aber hier gehen unsere Meinungen auseinander. Sie betrachten die Konzentration der Regierungsmacht in den Händen eines Mannes als einen Schritt zu einer weiteren Einigung. Ich hingegen glaube nicht, daß die Idee einer Einmannherrschaft in der heutigen Welt allgemein begrüßt werden wird; viele würden eine solche Regierungsform verabscheuungswürdig finden. Außerdem glaube ich nicht an den Erfolg einer Diktatur als Gegenmaßnahme zu derartigen sozialen Verwirrungen, wie wir sie gegenwärtig erleben.

Ich sehe ein Vorbild für eine künftige Welteinheit in den europäischen Bemühungen um eine interkontinentale Gemeinschaft der Nationen; und ich meine, daß die europäische Formel (wo souveräne Staaten mit unterschiedlicher Geschichte und Eigenart eine Föderation bilden, in der die Unabhängigkeit und Besonderheit jedes einzelnen Staates gewahrt bleibt) als Grundlage dazu dienen sollte.

Freilich brauchen wir ein in sich geschlossenes religiöses oder philosophisches System als Hilfe, um alle Nationen zu einem Ganzen zusammenzuschließen; und dazu bedarf es vielleicht einer Führerpersönlichkeit. Aber diese dürfte keine politische Macht haben; es müßte ein Führer auf religiösem und philosophischem Gebiet sein. Die Frage der politischen Macht müßte in Verhandlungen geklärt werden, bei denen alle beteiligten Nationen gleichberechtigt vertreten sind.

Das Karma des Abendlandes war die Zersplitterung. Aber wenn Europa zur Vereinigung gelangt, kann dieser Erfolg eine Erlösung aus dem alten Karma bedeuten. Gehe ich fehl in der Annahme, daß eine solche Staatengemeinschaft für unsere Zeit von größerem Wert sein würde als das chinesische Beispiel aus dem dritten Jahrhundert v. Chr.?

Dem Weg Chinas zu folgen, mag nützlich sein, um akuten Bedrohungen zu begegnen, aber das birgt auch Gefahren in sich. Die europäische Formel wird lange und geduldige Bemühungen brauchen, aber ich sehe in ihr ein wesentlich geringeres Risiko.

Die von Oda Nobunaga, Tojotomi Hidejoschi und Tokugawa Iejasu um 1600 bewirkte politische Einheit Japans fußte auf einer alten Tradition nationaler Übereinstimmung. Und in der griechischen Föderation des fünften Jahrhunderts v. Chr. waren alle Mitglieder Hellenen und fühlten sich als Teile einer großen Gruppe. Die Italiener im neunzehnten Jahrhundert wurden in ihren Einheitsbestrebungen von der Erinnerung an das Römische Reich beflügelt. Mit anderen Worten: In allen diesen Fällen war Gewalt nur das Mittel; der motivierende Faktor war das Gefühl enger Verbundenheit im Volke. Es kann sein, daß in diesen Fällen die Gewalt das kleinere Übel war; doch heute ist Gewalt ein absolutes Übel. Das erste, worauf wir in Verbindung mit der Einigung der modernen Welt unser Augenmerk richten müssen, ist die Heranbildung eines Gefühls geistiger Verbundenheit aller Menschen. Ist dieses Gefühl erst vorhanden, dann werden sich konkrete Methoden eines politischen Zusammenschlusses automatisch ergeben.

Toynbee: Ich gebe zu, daß in der Gegenwart jeder Versuch, die Welt mit Gewalt politisch zu einen, nicht in einem Zusammenschluß, sondern in einer Selbstzerstörung enden würde. Guerillakriege auf der einen Seite und atomare Kriegführung auf der anderen lassen eine Vereinigung mit Waffengewalt nicht mehr tunlich erscheinen.

Ich weiß jedoch von keinen politischen Vereinigungen in der Geschichte – und es handelte sich nie um weltweite –, die ohne Gewaltanwendung vollbracht worden wären, wenn ich Ihnen auch darin zustimme, daß die Gewalt, sofern sie erfolgreich war, von dem allgemeinen Verlangen nach politischer Einheit unterstützt wurde und daß Gewalt allein nicht ausgereicht hätte, dieses Ziel zu erreichen.

Wie Sie bemerkten, war die Einigung Japans im sechzehnten Jahrhundert und war die Einigung Italiens im neunzehnten das Ergebnis einer Verbindung von Volkswillen und Waffengewalt. Aber wäre die politische Einheit ohne Waffengewalt zustande gekommen?

Das Beispiel des antiken Griechenland ist besonders passend. Schon im achten Jahrhundert v. Chr., wenn nicht früher, hatten die Griechen ein starkes Gefühl für ihre kulturelle Zusammengehörigkeit, die ihren Ausdruck in so bedeutenden Einrichtungen und Veranstaltungen wie den panhellenischen Kultstätten und den periodisch wiederkehrenden panhellenischen Festspielen fand. Doch drei Jahrhunderte lang, von 480 v. Chr. an, als ein paar griechische Staaten sich gegen die persische Bedrohung vorübergehend zusammentaten, versuchten die Griechen immer wieder erfolglos, sich politisch zu vereinigen. Schließlich wurde ihnen die politische Einheit auferlegt, als Griechenland von einer nichtgriechischen Macht, von Rom, erobert wurde.

Die griechische Geschichte stimmt mich pessimistisch hinsichtlich der Chancen für eine freiwillige politische Einheit der gegenwärtigen Welt. Zugleich glaube ich, daß die menschliche Rasse zum Untergang verurteilt ist, wenn es nicht schnell zu einer politischen Einigung der Welt kommt. Daher sehe ich schwarz für die Zukunft der Menschheit. Einen unvorhergesehenen Gesinnungsumschwung durch eine Revolution auf der religiösen Ebene halte ich nicht für ausgeschlossen – ein solcher könnte die Situation retten.

Ikeda: Das Problem ist sehr schwierig zu lösen; und ich bin überzeugt, daß nur religiöse Leidenschaft und religiöse Ideale uns dabei helfen können. Konfuzianismus und Taoismus waren die geistigen Stützen, auf denen die Einheit des alten Chinas ruhte; heute müssen die Gedanken Mao Tse-tungs den gleichen Zweck erfüllen. Im Mittelalter gelang es dem Christentum wenigstens zeitweise, ein Europa zu schaffen, das einiger war als das gegenwärtige. Und die Einheit der islamischen Welt fußte auf der geistigen Macht Mohammeds und den Lehren des Korans.

Heute sind Christentum, Islam, Konfuzianismus und Taoismus machtlos geworden, und wir stehen vor der Frage, wie wir eine neue Religion finden können, die imstande sein wird, alle Völker der Welt zusammenzuschließen. Natürlich darf eine Religion dem Volk nicht aufgezwungen werden; sie ist macht- und wertlos, wenn sie nicht von einem spontanen Streben der Menschen nach Wahrheit und von der Kraft des Glaubens getragen wird.

Die für die Welteinheit erforderliche Religion muß den Menschen vernünftig erscheinen, denn die Denkfähigkeit des modernen Menschen verbietet widersinnige Doktrinen. Sie mögen eine kleine Gruppe gerade wegen ihrer Vernunftwidrigkeit ansprechen, aber die meisten werden sie nicht glauben; und wenn die Mehrheit sich einer Religion verweigert, besteht keine Hoffnung, daß sie zum beherrschenden Trend ihrer Zeit wird. Haben Sie auch das Gefühl, daß eine weltumfassende Religion nötig ist? Wenn ja, welche Bedingungen muß sie erfüllen?

Toynbee: In den partiellen politischen Vereinigungen der Geschichte war die Religion nicht weniger als die militärische Eroberung eine wirksame Kraft. In China und im Römischen Reich folgte die religiöse Einheit der mit Waffengewalt erzielten: Der Konfuzianismus fand Aufnahme in das chinesische, das Christentum in das Römische Reich. In der islamischen Geschichte gingen religiöse Propaganda und militärische Eroberung Hand in Hand. Nur im abendländischen Mittelalter wurde die religiöse Einheit von einer politischen weder begleitet noch gefolgt. Aber in einer zukünftigen freiwillig vereinten Welt könnte eine die ganze Welt umfassende gemeinsame Religion eine wichtige Rolle spielen.

Der Mensch erwartet von der Religion Antworten auf seine Fragen nach Zweck, Bedeutung und Bestimmung des Lebens. Er selber besitzt nicht das Wissen und die Einsicht, um sich selber andere als vorläufige und behelfsmäßige Antworten auf diese grundlegenden Fragen zu geben. Die Antworten der traditionellen Religionen bestehen aus Dogmen, und auf dieser scheinbaren Sicherheit beruhte ein Teil ihrer Anziehungskraft. Aber der moderne Mensch hat gemerkt, daß dieser Anschein der Sicherheit trügerisch ist, und seine Enttäuschung über religiöse Dogmen hat die Religion selber in seinen Augen diskreditiert.

Ich glaube nicht, daß die Menschen jemals wieder eine dogmatische Form der Religion akzeptieren werden; eine Religion jedoch, die freimütig zugibt, daß ihre Antworten auf die grundsätzlichen Fragen nur Mutmaßungen sind, wird gerade wegen ihrer Offenheit Achtung erringen. Allerdings ist die Beantwortung von Fragen über das Wesen des Universums nicht die einzige Aufgabe der Religion – tatsächlich nicht einmal die wichtigste. Die Religion hat auch eine ethische Funktion; sie soll Richtlinien für die Lebensführung geben, und damit erfüllt sie eines der geistigen Bedürfnisse des Menschen. Im Gegensatz zu ihren Dogmen, die sich voneinander weitgehend unterscheiden, sind die Anweisungen der traditionellen Religionen für den Bereich der Lebensführung in zahlreichen Hauptpunkten fast identisch. Die Abwertung der religiösen Dogmen hat diesen ethischen Thesen keinen Abbruch getan, und ich kann mir vorstellen, daß die gleichen Lehren auch von jeder künftigen Religion gepredigt werden.

Die Grundregel der Religion besagt, daß die Selbstbeherrschung des Menschen erste Aufgabe ist. Wir müssen unsere Habgier und unseren Stolz meistern. Diese zwei unheilvollen menschlichen Charakterschwächen sind vielleicht niemals so verbreitet gewesen wie heute, wo der Mensch die Fortschritte der Technik dazu mißbraucht, seine natürliche Umwelt zu vergewaltigen. Der Sieg des Menschen über die Natur hat seinen Stolz maßlos aufgebläht und zugleich die Möglichkeit erweitert, seiner Habgier zu frönen. Die Leistungen von Wissenschaft und Technik, deren sich der moderne Mensch so rühmt, haben zwar einige seiner alten Probleme gelöst, aber sie mußten damit bezahlt werden, daß ihm neue entstanden sind. In den sogenannten entwickelten Ländern war der Preis für die materielle Bereicherung die Verschmutzung der Umwelt und ein sozialer Streit über die Verteilung des neuerworbenen Reichtums unter den an seiner Produktion Beteiligten.

Gegenwärtig wird uns als Folge der industriellen Revolution drastisch vor Augen geführt, daß der moderne Mensch trotz seines wissenschaftlichen und technischen Wagemuts ebensowenig wie der Mensch der Urzeit Herr seiner Lage ist. Er kann sie nicht beherrschen, weil er nicht imstande ist, sich selber zu beherrschen. Aber die Selbstbeherrschung ist der einzige Weg, um der Selbstzerstörung zu entgehen. Diese Wahrheit wurde von den traditionellen Religionen verkündet; und ich glaube, sie wird auch von jeder ernsthaften künftigen Religion verkündet werden. Sie ist die Essenz jeder Religion, und ich glaube, daß eine künftige Religion, die diese traditionelle Lehre predigt, die Zustimmung der Menschheit finden wird.

III
Philosophie und Religion

10
Die Natur der Dinge

Der Ursprung des Lebens

Ikeda: In der Frage nach dem Ursprung des Lebens scheinen die Naturwissenschaftler die Theorie der Urzeugung zu vertreten. Der russische Biochemiker A. I. Oparin und der britische Biochemiker J. D. Bernal nehmen an, daß das Leben im Laufe der Erdevolution spontan in Erscheinung getreten ist. Sie sehen die Entstehung des Lebens als eine Stufenfolge und stimmen darin überein, daß zuallererst sich organische Substanzen aus anorganischen gebildet haben. Diesem Schritt folgten die Entwicklung der Proteine und später der Beginn des Lebens mit seiner Fähigkeit der Gestaltveränderung. Diese Hypothesen wurden erhärtet durch die Entdeckung von fossilen Resten der ersten primitiven Organismen und durch die jüngsten Erfolge in der Synthetisierung einfacher organischer Substanzen.

Toynbee: Die von Ihnen genannten Wissenschaftler verstehen das Leben als materielles Phänomen und versuchen zu entdecken, welche Umstände dazu führten, daß Leben sich entwickeln konnte.

Ikeda: Oparins Lehre enthält einige besondere Punkte, die durch weitere Untersuchungen modifiziert werden könnten; aber ich stimme ihm in seiner Vermutung bei, daß das Leben auf unserer Erde begann. Mir scheint jedoch die Beantwortung der Frage, *warum* aus unbelebter Materie Leben entstand, wichtiger als die Frage, *wie* dieses Phänomen vor sich ging.

Toynbee: Das berührt grundlegend das Wesen der Veränderung im allgemeinen und im besonderen das Wesen der Veränderung von einem offenbar unbelebten Universum, das, während es selber zum großen Teil unbelebt blieb, dazu gelangte, belebte Wesen zu enthalten, von denen einige menschlich sind und Bewußtsein besitzen.

Ikeda: Wenn auch die Erde selber unbelebt gewesen sein mag, als Leben entstand, so glaube ich doch, daß die Tendenz zum Leben in ihr enthalten war. Das Leben ist offenbar eine aktive, keine passive Wesenheit. Aber was ist die Quelle und Motivation seiner Aktivität? Ich meine, daß das Leben der unbelebten Materie innewohnt. Was wir den Ursprung des Lebens nennen, ist eigentlich nichts anderes als der Punkt, an dem sich das Leben manifestiert.

Toynbee: Vielleicht ist es so, aber wir können es in diesem Stadium nicht wissen. Wir sind jedoch imstande, den Begriff der Veränderung gedanklich zu analysieren, und dies mag uns dem Verständnis des Ursprungs des Lebens näherbringen, nachdem dieser Ursprung in sich selbst eine folgenschwere Veränderung war.

Es gibt zwei mögliche Erklärungen einer Veränderung oder Neuerung. Sie kann durch einen Schöpfungsvorgang entstanden sein – es kommt etwas zum Leben oder wird ins Leben gerufen, das vorher nicht existierte. Oder das Neue wird durch Evolution in der wörtlichen Bedeutung hervorgebracht – das heißt, durch die Entfaltung von etwas, das von vornherein in der »Hülle« enthalten war. Folgt man der Evolutionslehre, dann ist das Auftreten einer Veränderung in Wirklichkeit eine Illusion. Alles, was existiert oder jemals existieren wird, ist schon vorher dagewesen. Alles, was geschieht, ist nur, daß ursprünglich latente Elemente nach und nach in Erscheinung treten.

Ikeda: Ich glaube, daß die Evolutionslehre die richtige ist. Vielleicht kann ich es so formulieren: Ich betrachte das Leben als das Erzeugnis seiner eigenen Schöpfung. Das heißt, von dem Zeitpunkt an, wo es zum erstenmal in Erscheinung trat, hat das Leben bis zum heutigen Tage die Fähigkeit bewahrt, sich selbst zu manifestieren und zu individualisieren. Die Stärke – oder Energie – der Lebenskraft, die das individualisierte Leben aktiviert, steckte schon in der unbelebten Welt.

Toynbee: Sie entscheiden sich also für die Evolution und gegen die Schöpfung. Was mich betrifft, so glaube ich an einen Schöpfungsakt.

Ikeda: Es könnte sein, daß neuerliche Erfolge in den Versuchen, Leben synthetisch herzustellen, Ihren Glauben bestätigen. Ich halte das jedoch nicht für Schöpfung, sondern für einen künstlichen Weg, Leben in Erscheinung treten zu lassen. Ich glaube nicht, daß es möglich ist, Leben zu »erschaffen«. Das Äußerste, was Menschen tun können, ist, Lebensenergie hervorzurufen, die schon in der unbelebten Materie enthalten ist. Natürlich gebrauche ich das Wort *Energie* nicht in dem Sinne, wie es die Physiker anwenden.

Toynbee: Ich bestreite nicht, daß die Wissenschaft imstande ist, den physischen Strukturwandel nachzuvollziehen, das heißt die Entwicklung von der anorganischen Materie zu dem physischen Organismus, der eine Spielart der unteilbaren psychosomatischen Wesenseinheit ist (mit Bewußtsein und Willen ausgestattet), die den Menschen ausmacht. Aber der Nachvollzug dieser physischen Evolution erklärt weder den Unterschied zwischen der unbelebten Materie und einem lebenden Organismus noch den weiteren Unterschied zwischen einem unbewußt lebenden Organismus und einem bewußt lebenden.

Organisch angeordnete Materie mag die unerläßliche Bedingung für die Existenz des Lebens sein, doch sie ist nicht das Leben selbst; so wie lebende Materie die unerläßliche Bedingung für die Existenz des Bewußtseins sein mag, nicht aber das Bewußtsein selbst. Ich glaube, sowohl das Leben als auch das Bewußtsein ist etwas vollkommen Neues, und etwas vollkommen Neues – im Gegensatz zu der Entwicklung von etwas von Anfang an Latentem – ist logisch unbegreiflich. Vermutlich darum unbegreiflich, weil der Geist nur in der Raum-Zeit-Vorstellung zu denken vermag; und Raum und Zeit sind möglicherweise nur Erscheinungsformen und in der jenseits unserer Erkenntnis liegenden Natur der Realität-an-sich nicht enthalten.

Ikeda: Ich verstehe, was Sie meinen; aber ich glaube, wir können doch zeigen, daß wir uns über die logische Unbegreiflichkeit einer echten Neuerung nicht zu beunruhigen brauchen. Wenn man das Universum lediglich in den Begriffen »belebt« und »unbelebt« interpretiert, muß man natürlich sagen, daß das Leben aus dem Nichtsein entstand und noch entsteht. Der Buddhismus vertritt einen entgegengesetzten Standpunkt und postuliert den Zustand eines Nichtseins, das die Möglichkeiten der Seinswerdung in sich schließt und auf diese Weise die Vorstellung des Seins wie des Nichtseins transzendiert. Die buddhistische Lehre bezeichnet diesen Zustand als die wahre Wesenheit des Universums und nennt ihn *Kū*. Dieses *Kū* ist eine geheimnisvolle Wesenheit der von Ihnen erwähnten Art, die nicht in den Dimensionen von Raum und Zeit erklärt werden kann. Ich glaube, wer das Wesen des *Kū* versteht, wird wenig Schwierigkeiten haben, das Wesen des Lebens selber zu verstehen.

Das ganze Universum, unsere Erde eingeschlossen, ist eine Lebenseinheit: Es ist *Kū,* welches das Leben enthält. Das Leben hat den Drang, sich zu manifestieren; und wenn die Bedingungen günstig sind, kann Leben überall und jederzeit entstehen. Die moderne Naturwissenschaft hält es für denkbar, daß es auch auf anderen Planeten Leben gibt; und ich möchte ihre Vermutung als einen ersten Schritt zu einer Bestätigung der Idee eines lebenserfüllten Universums interpretieren. Für mich ist das ganze Weltall ein Meer von Lebenspotential, das unendliche Möglichkeiten, sich zu manifestieren, in sich schließt.

Organische Verbindungen sind die Grundbedingungen, die die Manifestation des Lebens (als wirkendes, individualisiertes Leben) möglich machen, und damit das Leben bewußt tätig sein kann, sind komplizierte und präzise physische Verbindungen erforderlich.

Toynbee: Wir haben hier ein faszinierendes und wichtiges Thema, das wir näher untersuchen müssen. Ich bleibe jedoch dabei, daß das Leben und die Realität-an-sich für mich Geheimnisse sind, die in den Begriffen der Evolution nicht ausdrückbar sind.

Die Frage des ewigen Lebens

Ikeda: Setzt sich das Leben nach dem Tode fort, oder gehört es nur dieser Welt an? Und wenn es weitergeht – ist es unendlich oder begrenzt, und in welchem Zustande dauert es an?

Toynbee: Die Möglichkeit einer unendlichen Fortdauer des Lebens ist eine wichtige Frage, und sie wirft Teilfragen auf, die sich eines realen Beweises entziehen.

Ikeda: Da die Vorstellung einer ewigen Fortdauer des Lebens letzlich mit der des Todes verknüpft ist, wäre das Wissen, was nach dem Tode geschieht, der notwendige Schlüssel zur Beantwortung dieser Frage. Es gibt zwei Wege, sich diesem Problem zu nähern: die materialistische Auffassung, daß der Leib nach dem Tode in seinen anorganischen Zustand zurückkehrt und das Leben aufhört, und die spirituelle, daß das Leben unsterblich ist.

Toynbee: Buddhismus, Hinduismus, Zoroastrismus, Judentum, Christentum und Islam stimmen darin überein, daß der physische Tod nicht das Ende des Lebens ist. Sie sind auch darin einig, daß sich das Leben, wenn es nach dem Tode wiederkehrt, in der Form einer Wiederverkörperung zeigt und daß der Mensch, der wiedererscheint, eine psychosomatische Einheit darstellt wie derjenige, der gestorben ist.

Ikeda: Die sogenannten höheren Religionen lehren übereinstimmend die Fortdauer des Lebens nach dem Tode; aber die Doktrinen über die Art dieses Fortlebens variieren stark unter den verschiedenen Religionen.

Toynbee: Das ist wahr. Nach dem christlichen Glauben – wie ihn der heilige Paulus in seinen Episteln auslegt und nach den Berichten der Evangelisten über die Erscheinung Jesu nach seiner angeblichen Auferstehung – unterscheiden sich der auferstandene Leib eines Toten und der verwandelte Leib eines Menschen beim Jüngsten Gericht von dem physischen Leib, wie wir ihn beim lebenden Menschen gekannt haben. Dieser neue Leib ist in der Sprache des heiligen Paulus ein »spiritueller« Leib – so wie Jesus nach seiner Auferstehung den Menschen erschienen sein soll. Er ist auf einmal da und verschwindet ebenso plötzlich; er schreitet durch verschlossene und verriegelte Türen und steigt von der Erde auf, bis er in einer Wolke entschwindet.

Ikeda: Die christliche Vorstellung, der Leib eines wiedererstandenen Menschen sei ein spiritueller im Gegensatz zu dem gewöhnlichen physischen Leib, spiegelt die religiöse Doktrin von der Unreinheit des Fleisches. In anderen Religionen finden sich ähnliche Auffassungen. So gebietet der südliche Buddhismus, den Leib, der als die Brutstätte menschlicher Begierde angesehen wird, zu zerstören, um in den Nirwana genannten Zustand zu gelangen.

Toynbee: Buddhisten und Hindu glauben an eine mehrfache Reinkarnation, ja an eine unendliche Zahl von Reinkarnationen. Dieser Glaube schließt vermutlich die weitere Überzeugung ein, daß das Weltall ewig ist, während die vier westlichen Religionen meinen, daß das Weltall einen Anfang hatte und ein Ende haben wird und daß nach dem Tode nur eine Reinkarnation stattfindet. Und da nach ihrem Dafürhalten diese Reinkarnation immerwährend ist, soll auch das

Weltall – wenngleich es einen Anfang hatte – immerwährend sein, in einer anderen Form als der gegenwärtigen.

Ikeda: Die religiösen Ansichten über die Unsterblichkeit zerfallen in zwei Hauptgruppen: Seelenwanderung, wie sie Buddhismus und Hinduismus lehren, und die unsterbliche Seele, wie sie die westlichen Religionen verkünden.

Toynbee: Ja. Diese beiden Anschauungen haben den Gedanken gemeinsam, daß die Unsterblichkeit die zeitliche Ausdehnung eines Menschenlebens über die kurze Zeitspanne, die wir in dieser Welt leben, hinaus ist. Die Hindu (und einige griechische Philosophen) glauben oder glaubten an die Präexistenz der Seele schon eine unendliche Zeit lang vor der Geburt (oder einer Reihe von Geburten) in dieser Welt und in einem Leib und daß sie nach dem Tode (oder einer Reihe von Toden) in einem Körper fortbestehen. Die südlichen Buddhisten stimmen mit den Hindu überein unter dem Vorbehalt, daß die Reihe der Wiedergeburten während des diesseitigen Lebens durch geistige Bemühungen beendet werden kann. Die Christen glauben, daß die Seele von Gott in dem Augenblick der Empfängnis geschaffen wird, aber daß die einmal geschaffene Seele nach dem Tode eine unendliche Zeit lang weiterleben wird. Die christliche Auffassung der Unsterblichkeit scheint mir weniger rational als die hinduistische.

Zugleich glaube ich nicht, daß der Mensch vor seiner Geburt existiert hat oder nach seinem Tode in der Zeitdimension, in der wir auf dieser Welt leben, weiter existieren wird. Ich vermute, was wir »die letztgültige geistige Realität« nennen, liegt nicht in der Zeitdimension und die Wirkungen des Karma eines Menschen auf die letztgültige Realität auch nicht, obwohl das Menschenleben in der Zeitdimension gelebt wird und das menschliche Karma durch menschliches Handeln in der Zeitdimension geschaffen wird. Hier bin ich an den Grenzen meines menschlichen Begriffsvermögens angelangt.

Ikeda: Auch wenn wir annehmen, das Leben sei unsterblich, haben wir noch die schwierige Frage zu beantworten, wie es nach der Auflösung des physischen Leibes beschaffen ist. Verschmilzt es mit der letzten geistigen Realität jenseits des Weltalls? Wenn es so ist – verschmelzen alle Seelen mit ihr ohne Rücksicht auf die moralischen Folgen ihrer Lebensführung?

Toynbee: Da ich ein Mensch bin, unterscheidet mein menschliches Bewußtsein zwischen Gut und Böse; und mein menschliches Gewissen heißt mich, das zu tun, was mir als gut, und mich dessen zu enthalten, was mir als böse erscheint. Meine Menschennatur verpflichtet mich, so meine ich, zu glauben, daß die Taten eines Menschen während seines Lebens auf dieser Welt moralische Folgen haben, daß diese Folgen wichtig sind, nicht nur für den Betreffenden selber, sondern auch für die übrige Menschheit und das ganze Universum. Ja, ich glaube, daß eines Menschen Leben auf dieser Welt eine Wirkung im Guten oder im Bösen auf das Universum ausübt und daß diese Wirkung einem Menschenleben auf dieser Welt Bedeutsamkeit und einen positiven oder negativen Wert verleiht. Und so glaube ich, daß die letztgültige geistige Realität von dem Karma jedes Menschen betroffen wird.

Ikeda: Diese Ihre Gewißheit ist für mich der eindrucksvollste Punkt Ihrer Ausführungen. Die sogenannten höheren Religionen predigen oft, daß die letztgültige Realität absolut sei, unbeeinflußt von irgend etwas, denn sie ist selber die beeinflussende Kraft. Kann ich Ihre Interpretation als eine Umkehrung dieses Gedankens verstehen?

Ferner erkenne ich die Verbindung zwischen Ihrer Meinung und den buddhistischen Lehren. Aber wenn die letztgültige geistige Realität von dem Schicksal jedes einzelnen Menschen beeinflußt wird – ist sie dann noch letztgültig? Können Sie etwas als Beweis für die Existenz der letztgültigen geistigen Realität anführen?

Toynbee: Ich kann einen überzeugenden Beweis weder für die Unsterblichkeit der Seele noch für die Wiedergeburt anführen; ich finde auch keinen schlüssigen Beweis für das Vorhandensein einer letztgültigen geistigen Realität, an die ich selber glaube. So wie ich es sehe, hat der menschliche Geist nur eine begrenzte Aufnahmefähigkeit für das Verständnis der Beschaffenheit des Universums, in dem wir uns befinden. Unser nachprüfbares Wissen gibt uns nicht die Auskunft und Anleitung, die wir brauchen, um ein menschliches Leben zu führen. Darum müssen wir mit nicht nachweisbaren Hypothesen arbeiten, die wir auf Treu und Glauben hinzunehmen haben, denn wir müssen handeln, auch wenn unser Wissen unvollständig und unsere Beurteilung von Recht und Unrecht fragwürdig ist.

Ikeda: Sie haben recht, wenn Sie sagen, daß es die Unzulänglichkeiten unseres Verstandes sind, die unsere Theorien über das Universum und die wahre Natur des Lebens auf nicht nachweisbare Hypothesen beschränken. Wissenschaftliche Thesen müssen theoretischen und Gültigkeitstesten unterzogen werden. Mit der Bewertung religiöser Thesen verhält es sich anders. Sie müssen erstens danach beurteilt werden, wie befriedigend sie die Lebensphänomene deuten, die dem bloßen Menschenverstand unerklärlich erscheinen; zweitens danach, wieweit sie imstande sind, dem menschlichen Denken und Tun eine zuverlässige Grundlage zu geben. Mit anderen Worten: Bei wissenschaftlichen Hypothesen ist zu fragen, ob sie wahr sind, bei religiösen Hypothesen hingegen, ob sie für die sittliche Verbesserung der Menschen taugen. Ich sehe in der buddhistischen Hypothese, daß das Leben immerwährend ist und ständig seine Erscheinungsform wechselt, eine ausreichende Erklärung für die Unterschiede in den jeweiligen Menschenschicksalen. Wenn wir kein früheres Leben eines gegenwärtig lebenden Menschen voraussetzen, müssen wir sein Schicksal entweder dem Willen eines absoluten, übernatürlichen Wesens zuschreiben oder dem reinen Zufall. Unter dem Verzicht auf ein übernatürliches, die Handlungen der Menschen regierendes Wesen gestattet die buddhistische Erklärung dem Menschen zu erkennen, daß er selber für sein Schicksal verantwortlich ist, und ermöglicht so die absolute Unabhängigkeit.

Toynbee: Unsterblichkeit und Wiedergeburt sind Hypothesen; wenn diese wahr wären, könnten sie einige der Fragen klären, um die wir nicht herumkommen, die wir jedoch auch nicht aus dem unzulänglichen Bestand unseres nachprüfbaren Wissens heraus beantworten können.

Die Hypothese der Wiedergeburt bietet in der Tat in Verbindung mit der nachweisbaren Erfahrung des Karmas innerhalb eines einzelnen Lebens eine Erklärung für die Ungleichheit der menschlichen Schicksale. Wenn man ihr zustimmt, muß man vermutlich nicht zugleich der Hypothese der Unsterblichkeit beipflichten. Im südlichen Buddhismus, wenn ich ihn richtig verstanden habe, bezwecken die geistigen Übungen eines Arhats, die Reihe der Wiedergeburten zu beenden, soweit es seine eigenen betrifft. Er glaubt, daß ihm Unsterblichkeit droht, und versucht, diesem Schicksal zu entgehen.

Ikeda: Der südliche Buddhismus lehrt, daß wir an ein Karma von bösen Begierden gebunden sind, das sich in den nachfolgenden Lebensschablonen wiederholt, und daß die Loslösung von dieser Schablone das höchste Ideal ist. Der Arhat versucht, dieses Ideal zu erreichen, indem er dieser Reihe von Seelenwanderungen ein Ende bereitet.

Toynbee: Die hinduistische und die christliche Konzeption der Unsterblichkeit scheinen mir unter der gleichen falschen Auffassung zu leiden. Sie stellen sich die Seele, wenn sie nicht mehr in einem Leibe auf dieser Welt wohnt, dennoch in der Zeitdimension vor, in der das körperliche Leben stattfindet. Aber wenn wir vermuten, daß ein Menschenleben nicht auf ein oder eine Reihe von körperlichen Leben in dieser Welt beschränkt ist, sind wir nicht befugt anzunehmen, daß der körperlose Zustand des Lebens in der Zeitdimension stattfindet.

Der einzige Zustand des Menschenlebens innerhalb unserer Erfahrung ist der psychosomatische. Die verstandesmäßige Unterscheidung zwischen Seele und Körper ist eine Hypothese, keine Erfahrungstatsache. Wir haben keinerlei sichere, auf Erfahrung gestützte Beweise für die Existenz körperloser Seelen; wir wissen jedoch etwas über den Zustand seelenloser Körper. Ein solcher Leichnam ist eine Ansammlung von Materie, die nicht mehr von dem Leben beseelt wird, das aus dem nun toten Körper einen lebendigen Organismus gemacht hatte. Ein menschlicher Leichnam besitzt auch nicht mehr das Bewußtsein, der den nun aufgelösten Organismus zu einem Menschen gemacht hatte. Allerdings hat das Bewußtsein des Menschen nicht die gleiche Dauer wie sein Leben; es erwacht nur allmählich nach seiner Geburt und schwindet manchmal vor seinem Tode. Ein Mensch kann vor seinem physischen Tod senil werden.

Wir wissen, was mit einem Leichnam vor sich geht: Er zerfällt rasch in anorganische Materie. Auch wenn diese Ansammlung von Materie künstlich erhalten wird, hat sie aufgehört, organisch zu sein, sobald sie nicht mehr lebt. Da wir keine Erfahrung mit der Existenz von Seelen außerhalb ihrer Körper haben, müssen wir offenbar folgern, daß als Existenz in der Zeitdimension die Seele vom Augenblick des Todes an zu existieren aufhört. Dieser Schluß legt nahe, daß es in der Zeitdimension weder Unsterblichkeit noch Wiedergeburt geben kann. Sobald ein Mensch gestorben ist, hat sein psychosomatisches Leben in der Zeitdimension ein Ende gefunden; aber das schließt nicht aus, daß eine Menschenseele ein Leben außerhalb der Zeitdimension führen kann, und auch nicht, daß das Karma, geschaffen von während eines psychosomatischen Lebens vollbrachten Handlungen, eine Wirkung zum Guten oder Bösen auf die letztgültige Realität haben kann; denn wir haben keinen Grund zu der Annahme, daß diese letztgültige Realität sich in der Zeitdimension befindet. Der einzige Zustand eines bewußten Lebens, von dem wir aus Erfahrung wissen, daß er in der Zeitdimension existiert, ist unser psychosomatisches Leben in dieser Welt.

Ikeda: Obwohl jeder Mensch als ein individuelles Wesen existiert – in seinen tiefsten Anlagen –, ist sein Leben zugleich eins mit dem großen, allumfassenden Leben des Universums. In diesem Sinne glaube ich zu verstehen, was Sie mit der letztgültigen geistigen Realität hinter dem Universum meinen. Wenn Sie andererseits sagen, daß beim Tode die Seele im Gegensatz zu dem zu anorganischer Materie zerfallenden Körper von der letztgültigen geistigen Realität absorbiert wird, scheinen Sie zu folgern, daß der Geist eine selbständige Existenz führt. Nun ist nicht zu leugnen, daß nach einer bestimmten Zeit die meisten Körperzellen erneuert werden und daß während der Dauer eines Lebens viele Veränderungen stattfinden. Wenn wir den Fall eines hypothetischen Mr. X. annehmen, so sehen wir, daß, obwohl vom dritten bis zum dreißigsten Lebensjahr sein physischer Leib zahlreiche Veränderungen erlebt, er selber nichtsdestoweniger ein bestimmtes Grundwesen beibehält. Das heißt, der physische Leib scheint unabhängig, in seinen tiefsten Anlagen ist er jedoch mit dem alles durchdringenden Leben und seinen Strömungen verbunden. Vielleicht wird deutlicher, was ich meine, wenn ich es umgekehrt formuliere: Die angeborene geistige Realität ist mit der Hinneigung zum physischen Leben erfüllt. Infolgedessen bleiben die in der geistigen Realität enthaltenen physischen Eigenarten bestehen, auch wenn der Leib stirbt und in anorganische Materie zerfällt; und sie werden in erneuerter Form Teil eines anderen physischen Lebens. So ist es, von diesem Standpunkt aus betrachtet, vielleicht ein Fehler des Intellekts, zu denken, daß der Tod den Leib und den Geist scheidet.

Toynbee: Die Zerlegung des Menschen in eine geistige und eine körperliche Komponente ist ein Denkvorgang. Sie ist keine Erfahrungstatsache, sondern ein Schluß aus Überlegungen über Erfahrungstatsachen und weder der einzig mögliche Schluß noch der einzige, der jemals gezogen wurde.

In der Praxis begegnen wir keinen entkörperten Seelen oder seelenlosen Körpern. In geisteskranken oder senilen Menschen ist der Geist getrübt, bei einem physisch kranken oder verkrüppelten Menschen ist der Leib verkümmert. Aber man sollte diese Defekte als Ausnahmen betrachten, nicht als Beweise dafür, daß eine Seele und ein lebender menschlicher Leib unabhängig voneinander bestehen können.

Ikeda: Sie halten es, wie Sie sagten, für möglich, daß das Leben, wenn es nach dem Tode andauert, nicht in der Zeitdimension verläuft. Ich stimme Ihnen zu, gehe jedoch einen Schritt weiter und betone, daß die Grundnatur gerade des Lebens, das wir jetzt in der Gegenwart führen, die Grenzen der Zeitdimension überschreitet. Das heißt, das Leben ist in der Zeit, aber überschreitet sie. Gewiß, wenn Menschenleben im Rahmen der Zeit ablaufen, kann der menschliche Verstand es begreifen. Bergson hat den Begriff der kontinuierlichen Zeit hervorgehoben. Seiner Ansicht nach gibt es keine Zeitabschnitte von Vergangenheit, Gegenwart und Zukunft als solche, sondern man hat diese Bezeichnungen geschaffen, weil der Strom des menschlichen Bewußtseins ständig solche inneren Teilungen wahrnimmt. Aber diese Art von Bewußtseinsstrom ist nur ein Teil des Menschenlebens. Wenn dies zutrifft, können wir sagen, daß diese Einteilungen – Vergangenheit, Gegenwart und Zukunft – nicht in der Grundnatur des Lebens vorhanden sind, sondern sich nur manifestieren, wenn das Leben an konkreten Handlungen teilnimmt.

Toynbee: Kant hat darauf hingewiesen, daß die Begriffe von Zeit und Raum zwangsläufige Kategorien des menschlichen Denkens sind. Einstein hat erklärt, die Unterscheidung zwischen diesen beiden Denkkategorien sei nur ein intellektueller Prozeß, und bei wissenschaftlichen Beobachtungen könne die Zeit nur in Begriffen des Raums, der Raum nur in Begriffen der Zeit gemessen werden. Haben wir jedoch eine Gewähr, daß die drei Denkkategorien – Zeit, Raum und Zeit-Raum – objektiv existieren? Könnten sie nicht lediglich

Begrenzungen des menschlichen Begriffsvermögens sein, das Universum zu begreifen?

Ikeda: Ich glaube auch, daß Zeit und Raum vom Menschen geprägte Begriffe sind und daß wir, wenn wir versuchen, ihre wahre Natur herauszufinden, zu dem Wesen der größeren Lebenskraft zurückkehren müssen. Weiterhin glaube ich, daß Zeit und Raum zwar charakteristische Merkmale des Lebens sind, aber ohne Leben nicht existieren könnten. Infolgedessen ist es unvernünftig, zu versuchen, alle Lebenskraft in den raum-zeitlichen Rahmen zu zwingen.

Die Zeit ist ein Charakteristikum des menschlichen Lebens, und wir werden dessen gewahr durch die Handlungen und Veränderungen der universellen Lebenskraft. Aus unseren eigenen täglichen Erfahrungen wissen wir, daß die Zeit und ihre Bewegungen mit den darin vorgenommenen Handlungen wechseln. Wenn wir glücklich sind, scheint die Zeit vorüberzueilen; wenn wir uns unglücklich fühlen, scheinen sich die Uhrzeiger sehr langsam zu bewegen.

Der in der buddhistischen Lehre mit *Kū* bezeichnete Zustand, ein leerer Raum voller Möglichkeiten, ist eine existierende Realität, obwohl sie sich in keiner Erscheinung manifestiert. Wenn das Leben im Zustand des *Kū* ist, verwandelt es Raum und Zeit. Da man *Kū* nicht mit Menschenaugen sehen kann, könnte man denken, es ähnele dem Nichtsein (*Mū*); aber da es, wenn ihm die Gelegenheit gegeben wird, sich in sichtbaren Formen manifestieren kann, unterscheidet es sich vom Nichtsein. Kurz, *Kū* ist ein Zustand, der mit Sein oder Nichtsein ausgedrückt werden kann. Die Grundnatur der größeren Lebenskraft besteht darin, daß sie immerwährend außerhalb der Zeit existiert, während sie sich als Leben (oder Sein) und Tod (Nichtsein) manifestiert.

Toynbee: Aus dem, was Sie sagen, entnehme ich, daß die reale Existenz eines Menschen auf der Ebene von *Kū* liegt. Ich vermute, daß dies die Bedeutung des Hinduwortes *Tat twam asi* oder »Du bist das« ist, eine Bekräftigung des Einseins von Individuum und Universum. Ich schließe weiterhin, daß das Phänomen des Todes mit der Auflösung des physischen Aspektes einer Person, der wir als psychosomatischer Einheit begegnen, unter den Bedingungen der Realität-an-sich eine Illusion ist, die auf die Begrenzungen des menschlichen Begriffsvermögens zurückzuführen ist, und daß eine Frage nach der letztgültigen Realität – *Kū*– in der Raum-Zeit-Terminologie nicht beantwortet werden kann.

Ich finde, daß sowohl die hinduistisch-buddhistische Auffassung der Reinkarnation als auch die zoroastrisch-jüdisch-christliche verstandesmäßig nicht zu begreifen ist. Ich verstehe auch nicht die beiden jeweiligen Auffassungen von dem Zeitintervall zwischen dem Tod eines Menschen und dem Wiederbeginn seines neuen psychosomatischen Lebens. Kann nicht im Gegensatz zu den an Zeit und Raum gebundenen Phänomenen, die vom Menschengeist begriffen werden können, die Realität-an-sich zeit- und raumlos sein? Ich glaube, daß die Realität selber zeit- und raumlos ist, doch nicht losgelöst von unserer an Zeit und Raum gebundenen Welt.

Ikeda: Der nördliche Buddhismus lehrt, daß Leben und Tod verschiedene Zeit-und-Raum-Manifestationen des Lebens sind, das selber eine Zeit und Raum transzendierende Einheit ist. Ich glaube, das individuelle Leben ist eine verwirklichte Form der allumfassenden Lebenskraft, deren inaktiver Aspekt der Tod ist. Inaktivität bedeutet jedoch keine Rückkehr ins Nichts. Im buddhistischen Denken hat dieser *Kū*-Zustand sein eigenes ehrfurchtgebietendes Dasein, wenn er auch von menschlichen Sinnen nicht wahrgenommen wird. Das *Kū*-Konzept gehört zu denen, die aus den einseitigen Bestimmungen der Existenz oder Nichtexistenz herausfallen. Die kosmische Lebenskraft besteht im *Kū*.

Im Gegensatz zu *Kū* ist *Ke* jener Aspekt der allumfassenden Lebenskraft, die verschiedenartige wirkliche und individuelle Formen annimmt. Das individualisierte Leben ist eine Form von *Ke*, doch zugleich ist es von *Kū*, der inaktiven Form, durchtränkt. Auf ähnliche Weise besteht die Lebenskraft nach dem Tode als *Kū* weiter, jedoch durchtränkt mit grundlegenden Eigenschaften und Tendenzen von *Ke*. Das allumfassende Leben, das sowohl durch *Kū* wie durch *Ke* strömt, wird *Chū* genannt. Obwohl es manchmal eine inaktive und manchmal eine tätige Form annimmt, ist *Chū* die Grundsubstanz der großen Lebenskraft und als solche ein grenzenloses Kontinuum. Vielleicht kann *Chū* als die Grundidee des Selbst, wie sie die moderne Philosophie gebraucht, dargestellt werden. Der Buddhismus lehrt ferner, daß *Kū, Ke* und *Chū* eine kompakte, harmonische Einheit sind, die als ein Ganzes verstanden werden muß.

Toynbee: Ist die Realität-an-sich das Wesen von *Kū*, der »großen allumfassenden Lebenskraft des Universums« gemäß der buddhistischen Konzeption des *Kū*? Wenn es so ist, entspräche *Kū* der zoroastrisch-jüdisch-christlichen Fassung der Ewigkeit.

Die sechs großen Religionen stehen vor dem von Ihnen in der buddhistischen Terminologie vorgetragenen Problem, sich den Zustand des Menschen während des Zeitintervalls vorzustellen oder während einer Reihe von aufeinanderfolgenden Zeitintervallen, in denen nach Tod und physischer Auflösung die psychosomatische Form des Menschenlebens sich im Zustand der Schwebe befindet.

Wenn ich das den sechs Religionen gemeinsame Postulat der psychosomatischen Wiedererscheinung nach dem Tode akzeptieren sollte, dann würde ich die hinduistisch-buddhistische Version überzeugender finden als die zoroastrisch-jüdisch-christliche. Ich bin mir jedoch der intellektuellen Schwierigkeit bewußt, die in der Diskussion über die buddhistischen Konzeptionen *Kū* und *Ke* zutage tritt. Deshalb zweifele ich, ob die Frage beantwortet werden kann, wenn man sie, wie es alle sechs Religionen tun, in den Begriffen von Zeit und Raum stellt. Geht das Leben *nach* dem Tode weiter? Und wohin geht die Seele, wenn der Leib ins Anorganische zurückkehrt? Um es zusammenzufassen: Ich glaube, daß diese Fragen in den Begriffen von *Kū* oder der Ewigkeit beantwortet werden, doch nicht in den Begriffen der Raum-Zeit.

Das Universum

Ikeda: Um 3000 v. Chr. entwickelten die Sumerer ihre eigene bestimmte Auffassung vom Weltall. Die alten Griechen machten von der Logik vollen Gebrauch, als sie zahlreiche Interpretationen des Weltalls formulierten. Aber erst in der Renaissancezeit wurde aus dem Studium der Himmelskörper eine wirklich wissenschaftliche Forschung; und als Galilei begann, die Sterne mit dem Fernrohr zu beobachten, trat die Astronomie in ein Zeitalter rapiden Wachstums.

Im zwanzigsten Jahrhundert bildeten Einsteins Arbeiten auf den Gebieten der Relativitätstheorie, Quantentheorie und subatomaren Partikel die Grundlage für eine Erweiterung der astronomischen Wissenschaft, die nun über unser Sonnensystem hinaus ging und durch die näheren Milchstraßensysteme bis in das All. Diese Entwicklung wurde durch die Verwendung des Radioteleskops in den Jahren nach dem Zweiten Weltkrieg enorm gefördert. In den dreißiger und vierziger Jahren hat sich die Atomphysik dramatisch und schicksalsvoll entwickelt; und die fünfziger Jahre waren ein Jahrzehnt von nicht weniger dramatischen Ereignissen in der Biologie. Die sechziger und siebziger Jahre sind das goldene Zeitalter der Astronomie; und zukünftige Historiker werden vielleicht unsere Zeit mit dem frühen sechzehnten Jahrhundert vergleichen, als Galilei als erster ein Fernrohr zum Himmel richtete und Kepler die Laufbahnen der Planeten beschrieb.

Doch für die Astronomie gilt wie für alle anderen Wissenschaften: Je weiter das Blickfeld, desto zahlreicher die Schwierigkeiten. Das gilt besonders dann, wenn die Forschungsobjekte nicht in der Nähe betrachtet und untersucht werden können. Letzten Endes bleiben die zwei wichtigsten Fragen in der Astronomie die nach dem Umfang und dem Ursprung des Universums, Fragen, die für die Philosophie ebenso wichtig sind.

Toynbee: Heute haben wir einen viel größeren Teil des physischen Kosmos in unseren Gesichtskreis gebracht als den, der den Babyloniern und Griechen im letzten Jahrtausend v. Chr. bekannt war. Wir wissen auch viel mehr über die Zusammensetzung, Temperatur, Bewegungen und Veränderungen der Sterne, die im Bereich unserer Beobachtung sind. Wenn wir jedoch das Weltall als Ganzes betrachten und versuchen, seine Grundnatur zu verstehen, sind wir ebenso unwissend wie unsere babylonischen und griechischen Vorgänger. Wir kennen wie sie nur einen winzigen Bruchteil des Umfangs und der Geschichte des physischen Kosmos. Unsere Vorstellungen von ihm sind nicht mehr als Spekulationen, die einander widersprechen und denen es an Beweiskraft mangelt, denn wir besitzen weder genügend Informationsmaterial noch die Möglichkeiten, es zu testen.

Ikeda: Da haben Sie ganz recht. Aber noch immer treibt uns die

Wißbegier, uns mit solchen Dingen wie der Größe des Weltalls zu befassen. Seit der Entdeckung des Dopplereffekts bei Lichtwellen verschieden schwerer Körper wissen wir, daß sich das Weltall ausdehnt und die Nebel darin sich mit erstaunlich hohen Geschwindigkeiten voneinander wegbewegen, und zwar desto schneller, je weiter sie entfernt sind. Zum Beispiel weichen Nebel, die schätzungsweise zwanzig Milliarden Lichtjahre von der Erde entfernt sind, mit annähernder Lichtgeschwindigkeit weiter und weiter zurück. Und da man auch mit den fortgeschrittensten Methoden unserer modernen Wissenschaft nicht wahrnehmen kann, was in dem Raum jenseits des Radius von zwanzig Milliarden Lichtjahren vorgeht, ist unser Wissen faktisch auf diesen Umfang beschränkt. Alles, was außerhalb dieses physischen Raumes liegt, ist Gegenstand philosophischer Spekulation. Zum Beispiel die Frage: Ist das Weltall unbegrenzt? Dehnt es sich einfach endlos weiter und weiter aus, oder gibt es andere Welten jenseits derer, über die wir einiges zu wissen glauben? Kann es sein, daß hinter bestimmten festgesetzten Grenzen überhaupt nichts vorhanden ist? Wir können diese Fragen nicht beantworten; doch sie zum Gegenstand philosophischer und rationaler Forschung zu machen hat für die Menschheit große Bedeutung, da unsere Deutungen des Weltalls unsere Lebensweise nachhaltig beeinflussen.

Eine Anschauung, die für ein sich erweiterndes Weltall spricht, ist die Explosionstheorie von George Gamow und anderen Gelehrten. Danach begann das Weltall, sich vor etwa zwanzig Milliarden Jahren auszudehnen, als es noch im Urzustand, wenn auch schon ungeheuer groß war. Diese Theorie führt zu der Annahme, daß der derzeit überschaubare Kosmos, wenn auch sehr groß, begrenzt und endlich ist. Der Fall läge anders, wenn das Weltall in seinem Urzustand unendlich groß gewesen wäre, doch diese Möglichkeit wird als vage betrachtet. Gamow und seine Schüler folgern, daß es nur ein endliches Weltall gibt und daß es isoliert und von völliger Leere umgeben ist. Aber es ist noch eine andere Möglichkeit denkbar – es könnte noch weitere gigantische Welten außerhalb der unseren geben.

Einige Gelehrte, die das Vorhandensein anderer Welten postulieren, sind der Meinung, daß sich das Weltall nicht ausdehnt, sondern zusammenzieht. Wenn sie recht haben, dann könnte man annehmen, daß unser Weltall nur ein kleiner Teil des eigentlichen Universums ist, und dieses wäre grenzenlos und ewig unveränderlich.

Toynbee: Die einzigen unendlichen Linien, die wir ziehen oder uns vorstellen können, sind geschlossene Linien, ein Kreis oder eine Ellipse. Die Hindu und die alten Griechen glaubten, die Strukturbewegung der Raum-Zeit sei zyklisch. Nach dieser Anschauung kehrt jedes Geschehen und jede Wesenheit periodisch und endlose Male zurück, und sie entspricht dem Phänomen unseres Sonnensystems, in dem die Planeten in unveränderlichen Bahnen um die Sonne kreisen und der Planet Erde sich in vierundzwanzig Stunden einmal um seine eigene Achse dreht. Wir haben jedoch keinen Beweis dafür, daß der gegenwärtige Zustand unseres Sonnensystems ein Schema für die Struktur und Bewegung des Weltalls als Ganzes ist; und dies wird ja auch durch die Theorie widerlegt, daß sich das Weltall ständig ausdehnt. Überdies ist die Zyklustheorie unvereinbar mit der Möglichkeit einer unwiderruflichen Veränderung oder einer tatsächlichen Erstmaligkeit; doch Veränderung und Erstmaligkeit sind Fakten unserer menschlichen Erfahrung, ob wir nun glauben oder nicht, daß unsere Erfahrung von ihnen eine authentische Wahrnehmung der Realität darstellt.

Ikeda: Was verstehen Sie, genau gesagt, unter Erstmaligkeit?

Toynbee: Ich verstehe darunter, daß etwas entsteht, das es vorher noch nicht gab; es bedeutet mit anderen Worten die Möglichkeit der Schöpfung *ex nihilo.* Das ist logisch nicht begreifbar; doch die Erstmaligkeit ist wie die unwiderrufliche Veränderung eine Prämisse der menschlichen Erfahrung.

Wenn unwiderrufliche Veränderung und tatsächliche Erstmaligkeit Realitäten sind, kann die raum-zeitliche Strukturbewegung nicht unendlich sein auf die in sich zurückkehrende Weise wie Kreis oder Ellipse, sondern endlich wie eine Linie, die zwei Enden hat. Eine offen endende Linie kann ad libitum in jeder Richtung verlängert werden. Wird sie an zwei besonderen Punkten geschlossen, so muß diese Begrenzung ihrer Länge die willkürliche Handlung eines Zeichners sein, der entschlossen ist, der potentiellen Unendlichkeit der Linie Grenzen zu setzen.

Ikeda: Die natürliche Welt ist also, wie Sie sagen, nicht ohne Bezug auf unwiderrufliche Veränderung und tatsächliche Erstmaligkeit beschreibbar. Aber ich stimme Ihnen nicht darin zu, daß Erstmaligkeit die Schöpfung von Sein aus Nichtsein ist, weil ich der buddhistischen Lehre anhänge, daß es einen Raum gibt, der das Sein wie das Nichtsein umfaßt und, wenn er in Erscheinung tritt, den oberflächlichen Eindruck der Erstmaligkeit erweckt.

Das Alter des Weltalls ist gleichfalls ein faszinierendes Thema. Die von Gamow und anderen vertretene Meinung ist die, daß der Kosmos vor zwanzig Milliarden Jahren begann, doch dieser Anfang ist nicht notwendigerweise der einzige. Die Vorstellung ist lediglich die, daß die Zwanzig-Milliarden-Jahre-Schätzung in den Bereich der Physik fällt und daß es wissenschaftlich wertlos ist, über etwas vor diesem Zeitraum zu sprechen.

Wenn es zutrifft, daß das Weltall vor zwanzig Milliarden Jahren begann, dann müssen wir zugeben, daß dieses System von Kraft und Stoff (Sein) zu jenem fernen Zeitpunkt aus dem absoluten Nichts (Nichtsein) geschaffen wurde. Angenommen jedoch, daß Sein nicht aus Nichtsein entstehen kann, beweist die bloße Existenz unseres Weltalls, daß es eine unendliche Vergangenheit hatte. Man könnte in Betracht ziehen, daß in unvordenklichen Zeiten das Weltall sich zusammenzog und der Prozeß des Schrumpfens und der Ausdehnung sich in einem unendlichen Zyklus wiederholt. Und entsprechend beweist unter der Voraussetzung, daß weder Kraft noch Stoff auf ein absolutes Nichts reduziert werden können, unsere Existenz, daß das Weltall auch eine unbegrenzte Zukunft hat.

Toynbee: Man hat mindestens seit dem Anfang der ältesten Zivilisationen (vor etwa fünf- bis sechstausend Jahren) erkannt, daß die Erde und der Kosmos, von dem die Erde ein Teil ist, Veränderungen unterworfen waren. Einige Wissenschaftler haben daraus geschlossen, daß die Erde und der ganze Kosmos einen Anfang gehabt haben und ein Ende haben müssen; während andere meinen, der Kosmos sei unendlich. Diese beiden Theorien sind heute noch immer im Widerstreit, und bis jetzt ist noch keine für wahr oder falsch befunden worden.

Ein in Zeit und Raum endliches Weltall ist logisch nicht zu begreifen, denn wenn Raum und Zeit nicht unendlich sind, muß es vorher und nachher weitere Zeit gegeben haben und geben und daneben und dahinter weiteren Raum. Aber diese logische Notwendigkeit wird *a priori* ausgeschlossen, wenn man die Endlichkeit annimmt. Eine endliche Raum-Zeit muß daher von einer Macht begrenzt werden, die sich außerhalb von Raum und Zeit befindet.

Wenn wir also den Kosmos für begrenzt halten, scheinen wir zu der Annahme gezwungen, daß er geschaffen und geplant und auf ein Ziel ausgerichtet worden ist von einer Macht, die in Raum-Zeit-Begriffen nicht erfaßt werden kann – mit anderen Worten von Gott. Die kosmische Ausdehnungstheorie sieht aus wie eine entpersönlichte Version des jüdischen Mythos von der Erschaffung der Welt aus dem Nichts.

Und wie steht es mit dem psychischen Aspekt des Weltalls? Wenn der physische Kosmos keine Wesen mit Bewußtsein enthielte, würde man seiner Existenz nicht gewahr werden, und es gäbe keine Spekulationen – geschweige denn nachprüfbares Wissen – darüber. Der bewußt denkende Mensch ist ein psychosomatischer Organismus. Unser Bild vom Weltall ist unvollständig und unrichtig, wenn wir es nicht in seinem psychischen wie in seinem physischen Aspekt betrachten. Haben die Vorstellungen von Endlichkeit und Unendlichkeit Bedeutung für unsere psychische Wirklichkeit? Meiner Meinung nach besitzen wir zwar mehr Wissen, aber nicht mehr Verständnis vom Weltall als unsere Vorfahren.

Ikeda: Mit anderen Worten: Deutungen der Beschaffenheit des Weltalls sind letzten Endes Sache der Philosophie. Wieviel Wissen wir auch gehäuft haben, unser Verständnis des Weltalls ist nicht besser als das der Völker im Altertum.

Aber Sie erwähnten die monotheistischen Schöpfungsmythen der jüdisch-christlichen Religionen. Würden Sie bitte dazu etwas mehr sagen?

Toynbee: Die Menschen können Dinge verändern, indem sie ihre Geschicklichkeit und Kunstfertigkeit gebrauchen. Sie machen zum Beispiel Töpfe aus Ton. Daraus sind Philosophen und Theologen zu der Analogie gekommen, daß ein Wesen, das menschenähnlich ist, weil es intelligent ist und zielbewußt handelt, doch übermenschlich, weil es allmächtig und unsterblich ist, das Weltall geschaffen hat.

Nach einer Auffassung hat dieses Wesen das Weltall mit einem Schlag geschaffen und so konstruiert, daß es sich nach seines Schöpfers Plan entwickelt. Nach einer anderen Auffassung ist der Schöpfer unaufhörlich am Werk und ändert seine Pläne, wenn ihm neue Pläne einfallen und er sie zur Ausführung bringt.

An einen allmächtigen Schöpfer glauben Juden, Christen und Moslems, und sie haben ihre Religionen über den Westen der Alten Welt und nach Amerika verbreitet, doch sie haben mit ihrer naiven Vorstellung eines allmächtigen Schöpfergottes auf Südasien und Ostasien keinen großen Eindruck gemacht. In der modernen westlichen Gesellschaft sind seit dem neunzehnten Jahrhundert Versuche unternommen worden, sich von der Auffassung eines Schöpfergottes frei zu machen und andere Erklärungen zu finden für die beobachteten oder gefolgerten Fakten der Veränderung – besonders für die Entstehung von Leben auf diesem Planeten –, für die zunehmende Differenzierung der Lebensformen und für die Überlegenheit einiger der jüngeren Spezies unter den Lebewesen. Ich selber besitze nicht die wissenschaftlichen Kenntnisse, um über nichttheistische Evolutionstheorien urteilen zu können. Mein Eindruck ist, daß sie entweder Wiedergaben der theistischen Theorie in nichttheistischer Terminologie sind oder Erklärungen, die nicht mehr befriedigen als die theistische Lehre.

Die Bedeutungen der Wörter *Veränderung* und *Erstmaligkeit* stammen aus dem menschlichen Erfahrungsbereich. Wir erleben und erzeugen Veränderung und Erstmaligkeit, doch logisch betrachtet sind diese Begriffe verwirrend. Sie schließen den Begriff Schöpfung ein, doch die Schöpfung ist ein noch verwirrenderer Begriff. Sie bedeutet die Erzeugung von etwas aus nichts und gleichzeitig einen menschenähnlichen Vorgang der Planung und Ausführung, ob nun das Agens ein transzendenter Gott oder ein immanenter Naturimpuls ist. Vielleicht ist es für das menschliche Denken unmöglich, eine anthropomorphe Terminologie zu vermeiden; aber wir erkennen die hohe Unwahrscheinlichkeit, daß die letztgültige Realität hinter dem Universum wirklich menschenähnlich ist.

Vernunftbegabte Wesen
auf anderen Planeten?

Ikeda: Es ist viel gerätselt und gemutmaßt worden über die Möglichkeit, daß mit den Menschen vergleichbare oder ihnen sogar überlegene Lebewesen auf anderen Himmelskörpern existieren. Obwohl diese Vermutungen durch keinerlei Beweise erhärtet werden können, finde ich sie besonders interessant, da das Lotos Sutra von Schakjamuni den Grundsatz lehrt, daß es im Universum zahllose Welten mit Lebewesen gibt. Wie ist Ihre Meinung vom philosophischen Standpunkt über die Wahrscheinlichkeit von Lebewesen auf anderen Sternen?

Toynbee: Wenn unsere Gelehrten erklären, die Existenz intelligenter Lebewesen auf anderen Planeten sei nicht auszuschließen, dann ist es eine zu rechtfertigende Mutmaßung aufgrund gewisser Kenntnisse, die sie besitzen. Mit den weitreichenden Instrumenten, die sie bis jetzt erfunden haben, konnten sie zwei Fakten aufzeigen: Der Teil des physischen Kosmos, den sie für uns sichtbar gemacht haben, ist unvorstellbar groß, verglichen mit dem Bereich unseres Planeten, unseres Sonnensystems und sogar »unserer« Milchstraße; doch dieser uns bekannte Teil des Kosmos scheint wiederum nur ein winziger Bruchteil des Universums zu sein, und es gibt keine Anzeichen dafür, daß der Kosmos irgendwelche Grenzen hat.

Da die kosmische Raum-Zeit, selbst wenn wir nicht glauben, sie sei unendlich im Sinne des unaufhörlich Wiederkehrenden, im Gebäude und in der Geschichte des Weltalls ungeheuer groß ist, scheint es unglaubhaft, daß unser Planet der einzige Raum- und Zeitpunkt sein soll, wo Leben und Bewußtsein sind, waren oder sein werden.

Leben in dem Sinne, wie wir es kennen, kann nur unter gewissen, ziemlich eng begrenzten physikalischen Bedingungen stattfinden; es ist jedoch denkbar, daß andere Formen des Lebens unter anderen Verhältnissen zu existieren imstande sind. Möglicherweise ist unser Planet der einzige in unserem Sonnensystem und auch in anderen Sonnensystemen innerhalb unserer Milchstraße, der fähig ist, Leben in irgendeiner Form aufzuweisen. Aber die Zahl der uns bereits bekannten Milchstraßensysteme ist immens, und es mag zahllose weitere geben, die sich unserer gegenwärtigen Beobachtung entziehen. So ist nicht auszuschließen, daß es irgendwo zumindest ein Milchstraßensystem neben unserem gibt, das zumindest ein Sonnensystem enthält, in dem sich zumindest ein Planet befindet, der imstande ist, Leben zu tragen, und der von Lebewesen bewohnt wird, von denen eine Spezies Intelligenz in unserem Sinne besitzt. Eine Möglichkeit, die in einem begrenzten Kosmos unwahrscheinlich sein würde, kommt uns in einem unendlichen Kosmos durchaus wahrscheinlich vor.

Daher kann es wohl sein, daß die Menschheit nicht einmalig ist. Es ist nicht nur glaubhaft, sondern wahrscheinlich, daß ein anderer Planet – oder viele andere Planeten – von intelligenten Wesen von annähernd der gleichen Art wie wir bewohnt wird.

Höchst unwahrscheinlich ist für mich jedoch, daß solche von intelligenten Wesen bewohnte Planeten von der Erde zugänglich sein werden. Die große Lehre, die wir aus den Mondfahrten ziehen können, ist die ungeheure Schwierigkeit, andere Himmelskörper zu erreichen. Um einige wenige Menschen auf dem Mond landen zu können, der uns viel näher ist als jeder andere Himmelskörper, war ein phantastischer Aufwand an Geld und Technologie notwendig. Um einen hypothetisch bewohnbaren oder bewohnten Planeten zu erreichen, selbst wenn er in unserem Milchstraßensystem gelegen wäre, müßten wir Raumschiffe erfinden, in denen Generationen von Menschen geboren werden, leben und sterben könnten.

Ikeda: Wenn es tatsächlich Lebewesen auf anderen Planeten gibt, könnten sie sich von uns nach Form, Funktion und chemischer Zusammensetzung unterscheiden. Einige Wissenschaftler sind der Ansicht, daß im Gegensatz zu den vorwiegend auf Kohlenstoff basierenden Erdorganismen Lebewesen auf anderen Planeten großenteils aus Silikon zusammengesetzt sein oder daß sie Ammoniak statt Kohlendioxid ausscheiden könnten. Halten Sie dergleichen für möglich?

Toynbee: Wenn irgendwo Leben existiert, wird es wahrscheinlich psychosomatisch sein wie auf der Erde, aber die chemische Zusammensetzung und die physischen Funktionen könnten ganz anders sein.

Einige dieser hypothetischen Lebewesen könnten Bewußtsein besitzen, und einige könnten der Menschheit geistig oder moralisch oder in beiden Hinsichten überlegen sein. Müssen wir aufgrund dieser Vermutung annehmen, daß das Leben im physischen Kosmos als Ganzem und in jedem seiner Teile latent ist?

Ikeda: Nach der buddhistischen Auffassung müssen wir dies annehmen. Sie lehrt, das Weltall stelle selber eine große Lebenseinheit dar, und auch die scheinbar anorganischen Himmelskörper enthalten ein Lebenspotential, das sich in verschiedenen, unterschiedlichen Lebensbedingungen sich anpassenden Formen manifestiert.

In dieser buddhistischen Terminologie findet das weltumfassende Leben seinen Ausdruck. Das Reich der Buddhas umspannt die zehn Richtungen des Raums und die drei Perioden der Zeit. Die zehn Richtungen des Raums geben die ganze Ausdehnung des kosmologischen Raums wieder; die drei Perioden der Zeit sind die endlose Spanne von der unendlichen Vergangenheit über die fließende Gegenwart in die ewige Zukunft. Die unzähligen Reiche der Buddhas sind im Weltall immer gegenwärtig und sind die Wohnsitze der *shujō* *(sattva)*. Der Ausdruck *shujō* bedeutet fühlende Wesen einschließlich der Menschen.

Wie die buddhistische Deutung besagt, sind Lebenswesenheiten nicht auf biologische Geschöpfe beschränkt. Der Buddhismus sieht das ganze Weltall als die Quelle der Schöpfung aller Wesenheiten an. Das Weltall selber ist ein lebendes Wesen und umschließt das Lebenspotential, das sich zu allen Formen des Lebens entwickelt; es wird daher als die größte Lebenseinheit bezeichnet. Alles buddhistische Denken entwickelt sich aus der Idee, daß das ganze Weltall eine einzige große Lebensgesamtheit ist. Und danach würde ein Buddhist die Vorstellung von lebenden, intelligenten Wesen auf anderen Planeten nicht im geringsten erstaunlich finden.

Toynbee: Ob das ganze Weltall eine einzige große Lebensgesamtheit ist, wie der Buddhismus erklärt, hängt davon ab, ob wir die Realität der unwiderruflichen Veränderung und der Erstmaligkeit anerkennen oder leugnen. Der Grund, ihre Realität zu leugnen, ist, daß sie logisch unfaßbar sind; der Grund, ihre Realität anzuerkennen, ist, daß sie Daten unserer menschlichen Erfahrung sind. Wenn wir ihre Realität leugnen, müssen wir folgern, daß die Phänomene, die dem menschlichen Geist offenbar werden, Illusionen sind, die uns keine Vorstellung vom Wesen der Realität-an-sich geben.

Ikeda: Ich glaube, daß unwiderrufliche Veränderung und Erstmaligkeit vom Menschen erfundene Begriffe, doch kein Teil der Realität sind. Es ist ein Irrtum, die Realität der unwiderruflichen Veränderung und der Erstmaligkeit allein aufgrund von Phänomenen anzunehmen, die uns suggerieren, daß sie real sind.

Wenn wir glauben, daß es außerhalb der Erde intelligente Wesen gibt, stellt sich die Frage, ob es möglich ist, mit ihnen in Verbindung zu treten. Werden wir mit ihnen so etwas wie einen Nachrichtenaustausch herstellen können?

Toynbee: Bis jetzt haben wir keine Beweise für die Existenz solcher Wesen irgendwo in dem Teil des physischen Kosmos, den wir derzeit von unserem Planeten aus beobachten können. Vielleicht wird sich unser Beobachtungsspielraum erweitern, doch möglicherweise sind dem Grenzen gesetzt. In jedem Fall wissen wir nicht, wenn wir die Existenz solcher intelligenter Wesen irgendwo im Kosmos entdecken sollten, ob wir imstande sein werden, uns ihnen mitzuteilen, oder ob umgekehrt sie, wenn sie uns entdecken, sich uns mitteilen können. Ich bin skeptisch über kürzlich vermutete Anzeichen, daß unser Planet bereits von Wesen, die sich von unserem Standpunkt aus außerhalb des Raumes befinden, wahrgenommen worden ist.

Wenn es irgendwo solche Wesen gibt, dann können sie Hunderte von Millionen Lichtjahre von unserem Planeten entfernt sein; und der Abstand könnte sich überdies in einem gewaltigen Tempo verlängern, wenn die Theorie stimmt, daß sich der physische Kosmos ausdehnt.

Unter diesen Umständen könnte eine Verbindung nur dann zustande kommen, wenn beide Seiten hochgradig intelligent sind und auch technisch entsprechend ausgebildet. Sie wäre dann der Beweis, daß sie mindestens so intelligent sind wie wir, vielleicht sogar noch viel intelligenter.

Ikeda: Wenn wir einen Kontakt herstellen können, dann wird die Menschheit wissen müssen, welche Haltung sie gegenüber diesen Wesen einnimmt.

Toynbee: Sie dürfte nicht so sein, wie die unmenschliche Haltung der neuzeitlichen Westeuropäer zu ihren Mitmenschen nach der

Entdeckung und während der Kolonisierung beider Amerika gewesen ist. Intelligenten Wesen auf anderen Planeten gegenüber müssen wir bescheiden, taktvoll und verträglich sein. Wir sollten aber auch vorsichtig sein, bis wir uns über die Intelligenz der anderen Seite ein Urteil gebildet haben. Sie könnten so viel intelligenter sein als wir, daß sie uns als Gewürm betrachten und weniger Bedenken haben, uns zu vertilgen, als wir bei der Vernichtung schädlicher Insekten oder als die Pioniere des Westens bei der Ausrottung der Indianer. Vielleicht würden diese hypothetischen intelligenten Wesen von anderen Planeten einige Exemplare von uns als wissenschaftliche Kuriositäten aufbewahren, so wie wir jetzt selten gewordene Tierarten schonen. Natürlich könnte sich die andere Seite auch als uns intellektuell unterlegen erweisen und geistig nicht höher stehen als die jetzt ausgestorbenen primitiven Hominiden. In diesem Falle sollten wir sie mit größerer Barmherzigkeit behandeln, als der sogenannte *Homo sapiens* die Hominiden behandelte, die sich einst mit ihm um die Herrschaft auf diesem Planeten stritten.

Jenseits von Wellen und subatomaren Teilchen

Ikeda: Noch bis vor kurzem wurde geglaubt, daß die subatomaren Teilchen die letzte Grundeinheit der Materie sind; doch jetzt werden Versuche unternommen, um zu etwas noch Grundlegenderem vorzudringen. Die Heisenbergsche Unschärferelation, die Entdeckung der Wellenbewegungen und der verschiedenen Zustände der Elementarteilchen zeigen an, daß hinsichtlich der mikroskopischen Welt die analytische Methode der Naturwissenschaft an ihre Grenzen gelangt ist. Unser gegenwärtiges Wissen, daß jede Materie von Wellentätigkeiten begleitet und daß die Materie von sogenannten Feldern umgeben wird, legt nahe, daß die Materie nicht ganz mit der Theorie der Einheiten fester Größen erklärt werden kann. Das heißt, die Materie muß nicht nur hinsichtlich ihrer Partikel, sondern auch hinsichtlich der Beschaffenheit und Eigentümlichkeit von Wellen und Feldern verstanden werden.

Die Wissenschaft hat also der grundlegenden Natur der Materie von vielen Seiten aus nachzugehen und, um die Bedeutung der Materie auf eine neue und vereinheitlichte Weise zu erfassen, eine arbeitsfähige Methodologie zu entwickeln. Bis heute war die wissenschaftliche Arbeitsweise vorwiegend analytisch. Sicher hat sich die Analyse in vielen Fällen bewährt, doch scheint es jetzt an der Zeit für eine umfassendere deduktive Methodologie.

Toynbee: Ich pflichte Ihnen bei, daß eine deduktive Methode von Wert sein würde. Wie Sie bemerken, hat die Wissenschaft die Grenzen wissenschaftlicher Deutungen – vorzeigbarer und nachweisbarer Deutungen – des Wesens der physischen Seite des Universums erreicht. Sie hat zwei verschiedene Bilder des letzten Wesens der Materie aufgezeigt: subatomare Teilchen und Wellen und Felder. Und sie hat herausgefunden, daß diese zwei Bilder nicht gleichzeitig beobachtet werden können.

Die Begrenztheit des Fassungsvermögens unserer Wissenschaft ist ein besonderer Fall der Begrenztheit der Fähigkeiten der menschlichen Natur im allgemeinen. Der *Homo sapiens* ist ein bewußt lebender psychosomatischer Organismus, der physisch schwach, doch zugleich geschickt genug ist, um den Befehlen eines starken Verstandes zu gehorchen. Bis jetzt hat sich der *Homo sapiens* imstande gezeigt, vermittels der koordinierten Aktion von Geist und Körper seinen Fortbestand zu sichern. Er hat alle anderen Spezies der Hominiden ausgerottet und dem größten Teil der belebten und unbelebten Natur fast überall auf diesem Planeten seine Herrschaft auferlegt. Über das hinaus, was er zum Fortbestehen braucht, besitzt er überschüssige Fähigkeiten, die er sowohl zum Guten (zur Schaffung von Kunstwerken und zur Befriedigung seiner Wißbegierde) verwendet hat als auch zum Bösen (Kriege zu führen und es einer ungerechterweise privilegierten Minderheit zu ermöglichen, leichtsinnig und im Überfluß zu leben).

Diese überschüssige Kapazität ist jedoch begrenzt; sie ist nicht so groß, daß der *Homo sapiens* das Universum als Ganzes kennen, verstehen und beherrschen kann. Es bleibt für uns ein Geheimnis, und wir sind nach wie vor der Gnade dieses Geheimnisses ausgeliefert.

Ikeda: Einer der Gründe für die Gewalt, die das Geheimnis des

Universums über uns hat, ist sicher die Art unserer Wahrnehmungs-
möglichkeiten. Engels' Behauptung, die einzig reale Welt sei die
unseren Sinnen wahrnehmbare, überzeugt nicht. Sinnlich wahrnehmbare Elemente sind ein Aspekt der materiellen Welt, aber sie geben
nicht das ganze Bild; unter diesen Elementen fließt ein Strom, der
nicht mit den Sinnen erkannt werden kann.

Toynbee: Was Sie über die Grenzen der Wahrnehmungsfähigkeit
der menschlichen Sinne sagen, ist durchaus zutreffend. Wir können
zum Beispiel die Struktur oder die Bewegung – beides zugleich jedoch
nicht – des materiellen Aspekts des Universums in dem für uns
kleinsten Maßstab beobachten; doch wir können nicht beweisen, daß
der kleinste Maßstab, in dem Materie von uns beobachtbar ist, auch
der kleinste in der Wirklichkeit ist. Es scheint wahrscheinlicher, daß
nur ein winziger Teil des Spektrums des Universums für menschliche
Sinne wahrnehmbar ist.

Ikeda: Unsere Unfähigkeit, wahrzunehmen, was man überzeugend
Endgültigkeiten nennen könnte, zwingt die theoretische Physik, eine
ausgesprochen philosophische Färbung anzunehmen. Das überrascht
mich nicht, denn ich bin überzeugt, daß alle schlüssigen Antworten,
die wir erhalten können, philosophischer Art sein müssen.

Es ist seit der Antike ein Streitfall, ob der Raum tatsächlich leer ist.
Im klassischen Griechenland entwickelte sich das Problem des Va-
kuums aus Erörterungen über das Sein und das Nichtsein. In seiner
Atomtheorie erkannte Demokrit ein Vakuum, das den Atomen gestattet, sich frei zu bewegen. Als sich die moderne Naturwissenschaft
entwickelte, wurde diese Frage sehr wichtig, und es gab heftige
Auseinandersetzungen zwischen den Befürwortern der einander entgegengesetzten Ideen der Bewegung durch ein Medium und der
Bewegung aus der Entfernung.

Die moderne Physik, die die Feldtheorie begründete, hat die angeb-
liche Leere des Raums widerlegt. Michael Faraday, der die Lehre der
elektromagnetischen Felder erweiterte, hielt die Linien der magneti-
schen und elektrischen Kräfte für Attribute des Raums, die vermittels
eines Magneten und eines geladenen Körpers dargestellt werden
könnten. Zwischen zwei physikalischen Objekten wirkende Kräfte
gehören zu den Attributen des Raums. J.C. Maxwell, der Faradays

Kraftfeld die mathematische Formel gab, hielt das Licht für eine Form der elektromagnetischen Kraft, die sich im Raum manifestiert. Seine Lehre hatte großen Einfluß auf die Theorie der Elementarteilchen. Albert Einstein versuchte, die Feldtheorien zu integrieren, und obwohl es ihm nicht gelang, eine einheitliche Feldtheorie für Gravitation und Elektrodynamik aufzustellen, hat er doch klare Vorstellungen vom Raum entwickelt.

Auch ein Raum, der keine Materie enthält, verbindet getrennte physikalische Objekte, befördert elektromagnetische Wellen und bringt neue Materie hervor. Masse und Energie sind gleich und austauschbar, und, wie Einstein hervorhob, »Materie ist da, wo die Konzentration der Energie am stärksten ist«. Daraus folgt, daß Materie und Feld-Raum nicht von unterschiedlicher Beschaffenheit sind, sondern zwei Formen der gleichen Sache.

Feld-Raum ist nicht mehr der leere Raum; er hat Eigenschaften, die die darin enthaltenen physikalischen Objekte beeinflussen. Er kann auch unter bestimmten Bedingungen Materie hervorbringen. Heute werden Fortschritte in der Erforschung der Atomkräfte und auf dem verwandten Gebiet der Mesonen gemacht. Hideki Jukawa und andere Wissenschaftler haben in ihren Arbeiten über die Beziehung zwischen Raum-Zeit und den Elementarteilchen eine Elementregion (die elementare Region des Raums) angenommen.

Alle diese verschiedenen Versuche, dem letzten Wesen der Materie nahe zu kommen, scheinen mir direkt zu der buddhistischen Vorstellung der Leere (*Kū*) zu führen. Die buddhistische Leere verwandelt Sein und Nichtsein, weil alle diese Dinge im wesentlichen leer sind. Die Leere schließt Raum und Zeit ein, aber sie ist nicht Raum und Zeit. Da die modernen Physiker dem letzten Wesen der Materie nicht näher kommen als bis zu der Feststellung, daß es zwei unvereinbare Bilder sind – subatomare Teilchen und Wellen –, kann es sein, daß sie eingestehen müssen, daß die Materie tatsächlich keins von diesen beiden und vielleicht ein Unding ist. Sollten sie es zugeben, dann würden sie sich dem buddhistischen Glauben nähern, daß Materie und alle Dinge aus Leere bestehen.

Toynbee: Mein Verständnis der modernen Physik ist zu unvollkommen, als daß ich eine maßgebliche Meinung über die derzeitigen

Strömungen auf diesem Gebiet äußern könnte. Unter diesem Vorbehalt glaube ich in der Tat, daß sich die moderne Physik den Grenzen dessen nähern könnte, was in den Begriffen von Zeit und Raum verständlich ist. Ich vermute daher, daß die Physik uns niemals ein Verständnis der nichtphysischen – also der geistigen – Seite der Realität vermitteln können wird. Zeit und Raum sind Funktionen des physischen Aspekts der Realität. Aber Realität ist auch geistig, nicht nur physisch, und ihr geistiger Aspekt ist ebenso real wie der physische. Die buddhistische Vorstellung der Leere bezieht sich auf diesen geistigen Aspekt der Realität, und ich glaube, geistiges Leben kann nur mit geistigen Begriffen beschrieben werden – obwohl unser Vokabular für geistige Dinge durch Analogiebildungen aus dem Vokabular für physische Dinge abgeleitet ist; denn für den menschlichen Verstand ist es leichter, physische Phänomene zu erfassen als die schwerer faßbaren geistigen. Doch dieses Analogienvokabular ist nicht nur unzulänglich, sondern es kann auch ausgesprochen irreführend sein. Es verführt uns zu einer Mißdeutung des Wesens der geistigen Realität, wenn wir von ihr in der unangemessenen physischen Terminologie denken, die unser Vokabular uns eingibt.

Religiöse Wege zur letztgültigen Realität

Ikeda: Sie sagen, die Religion bringe den Menschen dazu, die Vereinigung mit der letztgültigen geistigen Realität jenseits des Universums zu suchen, und ein religiöses Erlebnis sei rein subjektiv und persönlich. Ähnelt dieses Erlebnis den Offenbarungen und Erleuchtungen der Buddha, Jesus, Moses und Mohammed?

Toynbee: Ich meine, die Offenbarungen, die Moses (wenn er eine historische Person ist) und Jesus und Mohammed empfingen oder empfangen zu haben glaubten, waren die gleichen, und sie waren anders als die Erleuchtung Buddhas.

Der oder die Begründer der jüdischen Religion und ebenso Jesus und Mohammed waren Theisten, die glaubten, daß die letztgültige geistige Realität ein einziger, allmächtiger Gott sei. Die Propheten des Alten Testaments und Jesus und Mohammed glaubten, ihre Offenbarungen unmittelbar von Gott empfangen zu haben. Die Form, in der sie die Vereinigung mit Gott für sich und ihre Anhänger suchten, war eine Kommunion zwischen einem Menschen und einer menschenähnlichen Gottheit, zwei lebenden Wesen, die in der jüdischen Anschauung einander gleich waren als Einzelwesen im menschlichen Sinne des Wortes, obwohl sie sich hinsichtlich der gewaltigen Überlegenheit von Gottes Macht unterschieden.

Ikeda: Wie sehen Sie die Erleuchtung Buddhas?

Toynbee: Schakjamuni war kein Theist – oder wenn er an Götter glaubte, erachtete er ihre Rolle für gering. Er glaubte, seine Erleuchtung durch seine eigenen geistigen Übungen empfangen zu haben. Er glaubte, die letztgültige geistige Realität sei ein Zustand (Nirwana), in dem die Begierde – der Bestandteil der Menschennatur, die das Karma erzeugt – ausgelöscht ist. Die Form, in der er die Vereinigung mit dem Nirwana suchte, war der Austritt aus seinem Leben als menschliches Wesen. Er glaubte, um dem Menschenleben entrinnen zu können, müsse er seine Karmarechnung tilgen; und er glaubte, er könne sie tilgen, wenn er allen seinen Begierden entsagte – allen, der Liebe sowohl als auch der Habgier. Die Bedingung für den Übergang aus dem Leben in das Nirwana war die Erlangung vollkommener seelischer Loslösung.

Ikeda: Das ist die Lehre des südlichen Buddhismus.

Toynbee: So wie ich es verstehe, lehren die Schriften des südlichen Buddhismus, daß der Buddha nicht selber tat, was er predigte. Als er die Erleuchtung empfangen hatte, stand es ihm frei, ins Nirwana überzugehen, und er glaubte auch, es sei das Ziel, das alle fühlenden Wesen, auch er selber, anstreben sollten. Dennoch verschob er seinen Übergang bis zu seinem physischen Tode, um für den Rest seines Lebens andere Menschen zu lehren, was er für sich entdeckt hatte. Sein Motiv soll das Mitleid mit seinen Mitmenschen gewesen sein.

Hier scheint mir ein ungelöster Widerspruch zu bestehen; denn Mitleid ist ein Begehren, wenn auch in der liebenden im Gegensatz zur habgierigen Form, und wenn der Buddha nach seiner Erleuchtung noch Mitleid fühlte, hatte er sich noch nicht völlig losgelöst und noch nicht den Zustand erreicht, der nach seinem Glauben erreicht werden muß, um die Vorbedingung für den Zugang ins Nirwana zu erfüllen.

Ikeda: Auf welche Weise, glauben Sie, wird dieser Widerspruch im Buddhismus gelöst?

Toynbee: Der nördliche Buddhismus predigt, soviel ich weiß, was der Buddha praktizierte. Seine Helden sind Bodhisattwas, die wie der Buddha selber ihren eigenen Übertritt ins Nirwana aus Mitleid mit anderen fühlenden Wesen aufgeschoben haben.

Ikeda: Aus diesem Grund halte ich es für unmöglich, das umfangreiche Geflecht der Lehren des Buddha zu verstehen oder seine eigentlichen Absichten zu erfassen, wenn man sich nicht in die Lehren des nördlichen oder Mahajanabuddhismus vertieft. Dieser bietet die Möglichkeit des Übertritts in das Nirwana als Folge wiederholten Lebens und Geborenwerdens und fordert nicht die Auslöschung des Begehrens. Aber wie ist es möglich, in das Nirwana einzutreten und doch im Strom der Seelenwanderungen zu bleiben? Schakjamuni hat in der Lotos-Sutra erklärt, es sei möglich durch die Erweckung zum Buddha, die jedem Menschen erreichbar ist. Diese Erweckung wird durch das Große Gesetz herbeigeführt. Bei der Berufung in den Buddhastatus beginnt man mit einer Handlungsweise, die von grenzenlosem Mitleid für alle Wesen erfüllt ist. Mit anderen Worten: Das Nirwana des nördlichen Buddhismus ist nicht der Eintritt in eine statische Welt der Leere, sondern ein Zustand unendlichen Mitleids, sobald man sich der Buddhanatur in einem selber bewußt wird. Allerdings ist dieses Mitleid eine Art Begehren, und oberflächlich gesehen scheint es der von Ihnen aufgezeigte Widerspruch zu sein zwischen der Lehre des Buddha und seinem Leben. Doch der nördliche Buddhismus löst diesen Widerspruch; statt die Auslöschung des Begehrens zu fordern, lehrt er, daß es durch die Wandlung vom eigensüchtigen zum altruistischen Begehren überwunden werden muß.

Toynbee: Der Buddha einerseits und die Monotheisten andererseits hatten verschiedene Visionen vom Wesen der letztgültigen Realität. Obwohl sie nicht vereinbar sind, folgt daraus nicht notwendigerweise, daß die eine Vision richtig und die andere falsch ist. Es scheint mir wahrscheinlicher, daß sie unterschiedliche Seiten der Realität gesehen haben.

Ikeda: Aber kann die Realität Seiten haben, die unvereinbar sind?

Toynbee: Selbst in dem Bruchteil des Universums, das dem Menschengeist bekannt sein kann, wenn er seine Beobachtungen wissenschaftlich durchdenkt, soll die Materie auch im allerkleinsten Maßstab unvereinbare Eigenschaften haben.

Unvereinbarkeit, die das menschliche Denken nicht aufklären kann, ist, glaube ich, ein Anzeichen dafür, daß wir eine der Grenzen unseres Verständnisvermögens erreicht haben. Wahrscheinlich ist das Wesen der letztgültigen Realität dem menschlichen Verstand nur teilweise begreifbar. Daher glaube ich, daß die Unvereinbarkeit der buddhistischen und der jüdisch-christlichen Auffassungen der letztgültigen Realität nicht besagt, daß eine der beiden falsch ist, sondern nur, daß jede als die eines Menschen unvollständig und unvollkommen ist. Ich glaube, gerade die Unvereinbarkeit der Auffassungen vergrößert unser Verständnis einer Realität, die vom menschlichen Verstand höchstens nur teilweise begriffen werden kann.

Ikeda: Wenn die Menschen einsehen, daß es ihre Auffassung ist und nicht die Realität, die Widersprüche in sich trägt, könnte eine Vereinigung der höheren Religionen möglich werden. Welche Form sollte diese gemeinsame Religion annehmen? Sollte sie sich auf eine der vorherrschenden Religionsphilosophien stützen, oder sollten alle älteren Elemente zu etwas völlig Neuem verschmelzen?

Toynbee: Es sieht mir ganz danach aus, als stünden wir bereits am Anfang eines Bundes der höheren Religionen. Wie ich es sehe, nimmt dieser Bund nicht die Form einer Vereinigung an, sondern die einer gegenseitigen Anerkennung, daß jede dieser Religionen ein bestimmtes und einmaliges, wenn auch nur partielles Bild der letztgültigen Realität hat und daß alle diese Bilder für die Menschheit von Wert sind. Verschiedene Menschen haben verschiedene Temperamente und Erlebnisse; und da unsere gemeinsame Menschennatur viele Varianten aufweist, ist es günstig, daß es mehr als ein einziges Bild der letztgültigen Realität gibt, denn es verhilft uns wenigstens zu einem Schimmer des Verstehens.

Ikeda: Auch ich bin der Meinung, daß wir nur Teilbedeutungen von Aspekten des Ganzen erfassen können; denn die letztgültige Realität ist unendlich weit und tief, und unsere Fähigkeit zu verstehen ist flach und begrenzt.

Aber auch wenn wir nur einzelne Aspekte der letztgültigen Realität begreifen können, gibt es doch Fälle, in denen für alle Menschen die Möglichkeit besteht, religiöse Lehren in die Praxis umzusetzen, und andere Fälle, in denen solche praktischen Anwendungsmöglichkeiten auf eine kleine Schar beschränkt sind. Ich glaube, die buddhistischen Lehren können von jedermann praktiziert werden, während die Lehren der jüdischen und christlichen Religionen nur für wenige sind. Dieser Unterschied zieht einen anderen, tieferen nach sich. Wenn Gott in den monotheistischen Religionen ein Wesen mit Willenskraft ist wie der Mensch, dann können nur solche, die in seiner Gunst stehen, in Fühlung mit ihm kommen und seine Offenbarungen empfangen. Unter diesen Umständen kann das menschliche Wollen nicht von Bedeutung sein. Der Buddhismus hingegen lehrt, daß die letztgültige Realität überall im Universum und ebenso in allen lebenden Dingen enthalten ist. Infolgedessen haben alle Menschenwesen die gleichen Möglichkeiten, mit dieser Realität in Berührung zu kommen. Selbst vorausgesetzt, daß es zwischen diesen beiden Arten der Religion in der Erkenntnis der letztgültigen Realität, in den Grundhaltungen und Zielbildern des menschlichen Lebens und in den Handlungen, die aus diesen Grundhaltungen hervorgehen, in einigen Punkten Gemeinsamkeiten gibt, sind doch die praktischen Methoden zur Erlangung des Verständnisses der letztgültigen Realität verschieden. Überdies spiegelt sich die Art und Weise, wie wir die letztgültige Realität verstehen, weitgehend in den praktischen Aspekten des täglichen Lebens.

Toynbee: Alle höheren Religionen und Philosophien geben die gleichen praktischen Ratschläge für die Lebensführung. Sie alle sagen uns, daß es des Menschen höchstes Ziel sein sollte, sich selber zu beherrschen und nicht seiner Habgier zu frönen, indem er versucht, sich zum Herrn des übrigen Universums zu machen. Sie alle sagen uns, die Selbstbeherrschung mache uns tauglich zum Dienst an dem, was jenseits unseres Ichs liegt. Buddhas Mitleid und Jesu Liebe sind, so scheint es mir, Umorientierungen des Begehrens, das, so glaube ich, ein unausrottbares Lebenselement ist. Es sind Umorientierungen des Begehrens vom Selbst zum Universum.

Der buddhistische Weg

Erkenntnistheorie: Die Santailehre

Ikeda: Alles vermag die Erscheinung zu verändern, entsprechend dem Standpunkt des Betrachters. Sogar das Universum, die Natur und das menschliche Leben nehmen verschiedene Aspekte an; denn die Wege, auf denen man sich ihnen nähert, sind verschieden. Das ist kein schwerwiegendes Problem, solange die Unterschiede nur das menschliche Bewußtsein betreffen; doch dieses Bewußtsein der Dinge beeinflußt Denken und Handeln. Um ein extremes Beispiel zu geben: Wenn man den Menschen nur als eine aktive Spielart der physischen Materie ansieht, ist man völlig gleichgültig gegenüber der Würde des Menschenlebens. Darum halte ich es für erforderlich – auch wenn es im strengsten Sinne nicht möglich ist –, die wahren Aspekte der Dinge und Phänomene so genau zu erkennen und abzugrenzen, wie sie sind. Um sie wahrheitsgetreu zu erfassen, sind Analyse wie Synthese unerläßlich. Es ist ebenso notwendig, die Ganzheit im Auge zu behalten wie die einzelnen Teile genau zu prüfen. Darüber hinaus ist es wichtig, sich der dynamischen Veränderungen der Dinge im Strom der Zeit bewußt zu werden, statt sie als feststehende, statische Einzelheiten zu betrachten.

Toynbee: Sie erachten zwei Bedingungen für notwendig, um die wahren Aspekte der Dinge zu begreifen: die Vogelperspektive für den Gesamtüberblick und die Froschperspektive für die Details. Wir müssen außerdem die Dinge in ihrer Bewegung in der Zeitdimension beobachten. Ich begrüße den Nachdruck, den Sie auf diese Bedingungen legen, denn auch ich bin mir ihrer Wichtigkeit bewußt geworden als Ergebnis meiner Reaktion auf derzeitige Denkprozesse in der westlichen Welt.

Ikeda: Warum halten Sie es für notwendig, die Dinge auf beide Arten anzusehen?

Toynbee: Meiner Ansicht nach ist der Westen heute durch eine zu weitgehende Spezialisierung verdorben. Das Bild, das der Mensch von einem Bruchstück der Realität haben kann, wird verzerrt, wenn dieses Bruchstück willkürlich aus seiner Umgebung gerissen und studiert wird, als sei es eine in sich geschlossene Einheit und nicht – wie es in Wahrheit ist – ein untrennbarer Teil von etwas Umfassenderem. Ich glaube auch, daß die gegenwärtigen westlichen Gesellschaftsanalysen den Kontakt mit der Wirklichkeit verlieren, weil sie Menschendinge in unrealistischen Augenblicksquerschnitten, losgelöst von Vergangenheit und Zukunft, analysieren, als sei das Leben ein Stilleben. Aber das Leben ist beweglich, und man sieht es nicht, wie es wirklich ist, wenn man es nicht im Strom der Zeit fließen sieht.

Ikeda: Auf der Suche nach Wegen, vermittels derer es möglich ist, die Dinge so zu sehen, wie sie sind, möchte ich Sie nach Ihrer Ansicht über eine buddhistische Erkenntnislehre, die *Santai*theorie, fragen.

Das *san* in *Santai* bedeutet drei, und *tai* heißt klar oder deutlich sein. Deshalb wird *Santai* häufig mit »Die drei Wahrheiten« übersetzt. Nach dieser Lehre ist es möglich, die Realitäten aller Dinge und Erscheinungen zu erfassen, wenn man ihre Wesen und ihre Aspekte von drei Standpunkten betrachtet: *Kū, Ke* und *Chū*. Von diesen drei verkörpert *Ke* oder *Ketai* die Oberflächenbilder von Dingen, die den menschlichen Sinnen wahrnehmbar sind. Unsere physischen Körper und das Universum selber sind in ständigem Fluß und Wandel begriffen. Der Körper zum Beispiel ist Form- und Funktionsveränderungen ausgesetzt. Die Oberflächenaspekte der Dinge werden vom Menschengeist als Bilder wahrgenommen; aber die Bilder selber sind transitorisch.

Ku oder *Kūtai* bezeichnet die besonderen Merkmale von Dingen und Erscheinungen und kann weder als Existenz noch als Nichtexistenz definiert werden, denn es enthält Bedingungen, die die Verwandlung in vielerlei Erscheinungen gestatten. Vom buddhistischen Standpunkt sind Realität und *Kū* nicht identisch, doch ist *Kū* unerläßlich für das richtige Bewußtsein der Realität der Dinge.

Chū oder *Chūtai*, wie letztgültige Realität, umfaßt sowohl *Ketai* als auch *Kūtai*. Mit anderen Worten, es ist der letzte Lebenszustand, der sich in Formen manifestiert und die innewohnenden Wesenszüge und Merkmale bestimmt. *Chūtai* ist unveränderlich, aber es zeigt sich nur in *Ketai* und *Kūtai* und existiert nicht außerhalb dieser.

Kū, Ke und *Chū* sind eine Realität, und die wahren Formen aller Dinge sind die Hervorbringungen der drei Wege, auf denen diese eine Realität sich manifestiert. Wenn man die Dinge von diesem Standpunkt aus prüft, so lehrt der Buddhismus, dann ist es möglich, ihrer unmißverständlich so gewahr zu werden, wie sie sind. Diese Erkenntnistheorie könnte uns lehren, solche genauen Wahrnehmungen zu machen.

Toynbee: Santai erinnert mich an den von Platon aufgezeigten Gegensatz zwischen den Erscheinungen, die in beständigem Fluß sind (Ihr *Ke*), und den unveränderlichen Formen, die letztgültige, sich in den Erscheinungen spiegelnde Realität (Ihr *Chū*). Die buddhistische Analyse verbindet diese beiden Erscheinungsformen der Existenz durch den Mittelzustand *Kū*, der weder phänomenal noch absolut ist, aber dennoch an beiden Formen teilnimmt.

Ikeda: Die zwei Theorien ähneln sich mit Ausnahme der von Ihnen erwähnten Zwischenform *Kū*.

Toynbee: Aber die These, daß sich die letztgültige Realität *Chū* nur durch *Kū* und *Ke* und niemals selbständig zeigt, entspricht, wenn ich Sie richtig interpretiere, mehr Aristoteles' als Platons Auffassung der Beziehungen zwischen den beständigen Formen und den vergänglichen Erscheinungen. Aristoteles meinte, Platon unterschätze die Erscheinungen. Obwohl diese vergänglich sind, geben sie dem Menschengeist den einzigen Einblick in die letztgültige Realität, den unser beschränkter Verstand zu erlangen vermag. Aristoteles meinte auch, Platon irre in der Annahme, daß die unveränderlichen Formen, die sich in den Erscheinungen spiegeln, unabhängig von diesen existieren.

Die antike griechische Philosophie ist die, mit der ich am meisten vertraut bin. Mir scheint die buddhistische *Santai*theorie sehr mit des Aristoteles Modifikation des Platonismus übereinzustimmen. Ich glaube, die Hinzufügung des Mittelbegriffes *Kū* macht das Verhältnis des Besonderen zum Allgemeinen verständlicher. Ich sehe in der *Santai*lehre auch Verwandtschaft mit Hegels Konzept der Entstehung einer Synthese durch die Konfrontation zwischen These und Antithese. Jedenfalls ist Hegels Konzept wie die buddhistische Drei-Begriffe-Theorie dynamisch; sie sieht Realität in der Bewegung in der Zeitdimension. Im Gegensatz dazu sind Platons und Aristoteles' Zwei-Begriffe-Theorien statisch so wie die Analysen der derzeitigen

Soziologen im Westen mit ihren Augenblicksquerschnitten, bei denen die Zeitdimension ignoriert wird. Die dynamische Theorie, die die Zeitdimension berücksichtigt, scheint mir wirklichkeitsnäher.

Zehn Stadien des Lebens

Ikeda: Die buddhistische Lehre besagt, daß das Leben zehn Stadien oder Bereiche des Seins manifestiert. Eins dieser zehn Stadien beherrscht jedes einzelne menschliche und andere Leben in allen Augenblicken, und das Leben wechselt den Umständen entsprechend in das eine oder andere dieser zehn Stadien. Die Klassifizierung ist eine völlig andere als im Tier- und Pflanzenreich und anders als bei fühlenden und nichtfühlenden Wesen. Die zehn Stadien werden nach den Empfindungen klassifiziert.

Diese Lehre kann in gewisser Hinsicht mit der Konzeption von Hölle, Fegefeuer und Paradies verglichen werden, wie sie Dante in der *Göttlichen Komödie* beschrieben hat. Aber es bestehen Unterschiede. Erstens ist die Zahl der Kategorien nicht die gleiche. Zweitens repräsentieren im Gegensatz zu Dantes Bereichen, die erst nach dem Tode betreten werden, die buddhistischen Stadien tatsächliche und gegenwärtige Zustände dieses Lebens. Zum Beispiel ist in einer Zeit der Sorge die ganze Welt ein Quell des Leidens. Im Gegensatz dazu sieht ein glücklicher Mensch immer heiter aus.

Um die Pein zu mindern und das Glück zu mehren, sind die zehn Stadien des Lebens die folgenden: *Dschigoku* (Hölle), *Gaki* (Raubgier), *Tschikuschō* (Tierheit), *Schura* (Zorn), *Nin* (Gemütsruhe), *Ten* (Verzückung), *Schōmon* (Lernen), *Engaku* (partielle Erleuchtung), *Bosatsu* (Bodhisattwa) und *Butsu* (Buddhazustand). *Dschigoku* ist das Stadium des Leidens; *Gaki* der Zustand unter der Macht der Begierden; *Tschikuschō* der Zustand der Furcht vor jemand oder vor etwas, das stärker ist als man selber; *Schura* ist der Zustand ständigen Wetteiferns oder Streits, in dem man anmaßenderweise versucht, andere zu übertreffen. Die ersten drei heißen die »Drei bösen Pfade« und sind zusammen mit *Schura* die »Vier Übel«, die die wechselnden Formen des Unglücklichseins bezeichnen.

Nin ist der gewöhnliche Ruhezustand, den man manchmal in der menschlichen Gemeinschaft beobachten kann. *Ten* ist der Zustand übertriebener Freude über die Befriedigung eines Begehrens. Dieses Glücksgefühl, herbeigeführt durch die Befriedigung eines physischen Verlangens oder die Erfüllung eines Ehrgeizstrebens oder das Schwelgen in Vergnügen, ist zerbrechlich und flüchtig. Die sechs Stadien von *Dschigoku* bis *Ten* werden zusammen die »Sechs Pfade« genannt. Da die Handlungen des natürlichen Menschen sich gewöhnlich innerhalb dieser abspielen, nennt der Buddhismus das gewöhnliche Menschenleben die Wanderung innerhalb der Sechs Pfade.

Toynbee: Und eins der praktischen Ziele der buddhistischen Lehre ist es, diese Wanderung innerhalb der Sechs Pfade zum Stillstand zu bringen?

Ikeda: Ja. Die Verwandlung unglücklicher Lebenszustände und die Erlangung dauernder Glückseligkeit sind die Essenz der buddhistischen Praxis. Doch da die Sechs Pfade zum Leben gehören, besteht weder die Absicht noch die Notwendigkeit, sie zu verlassen. Statt dessen strebt der Buddhismus danach, den Weg zu dauernder Glückseligkeit durch die Reformierung des Menschenlebens zu finden. Das wird erreicht, wenn man verhindert, daß die Sechs Pfade die Vorherrschaft erlangen, und sich auf höhere menschliche Ziele konzentriert.

Toynbee: Dann gründet sich also diese Praxis auf Handlungen in der realen Welt.

Ikeda: Ja. Das nächste wichtige Stadium nach den Sechs Pfaden ist das von *Schōmon.* Die chinesischen Zeichen für *Schōmon* (wörtlich: Stimmen hören) bedeuten: philosophische Lehren lernen, um Wahrheiten zu erkennen. Der Lebenszustand, in dem man Freude über die Beschäftigung mit unsterblichen Wahrheiten empfindet, ist *Schōmon.*

Die chinesischen Zeichen für *Engaku* bedeuten wörtlich, von Umwelterscheinungen erleuchtet zu werden. Das schließt den Lebenszustand in sich ein, in dem man Freude an der Beobachtung von Naturerscheinungen empfindet. Aber die Freuden von *Schōmon* und *Engaku* sind ichbezogen. Im Gegensatz dazu ist *Bosatsu* der Zustand des Altruismus – die Freude, anderen zu helfen. Er ist das buddhistische Mitleid und ähnelt der christlichen Nächstenliebe.

Schließlich ist *Butsu* oder der Buddhazustand der Zustand, der nur als Ergebnis der Praxis als Bodhisattwa erreicht wird. Er wird als die absolute Glückseligkeit bezeichnet, nur dem Menschen erreichbar, der zu den letztgültigen Wahrheiten vordringt, die dem Universum und dem allumfassenden Leben zugrunde liegen (die in *Schōmon* und *Engaku* erreichten Wahrheiten sind nur Teilwahrheiten), und der zur Identität mit dem Universum und dem allumfassenden Leben gelangt und dabei der Ewigkeit des Lebens gewahr wird. Ich glaube, der Buddhazustand hat viel gemeinsam mit Ihrer Konzeption des Glücks als »einer Befriedigung, die vollständig und immerwährend ist«.

Toynbee: Der Buddhismus hat eine subtilere psychologische Analyse vorgenommen als eine jemals vom Westen gemachte. *Schōmon* und *Engaku* scheinen mir die Ziele des südlichen Buddhismus zu sein. Es sind großartige und schwer zu erreichende Ziele, doch *Bosatsu* geht darüber hinaus. Die Ziele des südlichen Buddhismus sind vielleicht die höchsten von einem Einzelwesen erreichbaren Ziele, aber in *Bosatsu* öffnet das Einzelwesen sein Herz, um sich geistig in das universelle Selbst auszudehnen.

Wenn ich christliche Entsprechungen zu den Vorstellungen und Idealen des nördlichen Buddhismus suche, sehe ich eine Ähnlichkeit zwischen dem Bodhisattwa, der freiwillig seinen Eintritt ins Nirwana verschiebt, und dem zweiten Bestandteil der christlichen Dreieinigkeit, der sich zeitweilig seiner Göttlichkeit entäußerte, um die Menschen zu erlösen (die Bodhisattwas erlösen auch nichtmenschliche fühlende Wesen). Wie ein Bodhisattwa litt der fleischgewordene Christus (dem Neuen Testament zufolge), indem er sich der Qual des Lebens aussetzte, und sein zwingendes Motiv war das gleiche wie das eines Bodhisattwas: Mitleid.

Ikeda: Die Fälle sind ähnlich und haben vieles gemeinsam.

Toynbee: Die Bodhisattwaphase der Existenz ist wie die Fleischwerdung Gottes in der christlichen Mythologie zeitweilig; daher kann sie nicht vollständig oder immerwährend sein. Die vollständige und immerwährende Befriedigung, die der in Christus repräsentierte

Christengott erfuhr, rührt, so vermute ich, daher, daß er zeitweilig das altruistische, mitfühlende Selbstopfer brachte, sich seiner Göttlichkeit zu entäußern und die schlimmsten geistigen und körperlichen Leiden zu erdulden, die es für Menschen gibt. Ist die vollständige und immerwährende Befriedigung, die in *Butsu* erreicht wird, ebenfalls retrospektiv? Und ähnelt der *Butsu*-Zustand eines Bodhisattwas dem Zustande Christi nach seiner Himmelfahrt?

Ikeda: Ich betrachte Christus in seiner Rolle als Erlöser als eine Manifestation des Bodhisattwazustandes. In beiden Fällen ist das Ziel altruistisch. Im südlichen Buddhismus ist ein solcher Altruismus auf einen Zustand nach der Erleuchtung beschränkt, wenn Körper und Geist ausgelöscht sind. Er hat daher keinen Bezug auf die Vorgänge des praktischen Handelns.

Sie fragten, ob der Zustand eines Bodhisattwas, der seinen Eintritt in das Nirwana vollzieht, dem Christi nach seiner Himmelfahrt ähnlich ist. Der Buddhismus unterscheidet sich vom Christentum, das auf einer Persönlichkeit, jedenfalls auf einem göttlichen Wesen beruht. In dem Maße, wie das Christentum die in Christus inkarnierte Gottheit zur Grundlage hat, muß es die letztgültige Realität in einem Himmel suchen, der von der Welt entfernt ist. Im Gegensatz dazu schließt der Buddhismus alle Erscheinungen der Welt, Menschheit und Gesellschaft ein und bildet ihre Grundlage. Infolgedessen ist der Buddhazustand nicht losgelöst von dieser Welt, sondern weilt ständig in den einzelnen Menschenleben und dem universellen Leben.

Toynbee: Ich glaube zu verstehen, was *Butsu* für einen südlichen Buddhisten bedeutet. Wenn ich nicht irre, hat der Buddhismus, bevor er die griechische Ikonographie übernahm, den Buddha im Nirwana durch ein leeres Bild dargestellt und nicht durch ein anthropomorphes, von dem griechischen Bild des Gottes Apollo inspiriertes. Die Leere symbolisiert das Ausgelöschtsein im Nirwana.

Ikeda: Der südliche Buddhismus trachtet nach einer Verschmelzung des Einzel-Ichs mit dem All-Ich, indem er das Einzel-Ich verwirft und vernichtet. Das ist sicher das Höchsterreichbare in den Grenzen des Einzel-Ichs. Aber solche Vollendung ist ohne Wert für andere und daher dem Wunsch des Buddha zuwider, der Menschheit Erlösung zu bringen.

Der nördliche Buddhismus hingegen lehrt nicht, daß das Einzel-Ich zerstört, sondern daß es durch altruistische Handlungen erweitert werden muß. Wenn es mit dem Gesetz, daß heißt dem Grundwesen des All-Ichs, eins wird, kann das Einzel-Ich Begierden, Zorn und den Trieb nach Selbsterhaltung überwinden. Kurz, der nördliche Buddhismus lehrt, daß das Einzel-Ich bekräftigt und in Richtung auf das All-Ich hin ausgedehnt werden muß.

Toynbee: Und wie ist die Lehrmeinung des nördlichen Buddhismus über *Butsu?* Für diesen, so schließe ich aus Ihren Worten, bedeutet *Butsu* die Vollendung der Ausdehnung des Einzel-Ichs in das All-Ich. Aber wird dieses Ziel nicht schon im Bodhisattwazustand erreicht? Und ist der darauf folgende *Butsu*-Zustand eine noch höhere Form der Befriedigung?

Ikeda: Bodhisattwa ist ein Zustand auf dem Wege zum Buddhazustand. In den Lehren des nördlichen Buddhismus erklärt das Lotus-Sutra als Ziel des Buddha den Wunsch, allen Menschen die gleiche Erleuchtung zu bringen, die er empfangen hat. Es bezeichnet ferner die praktischen Handlungen der Bodhisattwas als den Prozeß, durch den diese Erleuchtung erlangt wird. Der chinesische Priester Tsch-i (538–597), der Begründer des T'ien-t'ai-Buddhismus, gliederte die Bodhisattwawelt in zweiundfünfzig Stadien, deren letzte die Erleuchtung des Buddha ist. Wäre der Bodhisattwa ein Wesen, das bereits das Einzel-Ich mit dem All-Ich verschmolzen hat – mit anderen Worten, schon ein Buddha geworden ist –, dann bliebe den Menschen in den Fesseln des Einzel-Ichs der Zugang zum All-Ich verschlossen. Kurz, es gäbe keinen Weg mehr zur Menschheit.

Zu der Frage, warum man den Buddhazustand als vollkommene und immerwährende Befriedigung bezeichnen kann, möchte ich die folgende Erklärung anbieten. Das Gesetz existiert als eine Realität hinter dem Universum und schließt das Universum ein – wie Sie sehen, entspricht es Ihrer Idee der geistigen Realität jenseits des Universums. Eine Persönlichkeit, die zu diesem Gesetz erleuchtet und durch die Vereinigung mit dem Gesetz das All-Ich geworden ist, ist ein Buddha. Es gibt keine feststehenden oder besonderen Eigenschaften, mit denen das Leben im Buddhazustand definiert werden könnte. Man kann es nur in Worten ausdrücken, wenn man sagt, es umfaßt alles auf der (bildlich gesprochen) horizontalen Ebene und ist daher vollständig. Auf der zeitlichen (wieder bildlich gesprochen) vertikalen Ebene ist es ewig. Infolgedessen kann es nur als der Zustand vollständiger und immerwährender Befriedigung bezeichnet werden. Der Buddhazustand ist ein innerer Zustand der Wahrnehmung der wahren Natur des Lebens, das sich nach außen in den anderen neun Stadien des Lebens manifestiert: Bodhisattwa, *Ten, Nin* und so weiter. Die Lehren des südlichen Buddhismus enden mit der Auslöschung des Einzel-Ichs; der nördliche Buddhismus hingegen lehrt die Ausdehnung und Verpflichtung des Einzel-Ichs in und durch das All-Ich.

Der nördliche Buddhismus lehrt weiterhin, daß alles Leben von Natur aus die zehn Lebensstadien umschließt. Deshalb hat alles Leben, das menschliche natürlich eingeschlossen, die höchste würdige universale Lebenskraft in sich verborgen. Das bedeutet, daß allem Leben Achtung gebührt. Alle Menschen, die das buddhistische Gesetz praktizieren, können das Leben des Buddhazustandes manifestieren. Diese Idee liegt dem Plan einer Menschheitsrevolution zugrunde, die mir unerläßlich erscheint. Sie scheint mir ferner im wesentlichen dem zu ähneln, was Sie unter Selbstbeherrschung verstehen.

Das Leben als Realität, Fluß und Wesenheit

Ikeda: Alle Formen des Lebens verändern sich, während sie individuelle Merkmale behalten, von Augenblick zu Augenblick in bezug auf die äußere Welt. Ich habe schon die Lehre vorgetragen, nach der der Buddhismus alles Leben in zehn Stadien nach den subjektiven Empfindungszuständen einteilt. In Ergänzung dieses Weges zu einer Analyse des Lebens erklärt der Buddhismus Beziehungen zur äußeren Welt, physische Veränderungen (oder Merkmale) und die Bewegung jedes Lebensaugenblickes. Die Erklärungen werden von verschiedenen Standpunkten aus gegeben und behandeln jede Lebensregung in der Terminologie des Gesetzes, das *Dschū-nyose* oder die »Zehn Lebensfaktoren« heißt.

Das zweite Kapitel des Lotus-Sutra beschreibt die Elemente, aus denen *Dschū-nyose* besteht: *Nyose-sō* (Aussehen), *Nyose-shō* (Natur),

Nyose-tai (Wesenheit), *Nyose-riki* (Macht), *Nyose-sa* (Einfluß), *Nyose-in* (Ursache), *Nyose-en* (Beziehung), *Nyose-ka* (Wirkung), *Nyose-hō* (Belohnung) und *Nyose-honmatsu-kukyōtō* (die Konsequenz vom Anfang bis zum Ende aller Erscheinungen).

In diesem Zusammenhang bedeutet *Nyose-sō* (*Nyose* heißt wahr oder wirklich, und *sō* heißt Aussehen) den äußeren Aspekt oder das sichtbare Leben. (Es entspricht dem *Ketai* des *Santai*.) *Nyose-shō* heißt die dem Leben ursprünglich innewohnende Natur und bezieht sich im Menschen auf Natur, Verstand, Weisheit und Geist. (Es entspricht dem *Kūtai*.) *Nyose-tai* bezeichnet die vollständige Wesenheit des Lebens, die sowohl *Nyose-sō* (den physischen Leib) als auch *Nyose-shō* (den Verstand oder Geist) umfaßt. (Es entspricht dem *Chūtai*.) Diese drei bilden die Realität des Lebens. Der Buddhismus lehrt, daß man das Leben von drei Gesichtspunkten aus betrachten muß: Erscheinung, Natur und Wesenheit. *Nyose-sō*, *Nyose-shō* und *Nyose-tai* bilden die wahre Natur der Lebenskraft.

Toynbee: Das heißt, die ersten drei von *Dschū-nyose* entsprechen den früher besprochenen *Kūtai*, *Ketai* und *Chūtai* des *Santai*, und sie erklären die wahre Form der Lebenskraft als Einheit.

Ikeda: Ja, das ist richtig. Diese drei untereinander zusammenhängenden Faktoren bilden eine einzige Lebenseinheit, deren Handlungen von einem Gesetz kontrolliert werden, das sich auf sieben andere Faktoren von *Dschū-nyose* bezieht.

Nyose-riki bedeutet, die dem Leben innewohnende Kraft zu entwikkeln und zu manifestieren – die Kraft, das Leben selber zu aktivieren. Diese Kraft kommt aus den Tiefen des Lebens und beeinflußt die äußere Welt. Der Einfluß heißt *Nyose-sa*. Der Buddhismus sieht ein Gesetz von Ursache und Wirkung in den Tiefen des Lebens arbeiten, das sich von ähnlichen Gesetzen der Physik und Chemie dadurch unterscheidet, daß es nicht in den Begriffen von Zeit und Raum verstanden werden kann. Es existiert in der letztgültigen Realität des Lebens und fällt in die Kategorie von *Kū*. Es verwandelt den von Zeit und Raum gebundenen Determinismus. Im weiteren Sinne enthält das buddhistische Kausalgesetz die Ursache und Wirkung, die Ihrem Konzept der ethischen Karmarechnung unterliegt.

Toynbee: Ich denke, das Gesetz des Lebens ist Karma. Handlungen haben Folgen, und diese Folgen sind unabwendbar. Sie sind jedoch nicht unveränderlich; sie können durch weiteres Handeln zum Guten oder zum Besseren verändert werden. Jedes Lebewesen führt ein »Karmakonto«; und wenn ich die Lehre der Lotosschule des nördlichen Buddhismus richtig verstehe, wird ein Karmakonto nie abgeschlossen, weil die Reihe der Wiedergeburten endlos ist.

Ich bemerke, daß in diesem Bereich die Beziehungen als nicht kausal in dem Sinne aufgefaßt werden, in dem das Konzept von Ursachen und Wirkung auf physische Beziehungen anwendbar ist.

Ikeda: In bildlicher Ausdrucksweise tritt das tief im Leben selbst verborgene Gesetz von Ursache und Wirkung in der Welt der Erscheinungen zutage, indem es sich der physischen und geistigen Aspekte der Lebensaktivität bedient. In den Begriffen der Zeit- und Raumvorstellung mag dieses Gesetz von Ursache und Wirkung mit dem verglichen werden, was die Physiker das statistische Kausalprinzip nennen. Langfristige Beobachtungen ermöglichen es, Phänomene des Lebens vermittels statistischer Gesetze von Ursache und Wirkung zu erfassen, die aber unvermeidlich von Unsicherheiten begleitet sind. Die Bandbreite der Unsicherheiten ist unvergleichlich größer, wenn es um das menschliche Leben geht, als bei der Behandlung von unbeseelten Wesen oder anderen Lebensformen. Dennoch tritt das seinen eigenen Entwicklungsrichtungen folgende Leben allmählich in klaren Erscheinungsformen hervor.

Hier muß ich hinzufügen, daß ich zwar naturwissenschaftliche Begriffe bildlich gebraucht habe, daß die wahren Tiefen des Lebens beherrschende buddhistische Gesetz jedoch in keiner Weise räumlich oder zeitlich ist.

Die Ursache im Buddhistischen also heißt *Nyose-in*; sie wird durch einen Antrieb aus der äußeren Welt, *Nyose-en* genannt, hervorgerufen. Obwohl die Ursache *(Nyose-in)* im Leben selber latent sein kann, braucht es die Beziehung oder den Antrieb *(Nyose-en)*, um sie zu aktivieren. Wenn jedoch die Ursache einmal von dem Antrieb in Gang gesetzt worden ist, gebiert sie die Wirkung *(Nyose-ka)*, und die Wirkung ist dem Leben selber zugehörig. *Nyose-hō* ist die Belohnung der Kausalität, die sich auf der Ebene der tatsächlichen Lebensaktivitäten manifestiert. Der einzige mögliche Weg, das buddhistische

Kausalitätsprinzip in Begriffen raumzeitlich gebundener Erscheinungen zu erblicken, besteht darin, diese Vergeltungen im einzelnen zu prüfen. Der letzte Aspekt von *Dschū-nyose*, der ziemlich lange Ausdruck *Nyose-honmatsu-kukyōtō*, bezeichnet die Integrität und Harmonie des Lebens und ist die Summierung und die Ergänzung der anderen neun Faktoren.

Zusammengefaßt wäre zu sagen, daß die Realität des Lebens von den drei ersten Elementen von *Dschū-nyose*, von Aussehen, Natur und Wesenheit, ausgedrückt wird. Der tätige Strom des Lebens wird von Macht, Einfluß, Ursache, Beziehung, Wirkung und Belohnung dargestellt. Diese Faktoren sind von dem Prinzip *Honmatsu-kukyōtō* integriert und in eine einheitliche Lebenseinheit verschmolzen.

Toynbee: Die buddhistische Analyse des Kräftespiels des Lebens, so wie sie von Ihnen dargestellt wird, ist detaillierter und subtiler als irgendeine abendländische, die ich kenne.

Wenn ich Sie richtig verstanden habe, dann ist das buddhistische Konzept von *Dschū-nyose* meiner eigenen persönlichen Auffassung von Herausforderung und Erwiderung nicht unähnlich im Gegensatz zu dem Prinzip der determinierten und unveränderten Ursache und Wirkung und scheint mir der Natur der Beziehungen in der Realität zu entsprechen, wo die Beziehungspartner lebende Wesen und keine unbelebten Objekte sind.

Ikeda: Wenn Ihre »Herausforderung und Erwiderung« ein in der weiteren Welt selbst vorkommendes Phänomen ist, mag es ein anderer Ausdruck dafür sein, was in der buddhistischen Terminologie das Gesetz von Ursache und Wirkung heißt.

Wir können sagen, wo ein Anruf ist, muß es auch eine Erwiderung geben. Die Menschen sind sich bewußt, daß auf eine gegen die nationalen Gesetze oder Anordnungen gerichtete Handlung Vergeltungsmaßnahmen folgen werden, weil sie unklar die Existenz des größeren Gesetzes der Lebenskraft empfinden. Wenn der Mensch imstande ist, das Wesen der Lebenskraft zu verstehen, kann er mit Klarheit entscheiden, wie er leben und handeln soll.

11
Die Rollen der Religion

Religion als Quelle der Lebenskraft

Ikeda: Zivilisationen, so lehrt die Weltgeschichte, durchlaufen wie lebende Organismen wiederkehrende Zyklen von Entstehung, Wachstum und Verfall. Ägypten hat in seiner alten und späteren Geschichte mehrere Zivilisationen und Kulturen entwickelt: die Zeit der Pharaonen und Pyramiden; die römische Herrschaft, als die alte monophysitische christliche Kirche entstand; die islamische Periode und die moderne Republik. Zu verschiedenen Zeitpunkten erreicht eine für ein Volk charakteristische Zivilisation verschiedene Entwicklungsstadien, doch im großen Zeitenstrom manifestiert jede den Prozeß von Entstehung, Wachstum und Verfall.

In diesem Zusammenhang stellen sich zwei Fragen. Die erste: Worin besteht die Lebenskraft, die eine Zivilisation entstehen läßt? Zweitens: Welches ist die Quelle dieser Lebenskraft in den Völkern, die diese Zivilisationen hervorbringen? Die Antwort auf die erste Frage lautet: Gesellschaft, Leben in Gruppen und Muße. Diese drei Dinge sind eng verbunden mit der Zunahme der Produktivität, die, indem sie einen Warenüberschuß schafft, die Entstehung und Entwicklung von Kunst, Architektur, Schrifttum, Theologie und Verwaltung fördert. Organisierte Gruppen (Gemeinschaften) sind die Versorgungsquelle großer Konzentrationen von Menschenkraft, die erforderlich sind, um Leistungen zu vollbringen, die in den historischen Monumenten gipfeln. Freizeit ermöglicht es den Menschen, sich schöpferisch zu betätigen.

Toynbee: Die Voraussetzung für die Errichtung einer Zivilisation ist eine Überproduktion an Nahrungsmitteln und Gebrauchsgütern über die bloßen Lebensnotwendigkeiten hinaus. Die Erzeugung dieses

Überschusses hat die Schöpfung von nicht zweckbedingten Werken ermöglicht – die Tumuli im Hinterland von Sakai in Japan, die ägyptischen und mexikanischen Pyramiden, die Tempel der Mayas und der Khmer. Der Überschuß hat aber auch die Führung von Kriegen möglich gemacht und die Erhaltung einer Minderheit, die davon verschont blieb, ihre Zeit zur Erzeugung der lebensnotwendigen Dinge zu verwenden, und sie daher zum Teil in Müßiggang und Luxus verbrachte, aber auch mit Religion, Kunst, Literatur, Philosophie und Wissenschaft.

Entstehung, Wachstum und Pflege jeder Zivilisation sind auf die schöpferische Tätigkeit eines kleinen Teils jener privilegierten Minderheit zurückzuführen, und die Zusammenarbeit der Masse hat diese schöpferische Tätigkeit fruchtbar gemacht. Ein gemeinsamer religiöser Glaube war das geistige Band, das diese Zusammenarbeit ermöglichte trotz der ungerechten und ungleichen Verteilung der Erzeugnisse der vereinten Bemühungen aller Klassen einer Gemeinschaft und trotz des Mißbrauchs des größeren Teil des Produktionsüberschusses für die Kriegführung und die Erzeugung von Luxusgütern für eine privilegierte Minderheit, die in den meisten Fällen der Gesellschaft keine gleichwertigen Gegendienste geleistet hat.

Ikeda: Ich glaube nicht, daß der Produktionsüberschuß allein Zivilisationen hervorbringt. Ein Teil der Produktionstätigkeit bezweckt zweifellos die Schaffung besserer Lebensbedingungen; aber das erklärt nicht den Antrieb, der den Menschen veranlaßt, seinen Überschuß an Zeit und Energie für bedeutungsvolle Zwecke einzusetzen.

Ich glaube, es ist die Religion, die wir als treibende Kraft ansehen müssen. Produktionsüberschüsse, gesellschaftliche Organisationen und die menschliche Habgier mögen zwar die Elemente sein, auf denen Zivilisationen aufbauen; doch sind sie nicht die Seele, die man einer Zivilisation einhauchen muß, damit sie lebendig wird. Ich bin überzeugt, daß dazu das Bewußtsein eines Zieles gehört, auf das die Tätigkeit der Menschen gerichtet sein muß; und von diesem Bewußtsein müssen alle Pläne und Bemühungen ausgehen. Und die Dinge, die dem Menschen Ziel und Richtung geben, sind Philosophie und Religion.

Die Pyramiden sagen uns mehr als die bloße Tatsache, daß das damalige Ägypten genügend Kraftüberschüsse, wirtschaftliches und soziales Organisationstalent und technische Kenntnisse besaß, um diese Leistungen zu vollbringen. Sie bezeugen darüber hinaus den hohen Grad der ägyptischen Lebens- und Todesphilosophie, die den Bau solcher gewaltigen Grabmonumente förderte. Mit anderen Worten, es war die religiöse Idee, von der das Verlangen der Ägypter, unermeßliche Arbeitsenergien auf diese Vorhaben zu verschwenden, getragen wurde. Auch die Tempel der Mayas, Azteken und Inkas waren von solcher religiösen Leidenschaft inspiriert.

Toynbee: Ich glaube, daß der Stil einer Zivilisation der Ausdruck ihrer Religion ist, und ich stimme völlig zu, daß die Religion die Lebenskraft war, die Zivilisationen schuf und lebendig erhielt – seit über dreitausend Jahren, wie die Beispiele des pharaonischen Ägypten und Chinas vom Beginn der Schangdynastie bis zum Ende der Ts'ing-dynastie im Jahre 1912 zeigen.

Die zwei frühesten Zivilisationen entstanden auf den ertragreichen Böden Ägyptens und des südöstlichen Irak, die jedoch erst durch Trockenlegung und Bewässerung fruchtbar gemacht werden mußten. Die Verwandlung einer widrigen natürlichen Landschaft in eine segensreiche künstliche hatte durch die organisierte Arbeit von Menschenmassen, die für zukünftige Ziele eingesetzt wurden, zu erfolgen. Dazu gehörten eine Führerschaft und die allgemeine Bereitschaft, deren Anordnungen zu folgen; und die gesellschaftsbildende Kraft und Eintracht, die solche Zusammenarbeit möglich machte, mußte einem religiösen Glauben entspringen, den die Masse mit den Führern teilte; er bildete die geistige Kraft und Grundlage für die Vollendung der öffentlichen Arbeiten, die den wirtschaftlichen Überschuß produzierten.

Die zwei sozialen Krankheiten der Zivilisationen sind von Anbeginn der Krieg und die soziale Ungerechtigkeit gewesen. Die Religion war die geistige Kraft, die jede zivilisierte Gesellschaft wenigstens eine Zeitlang zusammenhielt trotz des Aderlasses durch jene beiden tödlichen Krankheiten.

Ich verstehe unter Religion eine Lebenshaltung, die den Menschen hilft, mit den Schwierigkeiten des Lebens fertig zu werden, indem sie geistig befriedigende Antworten gibt auf die grundlegenden Fragen nach dem Geheimnis des Universums und der Rolle, die der Mensch darin spielt, und indem sie praktische Ratschläge für das Leben in diesem Universum erteilt. Immer, wenn ein Volk den Glauben an seine Religion verlor, bereiteten innere Zersetzung und militärische Angriffe von außen seiner Zivilisation ein Ende, und die zusammengebrochene Zivilisation wurde durch eine neue, von einer anderen Religion inspirierte verdrängt.

Ein Beispiel dieses historischen Phänomens ist der Untergang der konfuzianischen chinesischen Zivilisation seit dem Opiumkrieg und der Aufstieg einer neuen, in welcher der Konfuzianismus durch den Kommunismus ersetzt worden ist; und weitere Beispiele sind der Untergang der pharaonisch-ägyptischen und der griechisch-römischen Zivilisation und ihre Ersetzung durch neue, vom Christentum und vom Islam inspirierte Zivilisationen. Die Preisgabe der Mayakultstätten in Südguatemala allerdings ist ein ungelöstes Rätsel, über das wir keine dokumentarischen Zeugnisse besitzen. (Die überzeugendste Vermutung ist die, daß die Bauern eines Tages den Priestern die wirtschaftliche Unterstützung versagten, weil sie den Glauben an deren Fähigkeit, das Leben erträglich zu machen, verloren hatten.)

Ikeda: Im Zusammenhang mit der Lebenskraft, die ein Volk in den Stand setzt, eine Zivilisation zu schaffen, wäre noch ein anderer Punkt zu besprechen: Einige Völker haben Zivilisationen hervorgebracht, die bald verfielen und verschwanden; andere haben Kulturelemente fremder Zivilisationen absorbiert und assimiliert, um mit der Zeit Schritt zu halten und ihre eigene Kultur neu zu beleben. Beispiele der ersten Kategorie sind die Inkas, Azteken und Mayas in Amerika; die Khmer in Südostasien, deren Kultur in Angkor ihren Höhepunkt erreichte, und die Indonesier, die das Bauwunder von Borobudur schufen. Die Ägypter und die Japaner gehören zur zweiten Gruppe. Den Europäern blieb dieses Schicksal zwar in der Vergangenheit erspart, doch ist es ihnen vielleicht bestimmt, noch in der gegenwärtigen Periode ihrer Geschichte unterzugehen.

Toynbee: Ich pflichte Ihnen bei, daß die erfolgreiche Assimilation von Elementen fremder Zivilisationen höchst ehren- und verdienstvoll ist. Japan hat diese Probe zweimal in seiner Geschichte glücklich bestanden: Im sechsten und siebenten Jahrhundert der christlichen

Zeitrechnung übernahm es die chinesische Form des Buddhismus und damit die chinesische Zivilisation selbst und in den letzten hundert Jahren die moderne Zivilisation des Westens. Die Völker Indonesiens und des südostasischen Festlandes assimilierten Hinduismus und Buddhismus, die Vietnamesen die chinesische Zivilisation und die Indonesier nach dem Hinduismus und Buddhismus die islamische Zivilisation. Die vorkolumbischen Zivilisationen in Amerika und die afrikanischen südlich der Sahara vor den arabischen und europäischen Einflüssen in dieser Region sind, das ist wahr, verschwunden. Ursprünglich durch geographische Barrieren geschützt, erlagen sie dennoch plötzlich den Angriffen von Aggressoren, die mit überlegenen Waffen ausgerüstet waren. Doch das sind Ausnahmefälle.

Ikeda: Die Völker Indonesiens konnten nach der Übernahme von Hinduismus und Buddhismus eine große Zivilisation schaffen, deren Symbol der prachtvolle Tempelbau von Borobudur ist. Später nahmen dieselben Völker den islamischen Glauben an, doch das befähigte sie nicht zu ähnlichen Leistungen. Ich weiß nicht, was den Khmer widerfuhr – vielleicht sind sie in die Völker Indochinas aufgegangen, aber was sie zu den großen Tempelbauten wie denen in Angkor befähigte, haben sie längst verloren.

In der zweiten Hälfte unseres Jahrhunderts – nach dem Ende des Kolonialismus – hat man, auf ein wachsendes Bewußtsein nationaler und rassischer Selbständigkeit gestützt, begonnen, an die alten Traditionen dieser Völker anzuknüpfen. Doch eine Wiederbelebung einiger alter Sitten und Gebräuche in diesen lang unterdrückten Kulturen bedeutet noch kein echtes kulturelles Wiedererwachen. In vielen Fällen ist es nicht mehr als eine Manifestation der Protektionspolitik fortgeschrittener Nationen, die Folge des steigenden Interesses an kultureller Anthropologie oder nur ein Schaugeschäft für den Fremdenverkehr. Eine wirklich schöpferische Prosperität, die aus dem Herzen des Volkes kommt, wäre mächtig genug, Unterdrücker abzuschütteln und sich von widrigen Umständen zu befreien.

Toynbee: Wie Sie schon sagten, sind jetzt die Völker des Westens, die in den letzten fünfhundert Jahren die Offensive gegen die übrige Welt geführt hatten, in die Defensive gedrängt worden und müssen sich einer ähnlichen Herausforderung stellen wie der, mit der es Japan zweimal aufgenommen hat. Die Griechen und Römer machten die gleiche Erfahrung. Ihre militärischen und politischen Angriffe gegen die östlichen Nachbarn riefen schließlich eine religiöse Gegenbewegung hervor; im Mittelmeerraum nahmen sie das Christentum an, und als Eroberer des heutigen sowjetischen Zentralasiens und Westpakistans bekehrten sie sich zum Buddhismus. Dieser Abschnitt der antiken Geschichte läßt uns eine der Möglichkeiten ahnen, die jetzt dem modernen Westen bevorstehen.

Ikeda: Vielleicht muß sich die westliche Kultur mit ihrem Niedergang abfinden. Wenn es so ist, werden wir mehr über die Art und Weise, wie neue Zivilisationen wachsen und gedeihen, wissen müssen. Wir stimmten darin überein, daß es die Religion ist, die den Völkern die Kraft verleiht, Zivilisationen zu schaffen. Wodurch aber verlieren andere Völker die Kraft, sich kulturell zu beleben, wenn ihre Zivilisation infolge widriger Umstände zusammengebrochen ist?

Toynbee: Wie ich schon bemerkt habe, glaube ich, daß das Gedeihen oder der Verfall einer Kultur in enger Beziehung zu der Religion des betreffenden Volkes steht. Das heißt, eine Zivilisation wird von dem Wert der Religion bestimmt, auf der sie basiert.

Die drei westlichen Religionen

Ikeda: Wenn man die Religion im herkömmlichen Sinne interpretiert, dann scheint die moderne westliche Zivilisation geradezu als eine Folge der Religionsverwerfung entstanden zu sein. Doch in einem anderen Licht gesehen, hat die moderne Welt ihre eigene Religion, und diese gründet sich auf dem Bestreben nach materiellem Wohlstand und auf dem Glauben an den Fortschritt der Wissenschaft.

Toynbee: Ich teile entschieden die Ansicht, daß der moderne Westen seine Religion nicht verloren, sondern gewechselt hat. Ich glaube, die Menschen können nicht ohne irgendeine Religion oder Philosophie leben; und es gibt keinen klar umrissenen Unterschied zwischen diesen zwei Formen der Ideologie.

Ikeda: Die Religion kann in der herkömmlichen Bedeutung oder als eine die menschlichen Handlungen leitende Ideologie betrachtet werden. Im herkömmlichen Sinn wird Religion heute großenteils nur noch in ihrer rituellen und zeremoniellen Form ausgeübt. Im zweiten Sinn erfüllen das Streben nach Wohlstand und der Glaube an den Fortschritt der Wissenschaft die religiöse Funktion. Dieser Punkt ist wichtig sowohl für das Verständnis der Bedeutung der wissenschaftlich-technischen Zivilisation, wie sie sich bis heute entwickelt hat, als auch für Versuche, die Zivilisation zu verändern. Mit anderen Worten: Das Verständnis des Wesens der modernen Religion wird uns helfen, abzuschätzen, wie sich unsere Zivilisation verändern wird, wenn auch sie unvermeidlich weichen muß – so wie das pharaonische Ägypten erst das Christentum und dann den Islam annahm und wie sich Europa zur Zeit der Reformation veränderte.

Toynbee: Da sich die westliche Zivilisation in ihrer modernen Form – teils durch Gewalt, teils durch freie Wahl – über die ganze Welt verbreitet hat, ist es wichtig, die Religion oder die Religionen des modernen Westens zu identifizieren und abzuschätzen. Wenn es, wie ich glaube, wahr ist, daß die Religion die Quelle der Lebenskraft einer Zivilisation ist und daß der Verlust des Glaubens an diese Religion zum Untergang dieser Zivilisation und zur Ersetzung durch eine andere führt, dann gibt uns die moderne Religionsgeschichte den Schlüssel zum Verständnis der gegenwärtigen Verhältnisse und der Zukunftsaussichten der Menschheit im ganzen, nachdem jetzt die ganze Welt bis zu einem gewissen Grade verwestlicht ist.

Die westliche Zivilisation hat die frühere griechisch-römische verdrängt, als deren Religionen und Philosophien vom Christentum abgelöst wurden. Das Christentum blieb die Hauptreligion – tatsächlich die ausschließliche – des Westens bis ins siebzehnte Jahrhundert, gegen dessen Ende es seinen Einfluß auf die westliche Intelligenz zu verlieren begann. In den folgenden drei Jahrhunderten ging der Einfluß des Christentums in allen Gesellschaftsklassen des Westens mehr und mehr zurück; und die Ausbreitung der modernen westlichen Institutionen, Ideen und Ideale – oder der Verlust von Idealen – bei der nichtwestlichen Mehrheit der Menschheit lockerte die Beziehung der nichtwestlichen Völker zu ihren Religionen und Philosophien – in Rußland zu der östlichen Form des Christentums, in der Türkei zum Islam und in China zum Konfuzianismus.

Wie ich die abendländische Geschichte interpretiere, war die religiöse Revolution im siebzehnten Jahrhundert der bei weitem größte und bedeutsamste Bruch in ihrer historischen Kontinuität seit der Bekehrung des Römischen Reiches zum Christentum im vierten Jahrhundert. Dieser Einschnitt im siebzehnten Jahrhundert ist, so wie ich es sehe, ein wichtigeres historisches Ereignis als die vorausgegangene Spaltung der westlichen christlichen Kirche in ein katholisches und ein protestantisches Lager und die ziemlich oberflächliche sogenannte Renaissance der vorchristlichen griechisch-römischen Kultur.

Ikeda: Ja, das siebzehnte Jahrhundert erlebte zahlreiche revolutionäre Veränderungen, die die Grundfesten der christlichen Kirche erschütterten. Mit der Beendigung des Dreißigjährigen Krieges, der letzten und größten einer Reihe von tragischen religiösen Auseinandersetzungen, gelangte man zu der Überzeugung, daß politische Macht nicht mißbraucht werden dürfe, um Meinungsverschiedenheiten in Glaubensdingen auszutragen. In dieser Zeit kamen die Lehren von Galilei und Kopernikus vor die Inquisition; Descartes schuf die Grundlagen des modernen Rationalismus, und auch Newtons Tätigkeit fällt in die zweite Hälfte des siebzehnten und die erste des achtzehnten Jahrhunderts.

Im Lichte der ideologischen Entwicklungen jener Zeit ist das siebzehnte Jahrhundert von größerer Bedeutung als Renaissance und Reformation, die sich innerhalb der Grenzen der Kirche vollzogen und daher die Fundamente des christlichen Glaubens nicht wirklich erschüttern konnten.

Die Ideen dieses Jahrhunderts hatten aber auch revolutionäre Krisen zur Folge, Krisen in dem Verhältnis der Politik zum christlichen Glauben und der Wissenschaft zur christlichen Theologie.

Toynbee: Der Wandel in den religiösen Anschauungen im Laufe des siebzehnten Jahrhunderts ist meist nur als ein negatives Ereignis beurteilt worden, nämlich als ein Rückgang des Christentums. Man hat nicht erkannt, daß die menschliche Natur vor einem religiösen Vakuum zurückschreckt und daß infolgedessen, wenn die ursprüngliche Religion einer Gemeinschaft dahinschwindet, sie zwangsläufig durch eine andere oder mehrere andere Religionen ersetzt wird.

Wie ich es sehe, wurde das religiöse Vakuum des Abendlandes im siebzehnten Jahrhundert durch drei andere Religionen ausgefüllt – durch den Glauben an den unumgänglichen Fortschritt vermittels der Anwendung der Wissenschaft auf die Technik, durch den Nationalismus und durch den Kommunismus.

Für westliche Begriffe ist das Nebeneinander von mehr als einer Religion in einer Gesellschaft schwer zu verstehen, weil die ursprüngliche Religion des Abendlandes, das Christentum, von den drei monotheistischen Religionen die unduldsamste gewesen ist. Die Bekehrung des Abendlandes zur Idee und Praxis religiöser Toleranz war ein tödlicher Schlag für die christliche Kirche, die katholische wie die protestantische. Andererseits war in den meisten nichtchristlichen Ländern das friedliche Nebeneinander mehrerer Religionen der Normalzustand. Sogar der Islam, der wie das Christentum den Geist der Ausschließlichkeit vom Judentum übernommen hatte, wird durch den Koran gehalten, die beiden anderen monotheistischen Religionen zu dulden, wenn sich deren Anhänger der politischen Herrschaft der Moslems unterwerfen. In der Antike, bei den Hindus und in Ostasien war und ist das gleichzeitige Bestehen mehrerer Religionen und Philosophien eine Selbstverständlichkeit. Im vorkommunistischen China wurde die importierte Religionsphilosophie des Buddhismus neben der heimischen des Taoismus und sogar mit seltenen Ausnahmen neben dem offiziellen Konfuzianismus geduldet. In Japan gab es nicht nur ein friedliches Nebeneinander von Buddhismus und Schintoismus, sondern auch eine Zusammenarbeit der beiden Glaubensformen; und unter dem Tokugawaregime genoß der Neukonfuzianismus, wenn ich nicht irre, einen fast mit dem Buddhismus und dem Schintoismus vergleichbaren Status.

Ikeda: Zweifellos sind viele gläubige Buddhisten wie gläubige Schintoisten traditionsgemäß sehr tolerant gegenüber dem Glauben anderer gewesen. Oft konnten die Japaner auch ohne weiteres die Lehren des Buddhismus, des Schintoismus und des Konfuzianismus miteinander in Einklang bringen.

Überdies haben die traditionellen japanischen Religionen seit langem eine bemerkenswerte Wahlverwandtschaft mit zwei der drei Ersatzreligionen gepflegt, die, wie Sie sagten, das Vakuum ausgefüllt haben, das durch den Rückgang des Christentums entstanden war –

Nationalismus und Glaube an den wissenschaftlichen Fortschritt. Das augenfälligste Beispiel dafür ist die psychologische Unterstützung, die der Schintoismus dem japanischen Imperialismus vom späten neunzehnten Jahrhundert bis zum Ende des Zweiten Weltkrieges gewährte. Obwohl Schinto nicht mehr Staatsreligion ist und sein Mythos nach der Niederlage viel von seiner geistigen Kraft verloren hat, ist sein Einfluß doch nicht völlig geschwunden.

Die Beziehung zwischen Schinto und der heutigen Technik ist recht merkwürdig. Fabriken mit den modernsten Maschinen und in nach dem allerneuesten Design entworfenen Gebäuden haben nicht selten kleine Schintoaltäre; und vor der Grundsteinlegung der neuen Stahl- und Betonbauten wird fast immer eine alte Schintozeremonie abgehalten, um den Boden zu weihen. Was ich damit sagen will, ist, daß in Japan der Glaube an Fortschritt, Nationalismus und sogar Kommunismus, obwohl er zur modernen Lebenswelt und Arbeitswelt der Japaner gehört, kein Vakuum auszufüllen hatte, das durch den Niedergang der traditionellen Religionen entstanden wäre. In diesem Sinne ist unsere Erfahrung eine andere als die der Europäer, die zu diesen Dingen greifen als zu einer neuen geistigen Hilfe, die ihnen in Zeiten innerer geistiger Not Kraft gibt.

Toynbee: Die Situation scheint tatsächlich verschieden zu sein. Aber lassen Sie mich den Vergleich vervollständigen und einige Details anführen, wie es dazu kam, daß das Vertrauen auf den wissenschaftlichen Fortschritt, auf Nationalismus und Kommunismus einen so wichtigen Platz im Denken und Glauben der Europäer einnehmen konnte. Dieser Vorgang wird verdeutlicht in der Gründung der Royal Society in England im Jahre 1661.

Sie wurde von Angehörigen der britischen Intelligenz gegründet, die über den englischen Bürgerkrieg im siebzehnten Jahrhundert empört und durch seine politischen Folgen desillusioniert waren. Sie waren mit Recht der Meinung, daß theologischer Meinungsstreit den Bürgerkrieg verschlimmert hatte und daß solche Polemik dem Christentum abträglich, für die Gesellschaft schädlich und intellektuell nicht zu entscheiden war, da die strittigen Fragen nicht in rational überzeugenden Begriffen beantwortet werden konnten. Die Royal Society sollte diese Übel mildern, indem sie das geistige Interesse von der Theologie auf die Naturwissenschaft lenkte und die praktische Tätigkeit von religiösen und politischen Händeln auf die Förderung der Technik. Die Gründer der Gesellschaft erkannten, daß mit einer wissenschaftlich fundierten Technik unerhörte Ergebnisse zu erzielen seien, und glaubten, daß ein Fortschritt der Technik auch eine Verbesserung des allgemeinen Wohlstandes mit sich bringen würde. Sie beachteten nicht, daß jede Macht, auch die von einer wissenschaftlich fundierten Technik geschaffene, moralisch wertfrei ist und zum Bösen wie zum Guten eingesetzt werden kann.

Die auf diesen Idealen basierende Religion erhielt 1945 einen tödlichen Schlag, als die wissenschaftliche Erforschung der Atomstruktur und ihre technische Anwendung in der Auslösung der Atomenergie durch Kernspaltung sogleich für die Herstellung von Bomben mißbraucht wurde, die auf Hiroshima und Nagasaki abgeworfen wurden.

Ikeda: Die Gelehrten haben den Januskopf des technisch-wissenschaftlichen Fortschritts erst nach den zwei Weltkriegen erkannt, in denen die konzentrierte und zu Höchstleistungen gebrachte wirtschaftliche Kraft und wissenschaftliche Kenntnis der Menschheit Elend und Tragik gebracht hatten.

Toynbee: Der Nationalismus, der zweite Ersatz für die ursprüngliche Religion des Abendlandes, ist die Verehrung der Kollektivmacht eines einzelnen Staates. Im Gegensatz zu dem Glauben an den Fortschritt durch die Wissenschaft ist der Nationalismus keine neue Religion. Er war schon die Religion der Stadtstaaten der vorchristlichen Antike und erwachte in der Renaissance zu neuem Leben, und diese Wiedergeburt einer griechisch-römischen politischen Religion war weitaus nachhaltiger als die Renaissance der klassischen Kunst, Architektur und Literatur. Der moderne abendländische Nationalismus, von antiken politischen Idealen und Institutionen inspiriert, hat den Fanatismus und die Dynamik des Christentums geerbt und sich, in der amerikanischen und der Französischen Revolution in die Praxis umgesetzt, als höchst ansteckend erwiesen. Heute ist der fanatische Nationalismus vielleicht zu neunzig Prozent die Religion von vermutlich neunzig Prozent der Menschheit.

Der Kommunismus, die dritte der Religionen, die das durch die

Ideen des siebzehnten Jahrhunderts entstandene Vakuum ausfüllen, ist eine Revolution gegen die soziale Ungerechtigkeit, die so alt ist wie die Zivilisation selber. Theoretisch haben das Christentum und alle anderen vorkommunistischen Religionen und Philosophien die soziale Ungerechtigkeit verdammt, aber diesen Punkt ihrer Theorien nicht in die Praxis umgesetzt. Doch während der Kommunismus alle seine Vorläufer zu Recht kritisiert hat, ist er, seine Aufmerksamkeit und seine Bemühungen auf die Beseitigung der sozialen Ungerechtigkeit konzentrierend, in die vom Christentum geübte Unduldsamkeit und in die für alle monotheistischen Religionen charakteristische Ausschließlichkeitstheorie verfallen.

Der Kommunismus ist in der Tat eine christliche Ketzerei, die wie andere frühere Ketzereien ein besonderes christliches Gebot betonte, das die etablierte Kirche vernachlässigt hatte. Die Mythologie des Kommunismus ist die jüdisch-christliche, in ein nichttheistisches Vokabular übertragen. Der einzige und allmächtige Gott Jahwe wurde durch »historische Notwendigkeit« ersetzt, das auserwählte Volk durch das Proletariat, dem von der historischen Notwendigkeit der Sieg bestimmt ist, das Tausendjährige Reich Christi durch den klassenlosen Staat. Außerdem hat der Kommunismus vom Christentum den Missionsglauben übernommen, alle Menschen bekehren zu müssen. Natürlich sind Christentum und Kommunismus nicht die einzigen missionarischen Religionen; Islam, Buddhismus und der Glaube an den Fortschritt durch die Wissenschaft sind ebenfalls Religionen der missionarischen Art.

Ikeda: Ich sehe einen Punkt, der die neuen Religionen – den Glauben an den wissenschaftlichen Fortschritt, den Nationalismus und den Kommunismus – von den älteren wie Christentum, Buddhismus und Islam unterscheidet. Während die älteren Religionen bestrebt waren, die menschliche Habgier zu zügeln und zu unterdrücken, scheinen die neuen um der Freisetzung und Erfüllung dieser Habgier willen entstanden zu sein oder zumindest benutzt zu werden. Ich sehe darin ihre Grundnatur und damit das Hauptproblem, das sich allen dreien stellt.

Toynbee: Da haben Sie, glaube ich, recht, und ich leite daraus die Notwendigkeit einer neuen Art von Religion her. Die Menschheit ist zum erstenmal in ihrer Geschichte gesellschaftlich durch die weltweite Verbreitung der modernen, aus dem Westen kommenden Zivilisation vereint worden. Und es erhebt sich die Frage nach der zukünftigen Religion der Menschheit, nachdem sich alle bestehenden Religionen als unbefriedigend erwiesen haben.

Die zukünftige Religion braucht nicht unbedingt eine ganz neue zu sein. Sie könnte die Version einer alten Religion sein; doch wenn eine solche in einer Form, die den neuen Bedürfnissen der Menschheit entspräche, wiederauferstünde, wäre sie vermutlich kaum wiederzuerkennen; denn die Lebensbedingungen der Menschen haben sich in unserer Zeit radikal verändert.

Eine künftige Religion, die eine neue Zivilisation erschaffen und erhalten soll, wird der Menschheit die Kraft geben müssen, die Übel, die gegenwärtig ihren Fortbestand ernsthaft bedrohen, zu bekämpfen und zu überwinden. Die furchtbarsten dieser Übel sind die ältesten: die Habgier, so alt wie das Leben selber, und der Krieg und die soziale Ungerechtigkeit, die so alt sind wie die Zivilisation. Ein neues, kaum weniger schreckliches Übel ist die künstliche Umwelt, die sich die Menschheit durch die Anwendung der Wissenschaft auf die Technik im Dienste der Habgier geschaffen hat.

Ikeda: Ich denke hierüber genau wie Sie; auch ich betrachte als die Hauptübel unserer Zivilisation die Habgier, den Krieg und die Ungerechtigkeit und dazu die künstliche Zerstörung der natürlichen Umwelt. Die Habgier ist eine Angelegenheit im Menschen selber. Krieg und Ungerechtigkeit betreffen die zwischenmenschlichen Beziehungen, und die Umweltzerstörung ist eine Sache zwischen Mensch und Natur.

In der buddhistischen Philosophie werden diese Faktoren als die »Drei Welten« kategorisiert – die Beziehungen innerhalb des einzelnen Menschen, die zwischenmenschlichen (gesellschaftlichen) Beziehungen und die Beziehungen zur Natur. Sie sind alle drei für das ganze Leben unerläßlich, und Probleme in einer sind mit den anderen beiden verknüpft. Um irgendeine Verbesserung in der Welt zu bewirken, muß jeder einzelne sich von innen heraus verbessern, ja revolutionieren. Das heißt, wir müssen als erstes uns selber in Ordnung bringen; dann und nur dann wird es möglich sein, etwas gegen die Unordnung in unseren gesellschaftlichen Verhältnissen und in den Beziehungen zu unserer natürlichen Umwelt zu tun.

Rückkehr zum Pantheismus

Ikeda: Judentum, Christentum und Islam sind monotheistische Religionen, die keinen Kompromiß mit anderen Gottheiten erlauben. Wenn ein Mensch zum Christentum bekehrt worden ist, muß er alle früheren Glaubensbekenntnisse aufgeben und ganz seinem neuen und einzigen Gott angehören. Die religiöse Exklusivität scheint mir ein wichtiger Wesenszug der Geschichte der abendländischen Zivilisation gewesen zu sein.

Toynbee: Der Buddhismus ähnelt als missionarische Religion dem Christentum und dem Islam, aber er unterscheidet sich von ihnen hinsichtlich seiner Wirkung auf die Völker, bei denen er sich verbreitet hat. Er hat nicht die vorbuddhistischen Religionen und Philosophien in Indien und Ostasien verdrängt, sondern ihre Existenz neben sich geduldet; und so hat er keinen Bruch in der kulturellen Kontinuität verursacht, wie es die Einführung des Christentums und des Islams in den Gebieten westlich Indiens und auch im indischen Subkontinent, wo der Islam Fuß gefaßt hatte, bewirkt hat. In Indonesien war die hinduistisch-buddhistische Tradition so stark gewesen, daß sich der Islam zu einer friedlichen Einigung mit ihnen gezwungen sah. Aus diesem Grund war der Bruch in der kulturellen Kontinuität in Indien und Ostasien besonders stark, als – und erst als – eine der westlichen Religionen, von modernen Aggressoren aus dem Westen gebracht und von christlichem Fanatismus getragen, in den nachchristlichen Formen des Wissenschaftsglaubens, des Nationalismus und des Kommunismus auf diese Religionen stieß. Der Nationalismus, der auch Indien und Ostasien erfaßte, ist eine abendländische Version der vorchristlichen griechisch-römischen Verehrung der Kollektivmacht eines Lokalstaates. Aber er sowohl wie auch der Kommunismus und der Wissenschaftsglaube wurde von christlichem Fanatismus angetrieben als Folge seiner Wiedererweckung in einer ehemals christlichen Welt.

Ikeda: Mit anderen Worten: Trotz der von abendländischen Elementen herbeigeführten Diskontinuität ist die ursprüngliche orientalische Kontinuität ungebrochen geblieben; es hat keine grundlegende Bekehrung stattgefunden. Im Gegensatz dazu haben sich im Westen die Grundlagen der Zivilisation selber verändert, obwohl ihre Strukturen die gleichen geblieben sind. Die Revolution im Westen war eine religiöse.

Toynbee: Im Westen hat die kulturelle Revolution zu zwei verschiedenen Zeitpunkten in zwei Stufen stattgefunden, und nur beim erstenmal (bei der Bekehrung des Abendlandes zum Christentum) war der Bruch die Folge der Einwirkung einer fremden Religion. Der zweite Bruch, bei dem das Christentum von den drei nachchristlichen westlichen Religionen ersetzt wurde, war nicht von einer äußeren Einwirkung verursacht. Die Ablösung war eine Revolution im Inneren, wenn auch wie die frühere Revolution eine drastische.

Im Gegensatz zu den Zivilisationen im Westen der Alten Welt seit der Bekehrung dieser Region zum Christentum und zum Islam waren die Kulturen Indiens und Ostasiens bis zum Eindringen der westlichen nachchristlichen Religionen stabil geblieben. Ich gebe zu, daß der Unterschied zwischen den Kulturen Indiens und Ostasiens einerseits und der modernen westlichen Kultur andererseits auf die Verschiedenheit des Charakters ihrer jeweiligen Religionen zurückzuführen ist.

Ikeda: Der Unterschied zwischen Monotheismus und Pantheismus drückt sich sehr deutlich in der menschlichen Zivilisation aus. Unter den vom monotheistischen Glauben auferlegten Bedingungen werden Gesellschaft und Zivilisation sehr stark von der Notwendigkeit bestimmt, alles auf ein absolutes Wesen zu beziehen, und wird die Entwicklung einer alles durchdringenden Uniformität gefördert. Weil dies die Annahme fremder Elemente erschwert, sobald eine Konfrontation mit etwas Neuem stattfindet, ist eine monotheistische Gesellschaft gezwungen, einen Wechsel auf Gedeih und Verderb, alles oder nichts zu ertragen. Darum sind Veränderungen in der abendländischen Geschichte oft grundlegend und weitreichend gewesen. In pantheistischen Gemeinschaften hingegen wird der Wert fremder Ideen und Dinge anerkannt; man ist ihnen gegenüber tolerant, und daher können sie ohne grundlegende gesellschaftliche Veränderungen eingebracht werden. Die Gesellschaft als solche bleibt unverändert, einerlei, was für neue Elemente hinzukommen.

Toynbee: Die monotheistischen Religionen haben das göttliche Element des Weltalls in einem einzigen, allmächtigen Schöpfergott außerhalb der Welt konzentriert, und diese Einschränkung hat die Natur – einschließlich der menschlichen – des Göttlichen beraubt. In Indien und Ostasien hingegen waren vor dem Eindringen des modernen Westens das ganze Universum und alles darin göttlich, der Mensch und die nichtmenschliche Natur eingeschlossen, und besaßen daher in den Augen der Menschen eine Heiligkeit und Würde, die sie davon abhielten, ihrer Habgier zu frönen und der nichtmenschlichen Natur Gewalt anzutun.

In dieser pantheistischen Anschauung des Ostens ist das Universum vom Göttlichen durchtränkt; im Gegensatz zu der monotheistischen des Westens thront das Göttliche außerhalb des Universums, und das heißt, es wird zu etwas Übersinnlich-Abstraktem.

Im Westen der Alten Welt und in Amerika waren die ursprünglichen Kulturen – die mittelamerikanische, peruanische, sumerische, griechisch-römische und ägyptische und auch die kanaanitische der Israeliten, bevor sie Monotheisten wurden – von der gleichen Art wie die Kulturen Indiens und Ostasiens vor dem modernen westlichen Einfluß. Ursprünglich sind alle Kulturen pantheistisch und nicht monotheistisch gewesen. Diese historische Tatsache läßt hoffen, daß die gegenwärtigen Anhänger des Monotheismus eines Tages zum Pantheismus zurückkehren werden, nachdem sie sich der üblen Folgen der monotheistischen Respektlosigkeit vor der Natur bewußt geworden sind.

Ikeda: Zweierlei hat die religiösen Anschauungen des modernen Menschen tief berührt: die Fähigkeit, die natürlichen Verhältnisse so sehr zu beeinflussen, daß sie nicht mehr die Produktionstätigkeit beschränken, und die Entwicklung des modernen Verkehrs, so daß Entfernungen praktisch keine Rolle mehr spielen. Früher, als der Mensch unter den Einschränkungen der natürlichen Verhältnisse leben und arbeiten mußte, betrachtete er alles, was seine eigenen Kräfte überstieg, als mystisch. Aus dieser Anschauungsweise wiederum entstand der Pantheismus, der Glaube, daß die Natur mit Göttlichkeit erfüllt ist. Jetzt, da der Mensch die Macht hat, vermittels der von ihm entwickelten Wissenschaft und Technik die Natur zu beherrschen und zu nutzen, ist es unwahrscheinlich, daß er zu einer pantheistischen Deutung des Weltalls zurückfinden wird.

Des Menschen Stolz auf seine Fähigkeit, mit der Natur umzugehen, hat ihn dazu verführt, die Umwelt bis zu einem solchen Grade zu beschmutzen und zu zerstören, daß er damit seine eigene Existenz gefährdet. Und obwohl er Herr individueller Aspekte der Welt ist, ist er völlig unwichtig angesichts der Lebenskraft, die alle Bestandteile der ganzen Natur zusammenbindet.

Ich glaube, ein klares Begreifen der Bereiche, in denen der Mensch der Natur überlegen, und derer, in denen er ihr unterlegen ist, kann von großem Nutzen sein, wenn es darum geht, einen wirklich bedeutungsvollen religiösen Glauben für die Zukunft auszuarbeiten.

Toynbee: Wie viele der späteren menschlichen Tätigkeiten waren auch Ackerbau und Viehzucht Einmischungen des Menschen in die nichtmenschliche Natur; aber es sind keine Zwangseingriffe gewesen. Des Menschen Fähigkeit, die Natur zu zwingen, war begrenzt, solange die ihm zur Verfügung stehende physische Kraft fast ausschließlich seine eigene Muskelkraft war. Aber sie wurde praktisch unbeschränkt, als er seit der industriellen Revolution begann, sich die unermeßlich größeren Kräfte der unbelebten Natur in weitem Maße nutzbar zu machen. Das war der Augenblick, da die Erlaubnis zur Ausbeutung der nichtmenschlichen Natur, die der Bibel zufolge Gott dem Menschen gab, eine bedeutsame und verhängnisvolle praktische Wirkung bekam.

Als der abendländische Mensch durch die systematische Anwendung der Wissenschaft auf die Technik die Überhand über die Natur erlangte, gab ihm sein Glaube, es sei ihm gestattet, die Natur auszubeuten, grünes Licht, seiner Habgier bis zum Äußersten seiner nunmehr ungeheuren und noch mehr und mehr anwachsenden technischen Kapazität zu frönen. Seiner Habgier wurden durch keinen pantheistischen Glauben Schranken gesetzt, die nichtmenschliche Natur sei heilig und habe wie die des Menschen eine Würde, die geachtet werden sollte.

Es ist bemerkenswert, daß im siebzehnten Jahrhundert, als die Europäer ihren alten Christenglauben durch den neuen Glauben an die Wissenschaft ersetzten, sie zwar den Theismus aufgaben, doch nicht die aus dem Monotheismus übernommene Überzeugung, sie hätten das Recht, über die nichtmenschliche Natur zu verfügen. Früher hatten sie geglaubt, die Pächter Gottes auf dieser Erde zu sein mit der göttlichen Lizenz, die nichtmenschliche Natur auszubeuten, wenn sie Gott gebührend verehrten und seine Eigentumsrechte anerkannten. Im siebzehnten Jahrhundert schlugen die Engländer nicht nur Karl I. den Kopf ab, sondern auch Gott; sie enteigneten das Weltall und wollten nicht mehr Pächter sein, sondern Freisassen – die uneingeschränkten Besitzer. Die Religion der Wissenschaft hat sich jetzt wie die des Nationalismus über die ganze Erde verbreitet. Kommunisten wie Nichtkommunisten sind sowohl Nationalisten als auch Gläubige der Religion des wissenschaftlichen Fortschritts. Diese aus dem Abendland stammenden nachchristlichen Religionen sind es, die die Menschheit in diese hoffnungslose Lage gebracht haben.

Ikeda: Die monotheistische Haltung des Westens ist vielleicht auf dem einen beschränkten Gebiet der wissenschaftlichen Technik von Wert für die zukünftige materielle Entwicklung der Menschheit. Wenn es jedoch darum geht, die Unabhängigkeit aller Völkergruppen zu schützen und der Umweltverschmutzung und -zerstörung Einhalt zu gebieten, scheint mir die östliche Auffassung wertvoller. Aber die beiden Standpunkte sollten so verknüpft werden, daß die Mängel der einen oder der anderen kompensiert werden können. Ich bin überzeugt, daß nur eine neue, Wissenschaft und Philosophie vereinende Religion eine Zivilisation auf hoher Ebene anführen kann. Die Religion, die wir brauchen, muß auch den wissenschaftlichen und technischen Geist der Menschheit beflügeln und imstande sein, die Bedürfnisse eines neuen Zeitalters zu befriedigen; es muß eine Religion sein, die über die Unterschiede zwischen Ost und West hinausgeht, die Menschheit zu einer festen Körperschaft vereint und den Okzident aus seiner gegenwärtigen Krise und den Orient aus seiner materiellen Not befreit. Diese Art von Religion zu entdecken ist die größte Aufgabe, die der Menschheit heute bevorsteht.

Toynbee: Wir müssen ganz dringend das von der industriellen

Revolution gestörte Verhältnis des Menschen zur nichtmenschlichen Natur wiederherstellen. Der Weg zur wirtschaftlichen und technischen Revolution wurde durch eine religiöse Revolution im Westen der Alten Welt geöffnet; es war die Ersetzung des Pantheismus durch den Monotheismus. Ich glaube, die Menschheit muß zum Pantheismus zurückkehren; wir müssen wieder die Würde der nichtmenschlichen Natur berücksichtigen und achten. Dazu brauchen wir die richtige Religion.

Eine richtige Religion ist eine solche, die uns Respekt vor der Würde und Heiligkeit der ganzen Natur lehrt. Die falsche Religion ist eine, die der menschlichen Habgier zum Schaden der nichtmenschlichen Natur Vorschub leistet. Und ich komme zu dem Schluß, daß die Religion, die wir brauchen, der Pantheismus ist, wie ihn der Schintoismus exemplifiziert, und daß die Religion, die wir aufgeben müssen, der Monotheismus ist und zugleich der nachchristliche Glaube an den wissenschaftlichen Fortschritt, der vom Christentum die Überzeugung übernommen hat, der Mensch habe das moralische Recht, das Universum zur Befriedigung seiner Habgier auszubeuten.

Ikeda: Ich stimme überein mit Ihrer Definition der richtigen Religion als einer, die Achtung für die Würde der nichtmenschlichen Natur lehrt, und der falschen Religion als einer, die zur Befriedigung der menschlichen Habgier zum Schaden der nichtmenschlichen Natur ermächtigt. In der Beurteilung des Schintoismus bin ich jedoch anderer Meinung. Sicherlich postuliert der Schintoismus die Würde jeder Wesenheit in der Natur, aber es fehlt ihm das philosophische Konzept für die Begründung dieser Würde. Schinto beruht auf einer gefühlsmäßigen Verbundenheit zur Natur, die den Ahnen des japanischen Volkes vertraut war; die Ahnen wurden die Mittler zwischen Mensch und Natur. Die extremste Manifestation des Schinto war der Glaube an eine sogenannte göttliche Nation.

Schinto hat zwei Gesichter. Das eine, das positive, ist die Neigung zum Einklang mit der Natur; die Kehrseite ist die Isolierung und Exklusivität. Vielleicht sind diese Tendenzen nicht nur dem Schintoismus eigentümlich, sondern auch anderen pantheistischen religiösen Traditionen.

Toynbee: Schinto hat offenbar wie viele andere ähnliche Religionen

366

gute und schlechte Seiten. Ein Vorzug, so wie ich es sehe, des Schintoismus wie der vorchristlichen Religion der Griechen und Römer ist, daß diesen Religionen die Naturkräfte heilig sind, daß sie dem Menschen die Ehrfurcht vor der Natur einprägen und seine habgierige Sucht, die Natur auszubeuten, in Schranken halten. Aber Schinto hat, wie Sie sagen, eine Schwäche, die, wie ich meine, die vorchristliche Religion der Griechen und Römer auch hatte.

Die Natur umfaßt auch die menschliche Natur; der Mensch ist unentrinnbar ein Teil der Natur, auch wenn er sich von ihr distanziert, um sie ausnutzen zu können. Auf jener Stufe der menschlichen Entwicklung, als der Mensch, von Natur aus ein gesellig lebendes Tier, damit begann, die menschliche Gesellschaft in großen und zweckmäßig errichteten Gemeinschaften zu organisieren, wurde die Menschenkraft eine der stärksten Naturkräfte – so stark wie die Gewalt eines Orkans, eines Gewitters, eines Erdbebens oder einer Hochwasserflut. Deshalb überschattet auf dieser Stufe die Verehrung der zusammengefaßten Menschenkraft – in Form von Familien, Staaten, Kirchen und anderen Verflechtungen von Beziehungen zwischen Menschen – die Verehrung anderer Naturkräfte; und die Götter, die ursprünglich diese Kräfte symbolisierten, werden zu Symbolen menschlicher Institutionen.

Diese neue Funktion hatte der Schintoismus nach der Meidschirestauration im neunzehnten Jahrhundert zu übernehmen. Ungefähr sechsundzwanzig Jahrhunderte vorher war sie den Göttern des griechischen Pantheons auferlegt worden; sie mußten fortan als Symbole der Kollektivmacht eines Stadtstaates dienen, nachdem sich die griechische Welt politisch in mehrere selbständige, sich heftig befehdende Stadtstaaten gespalten hatte.

Diese Art der Religion, sowohl in ihrer ursprünglichen unpolitischen Form als auch in ihrer späteren politischen Version, ist höheren Religionen geistig unterlegen.

Ikeda: In seinen ursprünglichen Lehren und im Lauf seiner Geschichte hat der Buddhismus eine vernünftige Lösung dieses Problems entwickelt, indem er die Grenzen des Pantheismus überschritt. Der Buddhismus ist auf Lebensgesetzen gegründet, einem System von Gesetzen für alle Formen des Lebens. Mit diesem als erstem Prinzip lehrt er einen Lebensweg, der die Harmonie und Einheit der Menschheit mit der nichtmenschlichen Natur betont. In pantheistischen Religionen werden die Götter nur als Symbole von Naturkräften oder von Völkern angesehen. Der Buddhismus hingegen gibt diesen Gottheiten einen Platz in dem System der Lebensgesetze. Da das Leben, auf dem der Buddhismus basiert, das aller Menschen und aller lebenden Dinge ist, überschreitet dieses System seinem Wesen nach den Nationalismus.

Toynbee: Ich sehe, was Sie unter dem Wesen des Buddhismus verstehen. Und das bringt mich wieder auf das Wesen der sogenannten höheren Religionen. Damit meine ich jene Religionen, in denen der einzelne Mensch die letztgültige geistige Realität unmittelbar erfaßt und nicht nur indirekt mit ihr durch das Medium einer nichtmenschlichen Naturmacht oder einer Verkörperung kollektiver Menschenkraft in Berührung kommt. Der Mensch braucht höhere Religionen, so wie sie hier definiert werden.

Ikeda: Ohne Zweifel ist eine höhere Religion dringend vonnöten. Mir scheint jedoch, wir müssen das Wesen einer solchen Religion hinsichtlich der Grundlage, auf der sie ruht, analysieren. Damit meine ich, daß wir uns zu fragen haben, ob eine höhere Religion auf einem Gott oder einem Gesetz basieren soll. Ich glaube, der Mensch muß heute einer auf einem Gesetz basierenden Religion vertrauen, weil eine solche Religion nicht nur modernen Vorstellungen von Logik und Vernunft entspricht, sondern sie auch übertrifft.

Toynbee: Sie fragen also, was für eine Religion wirksamer und wertvoller ist, eine theistische oder eine legalistische. Der Theismus macht von der letztgültigen geistigen Realität ein anthropomorphisches Bild; der Gott ist eine menschenähnliche Darstellung der letztgültigen Realität. Die griechischen, hinduistischen und nordischen Götter wurden auch physisch menschenähnlich geschildert; der jüdische Gott Jahwe, den die Christen und Moslems übernommen haben, wird zwar unkörperlich und unsichtbar vorgestellt, doch in den jüdischen Schriften als mit menschlichen Emotionen behaftet – mit Zorn und Eifersucht – und unter ihrem Einfluß handelnd geschildert; das heißt, er handelt so, wie es bei Menschen mit Recht mißbilligt und verurteilt wird.

Die Menschen sehnen sich nach einer menschenähnlichen letzten Realität, auch in der Form eines launischen Tyrannen, weil in menschlichen Gemeinschaften Kinder die Hilfe und Leitung menschlicher Eltern brauchen, während Erwachsene Führer benötigen, denen sie nicht verwandtschaftlich verbunden sind, sondern durch das Vertrauen auf die überlegene Weisheit und die stärkere Willenskraft des Führers. Aber es ist wider die Vernunft, dieses Verlangen zu befriedigen, indem man sich die letztgültige geistige Realität anthropomorph vorstellt. Es gibt keinen Beweis für ihre Menschenähnlichkeit, die in der Tat höchst unwahrscheinlich ist; denn der Mensch ist nur eines der Phänomene, aus denen sich die Natur zusammensetzt. Ich muß sagen, ein umfassendes und allgemeingültiges System von Lebensgesetzen, so wie es im Buddhismus vorgebracht wird, scheint mir eine weniger irrige Darstellung der letztgültigen geistigen Realität zu sein als ein Pantheon – Zeus, Athene, Apollo – oder ein einziger Gott – Jahwe.

12
Gut und Böse

Die Mischung von Gut und Böse

Ikeda: Die chinesischen konfuzianischen Gelehrten Meng-tse und Hsün-tsu entwickelten zwei entgegengesetzte Lehren über die Natur des Menschen: Der erstere verfocht die Idee der ursprünglichen Güte; der letztere die Idee des ursprünglichen Bösen. Diese beiden Konzeptionen findet man auch in der Theologie und Philosophie des Abendlandes. Die Erbsünde der christlichen Auffassung kommt der Vorstellung des angeborenen Bösen sehr nahe; und im Gegensatz dazu ist Rousseaus Idee des »edlen Wilden« der Vorstellung der angeborenen Güte ähnlich. Die Befürworter der Theorie des angeborenen Bösen behaupten, daß eine Kraft von außen den Menschen beherrsche, während die Verfechter der angeborenen Güte solche Herrschaft bestreiten und alle Verantwortung der menschlichen Natur zuschreiben. Ich glaube, daß die menschliche Natur weder gut noch böse ist, sondern an beiden Eigenschaften teilhat.

Toynbee: Ich stimme mit Ihnen überein, daß die Natur des Menschen von Anbeginn und im wesentlichen weder gut noch böse ist; sie ist potentiell gut *und* böse und unserer Erfahrung nach bei jedem einzelnen eine Mischung aus beiden Elementen. Die Proportionen sind verschieden, doch normalerweise sind sowohl das Gute wie das Böse bis zu einem gewissen Grade in der Natur des Menschen vorhanden. Wahrscheinlich hat es nie einen Menschen gegeben, der völlig gut oder ganz und gar böse war.

Ikeda: Der Buddhismus lehrt, daß jedes Leben – auch das des Buddha, der den denkbar edelsten Charakter besitzt – gute und böse Wesenszüge enthält. Und darum ist es notwendig, das praktisch unbegrenzte Wachstum der guten Seiten der menschlichen Natur zu fördern und zu versuchen, die schlechten Seiten zu beherrschen. Ich muß jedoch hinzufügen, daß gesellschaftlicher Druck die schlechten Seiten nicht niederhalten kann; ein solches Ziel kann nur aus dem Innern des einzelnen Menschen erreicht werden.

Toynbee: Diese Mischung von Gut und Böse in der menschlichen Natur scheint mir eine Folge der Beziehung zwischen einem Lebewesen und dem Universum zu sein. Ein Lebewesen ist sowohl losgelöst vom Universum als auch ein Teil desselben. Diese Beziehung gibt dem Menschen die Möglichkeit, seinen Standpunkt und sein Verhalten selber zu bestimmen.

Der Mensch mag versuchen, das übrige Universum zu beherrschen und auszubeuten, das heißt, sich selber zum Mittelpunkt und Daseinsgrund des ganzen Universums zu machen. Soweit der Mensch diesem habgierigen Verlangen folgt, ist sein Verhalten böse. Andererseits mag er versuchen, sich dem Universum hinzugeben und ihm, nicht seinen Interessen zu dienen. Soweit er diesem liebenden Verlangen folgt, ist sein Verhalten gut. Die Erfahrung, die jeder mit sich selber und bei anderen macht, zeigt einen ständigen Kampf zwischen diesen zwei Impulsen im Menschen. Der Kampf beginnt mit dem Erwachen des Bewußtseins und endet erst mit dem Tode oder dem Altersschwachsinn.

Ikeda: Moral, Ethik und Religion sind die Wächter, die eingesetzt sind, damit im komplizierten Innern des Menschen das liebende Verlangen über die Habgier obsiegen kann. Aber lassen Sie uns dieses Thema untersuchen, indem wir über einige konkretere Fragen sprechen.

Wenn jedermann weiß, daß Mord etwas Böses ist – warum wird er trotzdem begangen? Um diese einfache, aber wohlerwogene Frage zu verallgemeinern, könnte man auch fragen: Da unmoralische Handlungen überall für unrecht gelten – warum werden sie immer wieder verübt? Wenn sie jung sind, erwerben die jungen Menschen durch Erziehung, Einfluß der Eltern und Lektüre eine gewisse Kenntnis der Moralbegriffe; aber es ist durchaus nicht sicher, daß dieses Wissen zum Kriterium für ihre Handlungen wird. Tatsächlich geschieht es manchmal, daß das Verhalten eines Menschen seiner moralischen Erziehung ganz entgegengesetzt ist; denn der emotionelle Einfluß auf die Handlungen des Menschen ist nicht geringer – vielleicht sogar stärker – als die Einwirkung der Vernunft. Und so kann die Emotion die Überhand gewinnen und das theoretische Wissen, das auf der Vernunft basiert, verdrängen. Wenn die Emotion, was meist der Fall ist, Egoismus zur Grundlage hat, dann verhindert sie zu tun, was man für gut erkennt, und gestattet zu tun, wovon man weiß, daß es böse ist. Diese Selbstliebe kann sich ausweiten und Familie, Landsleute, Nation und Rasse umfassen.

Toynbee: Des Menschen Quelle psychischer und daher auch seiner höheren geistigen Stärke ist, so glaube ich, die letztgültige geistige Realität. Die Kraft, die aus dieser Quelle fließt, wird durch das einzelne Leben des individuellen Ego geleitet und kann von ihm auf gute wie auf böse Ziele gelenkt werden. In diesem Zusammenhang meinen wir mit *gut* und *böse*, was für die Mitmenschen dieses besonderen Menschen gut und böse ist, für die nichtmenschlichen Lebewesen und für das Universum als Ganzes.

Die natürliche Neigung des Ego ist, zu herrschen und die übrige Welt auszubeuten. Das Ego kann sich auch anderen Menschen und Dingen zuwenden; doch ist dieser Altruismus im Gegensatz zum natürlichen Egoismus eine erzieherische *tour de force* der Selbsterziehung.

Ikeda: Bevor das Moralgefühl in Tätigkeit übertragen werden kann, muß das Ego beherrscht werden. Gesellschaftliche Regulierungen haben nur eine begrenzte Wirkung, wie es klar aus der Tatsache hervorgeht, daß zwar alle Nationen den Einzelmord bestrafen, den organisierten Massenmord jedoch gelten lassen.

Toynbee: Altruismus kann nur durch Selbstdisziplin, Selbstbeherrschung, Selbstverleugnung und, wenn notwendig, Selbstopfer erlangt werden. Böses tun, auch wenn das Gewissen einem das Gegenteil sagt, ist leicht; vielleicht ist es unmöglich, das Begehren völlig auszulöschen, es sei denn durch Selbstzerstörung, und es ist sehr schwer, sein Begehren ganz auf Liebe und Hingabe zu richten.

Ikeda: Die Menschen haben seit jeher große Anstrengungen gemacht, ihr Ego zu überwinden; und einige scheinen sogar dieses Ziel erreicht zu haben. Zu diesem Zweck waren einige bemüht, alle Begierden zu verleugnen; andere, das Ego durch die allumfassende Liebe zu besiegen. Ich leugne nicht die Leistungen derjenigen, die solche Wege einschlagen. Aber wenn auch ihre Methoden Wirkung hatten – sie sind nicht auf die Menschheit im ganzen anwendbar, und deshalb muß man ihren Wert für die Allgemeinheit bezweifeln. So wie es sich auch bei anderen Aspekten der Moral verhält: Die Erklärung, die Menschheit müsse nach der allumfassenden Liebe streben, bleibt oft bei der bloßen Versicherung stehen, so daß das Ego weiter regiert.

Toynbee: Wie Sie betonen, haben bis jetzt nur ganz wenige überhaupt versucht, das Begehren total auszulöschen oder sich voll und ganz der Menschenliebe zu ergeben. Infolgedessen ist die menschliche Gesellschaft (das Netz der Beziehungen zwischen den Menschen) bis heute unseligerweise unmoralisch und sozial rückständig geblieben, wenn man ihr Verhalten nach dem Maßstab beurteilt, der allen Menschen durch ihr Gewissen gesetzt ist.

Das moralische Durchschnittsniveau hat sich nicht gehoben. Es gibt keinen Beweis, daß die sogenannten zivilisierten Gemeinschaften den sogenannten primitiven, das heißt denen der Steinzeit, moralisch überlegen sind. Der Prozeß, den wir Zivilisierung nennen, ist ein Fortschritt der Technik, der Wissenschaft und der unpersönlichen Machtmanipulation und keine Verbesserung der Moral oder Ethik.

Jede technische Verbesserung bringt einen Machtzuwachs mit sich, und die Macht kann zum Guten wie zum Bösen gelenkt werden. Am alarmierendsten ist dabei, daß die durch Technik erworbene Macht sich in jüngster Zeit in einer unerhörten Geschwindigkeit zu einem unerhörten Grad gesteigert hat, während das moralische – oder unmoralische – Durchschnittsniveau der Menschen, die über diese ungeheuerlich gewachsene Macht gebieten, stehengeblieben, vielleicht sogar zurückgegangen ist.

Ikeda: Ja, in dem Maße, wie die Menschheit technisch fortgeschritten ist, hat ihre Moral die Neigung zum Niedergang. Die Ursache dieses moralischen Verfalls war der Irrglaube, daß die aus dem technischen Fortschritt gewonnene Macht zum moralischen Wertmesser werden könne. Das Ende dieser Verblendung muß der Anfang sein für unsere Bemühungen, das Dilemma zu lösen, in dem der Mensch heute steckt, ein Dilemma, das er sich selber geschaffen hat.

Toynbee: Wir sind uns dieser immer weiter werdenden Kluft zwischen Macht und Moral bewußt. Und sie wurde tragischer und bedrohlicher durch die Entdeckung der Atomspaltung und deren Mißbrauch durch den Abwurf von Atombomben auf Hiroshima und Nagasaki und durch die Lagerung von verbesserten – wenn das Wort in diesem Zusammenhang gebraucht werden darf – Atomwaffen in einem Ausmaß, daß es heute in der Macht von Menschen steht, das Leben auf unserem Planeten mehrfach zu vernichten.

Es ist schwer zu sehen, wie im Atomzeitalter die Menschheit ihren Massenselbstmord verhindern kann, wenn sie nicht danach strebt, sich auf das moralische Niveau eines Buddha oder Franz von Assisi zu erheben. Die Gründer und Verkünder der höheren Religionen und Philosophien haben in den letzten fünfundzwanzig Jahrhunderten die moralischen Maßstäbe vorgezeichnet, die gerade heute im Atomzeitalter für alle verbindlich sind, wenn die Menschheit sich vor der Selbstvernichtung bewahren will. Aber nach diesen höheren moralischen Maßstäben haben in der Praxis nur sehr wenige gelebt. Die Mehrheit hat wohl den ethischen Wert dieser Maßstäbe anerkannt, sie jedoch als utopische Ratschläge bezeichnet, die in die Tat umzusetzen man von gewöhnlichen Menschen nicht verlangen könne.

Ikeda: Es trifft zwar zu, daß die völlige Selbstbeherrschung ein Ziel ist, das für die meisten schwer erreichbar ist, doch scheint es ungerecht, zu sagen, der Grund für die Unfähigkeit des Menschen, sich selbst zu meistern, sei Mangel an Willen. Das Hindernis für die Selbstbeherrschung liegt in einer tieferen Schicht als das Begehren oder das Bewußtsein; man muß also einen Weg finden, eine Kraft zu mobilisieren, die im Unterbewußtsein liegt. Ich bin überzeugt, daß diese Kraft in allen Menschen steckt, und die Aufgabe ist, sie zutage zu fördern.

Toynbee: Die utopischen Ratschläge, von denen ich sprach, sind unerläßliche Bedingungen für das Überleben geworden, nachdem sich die Menschheit, ihre Bemühungen auf die Vervollkommnung der Technik konzentrierend, leichtfertig und voreilig in das Atomzeitalter gestürzt hat. Es ist durchaus vorstellbar, daß jeder Mensch imstande ist, sich zu den Höhen der Heiligkeit zu erheben; aber es scheint unwahrscheinlich, daß die meisten Menschen sich dieser geistigen Mühe unterziehen werden trotz der nun schon weitverbreiteten Erkenntnis, daß der Preis für das Versagen gegenüber der moralischen Herausforderung des Atomzeitalters unsere Selbstvernichtung sein kann.

Ich komme zu dem Schluß, daß der Fortbestand der Menschheit heute gefährdeter ist als zu irgendeiner Zeit, seit sich der Mensch die Überlegenheit über die nichtmenschliche Natur sicherte. Die Bedrohung kommt vom Menschen selber; die von ihm erfundene und entwickelte Technik, zu den diabolischen Zwecken der menschlichen Ichsucht und Bosheit mißbraucht, ist eine tödlichere Gefahr als Erdbeben und Vulkanausbrüche, Überschwemmungen und Trockenheiten, gefährlicher als Raubtiere und Mikroben.

Ikeda: Ich pflichte Ihnen ganz darin bei, daß der Mensch selber seine gegenwärtige Krise geschaffen und daß er den Schlüssel zu ihrer Lösung in der Hand hat. Der Weg zur Übertragung moralischen Empfindens in moralisches Handeln besteht nicht in der Preisgabe des Ego, sondern darin, daß man es stets im richtigen Licht betrachtet und zu bestimmten Zeiten aktiviert und bei anderen Gelegenheiten unterdrückt. Als konkrete Methode jedoch wäre es zwecklos, einfach Selbstbeherrschung als ein Wissensfach zu lehren und sie auf diese Weise zu propagieren. Es kommt auf eine totale Reform des Individuums von den tieferen Bewußtseinsschichten aus an; sie kann nicht von außen auferlegt werden. Der einzelne Mensch muß vielmehr in dem Bestreben, seine Persönlichkeit zu vervollkommnen, sich bewußt bemühen, seine eigene Reform zu vollziehen; und eine Philosophie, die der Notwendigkeit einer solchen Reform Nachdruck verleiht, hat ihren Anhängern die nötige Stärke für die Aufgabe zu geben. Diese Art Reform meine ich, wenn ich von einer Revolution des Menschen spreche.

Vom guten und schlechten Begehren

Ikeda: Die Menschheit hat vielerlei Begehren: den instinktiven Willen, als Organismus zu überleben, den Durst nach Ruhm und Macht und das Verlangen nach Schönheit und Wissen. Dazu kommt der Wunsch nach menschlicher Liebe und Mitgefühl, der dem Leben wie dem

Menschen eingeboren ist. In der modernen Zivilisation scheint das Streben nach Macht und Besitz, obwohl es schon immer gewaltig gewesen ist, im Zunehmen begriffen. Solange sie ungezügelt bleiben, führen die Begierden zu Konflikten zwischen den Menschen und zur Zerstörung der natürlichen Umwelt und des Lebens.

Toynbee: Ich mache mir große Sorgen um die Rolle der Begierden – besonders der Habgier in der modernen Welt.

Ikeda: Ich pflichte Ihnen darin bei, daß das Böse die Frucht der menschlichen Ichbezogenheit ist. Sie meinen, religiöse Liebe sei der Weg, auf dem der Mensch seine Ichbezogenheit überwinden kann; und auch ich glaube, daß die Religion das grundlegendste und umfassendste Mittel ist, den Egoismus zu besiegen. Wenn wir jedoch annehmen, daß die Religion den Egoismus bezwingen kann – was für einen psychologischen Mechanismus muß sie dazu betätigen?

Ich glaube an das Vorhandensein einer anderen Art des menschlichen Begehrens, auf dem alle anderen, die wir aufgezählt haben, beruhen. Ich möchte es das Grundverlangen nennen; und ich glaube, es ist die Kraft, die alles andere menschliche Begehren schöpferisch aktiviert. Es ist die Quelle aller Triebkräfte des Lebens, und es ist auch das Verlangen, sein Leben mit dem des Universums zu vereinen und Lebenskraft aus ihm zu ziehen. Dieses Grundverlangen überträgt die Schwingung des All-Lebens auf alle menschlichen Empfindungen und hebt sie empor. Und so regt das mannigfache menschliche Begehren die Schöpferkraft an, während es mit dem Grundverlangen in Berührung bleibt.

Toynbee: Verlangen ist ein anderer Name für die psychische Energie, die Leben schafft und trägt. Das Verlangen, das den Angehörigen einer Spezies von Lebewesen beseelt und treibt, sich selbst und seine Spezies zu erhalten und fortzupflanzen, ist identisch mit der Energie des Universums in seinem psychischen Aspekt. Mit anderen Worten: Das Verlangen ist gleichbedeutend mit der letzten Realität oder jedenfalls mit einer ihrer Facetten.

Ikeda: Andererseits manifestiert sich in den Tiefen des menschlichen Lebens das Verlangen, das ursprünglich zur Förderung des Lebens dient, manchmal in der Form selbstsüchtiger Gier, sowohl andere Menschen als auch die Natur zu unterjochen und zu zerstören.

Der Wille zur Macht bei Nietzsche und Adler und der instinktive Todeswunsch bei Freud und Marcuse scheinen mir aus Erwägungen über solche tiefinneren Vorgänge entstanden zu sein. Ich nenne ein in ichbezogene Selbstsucht verwandeltes Verlangen – jene Motive, die tief im Innern des Lebens lauern – ein diabolisches Begehren.

Toynbee: Die Identität jedes Einzelwesens mit dem Universum geht mit einer Getrenntheit zwischen Individuum und Universum Hand in Hand. Diese Unverbundenheit kann in den getrennten Wesen die eine oder die andere von zwei Reaktionen auslösen, die nicht nur verschieden sind, sondern tatsächlich antithetisch. Die eine Reaktion ist ein liebendes Verlangen nach Harmonie mit der Ganzheit des Universums; die andere ist das diabolische Begehren, die übrige Welt zu unterjochen und auszubeuten oder gar zu zerstören. Das liebende Verlangen fordert Selbstentsagung und in manchen Fällen sogar Selbstaufopferung; Liebe ist der Impuls, sich dem Dienst anderer und des Universums zu ergeben.

Ikeda: Die buddhistische Lehre interpretiert das diabolische Begehren folgendermaßen: Wenn Menschen versuchen, andere Menschen oder die Natur zu beherrschen, werden sie von dem diabolischen Begehren verhext. Dieses Begehren selbst strebt danach, die Verbindungen mit allen anderen Begehren und dem Grundbegehren zu lösen, alle anderen Begehren unter seine Herrschaft zu bringen.

Toynbee: Das diabolische Begehren ist natürlicher als das liebende Verlangen; denn das abgesonderte Ich-Sein ist eine wesentliche Eigenschaft des Lebendigseins. Das diabolische Begehren sucht dieses abgesonderte Ich-Sein zu seinem logischen Schluß zu bringen und verherrlicht es zum Mittelpunkt und Daseinsrecht des Universums. Wie das liebende Verlangen strebt das diabolische Begehren danach, die Zersplitterung der Ganzheit und Einheit des Universums zu überwinden, die durch das Erscheinen des abgesonderten Ichs bewirkt worden ist; doch die beiden alternativen Versuche, die Einheit wiederherzustellen, widersprechen einander. Die Liebe sucht die Einheit wiederherzustellen, indem sie sich hingibt, das diabolische Begehren, indem es sich zur Geltung bringt.

Ikeda: Wie kann das diabolische Begehren in liebendes Verlangen umgewandelt werden?

Toynbee: Beide Reaktionen sind Folgen einer Spannung, bewirkt durch die Spaltung des Universums in viele gesonderte Ichs. Jede Reaktion fordert ihren Preis. Die Selbstaufopferung, die von der Liebe verlangt werden kann, mag schließlich zur Selbstvernichtung führen; und die verlorene Einheit wird durch die Auslöschung des Lebens des gesonderten Ichs wiederhergestellt werden wollen. Die diabolische Reaktion ist ein Versuch des gesonderten Ichs, das Leben zu bewahren, das sein Kern ist; doch der Preis dieser aggressiven Reaktion eines gesonderten Ichs ist Kampf und Chaos. Ein aggressives Ich gerät in Widerstreit mit zahllosen anderen aggressiven Ichs, und jedes steht im Gegensatz zum Universum als Ganzem.

Wie soll ein Einzelwesen sich hingeben, ohne sein Leben auszulöschen? Und wie soll es sich zur Geltung bringen, ohne mit dem Leben anderer gesonderter Ichs und mit dem Leben des ganzen Universums in Widerstreit zu geraten? Diese Fragen werden uns durch die Erfahrung aufgezwungen; wir müssen sie stellen, aber es kann sein, daß wir sie nicht beantworten können. Der Preis des Lebens kann ein lebenslanges Ringen um die Lösung eines unlösbaren Problems sein.

Ikeda: Zweifellos ist das Leben ein fortgesetzter Versuch, mit dem Problem des Begehrens ins reine zu kommen. Ich fühle, daß der Mensch einen ständigen Kampf führen muß, um das diabolische Begehren zu ersticken und das grundlegende Verlangen zu offenbaren. Als Bestandteil des menschlichen Lebens kann das diabolische Begehren nicht eliminiert werden; aber es ist das Schicksal des Menschen, unaufhörlich zu kämpfen, um es zu unterdrücken und seine Auswirkungen abzuschwächen.

Toynbee: Nach den Pali-Schriften des südlichen Buddhismus hat der Buddha die völlige Erstickung des Begehrens jeder Art praktiziert und seinen Schülern empfohlen; und sein Ziel war, auch das Leben auszulöschen, oder jedenfalls so weit, wie wir es in uns selber und in anderen psychosomatischen menschlichen Lebewesen auf diesem Planeten kennen – wenn dies die Bedeutung des Nirwana ist. Ich glaube, der Buddha hat eine richtige psychologische Diagnose gestellt, als er sagte, daß, *wenn* es möglich wäre, das Begehren völlig zu ersticken, dies der Auslöschung des Lebens selber gleichkäme; es wäre ein Übergang vom Leben in den Zustand des Ausgelöschtseins.

Ikeda: Nirwana bedeutet »ein Licht ausblasen«; das heißt, wie Sie richtig bemerken, Ausgelöschtsein. Aber der südliche Buddhismus (Hinajana) und der nördliche Buddhismus (Mahajana) gehen in der Behandlung dieser Frage weit auseinander. Während Hinajana das menschliche Begehren bis zum Punkt der Auslöschung zu unterdrücken sucht, betrachtet Mahajana dies nicht als seine Hauptaufgabe; es sucht letztlich soziale Reformen durch individuelle Erleuchtung und ist der Meinung, indem es den buddhistischen Geist des Mitgefühls in Tätigkeit für diesen letzten Zweck überträgt, daß der einzelne Mensch sein Begehren nicht nur beherrschen, sondern auch in konstruktive geistige Kräfte umwandeln kann.

Die buddhistische Lehre enthält eine eingehende Analyse der Manifestationen der Begehren, die der diabolischen Natur unterstehen, und ihrer Wirkungen auf das Leben. Aufgrund dieser Analyse hat der Buddhismus versucht, eine praktische Methode zur Unterdrückung des diabolischen Begehrens zu finden. Diese Methode versucht nicht, die Begehren selbst zu widerlegen oder zu verkleinern, sondern strebt an, die Wirksamkeit ihrer diabolischen Natur zu hemmen und sie von ihrer Knechtschaft unter dieser Natur zu befreien.

Es ist unbedingt notwendig, das Begehren zu kontrollieren, damit es mitwirken kann, die Menschheit, die Gesellschaft und das ganze Universum auf den Weg des schöpferischen Lebens zu führen. Kontrolle, nicht müßige Versuche, es zu ersticken, ist der sinnvolle Weg im Umgang mit Begehren. Wie die Psychoanalyse gezeigt hat, führt die Unterdrückung von Begehren zu einem Rückstrom der Energie in die Welt des Unterbewußtseins und zu seelischen und geistigen Störungen.

Toynbee: Es trifft zu, daß die völlige Auslöschung von Begehren unmöglich ist und auch unerwünscht sein würde, wenn sie möglich wäre. Sie ist aus den von Ihnen festgestellten Gründen ausgeschlossen. Das Begehren kann nicht wirklich erstickt werden; es kann entweder aus den bewußten in die unbewußten Schichten der Psyche verdrängt werden (mit der verderblichen Wirkung, die Sie erwähnten), oder es kann bewußt auf Ziele gerichtet werden, die für einen selber, für seine Mitmenschen und für das Universum als Ganzes gut und richtig sind. Ich glaube, der Mensch sollte nicht nach dem unerreichbaren Ziel streben, das Begehren zu ersticken, sondern nach dem erreichbaren und wünschenswerten Ziel, es auf gute Ziele zu lenken. Habe ich hier den Finger auf den Unterschied von Diagnose, Standpunkt und Ziel zwischen dem südlichen und dem nördlichen Buddhismus gelegt?

Ikeda: Ja, ich glaube, das haben Sie; aber lassen Sie mich, um diesen Punkt weiter auszuführen, auf den Buddhismus zurückkehren, wie ihn Schakjamuni gelehrt hat. Um die Erleuchtung zu erlangen, muß der Mensch seine selbstische Natur überwinden. Wahrscheinlich um ihm zu helfen, lehrte Schakjamuni, alles sei eitel, um damit auf die Eitelkeit eines ichbezogenen Lebens hinzuweisen. Der buddhistische Begriff der Selbstlosigkeit besagt, daß es im Ego keine ewige und unveränderliche Substanz gibt. Kein Zustand unseres Lebens ist unveränderlich; wir fühlen uns in einem Augenblick frustriert und im nächsten wieder glücklich; wir streben eine Zeitlang nach einem hohen Ideal und tun dann wieder alles, um ein häßliches Begehren zu befriedigen. Die Wandelbarkeit der Phänomene des menschlichen Lebens scheint die Idee der Selbstlosigkeit oder das Nichtvorhandensein seines unveränderlichen Ichs zu bestätigen. Doch sogar in diesem wechselnden Strom können wir die Existenz einer gewissen Folgerichtigkeit innerhalb des Ichs nicht leugnen. Das Ichbewußtsein ist ein wesentlicher Bestandteil des Lebens. Wenn wir annehmen, man könne das vollkommene Nirwana frei von jedem Leiden erlangen, sobald es einem gelänge, sein Ich zunichte zu machen, dann wäre doch die Erreichung eines solches Nirwanas bedeutungslos, da es kein Ich mehr gäbe, das die Befreiung vom Leiden empfinden könnte.

Der Begriff der auf die Auslöschung des Begehrens gerichteten Selbstlosigkeit spielt keine größere Rolle im nördlichen Buddhismus, besonders in der Philosophie des Lotos-Sutra – denn diese betont die Harmonie und Einheit des Ichs mit dem Universum und lehrt, daß der Mensch den Idealzustand der Glückseligkeit in seinem Leben erlangen kann, wenn es mit dem Leben des Universums integriert ist. Die altruistische Ausübung des Mitgefühls (im buddhistischen Sinne) führt natürlicherweise zu einem Sieg über das Begehren. Mit anderen Worten: Durch die Erweckung zu einem größeren (allumfassenden) Ich überwindet der Mensch sein geringeres (individuelles) Ich und die mit ihm verbundenen Begehren.

Toynbee: Wenn ich Ihre Erklärung richtig deute, ist das Nirwana nach der Lotos-Sutra-Schule des nördlichen Buddhismus nicht die Beendigung der Wiedergeburt, die sich vielmehr unaufhörlich fortsetzt. Aber wenn das wiedergeborene Ich sein Karma verbessert, wird sein Leben in der endlosen Reihe von Wiedergeburten ein Zustand der Glückseligkeit und nicht der Qual werden, und das Glück besteht in der Annäherung des Einzel-Ichs an das All-Ich. Ist diese Lehre die gleiche wie die der hinduistischen Schule, die glaubt, das Wesen des Einzel-Ichs sei identisch mit der letztgültigen geistigen Realität (*Tat twam asi*, das heißt, das Absolute ist mit dir wesenseins)?

Ikeda: Obwohl der Hinduismus die traditionelle indische Religion ist und der Buddhismus die nichttraditionelle, haben sie dieselbe ideologische Grundlage; und während sie Begriffe voneinander entlehnten, haben sie doch ihre unterschiedliche Individualität behalten. Aber der Buddhismus hat seine charakteristischen Lehren unter dem Einfluß des Brahmanismus entwickelt, der bekanntlich die ältere Religion in Indien war. Der Hinduismus, der dem Buddhismus zeitlich folgte, wurde von buddhistischen Lehren beeinflußt.

Der mit den Worten *Tat twam asi* ausgedrückte Begriff in den Upanischaden bildet den Mittelpunkt sowohl der buddhistischen wie der hinduistischen Lehre; man muß ihn tatsächlich als einen der größten Beiträge des indischen Volkes an die Menschheit ansehen. Der Unterschied zwischen den Anschauungen des südlichen und des nördlichen Buddhismus liegt in der Art und Weise, wie das Einzel-Ich mit dem All-Ich in Berührung kommt. Im Gegensatz zu der südbuddhistischen Vorstellung, das Einzel-Ich müsse zerstört werden, um die letztliche Vereinigung zu bewirken, betont der nördliche Buddhismus die Vereinigung des unversehrten Einzel-Ichs mit dem All-Ich.

Toynbee: Unser Urteil, was die richtige Haltung dem Begehren gegenüber sei, wird von unserer Auffassung des Wesens der Realität bestimmt. Wie ich es sehe, ist die letztgültige Realität das, was hier »universales Leben« oder »All-Ich« genannt wird. Die zweite dieser Benennungen ist die deutlichere. Sie bezeichnet die Dualität und Ambivalenz des einzelnen menschlichen Ichs.

Einerseits ist das Einzel-Ich (in einer Analogie zu einem physischen Vorgang ausgedrückt) eine Absplitterung des All-Ichs. Es ist ein

Bruchstück des Ganzen und versucht, sich gegen den Rest des Ganzen durchzusetzen. Solange das Einzel-Ich auf diese egoistische Weise handelt, rebelliert es gegen das All-Ich und entfremdet sich von ihm.

Das ist ein falsches Verhältnis zwischen den beiden Ichs; nur und erst wenn der Mensch dem abhilft, kann er gut oder glücklich sein. Diese Wahrheit wird, glaube ich, von allen anerkannt, die guten Willens sind, seien es südliche oder nördliche Buddhisten, Christen, Agnostiker oder Anhänger einer anderen Form des geistigen Lebens. Der Punkt, an dem sie voneinander abweichen, ist ihr jeweiliges Rezept zur Erlangung des gemeinsamen Zieles.

So weit meine oberflächliche Kenntnis reicht, habe ich den Eindruck, daß Sie die südbuddhistische Anleitung zur Überwindung der Spaltung, Gegensätzlichkeit und Spannung zwischen dem Einzel-Ich und dem All-Ich richtig darstellen. Der Arhat, der zum Heiligen gewordene Mönch, versucht, Einheit und Harmonie durch die Auslöschung des Einzel-Ichs wiederherzustellen; er setzt sie gleich mit der völligen Erstickung jeder Art von Begehren, ohne zwischen guten und bösen zu unterscheiden.

Ich stimme Ihnen zu, daß dieses Rezept zur Wiederherstellung von Harmonie und Einheit untunlich ist. Ein Mensch, dem es gelingt, sein Einzel-Ich auszulöschen, vereinigt sich dadurch nicht mit dem All-Ich; er versperrt sich im Gegenteil den Zugang zum All-Ich. Sie haben auf diese Wahrheit hingewiesen, als Sie sagten, wir könnten eine gewisse Folgerichtigkeit im Ich nicht leugnen, deren Erkenntnis ein wesentlicher Bestandteil des Lebens ist.

Das ist der Widerspruch und die Schwierigkeit beim Ich. Unser einziges Bewußtsein des All-Ichs und der einzige Zugang zu ihm geht durch das Einzel-Ich. Und es ist ebenfalls wahr, daß das Einzel-Ich, solange es den Weg des geringsten Widerstandes geht, gegen das All-Ich rebelliert. Aber da diese beiden Wahrheiten gelten, ist das südbuddhistische Rezept zu simpel – in der Tat zu einfältig. Wir müssen allerdings das Einzel-Ich meistern, aber unser Ziel sollte nicht sein, es auszulöschen, sondern es umzugestalten; das heißt, wir müssen zwischen mehreren Arten des Begehrens unterscheiden. Wir müssen unsere egoistischen Begehren unterdrücken und unterordnen, aber wir müssen – was immer es das Ich kosten mag – unseren altruistischen Begehren nachgehen, um Harmonie und Einheit mit unserem All-Ich zu erlangen.

Ikeda: Ich vermute, der Weg, diese Fusion zustande zu bringen, steht in Verbindung mit dem, was Sie Selbstbeherrschung nennen. Und damit ich sehen kann, ob ich Ihre Ansicht richtig interpretiere, erklären Sie bitte konkreter, was Sie unter Selbstbeherrschung verstehen.

Toynbee: Selbstbeherrschung ist der Sieg über das Begehren in dem niedrigeren Ich des Menschen im Verlauf der Integrierung des niedrigeren Ichs mit dem universalen Leben. Die Erleuchtung des einzelnen ist das unerläßliche Mittel einer sozialen Reform, denn in der Erscheinungswelt, in der wir Menschen leben und handeln, sind die Ausübenden einzelne Menschen. Der konkrete Weg zur Erreichung dieses Ziels ist, dem Mitgefühl zu folgen, einem der Begehren, die dem Einzel-Ich angeboren sind. Mitgefühl ist das Begehren, das das Einzel-Ich bewegt, den Bereich seines Eigeninteresses zu erweitern, um die Ganzheit des All-Ichs zu umfassen.

Mir scheint, daß in diesem offensichtlich sehr wichtigen Punkt der nördliche Buddhismus in den drei monotheistischen Religionen Judentum, Christentum und Islam Bestätigung findet. Das arabische Wort *Islam* bedeutet ja Selbstaufgabe oder Ergebung des Einzel-Ichs in den Dienst des Ichs, das in diesen Religionen durch den anthropomorphen *Gott* verkörpert wird. Ich finde, die nichtanthropomorphe Ausdrucksweise des Buddhismus trifft besser die schwer zu beschreibende Wahrheit über das Ich.

Ikeda: Das All-Ich ist nach meiner Ansicht die allumfassende Lebenskraft. Nach der buddhistischen Interpretation ist das Leben des einzelnen Menschen zutiefst mit dem universalen Leben verbunden, von dem es eine Partikularisierung oder Individualisierung ist. Das Merkmal des individualisierten Lebens ist die Fähigkeit, Bewegung und Handlung zu erzeugen; doch die grundlegende Realität, die dieser Fähigkeit Leben gibt, ist das der universalen Lebenskraft innewohnende Gesetz. Dieser Aspekt der Lehren des nördlichen Buddhismus unterscheidet ihn von den drei monotheistischen Religionen. Wenn eine übernatürliche Gottheit – Jahwe, Gott oder Allah oder wie auch immer sie heißen mag – vorausgesetzt wird, ist die Kraft,

Bewegung und Handlung im menschlichen Leben zu schaffen, diesem Leben nicht innewohnend; sie wird von einer Wesenheit von außen verliehen. Und wenn dies der Fall ist, dann ist der Mensch eine Art Mechanismus, der von außen gesteuert wird.

Das Gesetz des nördlichen Buddhismus, das die Quelle des Lebens darstellt, ist keine Realität außerhalb der Menschheit; es durchdringt das universale wie das menschliche Leben. Und so ist der Kern seiner Lehre die Erweckung zur Kenntnis des Gesetzes im Menschen selber oder der Einheit des individualisierten und des universalen Lebens. Etwas anders ausgedrückt, begreift der nördliche Buddhismus die letztgültige Realität nicht als einen Gott – ein anthropomorphes Wesen –, sondern als die allumfassende Lebenskraft und als das Gesetz, das in seinem tiefsten Innern wirksam ist.

Toynbee: Es scheint mir wirklich überzeugender, das All-Ich als ein Gesetz zu deuten denn als einen Gott. Überdies dürfte die Forderung des südlichen Buddhismus, das Begehren zu überwinden, schwieriger in die Praxis zu übersetzen sein als die Lehre des nördlichen Buddhismus. Dieser und die monotheistischen Religionen scheinen mir übereinstimmend im Gegensatz zu der Anleitung zu stehen, die der südliche Buddhismus für die menschliche Lebensführung gibt. *Alle* höheren Religionen rufen den Menschen auf, seine egoistischen Begierden zu überwinden. Das ist allerdings eine sehr schwierige Aufgabe.

Ikeda: Ohne Zweifel. Aber wenn der Mensch sich nicht bemüht, seine niederen Begierden zu überwinden, gewinnen die animalischen Elemente in ihm die Überhand. Bei der Überlegung, warum es so schwer ist, Begierden zu überwinden, fiel mir ein, es liegt vielleicht daran, daß einige der höheren Religionen das Wesen des All-Ichs nicht klar verstanden haben und daß daraus methodische Schwierigkeiten entstanden sind. Sie sind sich zwar der Notwendigkeit bewußt, daß Ich zu beherrschen, aber nicht sicher, was das Ich ist; sie sehen zwar, daß das Ich zu einem gewissen Grade aus Begierden und Empfindungen besteht, doch sie verstehen nicht sein vollständiges Wesen und wodurch das Einzel-Ich sich vom All-Ich unterscheidet.

Der Buddhismus lehrt, daß das Einzel-Ich, das gemeistert werden muß, und das All-Ich ein und dasselbe sind. Sobald der Mensch dies erkannt hat, versteht er, daß sein eigenes Ich nicht ein Bruchstück des All-Ichs ist, sondern tatsächlich das All-Ich selbst. Die Erlangung dieses Wissens ist die letzte Erleuchtung zur Buddhawelt; sie ist die innere geistige Verwirklichung, und das Wissen darum muß mit der demütigen Bewußtheit durchtränkt sein, daß man ein wesentlicher Teil des All-Ichs ist.

Die wahre Aufgabe der Religion ist, dem Menschen die Kraft zu verleihen, sein Begehren zu überwinden und die höchsten Möglichkeiten seiner Menschlichkeit zu entfalten. Die Religion muß den Menschen zum Bewußtsein der tief in ihm enthaltenen Lebenskraft erwecken und ihm die Stärke verleihen, diese Lebenskraft mit der allumfassenden Lebenskraft zu verschmelzen. Ich pflichte Ihnen bei, daß der Mensch unablässig danach streben muß, sich dem Universum zuzuwenden.

Toynbee: In Wirklichkeit sind das Einzel-Ich und das All-Ich ein und dasselbe. Ich glaube, *Tat twam asi* ist die Wahrheit. Da es aber nur ein intellektueller Lehrsatz ist, enthält er nur die potentielle Wahrheit, solange er nicht durch moralisches Handeln tatsächlich wahr gemacht wird – und das ist Sache des Einzel-Ichs. Das Einzel-Ich hat sich dem All-Ich durch Habgier entfremdet. Die Habgier ist das Verlangen, das All für die Zwecke des Einzel-Ichs auszubeuten; das Gegenteil der Habgier ist das Mitgefühl, und durch dessen Ausübung kann das Einzel-Ich tatsächlich zum All-Ich werden.

Die Bedeutung des Schicksals

Ikeda: Es besteht eine offenkundige Ungleichheit in den menschlichen Schicksalen. Die Menschen selber sind verschieden: Manche sind reicher, klüger und begabter als andere. Natürlich tragen Umweltfaktoren zu der Bildung jedes Individuums bei, doch auch sie sind an jedem Ort anders, und der Mensch kann sie sich nicht aussuchen. Dieser Umstand und die vielen Nöte, denen der Mensch ausgesetzt ist, bringen mich dazu, an das Schicksal zu glauben, und mit solcher Überzeugung muß ich zu entdecken versuchen, woraus das Schicksal besteht. Nach der buddhistischen Lehre fließt das Leben durch drei

Zeitformen: Vergangenheit, Gegenwart und Zukunft. Die Handlungen eines Einzelwesens in der Vergangenheit bestimmen sein Schicksal in der Gegenwart. Das Christentum jedoch deutet das Schicksal als den Willen eines allwissenden, allmächtigen Gottes.

Toynbee: Buddhismus und Christentum stimmen darin überein, daß wir über die Grenzen eines einzigen Lebens hinausschauen müssen, um das Schicksal des Menschen zu erklären.

Der Buddhismus glaubt, die Schicksale des einzelnen seien von seinen Handlungen bestimmt (dem Karma). Wenn ich die buddhistische Auffassung des Karmas richtig verstehe, dann bildet sich durch unsere Handlungen für uns eine Art moralisches Bankkonto, dessen Saldo (es kann an einem bestimmten Zeitpunkt ein Haben- oder ein Sollsaldo sein) durch neue Eintragungen auf der einen oder anderen Seite ständig wechselt. Diese Erklärung für die Ungleichheit des Schicksals geht von der Hypothese aus, daß eine Persönlichkeit schon vor der Geburt geprägt und nicht durch den Tod ausgelöscht wird. Nach der buddhistischen Lehre wird die Persönlichkeit mit dem noch gültigen und offenen Soll-und-Haben-Konto nach dem Tode wiedergeboren, und Tod und Wiedergeburt können ungezählte Male erfolgen.

Das Christentum lehrt, daß das Schicksal des einzelnen von einem allmächtigen Gott festgelegt ist, der das All erschaffen hat; und es richtet seinen Lauf auf ein Ziel, das Gott ihm gesetzt hat. Diese Deutung setzt die Existenz eines allmächtigen Gottes voraus.

Nach dem christlichen Glauben ist es Gott, der dem Menschen seinen Charakter auferlegt und Zeit und Ort und die gesellschaftliche Stellung bestimmt, in denen ein Mensch geboren wird. Anders als die Buddhisten glauben die Christen, daß der Mensch nur eine einzige Lebenszeit in dieser Welt habe und daß der Zeitpunkt seiner Empfängnis im Mutterleib der Beginn seiner geistigen wie physischen Existenz ist. Aber sie stimmen mit den Buddhisten darin überein, daß des Menschen Persönlichkeit mit dem Tode nicht erlischt. Obwohl die Christen nicht glauben, daß der Mensch je in dieser Welt wiedererscheint, glauben sie, daß er unsterblich ist und daß nach seinem Tode seine letzte Bestimmung entweder der Himmel – vielleicht über das Fegefeuer – oder die Hölle ist.

Christen, die die Vorstellung eines allmächtigen Gottes zu Ende denken, glauben, es sei dem Menschen von Gott bestimmt, schließlich in den Himmel oder in die Hölle zu kommen. Andere meinen, des Menschen Schicksal nach dem Tode werde zumindest teilweise von seinem Karma bestimmt, das nach christlicher Auffassung ein Konto ist, das innerhalb einer einzigen Lebenszeit auf dieser Welt bei der Geburt eröffnet und beim Tode geschlossen wird. In der Geschichte der christlichen Theologie ist der Meinungsstreit über die anteiligen Rollen Gottes und des Menschen selber in der Bestimmung des menschlichen Schicksals niemals durch eine allgemein anerkannte Vereinbarung entschieden worden.

Seit dreihundert Jahren glauben immer weniger Europäer an die christlichen Doktrinen, sie glauben nicht mehr an die Existenz eines allmächtigen Gottes oder an das Weiterleben der menschlichen Persönlichkeit nach dem Tode. Sie glauben noch, daß des Menschen Erscheinen in dieser Welt auf ein einziges Leben beschränkt ist, und sind sich nicht einig, ob sein Schicksal in dieser Lebenszeit überwiegend von der Zusammensetzung seiner Erbeinheiten, von seiner Umwelt oder von seinem Karma bestimmt wird.

Mir scheint, diese nachchristlichen Glaubensanschauungen drücken die ursprünglichen christlichen mit anderen Worten aus. Des Menschen zufällige Erbeinheiten entsprechen Gottes willkürlicher Vorherbestimmung; denn auch die Erbeinheit ist willkürlich, da die Zahl der möglichen Zusammensetzungen praktisch unendlich ist. Die Rolle der Umwelt entspricht der des Platzes, den Gott dem Menschen in einer besonderen Zeit, an einem bestimmten Ort und in einer bestimmten Gesellschaft zuerkannt hat. Diese abendländischen Nachchristen stimmen mit den nicht an die Prädestination glaubenden Christen darin überein, daß des Menschen Schicksal zum Teil von seinem Karma bestimmt wird, ohne daß es sein Schicksal nach dem Tode beeinflußt; für sie gibt es kein Schicksal nach dem Tode, denn dieser löscht alles aus.

Ikeda: Das heißt also, die Meinungen über das Schicksal gehen weit auseinander, je nachdem, ob man glaubt, das Leben sei nur einmalig oder ewig. Wenn die Existenz des einzelnen beim Tode völlig zu Ende ist, erübrigt sich jede Diskussion über ein Schicksal danach; wenn jedoch das Schicksal mit der Geburt beginnt und mit dem Tode endet, warum werden dann alle Menschen verschieden geboren? Wäre der allmächtige Gott gerecht, gäbe er allen Menschen den gleichen Start, aber er tut es nicht. Können Sie das erklären? Übt die letztgültige geistige Realität hinter dem Universum tatsächlich eine willkürliche Herrschaft über die menschlichen Schicksale aus?

Toynbee: Wie andere ehemals christliche Europäer glaube ich, daß die Unterschiede der Erbanlagen und der Umwelt zum Teil die Unterschiede der menschlichen Schicksale erklären. Aber ich glaube auch, das Karma spielt eine größere Rolle, als ihm von vielen meiner mehr deterministisch gesinnten Zeitgenossen zuerkannt wird. Ich stimme auch nicht mit einigen von ihnen überein, die nicht an die Existenz einer letztgültigen geistigen Realität hinter der uns erfahrungsgemäß vertrauten geistigen Realität der menschlichen Natur glauben.

Ich habe in meinem eigenen Leben und in denen anderer Erfahrung mit dem Karma gehabt; ich sehe auch, daß das Karma in der Geschichte menschlicher Gemeinschaften und Institutionen wirksam war. Diese sind Geflechte von Beziehungen zwischen Sterblichen, die ihre Vorgänger ablösen und ihrerseits von Nachfolgern abgelöst werden, so daß ein Geflecht von Beziehungen, wie es oft der Fall ist, weit länger dauern kann als ein einzelnes Menschenleben. So bedarf es zu einem Beweis für die Wirksamkeit des Karmas in der Geschichte von Gemeinschaften und Institutionen nicht der Hypothese, daß die einzelne Person durch eine Reihe von Geburten und Toden eine kontinuierliche Identität behält. Die Kontinuität wird durch das Beziehungsgeflecht aufrechterhalten, nicht durch die Persönlichkeit der Menschen, die durch dieses Netzwerk zeitweilig verbunden sind. Drei Beispiele aus der britischen Geschichte mögen zeigen, was ich unter dem Wirken des Karmas in der Geschichte von Gemeinschaften und Institutionen verstehe.

Im vierzehnten und fünfzehnten Jahrhundert haben die Engländer den Hundertjährigen Krieg um Frankreich geführt. Sie unterlagen, und dies veranlaßte sie, für immer auf die Eroberung von Territorien auf dem Kontinent zu verzichten und gleichfalls auf die politische oder militärische Einmischung in europäische Angelegenheiten, es sei denn, um Angriffe auf Großbritannien zu verhindern. Das war die erfolgreiche Tilgung einer Debeteintragung auf Großbritanniens Karmakonto.

Im siebzehnten Jahrhundert führten die Engländer einen heftigen Bürgerkrieg, richteten ihren König hin und errichteten anstelle der absoluten Monarchie eine Militärregierung. Diese desillusionierende Erfahrung veranlaßte sie, der Gewalt in der Politik zu entsagen. In diesem Falle konnten sie einen Sollsaldo auf ihrem Karmakonto in einen Habensaldo verwandeln.

Im achtzehnten und im frühen neunzehnten Jahrhundert wurden die Industriearbeiter in England unbarmherzig von den Unternehmern um des Profits willen ausgebeutet. Im zwanzigsten Jahrhundert bereute die britische Mittelklasse ihre frühere wirtschaftliche Härte und Selbstsucht und bewilligte den Arbeitern größere soziale Gerechtigkeit. Aber zu der Zeit hatten sich schon die Arbeiter in Gewerkschaften organisiert, die jetzt so mächtig geworden sind, daß sie zum Gegenangriff übergehen können. Nun, da sie die Macht haben, agieren sie um ihres Vorteils willen so gnadenlos wie einst die Unternehmer. In diesem Fall hat das britische Volk abermals versucht, einen Debetsaldo auf dem Karmakonto in einen Habensaldo zu verwandeln, aber diesmal ist es ihnen nicht gelungen; sie haben es nicht verstanden, in ihrem wirtschaftlichen Zusammenleben Menschlichkeit walten zu lassen. In den Beziehungen zwischen Arbeitgeber und Arbeitnehmer hat sich das Blatt gewendet, doch die Unbarmherzigkeit ist geblieben.

Ikeda: Ich stimme ganz mit dem überein, was Sie unter Karma in Gemeinschaften und Nationen verstehen. Da die Gesellschaft ein Aggregat einzelner Menschen ist, kann man sie als eine Lebensgemeinschaft im großen Maßstabe ansehen. Sie hat ihre eigenen Handlungsgesetze, Wachstums- und Verbreitungsmethoden und Fähigkeiten der Selbsterneuerung. (Ich betrachte diese Funktionen als die charakteristischen Merkmale einer Lebensgemeinschaft.) Als Lebensgemeinschaften im großen Maßstabe bilden Gesellschaftsgruppen, Institutionen und Nationen aus sich heraus ihre eigenen Karmas. Sie werden von diesen Karmas beeinflußt und bringen neue hervor.

Wenn es so ist, müssen die Führer von Nationen und gesellschaftlichen Gruppen in den Begriffen des Karmas in großem Maßstab denken und eine umfassende Kenntnis der Dinge besitzen, um die allgemeine Karmabilanz in Ordnung zu halten. Wie geschickt der Führer auch auf gewissen politischen oder wirtschaftlichen Gebieten handeln mag, wenn er das Karma schlimmer und schlimmer werden läßt und so die Bilanz durcheinanderbringt, führt er sein Volk ins Elend. Japan im Zweiten Weltkrieg bot deutlich das Bild eines Volkes, das die Wichtigkeit des Karmas mißachtete, es verwildern ließ und zum Schluß einen bitteren Preis zahlen mußte. Auch das Nachkriegsjapan hat eine in erster Linie auf Profit abgestellte Wirtschaftspolitik betrieben, die schwere Umweltverschmutzungen zur Folge hatte. Als ein Debetposten auf dem Karmakonto der Nation macht die Umweltverschmutzung gewaltsame öffentliche Gegenmaßnahmen erforderlich.

Toynbee: Ihre Beispiele scheinen meine Vorstellungen vom Karma in großem Maßstab zu bestätigen. Aber vorher hatten Sie mich nach dem Wesen der letztgültigen geistigen Realität gefragt.

Ich glaube nicht an die Existenz eines einzigen und allmächtigen und dabei menschenähnlichen männlichen Gottes, so wie ihn sich die Juden, Christen und Moslems vorstellen. Ich glaube auch nicht an eine Vielzahl von menschenähnlichen, teils männlichen, teils weiblichen Göttern wie in dem Pantheon der Hindu oder der Griechen und Römer oder der alten Germanen.

Zugleich jedoch finde ich es unglaubhaft, daß menschliche oder menschenähnliche Wesen auf anderen bewohnbaren Planeten in anderen Sonnensystemen die geistig höchsten Realitäten im Universum sind. Die Menschen sind sich des Unterschieds zwischen Gut und Böse bewußt. Ihr Gewissen sagt ihnen, daß sie stets das Gute tun sollten, doch in Wirklichkeit tun sie meistens das Böse. Die Erfahrung ihres Verhaltens und die Verurteilung ihres schlechten Verhaltens implizieren einen Glauben an die Existenz von etwas Besserem, als es die menschliche Natur ist.

Ikeda: Sie meinen also, die Demut vor einer letztgültigen Realität, die menschliches Wissen verwandelt, macht ein moralisches Verhalten möglich. Ich vermute, diese Verehrung der letztgültigen Realität ist Religion.

Toynbee: Die menschliche Natur tut Böses, insoweit sie ihre angeborene Ichbezogenheit nicht bezwingen kann. Doch manchmal gelingt es ihr. Manchmal opfert sich ein Mensch für etwas, was außer ihm selber liegt – für einen anderen Menschen oder eine Gruppe von Menschen, die ganze Menschheit oder das Universum. Wenn er das tut, versucht er, dem Universum zu dienen statt das Universum seiner eigenen selbstsüchtigen Habgier dienstbar zu machen. Der Impuls, der ihn veranlaßt, sich hinzugeben, ist Liebe. Sowohl die Liebe wie die Habgier sind Formen des Begehrens, aber solche mit entgegengesetzten Zielen. Die Habgier möchte das Universum einem Teilbegriff unterordnen; die Liebe möchte diesen Teilbegriff dem Universum unterordnen.

Gott ist die Liebe, heißt es in der Bibel. Wenn es einen menschenähnlichen Gott gäbe, würde er sowohl lieben als auch hassen, und er würde nicht nur gut, sondern auch böse sein. Und so wird in der Tat auch der monotheistische Gott zum größten Teil in den heiligen Büchern der Juden, Christen und Moslems vorgestellt. Ich glaube zwar nicht, daß die Liebe eine Person oder daß sie allmächtig ist, aber ich glaube, daß sie die letztgültige geistige Realität ist. Das ist eine unbeweisbare Hypothese wie der Glaube an die Existenz Gottes oder an die Wiedergeburt der Menschen.

Ikeda: Aber lassen Sie uns annehmen, die Liebe ist die letztgültige geistige Realität. Die Liebe existiert im Herzen des Menschen. Infolgedessen ist die im Universum vorhandene letztgültige geistige Realität zugleich im Herzen des Menschen.

Toynbee: Die Liebe, so wie wir sie bei Menschen kennen, ist eine Beziehung zwischen Personen, und diese hassen, wie sie lieben, und tun Böses, wie sie Gutes tun. Die letztgültige Realität kann keine Person sein wie der Gott Jahwe oder der Gott Wischnu. Aber ich kann mir die letztgültige Realität weder unterpersönlich noch überpersönlich denken. Ich komme meiner Vorstellung am nächsten, wenn ich es negativ ausdrücke: Der Mensch ist nicht die geistig höchste Realität, aber die geistig höchste oder letztgültige Realität, die der Mensch nicht ist, ist auch weder Gott noch Nichtgott.

Ikeda: Wenn Sie sagen, die letztgültige geistige Realität ist nicht ein Gott, meinen Sie, sie ist kein anthropomorphischer Gott, so wie er in den monotheistischen Religionen verehrt wird. Aber wenn Sie sagen, sie ist auch kein Nichtgott, meinen Sie, daß sie keine menschenähnliche Persönlichkeit hat. Können wir nicht sagen, die letztgültige Realität ist das dem Universum innewohnende Gesetz? Dieses Gesetz ist der Urgrund aller Erscheinungen und ist die Realität, die zum Grundprinzip wird, auf der die strenge Harmonie aller Erscheinungen beruht. Ich glaube, daß die Bewegung des Universums, die auf dem Gesetz basiert, das Mitgefühl ist (*dschihi* in der Terminologie des japanischen Buddhismus) – oder, um Ihr Wort zu gebrauchen, die Liebe, die danach strebt, Harmonie zwischen allen Dingen herzustellen und zu erhalten. Wenn der Mensch Selbstsucht bekundet, zerreißt er diese Harmonie. Um andererseits das dem Universum innewohnende Gesetz zum Ziel seiner Handlungen zu machen, muß man in Übereinstimmung mit der allgemeinen Harmonie handeln. Auf diesen Betrachtungen fußend, vermute ich, daß was Sie die letztgültige geistige Realität nennen, das ist, was ich unter Gesetz verstehe.

Die letztgültige Realität ist, wie Sie sagen, weder überpersönlich noch unterpersönlich. Wenn der einzelne Mensch nach der letztgültigen geistigen Realität strebt und seine Habgier überwindet, wird die letztgültige Realität in ihm manifest. Mit anderen Worten: Das dem Weltall als Ganzes innewohnende Gesetz ist latent im Menschen, der nur ein Bruchteil des Universums ist.

Mir scheint auch, daß ein Menschenschicksal von der Art und Weise bestimmt wird, wie es eine Beziehung zur letztgültigen geistigen Realität unterhält. Mit anderen Worten, die letztgültige geistige Realität an sich bestimmt nicht willkürlich das Schicksal des Menschen; es hängt von seiner Haltung und seinen Handlungen in der Beziehung zur letztgültigen geistigen Realität ab. Kurz, seine Handlungen und seine Haltung bilden sein Karma.

Weil der Buddhismus das Schicksal als das Ergebnis der Ursachen und Wirkungen im individuellen Karma erklärt, weist er den Weg zur grundlegenden menschlichen Verantwortlichkeit und Unabhängigkeit. Wenn er diese Verantwortlichkeit und Unabhängigkeit schafft, tut der Mensch in der Tat den ersten Schritt zur Umgestaltung seines eigenen Schicksals und das der Gesellschaft und anderer Institutionen.

Toynbee: Die Darstellung des Karmas in einer unpersönlichen

Terminologie scheint mir eine der größten geistigen und moralischen Leistungen des Buddhismus. Andere Religionen haben die gleiche Wahrheit personenbezogen auszudrücken versucht – »der Neid der Götter« oder »das Jüngste Gericht«. Diese Bildsprache entstellt das Wesen des Karmas, indem sie ein Element menschenähnlicher Willkür hineinträgt.

Vom wahren Fortschritt

Ikeda: Utopische Ideen hat es seit alters bei vielen Völkern und Rassen gegeben. Thomas Morus' *Utopia* ist zum Synonym für einen idealen Gesellschaftszustand geworden; darüber hinaus sind zahlreiche Werke geschrieben worden, die sich mit ähnlichen Vorstellungen beschäftigen: *Nova Atlantis* von Francis Bacon, *Civitas Solis* von Thomas Campanella, *A Modern Utopia* von H. G. Wells. Auch in Japan haben mehrere Autoren utopische Ideen behandelt.

Toynbee: Die frühesten Beispiele dieser Literaturgattung sind griechisch, wenn auch der Name *Utopia* erst von Thomas Morus geprägt wurde. Die griechischen Utopien – wie die von Platon und Aristoteles – sind meist retrospektiv. Ihre Autoren waren sich bewußt, daß zu ihrer Zeit die griechische Kultur ihren Höhepunkt überschritten hatte; und ihre Absicht war es, die gesellschaftlichen Verhältnisse festzuhalten in der Hoffnung, sie vor einem weiteren Niedergang zu bewahren. Diese Utopien wurden niemals in die Wirklichkeit der griechischen Geschichte umgesetzt. Das Tokugawaregime in Japan hingegen, eine reale politische und soziale Leistung, hätte Platons und Aristoteles' Bewunderung erregt. Ich möchte jedoch hinzufügen, daß Tokugawas Fehler, die japanische Gesellschaft »einzufrieren«, zeigt, daß Platons und Aristoteles' Utopien auf lange Sicht unausführbar waren.

Ikeda: Der Vergleich zwischen den utopischen Visionen Platons und Aristoteles' mit dem Tokugawaschogunat ist faszinierend. Aber, wie Sie sagen, auch den Tokugawas gelang es letzten Endes nicht, der japanischen Gesellschaft eine feste Form zu geben.

Im allgemeinen werden aus den gegenwärtigen gesellschaftlichen Verhältnissen heraus projizierte Zukunftswelten mit düsterer Skepsis

betrachtet. Aldous Huxleys *Schöne neue Welt* und George Orwells
1984 illustrieren den pessimistischen Aspekt utopischer Versionen
unserer Welt. Der Computer ist in unserer Zeit so allgegenwärtig
geworden, daß manche schon von der Möglichkeit einer »Computo-
pia« sprechen.

Dieser Pessimismus hat mindestens zwei Ursachen. Erstens spiegelt
er die kritische Einstellung zu der Tatsache, daß sich zwar unsere
Zivilisation angeblich in der Hoffnung auf eine bessere Welt entwik-
kelt, das menschliche Elend sich jedoch vermehrt hat. Zweitens ist die
eigentliche Idee der Utopie in ihrer ursprünglichen Form auf eine
friedliche Welt gerichtet, in der alle menschlichen Wünsche erfüllt
werden; man ist sich jedoch heute nicht mehr sicher, ob die bloße
Erfüllung von Wünschen die wahre Glückseligkeit bedeutet.

Die Skepsis Utopien gegenüber steht auch in Verbindung mit dem
soziologischen Begriff des Fortschritts. Offensichtlich ist der Fortschritt eine Hauptstütze des modernen Wissenschaftlers, der große
Befriedigung darin findet, etwas zu bereits entdeckten Wahrheiten
hinzuzufügen oder die Technik über ihren gegenwärtigen Stand
hinauszuführen. Wenn man sie lediglich im Rahmen der Wissenschaft
betrachtet, sind die Leistungen des Fortschritts unbestritten; aber hat
der wissenschaftliche Fortschritt unbedingt etwas mit dem Fortschritt
der menschlichen Kultur zu tun? Vom wissenschaftlichen Standpunkt
ist die Entwicklung der Atomforschung ein epochaler Schritt nach
vorn; doch gestatten uns die hunderttausend Opfer von Hiroshima
und Nagasaki, über diese Art von Fortschritt glücklich zu sein?

Toynbee: Die meisten abendländischen Utopien waren optimi-
stisch, da sie nicht den klaren und entscheidenden Unterschied zwischen wissenschaftlichem und moralischem Fortschritt gemacht haben. In vielen wird irrtümlich angenommen, daß wissenschaftlicher
und technischer Fortschritt automatisch auch zu einem geistigen und
moralischen Fortschritt führt. Diese abendländische Vision wurde
beim Ausbruch des Ersten Weltkrieges in Frage gestellt und mit dem
Abwurf von Atombomben am Ende des Zweiten Weltkrieges zunichte
gemacht. H. G. Wells hat es noch erlebt und ist desillusioniert und
verbittert gestorben. Die nach ihm geschriebenen Utopien sind sati-
rische Antiutopien, aufs äußerste pessimistisch als Reaktion auf den

übertriebenen Optimismus der in den vier Jahrhunderten vor 1914 veröffentlichten Utopien.

Ikeda: Der Unterschied zwischen wissenschaftlich-technischem und geistig-moralischem Fortschritt muß klar hervorgehoben werden; und die utopische Literatur hat es oft daran fehlen lassen. Der Fortschritt in den Bemühungen um die anorganische Materie liegt klar auf der Hand. Auf Gebieten hingegen, die es mit lebenden Wesen, besonders mit wahrnehmenden und empfindenden, zu tun haben, ist es nicht ratsam, ein schnelles Urteil über die Fortschrittlichkeit einer Erfindung oder Entdeckung zu fällen. Die Menschen müssen nicht nur als physische, sondern auch als geistige und moralische Wesen studiert werden; ihre Reaktionen sind nicht in allen Fällen gleich. Je nachdem, wie es empfangen wird, kann ein Phänomen dem einen Freude und Glück bringen, einem anderen jedoch Sorge und Kummer bereiten. Die Erfüllung einer bestimmten sozialen Bedingung kann von einer Gruppe als wohltätig, von einer anderen als äußerst bedrükkend angesehen werden. Darüber hinaus kommt es vor, daß man auf ein bestimmtes Phänomen zuerst freudig reagiert, später hingegen kann einen das gleiche Phänomen unglücklich machen.

Wie Sie in Ihren Bemerkungen über die Wandlung von Optimismus zu Pessimismus in den utopischen Schriften dargelegt haben, werden in der Haltung zu Utopien subtile menschliche Reaktionen gespiegelt. Jetzt, da wir nicht mehr gläubig die Vorstellung akzeptieren, der materielle Fortschritt sei ohne Einschränkung wohltätig, sollten wir versuchen, die Bedeutung des Fortschritts neu einzuschätzen.

Auch die Wissenschaftler sollten den Fortschritt mit kritischen Augen ansehen. Statt ihn blindlings als die Grundlage ihrer Aktivitäten zu betrachten, sollten sie ihr Betätigungsfeld daraufhin prüfen, was es für die ganze Menschheit bedeutet. Mit anderen Worten, in allen seinen Forschungen muß sich der Wissenschaftler von einem menschlichen Gewissen und der Fähigkeit, Werturteile abzugeben, leiten lassen. Wahrscheinlich würden sich Gelehrte in der Vergangenheit meiner Forderung heftig widersetzt haben, da sie der Freiheit der Wissenschaft widerspricht. Aber heute, da sie die Macht besitzt, uns alle zu zerstören, muß die Wissenschaft und müssen ihre Motive sorgfältig geprüft und offen kritisiert werden.

Toynbee: Der wissenschaftliche Fortschritt, auf die Technik angewandt, erzeugt Macht für Menschen über ihre Mitmenschen und die nichtmenschliche Natur. Die Macht ist ethisch neutral; sie kann zum Guten wie zum Bösen gebraucht werden und verstärkt nur materiell die Wirkung guter oder schlechter Handlungen. Die für üble Zwecke eingesetzte Atomkraft kann in einem Augenblick Millionen Menschen umbringen, während die menschliche Muskelkraft, auch mit Metall bewehrt, nur einen auf einmal in einem Kampf von Mann zu Mann töten konnte. Umgekehrt kann die den Ärzten durch den Fortschritt der medizinischen Wissenschaft verliehene Macht jetzt Millionen Menschenleben retten, die früher Bakterien oder Viren zum Opfer gefallen wären. Andererseits kann die gleiche Wissenschaft, wenn sie sich der bakteriologischen Kriegführung zuwendet, ebenso viele Menschen töten wie die Atombombe. So hängt die Wirkung der von der wissenschaftlichen Technik geschaffenen Macht auf das menschliche Leben von dem moralischen Stand der Leute ab, die über diese Macht verfügen.

Der Fortschritt der modernen Technik ist das kumulative Ergebnis von Zusammenarbeit. Im Gegensatz dazu ist das Karma, das die ethischen Grade bestimmt, ein laufendes Konto im geistigen und moralischen Leben eines Einzelwesens – ob wir nun glauben, daß der Mensch in dieser Erscheinungswelt eine Reihe von Leben oder nur ein einziges Leben führt. Auf einem Karmakonto bleiben die Soll- oder Habeneintragungen nicht konstant, die Bilanz ändert sich mit jeder neuen Eintragung. Das ethische Niveau einer Gemeinschaft hängt in jedem Augenblick von dem Stand des Karmakontos jedes einzelnen Mitgliedes der Gemeinschaft ab und von seinem ethischen – positiven oder negativen – Einfluß auf seine Mitbürger. So ist das ethische Niveau einer Gemeinschaft – anders als ihr wissenschaftlicher und technischer Stand – fluktuierend und unsicher. Nicht der wissenschaftliche und technische Fortschritt, sondern das Karma ist im menschlichen Leben der Faktor, der Wohlfahrt und Glück oder Elend und Sorge hervorbringt.

Ikeda: Sie haben einen schwierigen Punkt berührt, der mich ständig beschäftigt. Ich bin überzeugt, es ist die Aufgabe des einzelnen Menschen, sein Schicksal aus einem Zustand des Elends in den des Glückes zu führen. Diese Veränderung meine ich, wenn ich von der menschlichen Revolution spreche.

Toynbee: Das wichtigste Ziel für den Menschen sowohl um seiner selbst als um der Gemeinschaft willen ist die Verbesserung seines Karmas. Der einzige Weg dazu besteht darin, seine Selbstbeherrschung zu verstärken; und der Kampf, sein Ich zu beherrschen, fordert den persönlichen Einsatz des einzelnen. Fortschritt und Rückschritt in diesem Prozeß schwanken. Im hinduistischen und im buddhistischen Glauben kann dieses Auf und Ab eine Reihe von aufeinanderfolgenden Leben andauern. Aber es gibt im Geistigen und Moralischen keine Kumulation wie bei den Fortschritten von Wissenschaft und Technik.

Ikeda: Der Kampf mit dem Schicksal verlangt unaufhörliche Bemühung. Wenn man in einem Augenblick das Gefühl hat, ganz von erhabenen geistigen Motiven erfüllt zu sein, so bedeutet das nicht, daß man nicht schon im nächsten Augenblick, von der häßlichsten selbstsüchtigen Ehrsucht getrieben werden kann. Zahllose Gelegenheiten, der Habgier und anderen niedrigen Begehren nachzugeben, sind ein unvermeidlicher Bestandteil des Lebens. Daher ist es von größter Wichtigkeit, den Kampf mit ihnen nicht aufzugeben, sondern immer danach zu trachten, unser schlechteres Ich zu bezwingen und dem Besten, dessen wir fähig sind, gemäß zu leben. Die unablässige Bemühung, auf eine höhere Stufe zu gelangen, ist der einzige wahre Fortschritt für Menschen. Aber auch hier droht die Gefahr, sich zu verstricken, sich mit dem Fortschritt um seiner selbst willen zufriedenzugeben und jeden wirklichen Fortschritt zunichte zu machen.

Liebe und Gewissen

Ikeda: Sie sagten, die Evolution lebender Dinge sei ein Prozeß, in dem sich Liebe und Gewissen manifestieren. Doch ich kann nicht ganz zustimmen, da Liebe und Gewissen stets dem Gefühl für Werte zugeordnet sind und die Evolution lebender Dinge wertfrei ist. Vergleiche von physischen Merkmalen sind die Hauptelemente beim Studium einer Evolution, und das Ganze hängt von der Struktur des

Gehirns und des Rückenmarks ab, den Hauptträgern der geistigen Funktionen. Hirnphysiologen sagen, die vorderen Gehirnlappen seien der Sitz der geistigen Fähigkeiten des Menschen, und sie seien beim Menschen auffallend stärker entwickelt als bei allen anderen Lebewesen. Aber wir müssen daran erinnern, daß diese vorderen Gehirnlappen nicht nur manchmal kreativen Zielen dienstbar gemacht werden, sondern auch die Quelle mörderischer Handlungen sind. Mit anderen Worten: Von der einen Seite betrachtet, kann man die Evolution des Menschen eine Manifestation von Liebe und Gewissen nennen; in einem anderen Lichte besehen, hat sie jedoch auch zur Entwicklung von List und Bosheit geführt. Ihre Bezeichnung der Evolution als Vorgang der Manifestation von Liebe und Gewissen muß daher eine subjektive Hoffnung bleiben und ist etwas anderes als die objektive Betrachtung der biologischen Evolution.

Toynbee: Gehirnphysiologen scheinen tatsächlich bewiesen zu haben, daß bestimmte Teile des menschlichen Gehirns mit bestimmten Emotionen und Impulsen verbunden sind. Aber das geheimnisvolle Wort *verbunden* bezeichnet unsere Unfähigkeit, das Wesen der Beziehung zwischen zwei verschiedenen Arten der Realität zu verstehen. Die organische Materie des Gehirns ist physisch, nicht psychisch; und psychische Aktivität ist keine physische Tätigkeit, wenn sie auch auf geheimnisvolle Weise mit physischen Vorgängen verbunden sein kann und nicht möglich ist ohne die Begleitung dieser physischen Vorgänge.

Vielleicht ist das Geheimnis der Verbindung von psychischer Aktivität und physischen Vorgängen in organischer Materie eine Folge des beschränkten menschlichen Denkvermögens. Das menschliche Bewußtsein, das Leben und die Materie mögen ein unteilbares Ganzes bilden, jedoch für uns unbegreiflich sein. Es gelingt uns, es teilweise zu verstehen, wenn wir es geistig zergliedern, doch ist dies Begreifen vermittels geistiger Analyse nicht vollständig, denn uns bleibt die Beziehung zwischen den Elementen unfaßbar, in die wir die menschliche Natur zergliedert haben. Ich pflichte Ihnen bei, daß die biologische Evolution das Böse wie das Gute erzeugt und vielleicht mehr Böses als Gutes.

Ikeda: Ich stimme mit der Vorstellung überein, daß das menschliche

Leben eine ganzheitliche Realität ist und daß, auch wenn wir es begrifflich in die zwei verschiedenen Systeme (ein physisches und ein psychisches) zergliedern können, die untrennbare Einheit auf diese Weise für uns nicht erforschlich ist.

Um tiefer in diese Fragen von biologischer Evolution, von Liebe und Gewissen einzudringen, lassen Sie uns einige grundlegende Probleme untersuchen. Sie erklärten, ohne Leben hätte sich die Liebe nicht manifestieren können; und ich gebe zu, daß es ohne menschliches Leben keine Liebe und kein Gewissen gäbe. Vielleicht also kommt es vor allem darauf an, herauszufinden, wie das menschliche Leben, das diese beiden Merkmale offenbart, zuerst entstand. Ich verstehe, daß Sie nicht an einen anthropomorphischen Gott glauben; aber nehmen Sie an, die Evolution selber sei eine Art Gottheit mit Willenskraft und Zielbewußtsein und stelle die letztgültige Realität von Liebe und Bewußtsein dar?

Toynbee: Ich halte nicht den Geist der Liebe und Güte für eine Gottheit in Form einer menschenähnlichen Persönlichkeit, die Pläne hat und diese Pläne auszuführen versucht. Die Liebe und Güte, die ich aus unmittelbarer Erfahrung kenne, bekunden sich in den Empfindungen und Handlungen von Menschen und auch von einigen Arten von Säugetieren und Vögeln. Die Güte ist das Ziel, zumindest zum Teil, einiger Menschen; sie ist gleichfalls, glaube ich, die Weisung, die jeder Mensch von seinem Gewissen erhält, auch wenn er ihr nicht folgt. Die menschliche Handlungsweise, die gute wie die schlechte, ist zweckbestimmt; ich glaube jedoch nicht, daß die biologische Evolution zweckbestimmt ist in dem Sinne, daß sie, entweder immanent oder durch Einfluß einer transzendenten Kraft von außen, auf ein ethisches oder sonstiges Ziel gerichtet ist, es sei denn möglicherweise auf die Fortdauer des Lebens.

Ikeda: Ich halte es für falsch, der Evolution von Lebewesen eine teleologische Bedeutung beizumessen.

Gibt es Ihrer Ansicht nach einen Teil des Gehirns, das die Liebe und das Gewissen steuert oder diese veranlaßt, sich zu manifestieren? Wenn die Äußerungen der Liebe und des Gewissens wirklich das Wesen der Evolution der lebenden Dinge ausmachen, müssen die physischen Merkmale des Menschen eine eingeborene Funktion enthalten, die für solche Äußerungen verantwortlich ist. Soviel ich weiß, hat bisher noch keine Theorie beweisen können, daß Liebe und Gewissen von einer Gehirnfunktion gesteuert werden. Andererseits sind solche Eigenschaften wie Verlangen, logisches Denken und Gedächtnis direkt auf das Gehirn bezogen. Mir scheint, die Liebe und das Gewissen realisieren sich durch Wechselbeziehungen mit dem Begehren, Denken und Gedächtnis, und wenn die Beziehungen in Unordnung geraten, werden Liebe und Gewissen zu Haß oder dem Drang zu töten. Das läßt mich glauben, daß Liebe und Gewissen keine Erzeugnisse der Evolution sind, sondern durch gesellschaftliche oder geschichtliche Einflüsse erworbene Eigenschaften.

Toynbee: Ich bin anderer Meinung. Die Liebe und das Gewissen haben oft Menschen veranlaßt, sich gegen die gültigen gesellschaftlichen Normen aufzulehnen; sie können also nicht von den gesellschaftlichen Normen selber ausgelöst worden sein. Da jedoch der Mensch ein gesellig lebendes Tier ist, das nicht menschlich hätte werden können, außer in einer gesellschaftlichen Umwelt, haben einige Gelehrte die These aufgestellt, daß Liebe und Gewissen keine absoluten ethischen Werte sind, sondern psychische Mechanismen, die das Zusammenleben möglich machen. Mir scheint das nur eine andere Formulierung dafür zu sein, daß Liebe und Gewissen Erzeugnisse der Evolution sind, und zwar auf der Stufe, wo sie das menschliche, gesellig lebende Tier geschaffen hat.

Ikeda: Es mag wohl sein, daß Liebe und Gewissen Erzeugnisse der Evolution sind, doch ist diese unmöglich ein Vorgang, der zweckbestimmt auf die Erzeugung von Liebe und Gewissen hinarbeitet. Die Geschichte zeigt, daß viele Greueltaten im Namen der Liebe und des Gewissens begangen worden sind; man denke nur an die Kreuzzüge und die Glaubenskriege in Europa. Die Menschen in jenen Tagen verübten solche Grausamkeiten, weil ihr Gewissen diese Untaten als für die Liebe Gottes vollbracht erklärte; sie glaubten, im Auftrag Gottes zu strafen und zu töten. Das beweist, daß weder die Liebe noch das Gewissen an sich gut ist; sie können gut oder böse sein je nach den Zielen, auf die sich die Liebe richtet, und nach den Grundsätzen, auf denen das Gewissen beruht.

Toynbee: Natürlich stimme ich zu, daß die Liebe und das Gewissen oft in falsche Wege geleitet worden sind. Ich glaube, alle Menschen sind sich des Unterschiedes zwischen Recht und Unrecht bewußt und fühlen die moralische Verpflichtung, zu tun, was sie für richtig halten, und zu unterlassen, was ihnen unrecht dünkt. Zugleich jedoch gibt es in unterschiedlichen Gesellschaftsordnungen und bei unterschiedlichen Menschen innerhalb der gleichen Gemeinschaft auch verschiedene Anschauungen über Recht und Unrecht in der Praxis. Der Sittenkodex einer Gemeinschaft oder eines Menschen kann in einer anderen Gemeinschaft oder von einem anderen Menschen mißverstanden werden. Wenn uns die Liebe und das Gewissen anderer mißgeleitet erscheinen, kommt uns auch das, was sie sagen und tun, böse vor trotz der Tatsache, daß sie offensichtlich die Absicht hatten, etwas Gutes zu tun. Und so ist die praktische Anwendung der Begriffe von Gut und Böse überall verschieden, und unser Urteil darüber ist subjektiv. Doch wir sind alle einverstanden, wenn es darum geht, die Grenzen zwischen Gut und Böse zu ziehen, und einig in dem Gefühl der Verpflichtung, Gutes zu tun gemäß unseren Anschauungen über Gut und Böse.

Ikeda: Nur wenn die Liebe auf die ganze Menschheit und auf alle anderen Formen des Lebens auf der Erde gerichtet und nur wenn das Gewissen auf einer grenzenlosen Achtung vor der Würde des Lebens gegründet ist, werden beide gute Aspekte offenbaren. Und noch dann können sich Liebe und Gewissen, so wie wir sie verstehen, als Übel erweisen, sofern Geschöpfe aus anderen Welten – falls solche existieren – betroffen werden. Daraus folgt, daß es nirgendwo das absolut Gute geben kann.

Toynbee: Ich gebe zu, daß Liebe und Gewissen keine völlig guten Ergebnisse zeitigen werden, wenn sie nicht auf die ganze Menschheit und auf alle Formen des Lebens und auf das Universum selbst gerichtet sind. Es gilt jedoch nicht als unrecht, für die eigene Nation zum Schaden der übrigen Menschheit zu wirken, und nicht, wenn man für die eigene Familie auf Kosten seiner Mitmenschen sorgt. Und selbst wenn man glaubt, man solle für die ganze Menschheit und das ganze Universum arbeiten, ist dies schwierig, da der Mensch wie alle Lebewesen von Natur aus egoistisch ist. Es ist eine *tour de force* für jeden Menschen, sich dem Dienst an der Allgemeinheit oder dem Universum zu widmen statt es auszubeuten. In diesem Sinne wären Liebe und Gewissen etwas Unnatürliches, und die unmoralische Verfolgung unserer eigenen Interessen wäre das Natürliche. Trotzdem haben wir das Gefühl, daß die Selbstsucht unrecht und schlecht ist und die Selbstaufopferung richtig und gut; und wir können dieses ethische Urteil nicht für nichtig erklären, auch wenn wir ihm zuwiderhandeln.

Liebe und *Gewissen* sind wie *gut* und *richtig* relative Begriffe. *Gut* wäre bedeutungslos, hätte es nicht eine Antithese, nämlich *böse*; und *Recht* schließt *Unrecht* ein. Und entsprechend setzt die *Liebe* den *Haß* voraus, das *Gewissen* die *Sünde* und *Nirwana* das *Begehren* und das *Leiden*, das es schafft und das im Nirwana ausgelöscht wird. In allen diesen Gegensatzpaaren ergänzen die Pole einander und sind daher logisch untrennbar. In der Logik bilden sie ein Paar, in der Ethik jedoch nicht.

Ethisch ergreifen wir Partei für einen der beiden antithetischen Pole gegen den andern. Auch wenn wir bewußt etwas Böses oder Unrechtes tun, fühlen wir noch, daß wir gut oder recht hätten handeln sollen. Wir können uns nicht vormachen, daß Gut und Böse moralisch ununterscheidbar, gleichwertig oder auswechselbar sind. Der englische Dichter Milton läßt Satan sagen: »Böses, sei du mein Gutes.« Natürlich kann man so etwas sagen, doch ist es unmöglich, unsere Anschauungen von Gut und Böse umzukehren.

Die Tatsache, daß die beiden Pole in jedem dieser Gegensatzpaare sich logisch ergänzen und zugleich unvereinbar sind, läßt mich schließen, daß es im Weltall einen Geist gibt, der die Liebe, das Gewissen, das Gute und Rechte, das Nirwana im Sinne hat, aber daß dieser Geist nicht allmächtig ist. Er wird immer seiner Antithese konfrontiert. Die Herrschaft des Guten wird nicht dadurch gewährleistet, daß wir in unseren ethischen Urteilen nicht anders können, als seine Partei zu ergreifen und nicht die des Bösen, selbst wenn wir das Böse tun. Wir können uns des Gefühls nicht erwehren, daß wir das Gute tun sollten, koste es, was es wolle; und wir wissen, daß die Kosten hoch sein können und daß, wenn wir uns um des Guten willen opfern, unser Opfer das Ziel, das Gute zur Herrschaft zu bringen, gänzlich verfehlen könnte.

Ikeda: Gewissen und Habgier, Liebe und Haß stehen in jedem von uns in komplizierten gegensätzlichen Beziehungen. Es gibt auch keine Anzeichen, daß Gewissen und Liebe obsiegen werden. Ich glaube, die Menschen finden Selbstverzicht und Selbstaufopferung um der Liebe und des Gewissens willen äußerst schwierig.

Toynbee: Ich komme zu dem Schluß, daß das Leben widerspruchsvoll, unangenehm, schwierig und schmerzlich ist. Wenn dies die Lage ist, in der sich der Mensch vorfindet – wie soll er sich verhalten? Der südliche Buddhismus befürwortet die Auslöschung des Lebens durch Erstickung des Begehrens, wodurch man ins Nirwana gelangt. Der nördliche Buddhismus meint, daß der Buddha und die Bodhisattwas ihren Übertritt ins Nirwana aufgeschoben haben, um vorher anderen zu helfen, diesen Übertritt zu vollziehen – vielleicht unzählige Äonen lang.

Mir sagen die Ideale und Vorstellungen des nördlichen Buddhismus mehr zu als die des südlichen; vielleicht weil sie mehr denen des Christentums entsprechen und ich zufällig als Christ erzogen worden bin.

Ikeda: Der Menschheit zu helfen, daß sie die Wege findet, die höchsten Probleme des Lebens zu verstehen, ist der Ausgangspunkt der Religion und der Philosophie. Es sollte ebenso ihr Zielpunkt sein, wenn es auch schwierig ist, dem Menschen den Weg in konkreten Begriffen zu zeigen.

Wie Sie sehe ich in den Lehren des nördlichen Buddhismus die aussichtsreichere Erklärung einer Lebensweise: Er weist den Weg zum Erlebnis höchster Freude durch altruistisches Handeln und zur Entdeckung des wahren Ichs.

Mitgefühl als Nächstenliebe

Ikeda: Es ist in unserer Welt nicht ungewöhnlich, daß in einer sich aufrichtig gebenden Liebe der Haß steckt oder daß sich Egoismus unter der Maske der Liebe verbirgt.

Toynbee: In moderner westlicher Terminologie wird das Wort *Liebe* in zwei Bedeutungen gebraucht, die nicht nur verschieden, sondern einander geradezu entgegengesetzt sind. In beiden Bedeutungen bezeichnet Liebe ein Begehren, doch einmal ein Verlangen, zu geben und zu helfen, das andere Mal jedoch ein Verlangen, zu nehmen und auszunutzen. Es müßte zwei verschiedene Wörter dafür geben.

Auch mir scheint, daß in der heutigen Welt sogar die Liebe, die geben, nicht nehmen bedeutet, unpersönlich geworden ist und daran einzugehen droht. *Unpersönliche Liebe* kommt mir als ein Widerspruch in sich vor, denn die sich hingebende Liebe, wie wir sie aus Erfahrung kennen, ist ein persönliches Gefühl. Einer erlebt sie zu einem anderen, und dies veranlaßt ihn, zu handeln – koste es, was es wolle –, um dem anderen zu helfen.

Ikeda: Vielleicht ist heute die gebende Liebe – die Nächstenliebe –, die aus dem persönlichen menschlichen Gefühl erwächst, verlorengegangen oder an die Wohlfahrtsorganisationen abgeschoben worden. Das ist natürlich eine Liebe, die nicht in der menschlichen Empfindung wurzelt, sondern eine institutionalisierte.

Toynbee: Ein Grund, weshalb die Liebe in ständiger Gefahr ist, sich zu einer unpersönlichen Beziehung zu verflüchtigen, ist der, daß in der modernen Welt die unpersönlich verwaltete und organisierte Massengesellschaft vorherrscht, zum Teil, weil man es heute mit ungeheuren Größen und Mengen zu tun hat, und zum Teil wegen der fortschreitenden Säkularisierung des Abendlandes, die in der zweiten Hälfte des siebzehnten Jahrhunderts ihren Anfang genommen hat. In den letzten drei Jahrhunderten hat sich die Entpersönlichung der menschlichen Beziehungen vom Westen über alle Erdteile ausgebreitet – auch eine Folge des Übergewichts, das der Westen über die übrige Welt erlangte.

Die Entpersönlichung der Liebe im modernen Westen wird von der Entwicklung des Wortes *karitativ* verdeutlicht. Das ursprüngliche lateinische Wort *caritas* heißt wörtlich Liebe und Geliebtwerden; heute bezeichnet man damit eine Wohlfahrtseinrichtung, die Arme und Notleidende unterstützt. Das hat manchmal etwas Herablassendes, und das ist das Gegenteil von Achtung.

Das Geben und Empfangen einer Unterstützung impliziert häufig, daß der Empfänger moralisch oder finanziell oder in beidem schwächer ist als der Geber, und das löst beim Empfänger Ressentiments aus.

Nicht selten sagt er dann: »Ich möchte keine milden Gaben.« Niemand würde *caritas* in der ursprünglichen Bedeutung, nämlich Liebe, ablehnen; wohl aber eine *caritas*, die ein Verhältnis der Ungleichheit ohne echte Liebe betont oder herbeiführt.

Ikeda: Zweifellos ist die Mildtätigkeit als soziale Handlung etwas Gutes; doch ihre sozialen Probleme sind sehr verwickelt.

Wenn heute die Mildtätigkeit – die *caritas* – verstaatlicht ist und viel von ihrer einstigen Bedeutung als Nächstenliebe verloren hat, so ist das Wort *Liebe* oft zu einem bloßen Begriff geworden. Ebenso wie Werke der Mildtätigkeit ohne Liebe Schaden anrichten können, so wird eine abstrahierte Liebe ohne praktische Anwendung bedeutungslos. Ich glaube, daß die buddhistische Auffassung von Mitgefühl *(dschihi)*, das anderen die Sorge nimmt und Glückseligkeit bringt *(bakku-jōraku)*, dem Wort Liebe eine gehaltvolle Bedeutung gibt.

Das Wort *bakku* bezeichnet die Beseitigung der Ursachen von tief im Menschen verborgenen Leiden. *Bakku* beginnt als Einfühlung *(doku)* oder als Gefühl für das Leiden des anderen, als wäre es das eigene, und als Verlangen, es zu lindern. Ohne das Gefühl *doku* gäbe es nicht den Willen, zu helfen, und kein Handeln, um das Leiden zu beseitigen. *Doku* erfordert Intelligenz und Phantasie, weil man sich in den Leidenden einfühlen und sich sein Leiden so vorstellen muß, als leide man selber. Menschen, deren Intelligenz unterentwickelt ist, bleiben den Leiden anderer gegenüber gleichgültig.

Das Gefühl *doku* ist die Grundlage, auf der sich die spezifisch menschliche Form des gemeinsamen Lebens entwickelt hat. Das Leben in Gruppen oder Rudeln ist bei allen Lebewesen üblich; doch nur der Mensch behält seine Individualität, wenn er bewußt Gruppen für bestimmte Zwecke des täglichen Lebens schafft. Der Mensch ist dazu fähig, da er die Leiden und Sorgen seiner Mitmenschen empfinden kann und die Gruppe als notwendigen Schutz dagegen ansieht. Aber *doku* darf nicht zur bloßen Tröstung ohne tätige Hilfe werden; deshalb müssen wir von *doku* (Einfühlung) zu *bakku* kommen, zur tätigen Hilfe, die den Grund des Leidens beseitigt.

Toynbee: Sie interpretieren also das *bakku* (das heißt die Aufhebung des Leidens) des buddhistischen Mitgefühls in den Begriffen des praktischen Handelns.

Ikeda: Ja, so ist es. *Jōraku* – der zweite Bestandteil des Mitgefühls im buddhistischen Sinn – bedeutet Freude spenden. Der buddhistische Ausdruck *raku*, den ich in diesem Zusammenhang mit »Freude« übersetze, ist auf keinen Fall vorübergehend, partiell oder selbstgenügsam und auch kein Versuch, aus der Wirklichkeit zu flüchten. Es ist vielmehr die Lebensfreude oder das, was ich an anderer Stelle den Lebensüberschwang genannt habe. Ohne das tiefe Gefühl der Erfüllung und den Lebensüberschwang ist Freude im wahren Sinn unmöglich. Kurz, der buddhistische Begriff *raku* schließt die reine, starke Freude ein, die aus den Tiefen des Lebens quillt.

Wie kommt es, daß trotz der Predigten über die Liebe, die von den großen Religionen über die ganze Welt verbreitet werden, es noch immer blutige und verheerende Kriege gibt? Sicher nicht, weil die Liebe schwächer ist als der Haß. Der Grund liegt darin, daß die Liebe nicht die praktische Form gefunden hat, die ihrem Wesen entspricht – sie ist eine Abstraktion geblieben, und deshalb konnte der Haß die Oberhand über sie gewinnen.

Toynbee: Wie ich schon erwähnte, ist das Wort *Liebe*, so wie es heute gebraucht wird, sehr vage. Ich finde die buddhistischen Begriffe, jedenfalls in ihren japanischen Versionen in Wörtern wie *dschihi*, präziser und daher auch realistischer.

Wie soll die wahre Liebe zwischen Menschen den menschlichen Beziehungen zurückgegeben werden – in einer Gemeinschaft, in der diese Beziehungen unpersönlich geworden sind, teils wegen der wachsenden Größe der Gemeinschaften und teils wegen der zunehmenden Tendenz, Strukturen und Arbeitsmethoden des sozialen Lebens zu rationalisieren? Wenn auch die Rationalisierung im Prinzip zu bejahen ist, so sind doch ihre Wirkungen auf die menschlichen Beziehungen unerwünscht. Weiß die buddhistische Tradition eine Lösung dieses Problems in den gegenwärtigen gesellschaftlichen Verhältnissen Japans und der anderen sogenannten entwickelten Länder? Ist das Leben in Japan entpersönlicht, und sind die menschlichen Beziehungen lieblos geworden ebenso und ebensosehr wie in den Ländern des Westens, die keine buddhistische, sondern eine christliche Tradition haben? Ist die Computerisierung der modernen Welt unvermeidlich? Und können Computerisierung und Liebe nebeneinander bestehen?

Ikeda: In Japan wie in Europa und Amerika haben die Überdimensionierung und Unübersichtlichkeit der Gesellschaft zu einem Verlust an menschlicher Individualität und zur geistigen Austrocknung geführt. Die buddhistische Tradition lebt in Japan noch in der Architektur und in einigen Zeremonien fort, doch ihr Geist und Gehalt sind großenteils vergessen. Tatsächlich könnte das Ausmaß, in dem die buddhistische Tradition in Japan erloschen ist, größer sein als der Verlust, den das Christentum im Leben des Westens erlitten hat.

Als Antwort auf Ihre Fragen, wie man den menschlichen Beziehungen in einer überrationalisierten Gesellschaft die Liebe zurückgeben und ob der Buddhismus zu einer Lösung dieses Problems verhelfen kann, möchte ich folgendes bemerken: Die buddhistischen Lehren und das Ideal, das sie erstreben, beruhen auf dem Grundsatz der menschlichen Unabhängigkeit; das heißt Unabhängigkeit in den Begriffen des Karmas des Individuums, der Gesellschaft und der natürlichen Umwelt. Wir finden die Darlegung dieser Unabhängigkeit in dem Begriff des Mitgefühls *(dschihi)*; die Unabhängigkeit des Individuums heißt der Buddhazustand *(Bukkai)*, und ihre Manifestation anderen gegenüber wird der Bodhisattwazustand *(Bosatsu-kai)* genannt. Da nun die moderne Gesellschaft, wie überrationalisiert und entpersönlicht sie auch sein mag, unvermeidlich unsere soziale Umwelt ist, lehrt der Buddhismus, daß es wichtig ist, eine Unabhängigkeit zu schaffen, die sich dem Eingriff und der Herrschaft der entpersönlichten Gesellschaft entzieht. Es ist möglich – in der Tat unumgänglich –, das Gebiet der individuellen und menschlichen Beziehungen zu erweitern, wenn man den Kräften der Rationalisierung und Entpersönlichung, wie stark sie auch sein mögen, Widerstand leistet. Die Fähigkeit dazu hängt letzten Endes von der Tiefe und Ausdauer der Unabhängigkeit des einzelnen ab.

Die Gesellschaft setzt sich aus Einzelwesen zusammen, die sie führen und in Bewegung setzen. Trotz des Ausmaßes, in dem Computer jegliche Angelegenheiten verwalten, ist es nichtsdestoweniger der einzelne Mensch, der den Computer betätigt.

Solange sich der Mensch seiner Unabhängigkeit bewußt bleibt und nicht vergißt, mit der Gesellschaft auf der Grundlage dieser Gesellschaft umzugehen, wird es möglich sein, in den Beziehungen der

Menschen zueinander das Mitgefühl *(dschihi)* zu erhalten und sogar auszuweiten.

Die Sphäre der Liebe ausweiten

Ikeda: Zwei hervorstechende weibliche Charaktermerkmale sind die Lauterkeit in der Liebe und eine Neigung zum Besitzverlangen. Natürlich finden sich diese beiden Züge auch bei Männern und bei einigen sogar stärker ausgeprägt als bei Frauen.

Toynbee: Ich stimme zu, daß normalerweise sowohl die Liebe als auch das Besitzverlangen bei Frauen stärker ausgeprägt ist als bei Männern. Zu diesen beiden weiblichen Eigenschaften würde ich die Geduld hinzufügen, die zusammen mit dem Besitzverlangen eine Folgeerscheinung der Liebe ist.

Ikeda: Ich glaube, die für Frauen charakteristische Art der Liebe kann eine starke gesellschaftliche Kraft werden. Sie sagten, Besitzverlangen und Geduld seien Folgeerscheinungen der Liebe. Gewiß ist die Geduld eine unvergleichliche Hilfe, wenn es darum geht, der Liebesempfindung konkreten Ausdruck zu geben, während das Besitzverlangen, wenn es auch die Liebe zum Geliebten erhöht, die Liebe zugleich einengen kann. Es kommt hingegen darauf an, zu verhüten, daß die Liebe ihren Wirkungskreis auf das eigene Ich oder die mit dem Ich unmittelbar Verbundenen beschränkt, und sie dahin zu bringen, daß sie Wege sucht, auf die ganze Gesellschaft auszustrahlen. Wenn Männer und Frauen diese Haltung zur Liebe einnehmen, die ein untrennbarer Teil ihres Wesens ist, werden sie einen Ausgangspunkt finden, durch ihre eigene selbständige Handlungsweise ein neues Bild der Menschheit zu schaffen.

Die Frauen können beitragen, die Entwicklung dieses Bildes zu fördern, wenn sie nicht ihre Liebe auf einzelne Menschen beschränken, sondern sie auf alle Dinge richten. Wenn wir uns fragen, warum Frauen ihren Mann und ihre Kinder lieben, können wir vielleicht zur Antwort geben: weil sie instinktiv das Leben, das Wertvollste im Universum, hüten und schützen. Bezeichnenderweise liebt eine Frau, sobald sie einem neuen Leben Gestalt gegeben hat, das Leben mehr und haßt seine Bedrohungen mehr als ein Mann. Und da dies der Kern der Liebe einer Frau zum Leben ist, kann ihre Liebesfähigkeit zur All-Liebe werden.

Toynbee: Ich gebe Ihnen darin recht, daß bei den Frauen die Liebe tendenziell stärker ist, die Kampflust jedoch schwächer. Diese weibliche Tugend ist von größter Wichtigkeit, um der Menschheit zu helfen, zumindest zwei der Ziele zu erreichen, zu denen wir in der nahen Zukunft kommen müssen: die Abschaffung des Krieges und der Verzicht auf aggressives Wettbewerbsdenken.

Ikeda: Der den Frauen angeborene Charakterzug, das Leben zu lieben und zu pflegen, ist von höchster Bedeutung für die Menschheit und die menschliche Gesellschaft. Wenn sich ihre Liebe über den persönlichen Bereich hinaus ins Allgemeine erstreckt, können die Frauen eine große Macht im Kampf für den Frieden und gegen den Krieg werden. Ihr Weg dahin mag lang sein, aber er führt zur Sicherheit. In Übereinstimmung mit dieser zutiefst weiblichen Mission zu leben ist der Weg zu einer echten Frauenbefreiung.

Toynbee: Ja, da haben Sie völlig recht. Während das weibliche Besitzverlangen Gefahr läuft, den Horizont der Frauen auf die Sorge für ihre eigene Familie zu verengen, ist die weibliche Liebe potentiell allumfassend, denn die All-Liebe ist das Wesen der Liebe selbst. Liebe bedeutet sich selber geben, nicht für sich selber nehmen. Sie hat keine Grenzen, es seien denn die Grenzen des Alls.

In der Geschichte der chinesischen Philosophie hat es einmal einen Streit über die rechte Verteilung der Liebe eines Menschen gegeben. Der Konfuzianer Meng-tse, auf die Lehre seines Meisters gestützt, gab der Liebe zur eigenen Familie den Vorrang über die Liebe zu anderen Menschen. Damit stand er im Widerspruch zu Mo-tsu, der glaubte, daß die Liebe eines Menschen in gleichem Maße allen Menschen auf dieser Erde zukommen solle. Dies ist eins der immer wiederkehrenden moralischen und gesellschaftlichen Grundprobleme der Menschheit.

Ikeda: Wenn auch der Standpunkt von Konfuzius und Meng-tse, die Abstufungen in der Liebe zur Familie und zur Allgemeinheit befürworteten, und die Meinung von Mo-tsu, der eine universale Liebe predigte, sich unterscheiden, haben Sie recht, wenn Sie sagen, daß Liebe und Wohlwollen der einen oder anderen Art in der modernen Gesellschaft äußerst wichtig sind. Der Mangel an Liebe zeigt sich heutzutage in vielen Fällen nur zu deutlich. Menschen, die ihre Eltern und Geschwister, ja sogar Eltern, die ihre Kinder nicht lieben, sind keine Seltenheit. Der Mangel an Liebe zeigt sich verhängnisvoll in Fällen, in denen Menschen das eigene Leben so wenig wert ist, daß sie versuchen, Selbstmord zu begehen. Was bedeutet da noch die Mahnung, seine Mitmenschen zu lieben wie sich selbst, wenn es Menschen gibt, die sich so wenig lieben, daß sie ihrem Leben ein Ende bereiten?

Ich bin überzeugt, daß der einzige Weg, die Liebe in unserer Welt zu regenerieren, der ist, daß die Menschen die Bedeutung ihres eigenen Lebens verstehen, des Lebens des Alls und der Beziehung zwischen diesen beiden Arten des Lebens. Und man kann Verständnis für das Leben anderer nur aufbringen, wenn man sein eigenes Leben versteht.

In Anbetracht der gegenwärtigen Weltlage stimme ich zu, daß die All-Liebe, wie Mo-tsu sie meint, vonnöten ist in unserer von Haß, Vorurteil und Verständnislosigkeit erfüllten Welt. Mo-tsus Ideen harmonieren gut mit dem Ideal der Abschaffung der Kriege. Seine Forderung, die Menschheit müsse selbstsüchtige Ziele aufgeben und altruistischen Idealen nachstreben, führt geradenwegs zu der Art von Außenpolitik, die sich die großen Nationen zu eigen machen sollten. Mit anderen Worten: Im Einklang mit den Gedanken Mo-tsus sind die großen, mächtigen Nationen streng zu rügen, wenn sie kleine, schwache Nationen angreifen. Auf die Weltpolitik angewandt, könnten Mo-tsus Ideen eine heilsame Wirkung ausüben.

Toynbee: Konfuzius lebte wie die heutige Generation der Menschheit in einem Zeitalter des militanten Nationalismus. Damals hatte die Zeit der streitenden Reiche schon begonnen, wenn man auch ihren Anfang später zu setzen pflegt. Es ist bezeichnend, daß er eine Analogie zwischen Familie und Staat zog und das Verhältnis der Untertanen zu ihrem Herrscher dem der Kinder zu ihrem Vater gleichsetzte. Diese Auffassung wurde nach der politischen Einigung zur Staatsreligion; die dem Familienhaupt gezollte Liebe und Ergebenheit sollte auf den Kaiser ausgedehnt werden, denn er war das Haupt einer größeren Familie, die so groß war wie alles unter dem Himmel. In der heutigen Ära der Menschheitsgeschichte hat sich der

Begriff »alles unter dem Himmel« über die ganze Erde und die ganze Menschheit erweitert und umfaßt nicht mehr nur den zwar ungeheuer großen, doch keineswegs globalen Teil, der einundzwanzig Jahrhunderte lang bis 1839 unter chinesischer Souveränität, Suzeränität und unter chinesischem kulturellem Einfluß stand.

Die konfuzianische Lehre von der stufenweisen Entwicklung der Liebe in einer Reihe von konzentrischen Kreisen in Familie, Freundeskreis und Staat entspricht zweifellos der menschlichen Natur mehr als Mo-tsus Doktrin der Verpflichtung zur All-Liebe. Jeder Mensch weiß aus Erfahrung, daß es leichter ist, andere zu lieben, wenn man mit ihnen bekannt oder verwandt ist, als Fremde. Aber die höchste Forderung in unserer Zeit ist gerade die Erfüllung der schwierigen moralischen Aufgabe, Fremde zu lieben und diese allgemeine Liebe in praktische Lebensführung umzusetzen. Der Konfuzianismus selber tritt für eine Liebe zum Universum ein, wenn auch die Liebe im äußersten Ring der konzentrischen Kreise berechtigterweise weniger stark sein mag als im innersten Ring. Daher bilden der Konfuzianismus und die Lehre Mo-tsus keinen Gegensatz.

Es ist auch bezeichnend, daß, obwohl der klassische Konfuzianismus in China immer stärker gewesen ist als die Lehre Mo-tsus, dennoch dort eine missionarische Ideologie Fuß fassen konnte, nämlich der Kommunismus, der sich die Vereinigung der Menschheit in einer klassenlosen Gesellschaft zum Ziel gesetzt hat. Der Kommunismus ist eine ketzerische Version einer älteren missionarischen Religion, des Christentums, und dieses ist die Quelle des marxistischen Universalismus. Die Begründer der drei wichtigsten vorkommunistischen missionarischen Religionen, des Christentums, des Buddhismus und des Islam, haben alle mit ihrer Familie und Heimat gebrochen, um die Menschheit den Weg zur Erlösung zu lehren. Dem Beispiel Jesu folgte der heilige Franz von Assisi, der sich mit seinem Vater überwarf, um frei zu sein, die »Nachfolge Christi« zu praktizieren.

Ikeda: Es ist unmöglich, eine allumfassende Liebe zu erreichen, wenn die Empfindungen engherzig und voreingenommen sind. Umgekehrt könnte man sagen, eine Liebe, die nicht allumfassend ist, sondern sich auf Vorurteile gründet, ist keine Liebe im wahrsten Sinne. Um diese wahre Liebe planmäßig durchzusetzen, erachteten es die großen Religionsstifter für notwendig, sich einer nur auf die Familie gerichteten Liebe zu entziehen; doch dieser Entschluß führte dazu, daß sie ihrer Familie die wahre Liebe erweisen konnten.

Toynbee: Nachdem der Buddhismus als eine von mehreren Religionen in China aufgenommen worden war, rügten die Neukonfuzianer den Buddha, weil er seine Familie verlassen hatte. In der gegenwärtigen Krise der Menschheit, da die All-Liebe die einzige Hoffnung für ihre Erlösung ist, glaube ich, wir müßten Konfuzianer sein und auf der gleichzeitigen Verpflichtung gegenüber allem, »was unter dem Himmel ist«, und gegenüber unserem engeren Familienkreis bestehen. Vielleicht sollten wir sogar über diese weitherzige Interpretation des Konfuzianismus hinaus der Lehre des Mo-tsu folgen und eine All-Liebe ohne Abstufungen und Einschränkungen zu erwerben trachten. Mo-tsu scheint mir mehr als Konfuzius der Philosoph zu sein, dessen Lehre der Menschheit heute am sachdienlichsten ist. Im Westen der Alten Welt war es Zeno der Jüngere, der Gründer der stoischen Schule der griechischen Philosophie, der gelehrt hat, der Mensch sei ein Bürger des Alls. Er stimmte mit Mo-tsu überein, obwohl er nicht wissen konnte, daß ein ostasiatischer Philosoph seine These vorweggenommen hatte.

Ikeda: Auch ich glaube, daß die All-Liebe Mo-tsus für uns heute wichtiger ist als die abgestufte Liebe des Konfuzius; aber ich finde, der Buddhismus ist noch weiter gegangen, denn er sucht als die Quelle der All-Liebe die universale Lebenskraft, die allen Menschen innewohnt. Im Gegensatz zu Mo-tsu, der nur die Bedeutung der All-Liebe lehrte, zeigte Schakjamuni, wie jedes menschliche Einzelwesen diese Liebe in sich selber erzeugen kann. Der Grund für die Verehrung, die Schakjamuni jahrhundertelang und überall empfangen hat, liegt darin, daß er als Verkörperung der All-Liebe eine Persönlichkeit wurde, deren Ausstrahlung den Geist des Menschen viele Generationen hindurch erleuchtet hat und ungetrübt heute noch erleuchtet. Schakjamuni war ein großer religiöser Führer, weil er über das Predigen von Theorien und Philosophien hinaus seine Religion in praktischen Handlungen und in seinem ganzen Leben verkörperte. Auch Christus, Mohammed und Franziskus von Assisi waren selber das, was sie lehrten.

Der höchste menschliche Wert

Ikeda: Die Wertmaßstäbe, auf denen des Menschen Handlungen beruhen, wechseln von Person zu Person. Manche versichern, dies sei eine Sache des Geschmacks, andere, der gesellschaftlichen Verhältnisse – Besitz, Status und so weiter. Wieder andere betonen die Liebe, den Wissensdurst oder die Unterdrückung der Habgier.

Albert Schweitzers Konzept der Ehrfurcht vor dem Leben ist ein Beispiel für die letztgenannte Auffassung. Ich glaube vielleicht in Übereinstimmung mit Schweitzer, der höchste Wert liegt in der Würde des Lebens als dem allgemeingültigen Standard. Es kann keinen größeren Wert als die Würde des Lebens geben; und jeder religiöse oder gesellschaftliche Versuch, etwas anderes höher zu stellen, führt letzten Endes zur Unterdrückung der Menschlichkeit.

Toynbee: Ich stimme Ihnen zu, wenn Sie die Würde des Lebens zum allgemeinen absoluten Wertmaßstab erheben. Wir dürfen jedoch den Begriff *Leben* nicht auf die Lebewesen beschränken, zu denen wir gehören. Das ganze Universum und alles darin ist lebendig in dem Sinne, daß es Würde hat. Auch die sogenannten unbelebten und anorganischen Teile der Natur haben Würde; es ist Würde in der Erde und in der Luft, im Wasser und in den Felsen, Quellen, Flüssen und Meeren. Verletzen wir Menschen diese Würde, dann verletzen wir auch unsere eigene Würde.

Diese Wahrheit, dessen bin ich sicher, hat das japanische Volk erkannt, denn es besitzt ebenso eine alte Tradition der Ehrfurcht vor der sogenannten unbelebten Natur wie vor dem Pflanzen- und Tierreich und der menschlichen Natur. Diese Tradition hat ihre feste Form im Schintoismus gefunden und war immer von einem starken ästhetischen Gefühl begleitet – einer ausgeprägten Empfänglichkeit für das Schöne. Die Japaner sind jedoch jetzt auch im Begriff, die Würde der unbelebten Natur zu mißachten und zu verletzen, seit sie vor einem Jahrhundert die moderne wissenschaftliche Technologie vom Westen übernommen haben und besonders seit der erstaunlichen explosionsartigen Entfaltung von Technik und industrieller Produktion nach dem Zweiten Weltkrieg.

Die Verschmutzung und Zerstörung der Natur durch die Technik hat jetzt eine weltweite Reaktion auf den Plan gerufen. Die heutige Generation erkennt nunmehr, daß der Mensch seine eigene Würde verletzt, wenn er der Natur Gewalt antut. Aus meiner Kenntnis der japanischen Geschichte und des japanischen Gefühls für Würde (eine Eigenschaft des japanischen Lebens, die auf Fremde stets einen tiefen Eindruck macht) möchte ich annehmen, daß in Japan die Reaktion auf die Umweltverschmutzung besonders stark ist oder besonders stark sein wird.

Ikeda: Die Umweltverschmutzung, in Japan ein ebenso dringendes Problem wie in anderen Industriestaaten, hat auch bei uns zur Bildung von oppositionellen Gruppen und sogenannten Bürgerinitiativen geführt. Die gesetzgeberischen Maßnahmen sind jedoch noch sehr unzulänglich.

Das Netzwerk der Lebenskraft, die alles, die belebte und die unbelebte Welt, durchdringt, bringt eine unvergleichliche Harmonie in der natürlichen Welt mit sich. Der Mensch ist nicht mehr als ein Teil dieser Welt, und wenn er ihr Schaden zufügt, schadet er sich selber. Für den Buddhismus ist die ganze Natur – tatsächlich das ganze Universum – eine einzige große Lebenskraft.

Kant sagt: »Im Reich der Zwecke hat alles entweder Wert oder Würde. Was einen Wert besitzt, kann von etwas anderem, welches gleichwertig ist, ersetzt werden; was hingegen über jeden Wert erhaben ist und daher nichts Gleichwertiges zuläßt, besitzt Würde« *(Grundlegung zur Metaphysik der Sitten).*

Die Würde des Lebens hat nicht ihresgleichen; sie kann durch nichts ersetzt werden. In unserer Zeit verlangen die Menschen eine Vielzahl von Werten; jeder möchte sein eigenes Wertsystem entwickeln. Obwohl dieser Trend willkommen ist, da er das Wertkonzept von Meinungen wie Nationalismus befreien kann, scheint mir, daß wir bei aller Anerkennung der Vielfalt eine allgemeine Wertauffassung suchen müssen, die als Grundlage für die verschiedenen Wertbegriffe dienen kann. Ohne eine solche gemeinsame Grundlage kommt kein Vertrauen und keine Zusammenarbeit zustande; sie ist auch für den Wert des Menschen und die Würde des Lebens unerläßlich.

Toynbee: Ich stimme abermals mit Ihnen und der buddhistischen Lebensauffassung überein. Das Zitat von Kant über den Unterschied zwischen Wert und Würde ist sehr aufschlußreich. Wert ist relativ, und alles, was Wert hat, kann mit etwas Gleichwertigem ausgetauscht werden (das ist zum Beispiel die Funktion des Geldes). Im Gegensatz dazu ist die Würde (oder die Ehre) nicht relativ, sondern absolut, und es gibt nichts, das Würde oder Ehre ersetzen könnte. Der Mensch wird von seinen Mitmenschen verachtet und verachtet sich selber, wenn er seine Würde und Ehre gegen Reichtum oder sozialen Status, ja sogar, um sein Leben zu retten, verkauft. Der Verlust von Würde und Ehre ist der Preis moralischer und physischer Feigheit. Würde ist unersetzlich, also ist auch der Verlust der Würde unwiderruflich. Ich glaube, das ist die Bedeutung eines Verses im Neuen Testament: »Was hülfe es dem Menschen, so er die ganze Welt gewönne und nähme doch Schaden an seiner Seele? Oder was kann der Mensch geben, damit er seine Seele wieder löse?« (Matthäus 16,26.)

Der Mensch verliert seine Seele, wenn er sie verkauft. Er verliert aber auch seine Würde, wenn er die Würde anderer nicht achtet. Es ist unehrenhaft, seinen Mitmenschen zu einer unehrenhaften Handlungsweise zu verleiten, sei es durch Verfolgung, sei es durch Bestechung. Der Verfolger – und der Versucher – büßt seine eigene Würde und Ehre ein, ob nun sein Opfer Würde und Ehre behält oder ihrer unter moralisch widerrechtlichem Druck verlustig geht.

Ikeda: Was Sie sagen, ist sehr richtig. Das Wesen dessen, worauf ein Mensch den größten Wert legt, ist kennzeichnend für die Haltung dieses Menschen gegenüber allem Leben.

Toynbee: Ich pflichte der These bei, daß die Würde ein Wert ist, der nicht wie alle anderen Werte gegen etwas anderes ausgetauscht werden kann. Daraus ziehe ich den Schluß, daß unser Bewußtsein der menschlichen Würde uns das Gefühl der Demut geben sollte. Die menschliche Natur besitzt wohl Würde, aber eine unsichere und unvollkommene. Ein Mensch ist würdig, insofern er selbstlos, altruistisch, voller Mitgefühl, liebevoll und anderen Menschen und dem Universum ergeben ist. Er ist würdelos, insofern er habgierig und aggressiv ist. Die Bereitwilligkeit, mit der wir uns der Habgier und der Aggression hingeben, ist erniedrigend; und die Armseligkeit unseres moralischen Verhaltens wird noch erniedrigender, wenn man es mit der Perfektion unserer technischen Leistungen vergleicht.

Ikeda: Sicher hat das menschliche Leben, weil es unersetzlich ist, Würde. Aber, wie Sie sagten, es erfordert ständige Bemühung, dieses Leben im wahrsten und eigentlichsten Sinne würdig zu gestalten. Jeder Mensch hat die Verantwortung für seine eigene Würde zu tragen. Die Würde des Menschenlebens besteht, seit der Mensch eines höheren Bewußtseins teilhaftig wurde; doch der Mensch hat einen historischen Weg voller Zwietracht, Haß und Ungerechtigkeit zurückgelegt. Die einzige Möglichkeit für die Menschen, allen Aspekten ihres Lebens Würde zu geben und diese Würde wirksam werden zu lassen, ist, Haß und Ungerechtigkeit aufzugeben und danach zu streben, in Schönheit und Liebe zu handeln.

Toynbee: Das ethische Niveau des Menschen war immer niedrig, und es hat sich nicht gehoben. Das Niveau seiner technischen Leistungen ist steil angestiegen und in unserem Jahrhundert schneller und höher als in irgendeinem uns bekannten früheren Zeitalter. Infolgedessen ist die Diskrepanz zwischen unserer Technik und unserer Moral heute größer als je zuvor; und das ist nicht nur einfach erniedrigend, es ist lebensgefährlich.

Unsere derzeitige Lage sollte uns demütig machen, und dieses Gefühl der Demut sollte uns anspornen, jene Würde zu erlangen, ohne die unser Leben wertlos und ohne wahres Glück ist. Die menschliche Würde wird nicht in der Technik erreicht, worin die Menschen so geschickt sind, sondern nur auf dem Gebiet der Moral, und moralische Leistungen werden danach gemessen, wieweit unsere Handlungen von Mitgefühl und Liebe, nicht von Habgier und Aggression geleitet werden.